W0074888

Detlev Arens

Flandern

*Das flämische Belgien: Die einzigartige Städteland-
schaft um Brüssel, Brügge, Gent und Antwerpen*

DUMONT

Kunst-Reiseführer

In der vorderen Umschlagklappe:
Übersichtskarte Flandern

In der hinteren Umschlagklappe:
Stadtplan Brüssel

Wichtige Orte und Landschaften auf einen Blick

ohne Stern
sehenswert

☆
Umweg lohnt

☆☆
keinesfalls versäumen

Inhalt

Land und Geschichte

Reisen durch Flandern

Westflandern

Ostflandern

Provinz Antwerpen

Brabant

Limburg

Praktische Reiseinformationen

*Blick auf Lier mit
St. Gummaruskirche*

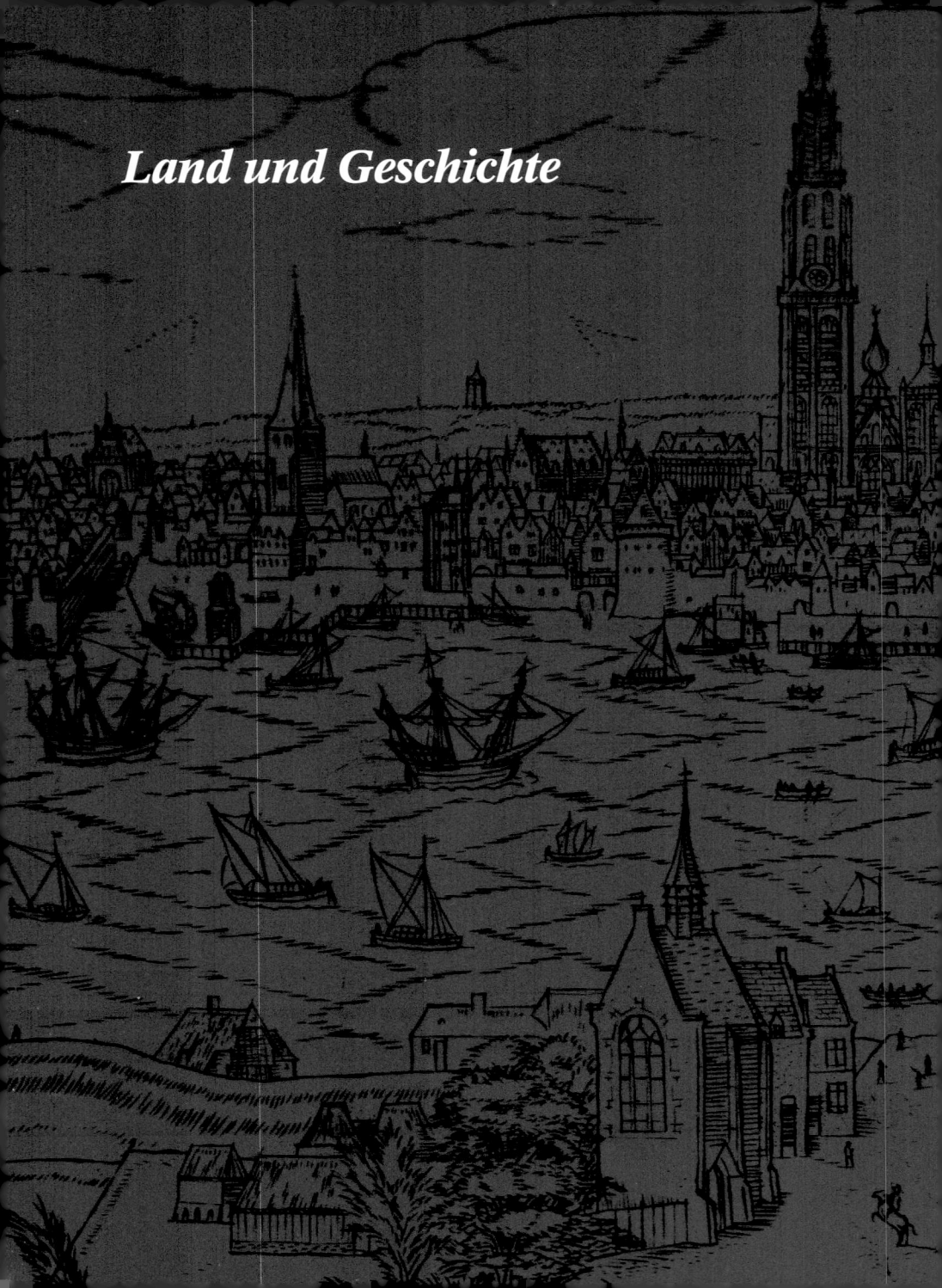

Land und Geschichte

Flandern und die Flamen

Für das heutige Hinterland trifft der Name nicht ohne weiteres zu. Am Meer aber, an dem gut 65 km langen Nordseestrand zwischen den Niederlanden und Frankreich, hatte er seine volle Berechtigung. Flandern, das heißt etwa »Land der Sturmfluten und Überschwemmungen«. Sturmfluten branden natürlich auch heute noch gegen die Küste. Und selbst wenn viele Dünen überbaut sind, zeigt ihr schmaler Gürtel doch, daß hier das Land nicht wirklich zur Ruhe gekommen ist. Für flämische Verhältnisse können es diese Kämme übrigens bis zu beachtlicher Höhe bringen: der höchste Sandhügel mißt immerhin 35 m.

Das Land ist nicht zur Ruhe gekommen, aber zweifellos beharrlicher geworden – nicht ohne Zutun der Menschen, versteht sich. Gleich hinter den Dünen kommen die Polder: Schwemmland, das der Verfügungsgewalt des Meeres vor allem durch die Deiche entzogen wurde und sich entlang der Ijzer tief nach Süden erstreckt. Allein dieses Polderland (1–5 m) hat die Bezeichnung »flach« wirklich verdient. Kirchtürme sind die buchstäblichen Höhepunkte der Region, von ihnen aus schweift das Auge weit über Gräben und Kanäle, sattgrüne Wiesen, Zuckerrüben- und Getreidefelder. Behagliche Dörfer wie Alveringem – nicht umsonst liegt in seinem Ortsteil Ijzenberge das Freilichtmuseum der Gegend – zeugen von gediegener Wohlhabenheit ihrer Bewohner.

Hinter dem Polderland ist Binnen-Flandern, das sich etwa längs der Flüsselinie Schelde–Rupel–Demer teilt. Nördlich greift das »sandige« Flandern nach Osten aus, südlich das »sandig-lehmige«. Nach Bodenbeschaffenheit wird hier keineswegs nur unterschieden aus Mangel an einem markanten Relief. Vielmehr spielen die Böden deshalb eine so große Rolle, weil das hiesige Gestein seit der alpinen Gebirgsfaltung (also vor 70 bis 100 Mio. Jahren) immer stärker »abtauchte«. Um so mehr hatten die zur jüngsten Kaltzeit angewehten Sande und Lösse Gelegenheit zu einer fast vollständigen Bedeckung, jedenfalls in weiten Teilen des heutigen Flandern. Allerdings hat zu den mächtigen Decken nicht allein der Wind, sondern auch das (Süß-)Wasser beigetragen. Die Flüsse, allen voran die Schelde, haben große Mengen ihrer Fracht abgesetzt, als sie im Flachland immer träger dahinglitten.

Was an die Polder als sogenannte Flämische Tiefebene anschließt, ist neben dem Sandigen Flandern noch die *Groentestreek*, der Gartenbaugürtel. Dieser östliche Streifen zieht sich von den Scheldepoldern stracks nach Süden und gehört mit seinem südlichsten Zipfel schon zu einer anderen Einheit. Im Norden aber findet die Flämische über die Groentestreek hinaus ihre Fortsetzung in der Kempener Tiefebene, also den Antwerpener und Limburger Kempen. Sie bieten zwar die unfruchtbarsten Böden, dafür jedoch die schönsten

»Ansicht von Antwerpen 1502«, Kupferstich von Melchisedech van Hooren, 1562, Königliche Bibliothek, Brüssel ◁

Naturreservate. Die Kempener Heiden mit ihren Kiefernwäldern, den Mooren und Binnendünen sind ein beliebtes Ausflugsziel. Vollendete ländliche Idylle aus den Kempen zeigt das Freilichtmuseum Bokrijk. Zu seinen Szenerien bilden allerdings die aus dem (ehemaligen) Kempener Revier einen denkbar krassen Gegensatz: Mit dem Abbau der Steinkohle erhielt diese Landschaft in weiten Teilen ein anderes Gesicht,

Landschaft bei Ronse in Westflandern

Ein bewegteres Relief als das nördliche sandige zeigt das südliche, sandig-lehmige Flandern, das schon zu Mittelbelgien gehört. Im Westflämischen Hügelland erreicht der Kemmelberg die schwindelnde Höhe von 156 m, die Erhebungen um Oudenaarde bringen es ebenfalls auf etwa 150 m, tragen also ihren stolzen Namen Flämische Ardennen vollkommen zu Recht. Eine bucklige Gegend ist auch das Pajottenland, und ganz im Osten können Hageland und Nördlicher Haspengau immerhin ein sanft gewelltes Äußeres vorweisen. Der Nördliche Haspengau ist eine Obstgegend, die Fahrt nach St. Truiden zur Zeit der Baumblüte also doppelt schön.

Im Haspengau liegt Tongern, die älteste Stadt Belgiens. Das schlägt eine schöne Brücke zur eigentlichen Attraktion Flanderns, seiner Städtelandschaft. Sie zieht – Gegend hin, Gegend her – die meisten Besucher in ihren Bann. Überdies nehmen Flandernkenner gern zu ihrer historisch gegründeten Vitalität Zuflucht, wenn ihnen Mutmaßungen über »die Flamen« abverlangt werden. Doch es ist ein Irrtum zu glauben, wenigstens Flamen und Wallonen ließen sich griffig charakterisieren, wo es offensichtlich fast keine Belgier mehr gibt. Jedenfalls hat das historische Flandern mit dem heutigen nur

9

»Sire, Sie regieren über zwei Völker. Es gibt in Belgien Wallonen und Flamen. Es gibt keine Belgier.«
(Jules Destree, wallonischer Abgeordneter der Sozialisten, 1912 zu König Albert)

wenig und schon gar nicht den ausschließlichen Gebrauch des Niederländischen gemein. Ob die Grafschaft Flandern, die Herzogtümer Brabant und Limburg oder gar das Fürstbistum Lüttich – sie alle pflegten die Zweisprachigkeit.

Aber um die Sprache geht es bei den Auseinandersetzungen zwischen den beiden Gemeinschaften nur vordergründig. Nicht aus Überempfindlichkeit sehen sich die Flamen im belgischen Staat herabgesetzt. Lange hatten hier die Wallonen das Sagen, getreu der Maxime: Wer zahlt, schafft an. Aber seit sich der ökonomische Schwerpunkt von Süden nach Norden verschoben hat, seit die wallonische Montanindustrie darniederliegt und Flandern prosperiert, kehrt sich der Leitsatz gegen seine ursprünglichen Vollstrecker. Nun kann es das einstige Fußvolk denen zeigen, die lange auf hohem Roß gesessen haben. Die Nationalisten vom »Vlaamse Blok« sprechen sogar ungeniert von »Fremdherrschaft«. Unter den Parteien in Flandern erringt diese Organisation den höchsten Stimmenanteil; es bedarf der vereinten Kraft aller anderen, um sie von den Schalthebeln der Macht fernzuhalten. Dabei steht die Mehrheit seiner Wähler sicher nicht hinter den hetzerischen Parolen des Blocks. Vielmehr ist es die notorische Staatsferne der Belgier im allgemeinen, die sie auch im »Gliedstaat« Flandern gegen die etablierten Kräfte opponieren läßt. Auch hier herrscht der Eindruck vor, daß die staatstragenden Parteien sich den Getragenen unter den Nagel gerissen haben. Der flämische Autor Hugo Claus bringt das in seinem 1994 auf niederländisch, 1996 auf deutsch erschienenen Roman »De Bezige Bij« (Belladonna) mit grimmiger Beiläufigkeit zum Ausdruck.

Denn wie Belgien insgesamt, ist auch das heutige Flandern eine künstlich geschaffene, keine gewachsene Einheit. Die historischen Beziehungen erstrecken sich über die Region hinaus – wie schon die niederländischen Provinznamen Limburg und Noord-Brabant andeuten. Auch der Katholizismus reicht sicher nicht mehr aus, um eine Gemeinschaftsidentität zu garantieren. Allenfalls bleibt ein Nachhall des Burgundischen, das in den prachtvoll begangenen Festen am greifbarsten gegenwärtig ist. Umzüge wie der des Goldenen Baums in Brügge oder der »Ommegang« samt Riesenroß und Haimonskindern in Dendermonde zeugen lebhaft von dieser Feierfreude.

So hat ein Besucher Flanderns wenig Gelegenheit, seine Gastgeber als Eiferer kennenzulernen. Kommt er aus Deutschland, wird er hier – im Gegensatz zu den Niederlanden – kaum auf Ressentiments treffen. Kommt er gar aus den Rheingegenden, wird er immer wieder feststellen, wie viele historische Fäden von hier nach dort laufen; das Antwerpener »Hessenhuis« (s. S. 175) ist nur ein Beispiel dafür. Und doch sind die rheinischen nur einige Fäden aus dem Geflecht des alten Europa, das in Flandern und Brabant einen seiner Knotenpunkte hatte. Nicht zuletzt trug flämisches Weltbürgertum einen gewichtigen Teil zu der »großartigen Städtelandschaft« bei. Auch davon wird in diesem Buch noch häufiger die Rede sein.

Geschichte

Wer mit dem vertrauten Namen einer Region auch die Unverrückbarkeit ihrer Grenzen voraussetzt, könnte sich im Falle Flanderns besonders arglistig getäuscht sehen. Das historische und das gegenwärtige Flandern decken sich räumlich keineswegs. Daß etwa ein großer Teil Nordfrankreichs lange zur Grafschaft gehört hat, ist inzwischen nahezu vergessen. Heute gehört der Name dem nördlichen, dem niederländisch(nicht: flämisch)sprachigen Teil Belgiens. Er umfaßt außer West- und Ostflandern auch die Provinzen Antwerpen und Limburg sowie Flämisch-Brabant. Auch die zweisprachige Hauptstadt Brüssel liegt innerhalb Flanderns.

Zumindest die Geschichte Limburgs läßt sich mit der Flanderns nicht zusammenführen. Da aber das historische Flandern die kulturelle Identität der Region und vor allem ihre Kunstgeschichte wesentlich geprägt hat, wollen wir mit ihm beginnen. Wo die Provinznamen Anlaß geben, auf die eigenständige Entwicklung einzugehen, wird das eingangs der jeweiligen Kapitel geschehen.

Von den Anfängen
bis zur Festigung des Territoriums

Auch in Flandern sind aufschlußreiche Funde aus römischer Zeit ans Tageslicht gekommen, doch der Name erscheint nicht vor Anfang des 8. Jh. in den Quellen, zudem war dieser *pagus flandrensis* (Flanderngau) offensichtlich nur ein relativ kleines Gebiet zwischen Brügge und der Küste.

Schon der erste urkundlich faßbare flandrische Graf trägt den Namen des vorletzten belgischen Königs, nämlich Boudouin (Balduin). Als er 879 stirbt, ist er Graf über einige Gaue mehr, unter anderem auch über den von Gent. Diese beachtliche Erweiterung des Herrschaftsbereichs verdankte Balduin I. nicht zuletzt einer glücklichen Heirat; sie machte ihn zum Schwiegersohn Karls des Kahlen, des westfränkischen Königs.

Als eigentlicher Begründer des Territorialstaats Flandern aber muß Balduin II. gelten (879–918). In seine Herrschaftszeit fallen sowohl die endgültige Auflösung des Frankenreichs als auch die letzten verheerenden Raubzüge der Normannen. Balduin harrte damals in seiner Brügger Burg aus und ging nach dem Abzug der Nordländer (892) entschlossen an den Ausbau des Landes. Sein Sohn Arnulf I. (918–965) erweiterte das flandrische Territorium nach Süden hin; damals kam auch das Artois nach Flandern. Arnulf verdankt seiner erbitterten – und letztendlich erfolgreichen – Auseinandersetzung mit dem Herzog der Normandie den Beinamen »der Große«. Übrigens wußte er sich nicht nur gegen seinen Widersacher im Südwe-

Venus und Amor. Torso einer römischen Steinplastik im Stadtmuseum Tienen. Das Motiv erfreute sich auch in der Renaissancekunst (s. S. 234) einiger Beliebtheit.

sten zu behaupten, sondern auch gegen den im Südosten. Mit diesem Grafen von Vermandois, einem Territorium an der Somme im Osten der Picardie, schloß er – Erbfeindschaft hin, Erbfeindschaft her – 934 ein Bündnis und heiratete dessen Tochter.

925 wird die Schelde endgültig als Grenze zwischen der westlichen und der östlichen Francia festgelegt. Das Reich sichert und befestigt die Scheidelinie, auch die Markgrafschaft Antwerpen verdankt sich diesem Grenzschutz. 973 durch Kaiser Otto III. gegründet, fiel ihre Einrichtung in eine Zeit politischer Schwäche und territorialer Verluste Flanderns. Erst Balduin IV. (988–1035) und sein Sohn Balduin V. (1035–1067) konnten dem Land während ihrer langen Regentschaften wieder Stabilität geben.

Schon Balduin IV. griff mit seinen Gebietsgewinnen nach Osten über die Schelde hinaus. Damit waren die flandrischen Grafen Diener zweier Herren, nämlich des französischen und des deutschen Königs. Für den Frankreich lehnspflichtigen Teil bürgerte sich der Name »Kronflandern« ein, für den andern die Bezeichnung »Reichsflandern.«

»So ist denn dies unser Land das letzte in Gallien und das erste von Germanien, beider teilhaftig und zugleich verschieden von beiden.« (Ein Lütticher Kanonikus des 11. Jh.)

Unter dem vierten und fünften Balduin wurde auch die Verwaltung der Grafschaft konsolidiert. Überdies verzichteten die Grafen jetzt darauf, ihren Herrschaftsbereich auf Kosten der Normandie zu erweitern, sondern orientierten sich mehr nach Osten. Wie schon sein Vater nutzte Balduin V. geschickt die Auseinandersetzung zwischen dem sprichwörtlich renitenten Adel im Westen des Reichs und dem König. So konnte er für seinen Sohn die Markgrafschaft Antwerpen sichern.

Das Flandern beiderseits der Schelde war nicht nur eine wichtige territoriale, sondern auch eine bedeutende wirtschaftspolitische Größe. Es verfügte über eine Reihe von aktiven Handelszentren, die den ökonomischen Aufschwung Westeuropas um 1050 wesentlich mittragen sollten. Nur lag der wirtschaftliche Schwerpunkt damals eher im Süden, nämlich in den heute französischen Städten Arras, Lille, Douai und Valenciennes. Doch schon im 9. Jh. hatte sich Gent als Handelszentrum etabliert, im 10. Jh. Brügge. Denkmäler blieben aus dieser Frühzeit allerdings so gut wie keine erhalten, weil Kirchen und Burgen bald durch sehr viel prächtigere Bauten ersetzt werden konnten.

Flandern wird Handelszentrum

Die konfliktträchtige Lage an der Nahtstelle von Heiligem Römischen Reich und Frankreich spitzt sich zu, als die flandrischen Grafen ihre Hand auf ein benachbartes Reichsterritorium legen, nämlich den (nieder)lothringischen Hennegau. Sein Gewinn bringt Balduin V. in Gegensatz zu Kaiser Heinrich III. Darüber hinaus kommt es bei der Frage darüber, wer Anspruch auf den neuen Besitz erheben darf, zu einem unversöhnlichen Streit in der gräflichen Familie. Die Fehde findet ihren traurigen Höhepunkt 1071 mit der Schlacht von Cassel, die Robert der Friese (1071–1093), der jüngere Sohn Balduins V., für sich entscheiden kann. Doch gelingt es der Witwe des älteren Bruders, die Grafschaft Hennegau für ihren Sohn zu sichern.

Auch in Flandern ist die Position Roberts nicht von vornherein unumstritten. Robert festigt aber seine Stellung durch bedingungslose Loyalität gegenüber Philipp I. von Frankreich. Diese Entscheidung für den französischen Lehnsherrn ist nicht so sehr gegen den deutschen König gerichtet als vielmehr gegen das anglonormannische England. Die Reichsspitze war lange Zeit derart geschwächt, daß sie im westlichen Grenzraum ihre Interessen kaum mehr wahrnehmen konnte. Statt dessen gerät Flandern nun zwischen die französisch-englischen Fronten, wo es sich auf Jahrhunderte wird einrichten müssen.

Die Gefolgstreue zum König von Frankreich kündigt erstmals Karl der Gute (1119–1127) auf. Als er 1120 mit Heinrich I. von England Frieden schließt, weiß er zwar nicht den einheimischen Adel, dafür aber die flandrischen Städte hinter sich. Sie haben unterdessen ihr wirtschaftliches Gewicht auch in ein politisches umsetzen können. Ihre Parteinahme für Dietrich von Elsaß und gegen Wilhelm (von) Clito, der am 28. Juli 1128 vor Aalst im Kampf fiel, entschied die Erbfolge nach dem gewaltsamen Tod Karls des Guten (s. S. 33).

Dietrich war ein Neffe Karls, des letzten Grafen aus dem Haus Flandern, und entstammte dem (ober)lothringischen Herzogsgeschlecht. Während seiner vierzigjährigen Regierungszeit (1128–1168) nahm Flandern einen enormen wirtschaftlichen Aufschwung. Im Innern betrieb er den Ausgleich zwischen Adel und Städten, außerhalb gab seine virtuose Diplomatie weder Frankreich noch England Anlaß, sich zurückgesetzt zu fühlen. Weniger politische Fortüne hatte Dietrich im Heiligen Land. Viermal brach er nach Palästina auf, doch König von Jerusalem ist er nie geworden.

Schon seit 1163 durfte sich Dietrichs Sohn Philipp von Elsaß (1168–1191) Graf von Vermandois nennen. Als er das Erbe seines Vaters antrat, gebot er daneben nicht nur über Flandern, sondern auch über die Picardie. Dank eines derart großen Territoriums stand er kaum hinter den mächtigsten Potentaten seiner Zeit zurück. Und obwohl diese nicht mit Beweisen ihrer Anerkennung geizten, obwohl die Wirtschaft Flanderns weiterhin prosperierte, geriet Philipp zunehmend unter Druck. Denn seine beiden Ehen blieben kinderlos, schon 1185 mußte er deswegen die Grafschaft Vermandois aufgeben. Vielleicht schloß sich Philipp deshalb dem dritten Kreuzzug an, auf dem er im Juni 1190 vor Akkon an der syrischen Küste den Tod fand.

Ungeachtet der Turbulenzen in Philipps letzten Regierungsjahren bemühte er sich mit Erfolg um eine effektive Organisation seiner Länder. Die wichtigste Rolle im Herrschaftsgefüge spielten nun nicht mehr die Adligen, sondern Beamte mit festem Gehalt. Auch die Finanzverwaltung ordnete Philipp neu. Alle diese Maßnahmen lie-

»So ist das Flandernland geteilt, und liegt elend darnieder durch diese Teilung.« (Kommentar des Galbert von Brügge zur Krise der Grafschaft in seiner Schrift »Über den verräterischen Mord an Karl, dem ruhmreichen Grafen Flanderns«)

fen freilich darauf hinaus, die Stellung des Landesherrrn zu stärken. Manche Historiker sehen in diesem flandrischen Grafen denn auch einen frühen Vorläufer des absoluten Fürsten.

Gleichfalls verdanken ihm kleinere Städte wie Nieuwpoort, Damme und das heute französische Dünkirchen ihre Existenz. Sie prosperierten bald, weil sich Philipp nach ihrer Gründung auch für ihre ökonomischen Belange tatkräftig einsetzte. So stützte sich die Wirtschaftskraft Flanderns nicht allein auf die blühende Städtetrias Brügge, Gent und Ypern. Sowohl Brügge als auch Gent waren schon seit Ende des 11. Jh. Dreh- und Angelpunkt des internationalen Warentauschs. Flandrische Kaufleute handelten vor allem mit Rheinwein und englischer Wolle. Um ihre führende Stellung zu festigen, bildeten sie früh Interessenverbände, die Hansen. Bereits im 12. Jh. entstand etwa die Genter Hanse, sie kontrollierte den Rheinhandel.

Doch in Flandern wurden Waren nicht nur gehandelt, sondern auch erzeugt. Vor allem das Tuchgewerbe blühte. Als im 11. Jh. neue, leistungsfähigere Webstühle ihren Siegeszug antraten, wurden die Frauen aus der Produktion gedrängt und die Herstellung verlagerte sich vom Land in die Städte. Dort setzte man schon früh auf Qualitäts-, ja Luxuswaren. Deshalb eben war der Handel mit England von derart großer Bedeutung: Nur von der Insel kam die hochwertige Wolle.

Dem Tod Philipps von Elsaß folgte eine Art Statthalterschaft seiner Witwe Margarethe, bis Balduin VIII. (der 'Mutige, 1191–1194) aus dem Haus Hennegau die Erbschaft antrat. Er regierte wie sein Nachfolger Balduin IX. (1194–1205) nur wenige Jahre. Ganz im Gegensatz dazu war den beiden Gräfinnen aus ihrem Geschlecht, nämlich Johanna (1205–1244) und Margarethe von Konstantinopel (1244–1278), eine lange Regierungszeit beschieden.

Insgesamt stand die Regentschaft der Hennegauer unter keinem glücklichen Stern. Balduin VIII. konnte nur durch Aufgabe des (mit Flandern fest verbundenen) Artois verhindern, daß sich der französische König Flanderns bemächtigte. Sein Nachfolger drohte dann mit einer Parteinahme für England, um den annexionslüsternen Philipp II. August zu zügeln. Allerdings hatte es Balduin IX. wohl mehr das Herrscheramt im »Rom des Ostens« angetan. Tatsächlich erklomm er als erster den Thron des Lateinischen Königreichs von Konstantinopel. Lange hat er sich des klangvollen Titels nicht freuen können. Bei Adrianopel zog er 1205 gegen den bulgarischen Zaren den kürzeren und fand dort wohl auch den Tod.

Natürlich stand nun wieder die Übernahme Flanderns durch den französischen König an. Der begnügte sich jedoch damit, die minderjährige Gräfin Johanna mit einem seiner Parteigänger zu verheiraten. Aber dieser Ferrand von Portugal wechselte schnell das Lager und zog 1214 an Englands Seite in die Schlacht von Bouvines. Die erste schwere Auseinandersetzung zwischen England und Frankreich endete mit einem vollständigen Sieg der festländischen Partei,

Ferrand geriet in französische Gefangenschaft. Nun konnte Frankreich die Bedingungen diktieren: Die Freilassung von Johannas Gemahl zwölf Jahre nach Bouvines kostete Flandern bis zum Ende des Jahrhunderts seine relative Selbständigkeit.

Auch die Zeugnisse flandrischer Baukunst aus dem hohen Mittelalter sind spärlich gesät. Nichtsdestoweniger lassen die erhaltenen Denkmäler eine durchaus eigenständige Bauweise erkennen. Nur finden sich die bedeutendsten Vertreter dieser sogenannten Scheldromanik nicht im heutigen Flandern, sondern in der französischsprachigen Wallonie. Doch zweifellos strahlten Soignies mit seiner Stiftskirche St-Vincent und der Bischofssitz Tournai mit der Kathedrale weit nach Norden aus. Die Blasiuskapelle als Unterkirche von Brügges Heiligblut ist dafür das besterhaltene Beispiel. Und immerhin hat mit dem Gravensteen in Gent auch ein markantes Profanbauwerk des späten 12. Jh. die Zeiten überdauert.

Deutlichere Umrisse zeigt die Scheldegotik. Auf flandrischem Boden haben sich von Frankreich her bereits früh gotische Architekturprinzipien durchsetzen können. Allerdings stehen Gotteshäuser wie die St.-Leonarduskerk im brabantischen Zoutleeuw (nach 1230 begonnen) oder die wunderschöne O.-L.-Vrouw van Pamelekerk in Oudenaarde (1236–1268) noch deutlich unterm Horizont der Romanik. Das gilt auch für die frühgotische Oudenaarder Tuchhalle und ihren Belfried, die allerdings heute als Anhängsel des später errichteten, sehr viel prächtigeren Rathauses eher ein Schattendasein führen.

Welche Vorbildrolle der Kultur dieser Region insgesamt zuerkannt wurde, zeigt übrigens das Mittelhochdeutsche. Wer als Ritter etwas auf sich hielt, »flämelte«. Die Verwendung von niederländischen Wörtern galt hierzulande als besonders vornehm. Sie muß im hohen Mittelalter sogar eine ausgesprochene Manie gewesen sein, der selbst die »Dörper« verfallen waren. Jedenfalls verhöhnt der sehr handfeste Dichter Neithart von Reuental einen (fiktiven) Rivalen wegen dessen »vlaemische hövescheit«.

Die Macht der Städte

Zumindest die flandrische Territorialherrschaft gerät nach dem Tod der Gräfin Johanna in ein turbulentes Fahrwasser. Da sie kinderlos stirbt, folgt 1244 ihre Schwester Margarethe in der Regierung. Margarethe heiratete zweimal, zunächst Burchard von Avesnes, dann Guido von Dampierre. Die beiden Ehen sollten zur Aufhebung der Union von Flandern und Hennegau führen, zweifellos ein herber Machtverlust. Französisch-Flandern ging an die Dampierre, deren Haus um den Besitz von Reichsflandern gegen die Avesnes kämpfen muß. In dieser Auseinandersetzung spielt Frankreich die wichtigste Rolle, immer wieder sucht Margarethe Zuflucht bei Ludwig IX. Keine Frage, daß ihm die (abermalige) Schwächung Flanderns gelegen kommt.

Übrigens besaßen die Avesnes ein starkes Druckmittel, um ihre Ansprüche durchzusetzen: Die beiden Söhne Margarethes aus zweiter Ehe waren in ihrer Hand. Das enorm hohe Lösegeld für die Kinder konnten nur die Städte aufbringen. Ihnen kam die Auslösung des künftigen Landesherrn zwar teuer, doch konnten sie auf der Habenseite eine nochmalige wesentliche Stärkung ihrer Rechte verbuchen. Dabei hatten sie schon Ende des 12. Jh. ein politisches Gremium durchgesetzt, die »Schöffen von Flandern«, die unmittelbar Einfluß auf die Regierung der Grafschaft nahmen.

Ihre wirtschaftliche Macht hat manchen Historiker den Vergleich mit den norditalienischen Gemeinwesen ziehen lassen, allerdings erreichten die flandrischen Städte nie deren politische Autarkie. Hinzu kam, daß sich immer deutlicher eine Spaltung ihrer Einwohnerschaft abzeichnete: Das Stadtregiment führten die Patrizier, während die Minderschichten von allen Ämtern ausgeschlossen blieben. Dieser innerstädtische Gegensatz barg ein beträchtliches Konfliktpotential.

Wie wenig die Landesherrin dennoch gegen die Städte regieren kann, zeigt sich noch einmal gegen Ende ihrer Regierungszeit. Margarethes Frankreichnähe hatten sie hingenommen, solange sie dem Handel mit England nicht schadete. Den krassen Unmut des Patriziats aber zieht sich die Gräfin zu, als sie bei der englischen Krone rüde auf die Begleichung einer Schuld dringt. Nun bleiben vor allem die Wollieferungen von der Insel aus, die Jahre zwischen 1270 und 1275 sind als englisch-flämischer Handelskrieg in die Geschichte eingegangen. Um diesen Zwist zu beenden, mußte die Gräfin erneut klein beigeben.

Margarethes Sohn und Nachfolger Guido von Dampierre (1278–1305) gerät wenige Jahre nach seinem Regierungsantritt in eine außerordentlich schwierige Lage. 1285 kommt mit Philipp IV., dem Schönen, ein Herrscher auf den Thron Frankreichs, der entschlossen die absolute Geltung der Königsmacht durchsetzen will. Vor allem versucht er, Flandern unter sein Zepter zu bekommen. Dagegen wehrt sich Guido, obwohl er genug mit den Gegnern im eigenen Land zu tun hat: Das urbane Patriziat drängt derart rücksichtslos zur Macht, daß der Graf Bundesgenossen in den benachteiligten städtischen Schichten sucht. Die hatten sich schon 1280/81 gegen das autokratische Regiment der Kaufleute erhoben und – dank der Unterstützung Guidos von Dampierre – eine Teilhabe an der Stadtherrschaft durchsetzen können.

Diese Einschränkung ihres Regiments nahmen die Patrizier nicht ohne weiteres hin. Sie wandten sich über ihren Landesherrn hinweg an Philipp den Schönen, der ihren Klagen nur allzu willig ein offenes Ohr lieh. Und vielleicht wären der Graf und seine Bundesgenossen gescheitert, wenn Philipp nicht auch noch die Auseinandersetzung mit England gesucht hätte. Angesichts dieser Konfrontation entschloß sich der flandrische Graf zu einem spektakulären Schritt: Er übertrug den Lehnseid, den er 1297 dem französischen Herrscher geschworen hatte, auf Eduard I., den großen König von England.

Philipp der Schöne reagierte auf diesen Eidbruch mit äußerster Härte: Er ließ Flandern 1297 besetzen und den Grafen gefangennehmen. Eine solch drastische Maßnahme dürfte Guido kaum ins Kalkül gezogen haben. Und sie blieb auch für die Städte nicht folgenlos: Die flämische Hanse von London, in der Brügge zuletzt die Führung behauptet hatte, zerfiel. Flandern mußte seine Vorrangstellung im Englandhandel bedroht sehen.

Allerdings hatte der König von Frankreich wohl nicht damit gerechnet, wie erbittert sich die Bevölkerung des Landes zur Wehr setzen würde. Am 18. Mai 1302 kommt es in Brügge zur blutigen »Morgenfeier« *(Bruge mette)*. Die Zünfte überwältigen die französische Besatzung und metzeln sie nieder. Wenig später trifft vor Kortrijk das französische Ritterheer auf die Fußtruppen der flandrischen Zünfte; diese »Goldsporenschlacht« endet mit einer fürchterlichen Niederlage der Okkupanten. Philipp der Schöne muß von einer Unterwerfung des Landes Abstand nehmen und Guido von Dampierre freilassen. Der Freiheitskampf Flanderns aber findet mit dem Vertrag von Athis-sur-Orge ein wenig rühmliches Ende, der französische König läßt sich das Zugeständnis einer relativen Autonomie teuer bezahlen.

Nichtsdestoweniger zählt die Goldsporenschlacht zu den folgenschwersten des Mittelalters. Sie ist eine wesentliche Voraussetzung für den Hundertjährigen Krieg zwischen England und Frankreich, denn sie eröffnete den Engländern eine festländische Operationsbasis.

Guido von Dampierre sah die Unabhängigkeit seines Territoriums wenigstens vorläufig gesichert, doch seine Lage blieb prekär. Einerseits sah er sich in den Konflikt zwischen England und Frankreich hineingezogen, andererseits mußte er sich im Spannungsfeld zwischen Patriziat und Zünften behaupten. Die weniger privilegierten

Schichten, wozu übrigens auch durchaus vermögende Kreise der Einwohnerschaft zählten, ließen trotz der heiklen politischen Großwetterlage nicht davon ab, immer energischer eine Partizipation an der Macht zu fordern.

Diese Faktoren bestimmen auch die Handlungsmöglichkeiten der folgenden Grafen aus dem Haus Dampierre, nämlich Robert von Béthune (1305–1346), Ludwig von Nevers (1322–1346) und Ludwig von Male (1346–1384). Robert von Béthune konnte sich wieder als eigenständiger Landesherr fühlen, mußte aber 1313 faktisch den Verlust des südwestlichen Flanderns akzeptieren. Seinem Nachfolger Ludwig von Nevers schien es wiederum geraten, die Nähe Frankreichs zu suchen. Der Graf war vor allem deshalb auf die französische Hilfe angewiesen, weil er allein der Aufstände in Brügge und auf dem flachen Lande nicht Herr werden konnte. 1338 geriet er mit England in einen offenen Konflikt, die folgenden Ereignisse liefen nach einem bekannten Muster ab: Englische Wollieferungen blieben aus, die Städte sahen ihre Wirtschaftskraft bedroht. Unter der Führung von Jacob van Artevelde erhoben sie sich gegen Ludwig, keinen Zweifel daran lassend, daß sie ihr Gedeihen über die Lehnsabhängigkeiten des Grafen stellten.

Einen Ausgleich mit den Gemeinwesen konnte erst Ludwig von Male herbeiführen. Obendrein war er wieder einmal ein Landesherr, der sich auf die Winkelzüge der Diplomatie verstand. Aus dem Hundertjährigen Krieg suchte er Flandern so weit wie möglich herauszuhalten, lockte aber die Kontrahenten mit der Heirat seiner einzigen, also erbberechtigten Tochter. Schließlich bestimmte er keinen von beiden, sondern Philipp den Kühnen, seit 1363 Herzog von Burgund, zu deren Ehemann.

Trotz seiner gewandten Politik scheiterte Ludwig zuletzt doch an den flandrischen Städten. Sie wollten einen Staat, der auf dem Verbund der Gemeinwesen basieren sollte. Dem standen Ludwigs Bemühungen um ein Territorium, dessen straffe Organisation ganz auf den Landesherrn ausgerichtet war, diametral entgegen. Bei WestRozebeke gelang es dem Grafen zwar, die Aufrührer zu schlagen, doch der Konflikt schwelte fort. Relative Ruhe sollte erst 1385 der Friedensschluß Philipps des Kühnen mit Gent schaffen.

Bis an die Schwelle des 15. Jh. entstehen zahlreiche gotische Bauwerke, die vor allem vom Selbstbewußtsein der Städte zeugen. Die Belforts (Belfriede) und Tuchhallen haben die Zeiten zum guten Teil überdauert, auch wenn sie später prächtiger ausgeschmückt werden oder gar in den Schatten der noch repräsentativeren Rathäuser treten sollten. Natürlich beginnen auch Brügge und Ypern schon im 13. Jh. mit dem Bau von Belfried und Tuchhalle, der Stadtturm Gents stammt aus der ersten Hälfte des 14. Jh.

Die Sakralarchitektur Flanderns kann ebenfalls qualitätvolle hochgotische Bauwerke, besser: Bauteile vorweisen. Denn auch die Kirchen wurden ständig umgestaltet und/oder erweitert. Zum Beispiel entstand die Liebfrauenkirche in Brügge zwischen (etwa) 1230 und 1335, doch schon 1344 wird ihr ein zweites nördliches Seitenschiff angefügt. Der schöne Ostabschluß von Kortrijks Liebfrauenkirche (nach 1300) und der imposante Backsteinchor von St. Walburga in Veurne (frühes 14. Jh.) sind weitere eindrucksvolle Zeugen aus dieser Zeit.

Gegen Ende des 14. Jh. können unter Ludwig von Male die ersten Künstler namhaft gemacht werden, etwa der Maler und Bildhauer André Beauneveu († kurz vor 1400) oder der in Ypern geborene Maler Melchior Broederlam. Aber sie gehören eigentlich schon zur burgundischen Epoche Flanderns und demnach ins nächste Kapitel.

Flandern und das Haus Burgund

Schon Philipp der Kühne (1384–1404) visierte offenbar einen unabhängigen burgundischen Staat an, bei dessen Aufbau das finanzkräftige Flandern eine wichtige Rolle spielen sollte. Deshalb achtet er darauf, die flandrischen Gemeinwesen nicht zu verprellen, wenngleich ihre Unabhängigkeitsbestrebungen seinen Plänen völlig zuwiderlaufen. Obwohl Mitglied des französischen Kronrats, unterstützt er die Städte auf jede erdenkliche Weise, als sie mit England ein Handelsabkommen vereinbaren. Daneben haben die Historiker seiner Heirats- und Erbfallpolitik eine grimmige Bewunderung nicht versagt; sie läßt sein Herrschaftsgebiet schnell anwachsen. Und Philipp war es auch, der die Übernahme des Herzogtums Brabant durch sein Haus zumindest anbahnte.

Ein so gewiefter Diplomat wie sein Vater ist Johann Ohnefurcht (1404–1419) nun beileibe nicht. Tief in den desaströsen Bürgerkrieg zwischen den Häusern Orléans und Burgund verstrickt, läßt er Ludwig von Orléans ermorden, muß die Bluttat aber selbst mit dem Leben bezahlen. Daraufhin schließt sich sein Sohn und Nachfolger Philipp der Gute (1419–1467) bedenkenlos den Engländern an, was den flandrischen Städten nur recht sein kann. Im übrigen setzt er die Politik seines Großvaters zielstrebig fort: Er bringt Holland, Seeland und Westfriesland, die Grafschaften Hennegau und Namur, das Herzogtum Luxemburg sowie (endgültig) das Herzogtum Brabant an sich.

Wie unbeirrt Philipp der Gute sein Ziel einer Großmacht Burgund verfolgt, zeigt sich, als die beiden betroffenen Lehnsherren seinen Expansionsdrang zügeln wollen. Angesichts der möglichen Verständigung zwischen dem deutschen und dem französischen König sagt er sich von England los. Dabei kommt ihm zweifellos entgegen, daß die flandrische Tuchproduktion nicht mehr so dringend auf die englischen Wollimporte angewiesen ist; sie kann ihren Rohstoff inzwischen auch aus Kastilien beziehen. Trotzdem stellen sich die Städte gegen Philipp, weil der Herrscher nun ihre Eigenständigkeit nicht länger dulden will. 1438 kommt es zum Aufstand: Die Bürger

von Brügge nehmen den Landesherrn gefangen und halten unter seinen Hofleuten blutige Ernte. Doch Philipp schlägt diese Rebellion – wie später auch den Aufstand von Gent 1450 – ebenso blutig nieder. Außerdem verlegt er die burgundische Hauptresidenz von Brügge ins ruhigere Brüssel.

Als Karl der Kühne (1467–1477) seinem Vater nachfolgt, verfügt er eigentlich über die besten Voraussetzungen, um Burgund zu einem straff organisierten, effektiven Feudalstaat auszubauen. Doch an Festigung ist Karl wenig gelegen. Hatte sich der Vater aus den großen Konflikten der Zeit stets herauszuhalten versucht, begibt sich der Sohn sofort auf Gegenkurs zu Frankreichs König Ludwig XI. Vor allem ist er auf den Erwerb von Elsaß und Lothringen aus, im Deutschen Reich strebt er sogar, allerdings erfolglos, die Würde eines »Königs in Friesland« bzw. Burgund an. Seine aufwendige Kriegs- und repräsentationsbedachte Staatsführung droht die Finanzreserven selbst Flanderns zu erschöpfen. Während der wenigen Jahre seiner Herrschaft kommt es immer wieder zu Unruhen, der Herzog unterdrückt sie – wie in anderen Ländern ebenfalls – rücksichtslos.

Wenigstens das Haus Habsburg hatte Karl als Bundesgenossen zu gewinnen versucht, doch 1474 zerbricht die österreichisch-burgundische Allianz. Auch das Geschick des burgundischen Kernlands Flandern entscheidet sich nun auf den oberrheinisch-lothringischen Kriegsschauplätzen, wo Karl jetzt sowohl die Habsburger wie die Eidgenossen gegen sich hat. Zwar schließt er noch Frieden mit Kaiser Friedrich III. (obgleich der durch Karls Inbesitznahme des Herzogtums Lothringen eigene Interessen bedroht sieht) und einen Waffenstillstand mit Frankreichs Ludwig XI. Doch eidgenössische, elsässische und lothringische Verbände schlagen 1477 sein Heer vor Nancy, Karl selbst findet in der Schlacht den Tod.

Seinem einzigen Kind, Maria von Burgund (1457–1482), hinterläßt Karl ein ebenso imposantes wie problematisches Erbe. Denn sofort erhebt der französische König wieder Anspruch auf Flandern, im Land selbst jagen Bürger die burgundischen Beamten, diese verhaßten Repräsentanten eines zentralistischen Staatswesens, zum Teufel. In ihrer Bedrängnis entschließt sich Maria, Maximilian von Habsburg zu heiraten. Als Mitglied der damals mächtigsten Dynastie Europas verspricht Maximilian einen Schutz, wie ihn die von allen Seiten bedrängte Maria braucht.

Obwohl sich unter den beiden letzten Burgundern schon abzeichnet, daß Flandern an Gewicht verliert, erlebt das Land im 15. Jh. eine außerordentliche kulturelle Blüte. Im Vordergrund des Interesses steht dabei seit je die grandiose Entwicklung der Tafelmalerei. Die neuen, ebenso farbenfrohen wie detailfreudigen Bilder aus dem grauen Nordwesten machten selbst an den Höfen und in den Städten Italiens Furore. Die kunsthistorische Zunft hat die Schöpfer dieser Werke lange mit dem Sammelnamen »Flämische Primitive« belegt; ein Neckzettel, der allenfalls wegen des unbekümmerten Umgangs mit den Maltraditionen Sinn macht. Die Brüder van Eyck, Hugo van der Goes und Rogier van der Weyden, später – schon unter dem Horizont der Renaissance – Hans Memling sind die überragenden Künstlerpersönlichkeiten der Epoche. Aber auch weniger häufig genannte Meister wie Robert Campin, Joost van Wassenhove (Justus von Gent), Petrus Christus oder Jean Malouel tragen den Aufschwung mit.

Einen enormen Schub erfährt auch die Buchmalerei, und zwar sowohl ihrem Umfang wie ihrer Qualität nach. Auch die Miniaturisten profitieren vom burgundischen Hof, namentlich vom Bücherliebhaber Philipp. Eine Sonderkonjunktur können seit etwa 1475 die Stundenbücher verzeichnen. Viele Tausende entstehen in Brügge respektive Genter Werkstätten, noch zu Beginn des 16. Jh. und trotz der Konkurrenz von gedruckten Werken mit Holzschnitten oder Kupferstichen bleibt die Nachfrage nach ihnen ungebrochen. Übrigens finden wir jetzt viele Motive der flämischen Tafelmalerei im kleinen Format wieder, und mehr als die großen Bilder machen die Stundenbücher mit dem spezifischen Realismus dieser Kunst bekannt.

Daneben blüht das Kunsthandwerk, vor allem den Goldschmieden und Teppichwirkern kommt dies zugute. Spätestens jetzt drängt sich

Die Komponisten Guillaume Dufay und Gilles Binchois. Miniatur aus dem 15. Jh., Bibliothèque Nationale, Paris

die Frage auf: Worin liegt eine derart dynamische Entwicklung des künstlerischen Potentials begründet? Nun, eine wesentliche Rolle hat hier sicher der burgundische Hof gespielt, zumal dann, als er – allen Aufständen zum Trotz – in Brügge seinen (Haupt-)Sitz nahm. Um Burgunds berühmte, beinahe schon skandalös großartigen Feste, Turniere und Ritterspiele auszurichten, brauchte es die Künstler.

Und nicht nur die Herzöge selbst, sondern auch die Spitzen der Hofhierarchie waren potente Auftraggeber. Schließlich wollte auch das Patriziat – bei aller Distanz zu den kaum geliebten Herren – nicht zurückstehen. Über genügend Mittel verfügten die Angehörigen diese Schicht ja ohne weiteres, und der Gedanke an die Zurschaustellung des Reichtums war ihnen inzwischen keineswegs mehr fremd.

Der Abschnitt über die große Zeit flandrischer Kunst darf nicht enden, ohne daß der wesentliche Beitrag des Landes zur europäischen Musikgeschichte wenigstens erwähnt wird. Komponisten wie Guillaume Dufay, Gilles Binchois und Jan van Ockegem haben große Verdienste um die Entwicklung der Polyphonie, also der mehrstimmigen Kompositionsweise. Aus dieser franko-flämischen Schule ist mit dem aus Mons gebürtigen Orlando di Lasso auch einer der berühmtesten Tonsetzer des 16. Jh. hervorgegangen.

Flandern kommt an Habsburg

Da Maria von Burgund schon 1482, im Alter von 25 Jahren, stirbt, kann Maximilian als Vormund des noch minderjährigen Sohns Philipp Regent von Flandern werden. Die Stellvertreter-Rolle hat Maximilian nun keineswegs dazu veranlaßt, innen- und außenpolitisch behutsam zu agieren. Schon 1482 gingen vom reichen Erbe die Freigrafschaft Burgund und das Artois verloren. Mit dem wiedererstarkten Frankreich legte er sich an, und seine Kriege schädigten die ohnehin immer weniger glänzenden Geschäfte der flandrischen Städte empfindlich. Überdies beschnitt er die städtischen Privilegien derart, daß die Gemeinwesen sogar eine Verständigung mit dem Adel des Landes suchten. Ein Rat aus beiden Ständen erklärte sich zur Regierung in Flandern und scheute sich 1488 nicht, Maximilian gefangenzunehmen.

Doch diese Erhebung sollte als letztes großes Aufbegehren der Städte in die Geschichte eingehen. Maximilian behielt zuallerletzt die Oberhand. Die Niederlage der Städte erklärt sich auch aus dem Verlust ihrer wirtschaftlichen Vormachtstellung. Kleinere Gemeinwesen und ländliche Produktionszentren konnten, durch die Landesherren massiv gefördert, sehr viel flexibler auf die Bedürfnisse des Marktes reagieren. Sie nutzten vor allem den Import der billigen kastilischen Wolle, um für Nord- und Osteuropa auch grobere Stoffe, also Massenware, herzustellen. Von den großen Städten behauptete allein Brügge seine überragende Rolle im Welthandel, bis Anfang des 16. Jh. Antwerpen an seine Stelle trat. Dieser Wechsel steht für eine

Karl V. Kopie von Peter Paul Rubens, 1603, nach dem verlorenen Gemälde von Tizian, 1548, Berlin, Deutsches Historisches Museum

politische Entwicklung: In den Niederlanden verlor Flandern seine Führung an Holland und Brabant, zu dem auch Antwerpen gehörte.

Bliebe noch nachzutragen, daß während der ersten Regierungsjahre Philipps des Schönen (1494–1506) manches für ein Wiedererstarken Flanderns sprach. Der Fürst setzte den Großen Rat von Mecheln (erneut) als Parlament ein, schloß Frieden mit Frankreich und 1495 sogar ein Freihandelsabkommen mit England. Vielleicht hätte Philipp endlich den mächtigen Staat im Nordwesten Europas geschaffen, wäre seine Gemahlin nicht Johanna von Kastilien gewesen: Sie verhalf ihm zur spanischen Krone. Philipps Sohn Karl V. hatte als gebürtiger Genter immer eine besondere Neigung für die Region. Und zweifellos verstand er sich als Nachfahre der Burgunder mit ihren Großmachtträumen. Dennoch sog sein Reich, in dem die Sonne bekanntlich nicht unterging, Flanderns Konturen weitestgehend auf. Immerhin löste Karl im sogenannten »Damenfrieden« von Cambrai (3. August 1529) Flandern völlig aus dem französischen Lehnsverband; der berühmte schwarze Renaissancekamin im Brügger Gerichtshof (s. S. 55) ist diesem Ereignis gewidmet. Seit 1548 gehört Flandern zum Burgundischen Reichskreis, einem der zehn, in die seit 1512 das Deutsche Reich eingeteilt war.

Religionskriege und Habsburgische Herrschaft

Während Karl V. in seinen »Stammlanden« noch häufig gegenwärtig war, ließen sich die folgenden Territorialherren ausschließlich durch Generalstatthalter/innen vertreten. Und keine sollte mehr die Souveränität Margaretes von Österreich besitzen (1480–1530), die Habs-

Margarete von Österreich, Standbild vor dem Rathaus in Mecheln

24

burgs Interessen an der Westflanke des Reichs so umsichtig wahrte. Ein kluges Regiment führte aber auch ihre Nachfolgerin Maria von Ungarn (1505–1558). Überdies blühten an ihrem Brüsseler Hof die Künste. 1530 nahm sie Barend von Orley (s. S. 234) wieder in Gnaden auf, obwohl Margarete ihm 1528 die Hofmaler-Würde wegen Ketzerei entzogen hatte.

Allerdings bemühte sich Karls Sohn und Nachfolger Philipp II. (1555–1598) schon zu Marias Statthalterzeit, die Niederlande stärker unter seine Fuchtel zu zwingen. Philipp folgte den Maximen des Absolutismus, er wollte einen straff organisierten, zentral gelenkten Staat. Auch diese Absicht gefährdete der Protestantismus, der nicht nur in den nördlichen Provinzen viele Anhänger besaß. Keine Erlasse des gestrengen Regenten und keine Inquisition hatten seiner Herr werden können.

Die Gelegenheit zu härterem Durchgreifen bot der calvinistische Bildersturm 1566. Ihm fiel manches Kunstwerk zum Opfer, aber das werden die Flandern-Reisenden von heute womöglich mehr bedauern als damals der spanische König Philipp. Er stellt nach der protestantischen Revolte seiner natürlichen Schwester Margarete von Parma (s. S. 37) den Herzog Alba als Statthalter an die Seite. Sein Auftreten und vor allem das seiner schlecht bezahlten, plünderwütigen Truppen machen auf Dauer mehr böses Blut, als daß sie den Gegner niederhalten. Achtzig Jahre sollten sich die Auseinandersetzungen hinziehen. Der Westfälische Friede von 1648 ratifiziert dann nur, was ohnehin Realität ist: Die Nördlichen Provinzen werden als souveräner Staat anerkannt. Überdies erhalten sie mit Seeflandern, Nordbrabant und Teilen der Region Übermaas Territorien, die seit je zum Bereich der Südlichen Provinzen zählten.

Einzug des Herzogs Alba in Brüssel 1567, Radierung von F. Hogenberg, Königliche Bibliotnek, Brüssel

Und eine Zeitlang schien sogar eine Abspaltung der Südlichen Niederlande von Spanien möglich. Jedenfalls schlossen sie sich der Pazifikation von Gent an (s. S. 175), die in ihrem Geltungsbereich Bekenntnisfreiheit festlegte. In Gent und Antwerpen hatten die Calvinisten das Sagen, aber ihre hochfahrende, dogmatische Art machte ihnen keine Freunde. Dank der unzufriedenen Katholiken und seines fähigen Feldherrn Alexander Farnese konnte Philipp seine Regentschaft im Süden sichern. Seitdem war hier auch der Katholizismus als herrschendes Bekenntnis unumstritten.

Der militärische Dauerkonflikt zieht auch die Wirtschaft der Südlichen Niederlande in Mitleidenschaft. Vor allem Antwerpen, aufgestiegen zu einem der wichtigsten europäischen Handelszentren, trifft die Entwicklung hart. Seine Lage unmittelbar an der Trennlinie von Norden und Süden und die Abriegelung der Schelde durch die Niederländer führt zu erheblichen Einbußen. Dennoch feiern hier die Künste Triumphe. Der Stern Peter Paul Rubens' (s. S. 40) geht auf, Anthonis van Dyck (s. S. 179) und Jacob Jordaens (s. S. 153) vervollständigen das Triumvirat der Antwerpener Barockmalerei.

In der zweiten Hälfte des 17. Jh. wurden die Südlichen Niederlande immer wieder Schauplatz von Kriegshändeln, u. a. Ludwig XIV. wollte sie Frankreich einverleiben. Erst der Friede von Utrecht 1713/15 sicherte die Territorien den Habsburgern, diesmal allerdings den österreichischen (nachdem das Haus Spanien verlorengeben mußte). Ruhe sollte das Land im Nordwesten dennoch nicht finden. Als Karl VI. 1740 starb, scherten sich die Gegner Österreichs den Teufel um all die teuer erkauften Verträge, mit denen er die Nachfolge seiner Tochter Maria Theresia abgesichert hatte. Frankreich besetzte einmal mehr die benachbarten Länder, erst der Friede von Aachen (1748) sprach sie dann der Kaiserin zu.

Einiges Aufsehen auch in den Südlichen Niederlanden erregte Joseph II., Sohn, Mitregent und Nachfolger Maria Theresias. Dieser »Revolutionär auf dem Kaiserthron« trug sich mit dem Gedanken, die Österreichischen Niederlande gegen das Fürstbistum Salzburg und das Kurfürstentum Bayern einzutauschen. Seine radikalen Verwaltungsreformen und seine Aufhebung der kontemplativen Klöster sorgten hierzulande für mehr als bloße Unruhe. Die Brabantische Erhebung 1789 war eine entschiedene Antwort auf den autoritär-aufklärerischen Kurs des Kaisers. Die Empörer riefen die Unabhängigkeit des Landes aus, das sie »Vereinigte Belgische Provinzen« nannten.

»Niemand soll mir wieder mit dem elenden Gemeinplatze kommen […], daß die Aufklärung Schuld an politischen Revolutionen sei. Hier in Brüssel sollen sie mir ihren Satz einmal anwenden! […] Hier hat der Fanatismus Aufruhr gestiftet, Aberglaube, Dummheit und erschlaffte Denkkraft sind seine Werkzeuge gewesen.« (Georg Forster, Ansichten vom Niederrhein, von Brabant, Holland, England und Frankreich im April, Mai und Junius 1790)

Franzosenzeit und Vereinigtes Königreich der Niederlande

Die Brabantische Erhebung fiel ins Jahr der Französischen Revolution, die freilich eine ganz andere Stoßrichtung hatte. Ende 1790 konnte Habsburg seine Herrschaft noch einmal stabilisieren, aber

nur für knappe zwei Jahre. Dann marschierten die Revolutionstruppen in die Südlichen Niederlande ein, endgültig übernahmen die Franzosen nach der Schlacht beim hennegauischen Fleurus (26. Juni 1794) das Regiment. Mit dieser Zerschlagung des Ancien régime erlosch übrigens auch die Grafschaft Flandern.

Am 1. Oktober 1794 wurden die Südlichen Niederlande als Belgische Départements Teil der Republik Frankreich. Die Französische arbeitete hierzulande der Industriellen Revolution vor, deren Schwer punkt in den nördlichen Départements um Gent, im Süden um Lüttich lag. Die ökonomischen Verhältnisse besserten sich schnell. Das lag nicht zuletzt an den Aufträgen der französischen Armee, wie überhaupt die Ökonomie stark nach Frankreich orientiert war. Diese Ausrichtung begünstigte das Vordringen des Französischen; es wurde zur bevorzugten Sprache des Bürgertums und verdrängte dort das Niederländische fast ganz.

Nachdem Napoleon dicht an der wallonisch-flämischen Grenze sein Waterloo erlebt hatte, stand der restaurativen Neuordnung Europas nichts mehr im Wege. »Südniederland« und »Nordniederland« wurden vereint, Wilhelm I. konnte sich nun mit noch größerem Recht König der Niederlande nennen. Auch unter seiner Herrschaft schritt die Industrialisierung des südlichen Landesteils voran, wovon das Genter Textilgewerbe seit 1823 besonders profitierte. Überhaupt war Gent als eine Art Brückenkopf der »Niederlandisierung« ausersehen, infolgedessen erhielt die Stadt auch eine Universität.

Doch wurde schnell offenbar, wie sehr sich Norden und Süden auseinandergelebt hatten. Vor allem die Schulpolitik stieß im katholischen Landesteil auf heftigsten Widerstand. Es kam zu einem Bündnis von Wahrern des traditionellen Bekenntnisses und Liberalen, die für eine Verankerung der persönlichen Freiheiten und eine weitgehende Selbstverwaltung kämpften. Nicht zuletzt die Verschlechterung der wirtschaftlichen Lage ließ die Anhängerschaft der 1828 gegründeten Union wachsen. Zusätzlichen Rückenwind erhielt sie durch die Juli-Revolution des Jahres 1830 in Frankreich. Am 4. Oktober erklärt eine »Vorläufige Regierung« die Unabhängigkeit Belgiens, am 20. Dezember 1830 akzeptiert in London die Mehrheit der Garantiemächte den neuen Staat.

1831 wählte der »Nationale Kongreß« Leopold von Sachsen-Coburg-Gotha zum König. Allerdings wollte der niederländische Potentat das erst vor 15 Jahren gewonnene Territorium nicht kampflos preisgeben. Doch weder der Zehn-Tage-Krieg (August 1831) noch die langwierigen Verhandlungen über einzelne Probleme konnten den belgischen Staat mehr infragestellen.

Das neue Flandern

Das »neue« Flandern entsteht im 19. Jh., also im Jahrhundert des Nationalismus. Der Name, eine historische Reminiszenz, bürgerte sich für den nördlichen, den niederländischsprachigen Teil des Königreichs Belgien ein. Mithin begründet die Sprache eine landsmannschaftliche, eine regionale Identität; eine Sprache, die damals in Belgien selbst nur als Vielzahl von »flämischen« Dialekten existierte. Wie selbstverständlich schreiben Maurice Maeterlinck, der Literaturnobelpreisträger von 1911, oder der namhafte Lyriker Emile Verhaeren französisch.

In den frühen Jahren des belgischen Staats, als die Empfindlichkeit gegenüber den Niederlanden noch groß war, wird die eigene Sprache übrigens noch »Nederdytsch« genannt. 1840 unterschreiben etwa 100 000 Belgier eine Petition an ihr Parlament. Sie fordert für den flämischen Landesteil, in Schule, Verwaltung und vor Gericht ausschließlich das »Niederdeutsche« zu verwenden. Doch erst das Gesetz vom 28. Juni 1932 erkennt das Niederländische als offizielle Sprache der nördlichen Provinzen an.

Damit aber war der Streit zwischen den beiden Landesteilen keineswegs beigelegt. Nach dem Zweiten Weltkrieg sollte er den belgischen Staat schwersten Zerreißproben aussetzen. Für eine Stärkung Flanderns sprachen sein immer größerer Anteil an der Gesamteinwohnerzahl und, womöglich noch mehr, daß die Wallonie ihre wirtschaftliche Vormachtstellung verlor. Die Dynamik des Konflikts ließ schließlich keine andere Wahl als die weitgehende Selbständigkeit der Landesteile. 1988 wird die Föderalisierung Belgiens beschlossen, für Brüssel gilt ein Sonderstatut. Ob damit jedoch der Weg zu einer Entspannung gebahnt ist, bleibt fraglich.

Das bedeutendste Baudenkmal des Historismus ist zweifellos der gewaltige Brüsseler Justizpalast, entworfen vom Stadtbaumeister Joseph Poelaert (1816–1879). Noch heute kann dieser Palast einschüchtern, ganz im Gegensatz zu den Jugendstilarchitekturen des gebürtigen Genters Victor Horta (1861–1947). Auch seine wichtigsten Bauten stehen in Brüssel, während James Ensor nach Ostende zurückkehrte, wo er seine bekanntesten Bilder schuf. Ebenfalls in Ostende starb Constant Permeke (1860–1952), der schwerblütige Expressionist. Paul Delvaux (1897–1994), Jüngstverstorbener, steht dagegen dem Surrealismus nahe.

Ein besonders trauriges Kapitel der neueren Geschichte darf nicht unerwähnt bleiben: die Zerstörung der westflandrischen Kunstlandschaft im Ersten Weltkrieg. Gegen jedes Völkerrecht waren deutsche Truppen ins neutrale Belgien einmarschiert, bei Ypern kam die Front bereits Ende 1914 zum Stehen. Erbittert kämpften hier Deutsche und Franzosen um jeden Quadratmeter Gelände (s. S. 95), am Ende des Krieges lag der historische Kern dieser Stadt ebenso in Trümmern wie der von Diksmuide. Ein sorgfältiger Wiederaufbau tilgte die Spuren der Vernichtung. Im Fall etwa von Diksmuide entstanden die Kopien der alten Gebäude jedoch nur, um während des Zweiten Weltkriegs erneut zerstört zu werden.

Daten zur Geschichte

57–52 v. Chr.	Cäsar unterwirft die Belger.
um 260 n. Chr.	Rückzug der Römer vom unteren Rhein auf die Linie Köln-Maastricht-Boulogne.
um 400	Das römische Reich bricht endgültig zusammen.
ab 650	Die Merowingerkönige fördern die Christianisierung des Gebiets, die Bistümer Tournai und Tongern entstehen.
Anfang 8. Jh.	Der *pagus flandrensis* (Flanderngau) wird erstmals erwähnt.
843	Im Vertrag von Verdun wird das Reich Karls des Großen dreigeteilt, im Vertrag von Meersen 870 wird die Teilung in ein westfränkisches und ein ostfränkisches Reich festgeschrieben. Die Grenze verläuft entlang der Maas und Schelde durch das heutige Flandern.
879	Tod Balduins I., erster Graf von Flandern.
879–918	Unter Balduin II. nimmt die spätere Grafschaft Flandern politische Konturen an.
9. Jh.	Gent etabliert sich als Handelszentrum.
925	Die Schelde teilt endgültig das westliche vom östlichen Frankenreich, das heißt Frankreich vom Heiligen römischen Reich deutscher Nation.
um 950	Die einzelnen Territorien formieren sich: auf dem Gebiet des heutigen Flandern die Grafschaften Flandern, Brabant und Limburg (die beiden letztgenannten werden später Herzogtümer) sowie die Markgrafschaft Antwerpen.
11. Jh.	Das Tuchgewerbe in Flandern blüht auf.
1120	Der flandrische Graf Karl der Gute schließt auf eigene Rechnung Frieden mit England, die Städte, angewiesen auf die englischen Wollimporte, unterstützen den Schritt.
1128	Karl der Gute wird ermordet, mit ihm erlischt das erste flandrische Grafenhaus.
1168–1191	Philipp von Elsaß reorganisiert die Grafschaft Flandern, er gründet u. a. die Städte Dünkirchen, Nieuwpoort und Damme, tritt allerdings dem Streben der großen Städte nach mehr Eigenständigkeit entgegen.
1214	In der Schlacht von Bouvines zwischen England und Frankreich steht Flandern auf der Seite des Verlierers England. Die Grafschaft gerät nun bis zum Ende des Jahrhunderts in größere Abhängigkeit zu Frankreich.

1270	Gräfin Margarete von Flandern provoziert den sogenannten englisch-flämischen Handelskrieg, der die wirtschaftlichen Interessen der Städte stark beeinträchtigt.
1302	In der »Goldsporenschlacht« von Kortrijk erleidet Frankreich eine vernichtende Niederlage gegen die flandrischen, vor allem von den Zünften gestellten Kontingente.
1339–1453	»Hundertjähriger Krieg« zwischen England und Frankreich.
1384	Ludwig von Male, der letzte Graf von Flandern, stirbt.
1384–1479	Herrschaft des Hauses Burgund über Flandern.
1404	Auch das Herzogtum Brabant fällt an Burgund, im Lauf der Jahrzehnte erhält Brüssel immer mehr Hauptstadtfunktionen und wird Residenz der Burgunder.
1436	Erster Aufstand der Städte gegen die Burgunder, dem unter Philipp dem Guten und Karl dem Kühnen einige weitere folgen.
1479	Mit Maximilian von Österreich treten die Habsburger das burgundische Erbe in Flandern, Brabant und Limburg an.
1480–1530	Souveräne Statthalterschaft Margaretes von Österreich.
1500	Der spätere Kaiser Karl V. wird in Gent geboren.
1505–1558	Unter der Statthalterschaft Marias von Ungarn blühen die Künste.
1566	Bilderstürme der Calvinisten
1568–1648	Achtzigjähriger Krieg zwischen Spanien und den Niederlanden, der durch die Hinrichtung der Grafen Egmont und Hoorn in Brüssel ausgelöst wird.

Schließung der Schelde 1585 durch eine Palisade, Aquarell von 1585, Wien, Österreichische Nationalbibliothek

	Die Protestantenverfolgungen treiben viele Angehörige der städtischen Eliten aus dem Land, für Antwerpen, Brüssel und Gent bedeutet das den wirtschaftlichen Niedergang.
1598–1633	Statthalterschaft des Erzherzogpaars Albrecht und Isabella, die zu den Förderern von Rubens und van Dyck gehören.
1648	Der Westfälische Friede besiegelt endgültig die Eigenstaatlichkeit der (Nördlichen) Niederlande.
1695	Das Bombardement Brüssels durch französische Truppen setzt den Schlußpunkt unter die Versuche Ludwigs XIV., die Südlichen Niederlande in seine Gewalt zu bekommen.
1713	Der Friede von Utrecht beendet den Spanischen Erbfolgekrieg. Die Südlichen Niederlande gehen an die Österreichische Linie des Hauses Habsburg über.
1790	Tod Kaiser Josephs II., dessen Reformmaßnahmen ein Jahr vorher zur Brabantischen Erhebung geführt hatten.
1794	Beginn der Franzosenherrschaft
1815–1830	Die Südlichen Niederlande sind, nach den Beschlüssen des Wiener Kongresses, Teil des Königreichs der Niederlande.
1831	Am 20. Januar wird das Königreich Belgien gegründet, Brüssel wird Hauptstadt. Der ökonomische Schwerpunkt des Staats liegt im wallonischen Süden, der wirtschaftlichen Schwäche Flanderns entspricht seine politische.
1898	Formale Gleichstellung der niederländischen und französischen Sprache.
1914–1918	Erster Weltkrieg. Deutsche Truppen marschieren in das neutrale Belgien ein, der Vormarsch in Flandern kommt an der Ijser zum Stehen, die Schlachten bei Ypern 1917 kosten auf beiden Seiten viele Soldaten das Leben.
1932	In Flandern wird Niederländisch Unterrichts- und Gerichtssprache.
1939–1945	Zweiter Weltkrieg. 1940 fallen erneut deutsche Verbände in Belgien ein und besetzen das Land.
1970–1988	In drei Schritten (1970, 1980 und 1988) wird der belgische Staat mit dem Ziel größerer Autonomie der Landesteile reformiert. Flandern, die Wallonie und das zweisprachige Brüssel werden eigenständige Regionen.
1993	Belgien ist mit der Verfassungsänderung vom 8. Mai endgültig ein föderaler Staat, dessen drei Regionen sich weitestgehend selbst verwalten.

Galerie bedeutender Persönlichkeiten

Flanderns Köpfe

Karl der Gute, Graf von Flandern (vor 1086–1127)

»O infidelis Flandria!/o crudelis! o impia!« – Untreues, grausames, heidnisches Flandern, so beginnt ein zeitgenössisches Klagelied. Denn Ungeheures, Unfaßbares war geschehen. Karl der Gute, Graf von Flandern, lag in seinem Blut, niedergestreckt »am geheiligten Ort, und mitten im geheiligten Gebet, in geheiligter Andacht des Geistes, zur geheiligten Fastenzeit und während der geheiligten Austeilung von Almosen, und auch noch vor dem geweihten Altar und den geweihten Reliquien der Heiligen.« So Galbert von Brügge, Kapitelherr an St. Domitian, Notarius der gräflichen Kanzlei und vielleicht Augenzeuge des Meuchelmordes. Sein Tagebuch aus jenen Märztagen des Jahres 1127 ist ein ganz außergewöhnliches Dokument, informativ und engagiert, lebendig und genau – für hochmittelalterliche Verhältnisse also fast einzigartig.

Karl der Gute mit gezücktem Schwert, Schnittfigur im Museum der St. Salvatorkathedrale, Brügge, mutmaßlich 15. Jh.

Doch zurück zu Karl dem Guten. Der Sohn König Knuts von Dänemark war früh an den flandrischen Hof gekommen. Sein Großvater, Graf Robert von Flandern, hatte Karl sorgfältig erziehen lassen, seine beiden Nachfolger ihn nach Kräften gefördert. Als Berater des Regenten spielte er schon eine wichtige politische Rolle, ehe Balduin VII. ihn zu seinem Erben bestimmte. Trotzdem mußte sich Karl bei seinem Herrschaftsantritt 1119 gegen erheblichen Widerstand aus den Reihen des Adels behaupten. Der hielt auch später deutliche Distanz zu ihm, unternahm der Graf doch ernsthafte Anstrengungen, Recht und Gesetz gegen das Willkürregiment der Mächtigen durchzusetzen. Im Hungerwinter 1124/25 sorgte er gar mit aller Energie dafür, daß die Bedürftigen überleben konnten. So wurde schon damals sein Name mit Hochachtung genannt, einige wollten ihn 1123 zum König von Jerusalem, 1125 zum Kaiser machen. Er schlug beide Würden aus und blieb Graf von Flandern.

Kein Zweifel: Karl hat sich seinen Beinamen »der Gute« redlich verdient. Andererseits war er ein adelsstolzer Herrscher, durchdrungen vom Glauben an die Auserwähltheit seines Stands. Und da mußten ihm die Erembalde ein Dorn im Auge sein. Die hatten mit äußerster Rücksichtslosigkeit ihren Aufstieg von einer unfreien Familie zu Inhabern der Brügger Burggrafschaft durchgesetzt. Bertulf, ein Sohn des ersten Erembald, hatte es sogar zum Propst von St. Donatian und als solcher zum Kanzler von Flandern gebracht. Er fädelte die in jeder Hinsicht lukrativen Heiraten seiner Neffen ein, schnell besetzten die Erembalde die Schaltstellen flandrischer Politik.

Ihnen gedachte Karl die Maske der Nobilität vom Gesicht zu reissen – schließlich gefährdete eine derart mächtige Sippe auch seine

Position. Als der Graf immer wieder den Makel ihrer Herkunft herausstellte und auf Unterwerfung drang, beschloß Bertulf, den Landesherrn aus dem Weg zu räumen. Heimlich zog er seine Getreuen zusammen – es waren nicht wenige – und bereitete sie auf den Morgen des 2. März vor. Der Anschlag gelang, es starb Karl der Gute, »Landesherr, Vater, Beschirmer, fromm, liebenswürdig, barmherzig, eine Zierde seines Gottes und seiner Kirche« (so Galbert von Brügge).

Nachtrag: Die bestialische Ermordung verunsicherte das Land tief. Karl der Gute starb kinderlos und hatte keinen Nachfolger bestimmt. Zwar wurde das Machtkartell der Erembalde zerschlagen. Aber der französische König gewann die Kontrolle über Flandern, er zwang ihm seinen Favoriten als Landesherrn auf. Der Grafschaft stand eine lange Periode der politischen und damit auch wirtschaftlichen Instabilität bevor.

Jakob van Artevelde (um 1290–1345)

Jakob van Artevelde auf dem Vrijdagsmarkt in Gent

Das 14. Jahrhundert (s. S. 17 ff.) zählte wahrhaftig nicht zu den friedlichsten Epochen im Westen Europas. Der Gegensatz zwischen England und Frankreich erfuhr im (sogenannten) Hundertjährigen Krieg eine blutige Manifestation, Flandern stand zwischen den Fronten. So schlug die Stunde für Jakob van Artevelde. Bis dahin ein Genter Patrizier von keineswegs überragendem Einfluß, zeigte er in Zeiten der Not die nötige Entschlossenheit.

Da der flandrische Graf Ludwig von Nevers die Partei Frankreichs ergriffen hatte, stoppte England 1336 die Wollieferungen nach Flandern und schwächte damit die Wirtschaftskraft der Städte aufs Empfindlichste. Auch in Gent war die Empörung groß. Zum Jahresbeginn 1338 sollte van Artevelde als Haupt der revolutionären Partei an die Macht kommen, das etablierte Stadtregiment spielte keine Rolle mehr. Und schon im März erreichte Artevelde beim englischen König die Aufhebung des Wollembargos. Sein diplomatisches Meisterstück aber gelang ihm wenige Monate später: Er konnte sowohl England als auch Frankreich bewegen, die Neutralität Flanderns zu akzeptieren.

Obwohl nun dem Genter Patrizier seine politische Schlüsselrolle durch Umstände zugefallen war, die das Etikett revolutionär durchaus verdienten, hatte sie den Anschein von Legitimität. Hatte sie zumindest so lange, bis Graf Ludwig im Dezember 1339 nach Paris flüchtete, weil er sich den Zumutungen van Arteveldes nicht länger gewachsen fühlte. Strebte sein Untertan doch ein förmliches Bündnis mit England an, das er zunächst freilich von den flandrischen Städten gebilligt wissen wollte. Als diese den englischen Herrscher Eduard III. 1340 als König von Frankreich anerkannten, war auch die Loyalitätsfrage zumindest auf dem Papier elegant gelöst.

Doch damals schon begann der Stern Jakob van Arteveldes zu sinken. Denn entgegen der immer noch weit verbreiteten Meinung herrschten der Genter *captein* und sein Anhang recht willkürlich. Die Bedürfnisse der ländlichen Bevölkerung ignorierten sie, und außerdem taten sie alles, um die kleineren Städte aus der Tuchproduktion zu drängen. Es lief also auf die einseitige Favorisierung der drei großen Städte hinaus, aber selbst die Allianz von Gent, Brügge und Ypern zeigte bald Risse. Und in Gent liefen vor allem die Weber Sturm gegen das selbstherrliche Regiment Arteveldes.

Bald mußte Artevelde seinen Platz an der Spitze des Landes räumen, war aber politisch weiterhin nicht ohne Einfluß. Zum Verhängnis wurden ihm ausgerechnet seine guten Kontakte zu England. Als Eduard III. Mitte 1345 im Brügger Vorhafen Sluis zu Verhandlungen eintraf, führte der ehemalige *captein* erneut die flämische Delegation. Doch fürchteten seine Gegner offenbar, daß er Flandern der englischen Krone ausliefern, ja, mit Eduards Hilfe wieder an die Macht kommen wollte. Die Genter Schöffen riefen ihn nach Hause zurück. Dort wurde Jakob van Artevelde am 17. Juli 1345 von einem Weber ermordet.

Nachtrag: Was Ironie der Geschichte heißt, läßt sich am Lebenslauf Philipp van Arteveldes (1340–1382) exemplifizieren. Nach dem blutigen Ende seines Vaters lebte er geraume Zeit im sicheren England, nach Auskunft der Quellen geachtet und ohne materielle Sorgen. 1360 kehrte er nach Gent zurück, um dort eine solide, über jeden Zweifel erhabene bürgerliche Existenz aufzubauen. Erst 1379 bekam seine politische Leidenschaft Gewalt über ihn. Als Flandern – allen voran selbstredend wieder die drei großen Städte Gent, Brügge und Ypern – das Joch der gräflichen Herrschaft endgültig abschütteln wollte, stand Philipp van Artevelde an der Spitze dieser Bewegung. Politischer und militärischer Führer seines Landes, vereinigte er noch mehr Macht auf sich als sein Vater. Doch am 27. November 1382 mußte er bei West-Rozebeke gegen die vereinigten Truppen des Grafen und des französischen Königs antreten. Sein Heer verlor die Schlacht und der Feldherr das Leben.

»Aber alle schrieen mit einer Stimme: ›Komm zu uns herunter, predige nicht so hoch und gib uns Rechenschaft über den großen Schatz von Flandern!‹« (Reaktion der Genter auf Jakob van Arteveldes eigenmächtige Politik, Zitat aus den Froissardschen Chroniken)

Anselm Adorne (1424–1483)

Er war ein Diener vieler Herren, aber immer ein loyaler. Er war ein Staatsmann und Handelsherr mit internationalen Verbindungen, aber auch ein glänzender Turnierreiter und Redner: Anselm Adorne, Brügger Patrizier aus dem Geschlecht der Genueser Adornos, deren einer Zweig schon seit einiger Zeit in der flandrischen Metropole eine neue Heimat gefunden hatte.

Das Prunkgrab in Brügges Jerusalemkirche (s. S. 78) zeigt die Liegefiguren des Ehepaars. Neben Anselm ruht Margarethe van der Banck, die nicht weniger als 16 Kinder zur Welt gebracht hat. Die Liste der Gevattern reiht einen klingenden Namen an den anderen. Da finden sich die einflußreichen Genueser Familien ebenso wie Lodewijk van Gruuthuse (s. S. 62), Jan Crabbe, für den Hans Memling das heute über drei Museen verstreute Triptychon malte (s. S.

Grabmal des Anselm Adorne in der Jerusalemkirche in Brügge

39), oder Pieter Bladelin (s. S. 75), der den berühmten Berliner Altar bei Rogier van der Weyden in Auftrag gab. Solche Prominenz verwundert nicht, zählte Anselm Adorne doch selbst zur allerbesten Brügger Gesellschaft und gehörte lange Zeit dem Stadtregiment an.

Natürlich pflegte Anselm intensive Handelsbeziehungen zu Genua. Gleichfalls stand er in engem Kontakt mit den Kaufleuten aus Spanien, wo sich ebenfalls ein Zweig seiner Familie niedergelassen hatte. Allmählich aber sollten seine Geschäfte mit den schottischen Handelsherren immer mehr an Bedeutung gewinnen. Die hatten ihre Quartiere am Verversdijk, und Anselm wohnte mitten unter ihnen. Als das schottische Parlament 1468 eine Handelssperre gegen Brügge verfügte, reiste er an der Spitze einer Delegation ins Königreich, um die Aufhebung dieses Beschlusses zu erreichen. Das gelang Adorne, und auch er selbst hatte von seiner Mission reichen Gewinn: Der schottische Herrscher Jakob III. nahm ihn als Ritter in den exklusiven Einhornorden auf, berief ihn als Ratgeber und gab ihm ein Gut zu Lehen.

Im Februar 1470 brach der Brügger Genuese zu einer Pilgerfahrt ins Heilige Land auf, von der er am 4. April 1471 zurückkehrte. Ob er diese Reise nur aus Frömmigkeit unternommen hatte, ob er dabei auch geschäftliche Interessen wahrnehmen oder ob er sich bei Karl dem Kühnen (s. S. 20 f.) als Organisator des geplanten Kreuzzugs empfehlen wollte, kann dahingestellt bleiben. Jedenfalls hat er wie seine Familie den Schutz Jerusalems immer für eine Christenpflicht und einen Christenauftrag gehalten.

Anselm Adorne war schon Karls Vater Philipp dem Guten treu ergeben und als unbedingter Gefolgsmann der Burgunder in Brügge keineswegs überall wohlgelitten. Nach dem Tod Karls des Kühnen bekam er das recht handgreiflich zu spüren. Der hart unterdrückte Volkszorn entlud sich in mehreren Aufständen, und Adorne mußte mit Kerker und Folterbank Bekanntschaft machen. Was lag also näher, als wieder die Kontakte nach Schottland zu intensivieren? Daß ausgerechnet sie ihm zum Verhängnis werden könnten, hat der bedrängte Patrizier sicher nie ernsthaft ins Kalkül gezogen.

Mehrere Male reiste er nach Schottland, von seinem letzten Aufenthalt dort kehrte er nicht mehr zurück. Die Umstände seines Todes am 23. Januar 1483 bleiben dunkel. Aber er wurde wohl ein Opfer des Douglas-Clans, der den schottischen König Jakob nach Fontanes berühmter Ballade »trotzig bekriegt(e)«. Begraben liegt er zu Linlithgow, nur sein Herz ruht im prächtigen Sarkophag der Jerusalemkapelle. Als am Tag nach dessen Ankunft der Trauergottesdienst stattfand, war hier noch einmal die Brügger Elite versammelt. Die Andacht für Anselm Adorne hätte auch eine Totenmesse für das alte, burgundisch-patrizische Brügge sein können.

Margarete von Parma (1522–1586)

Nachkommen wie Margarete werden bestenfalls »natürliche Kinder« genannt. Im wunderschönen Oudenaarde wollen sie sogar ihr Geburtshaus kennen. Unbestritten ist, daß die Tochter Karls V. einer Liaison mit Johanna van der Gheest entstammte, die wiederum Tochter eines Oudenaarder Teppichwirkers (s. S. 139 ff.) war. Der spätere Kaiser versteckte das Kind seiner Leidenschaft nicht, sondern – und nur so kraß läßt es sich sagen – nutzte sie als politisches Kapital. Er versprach die gerade sieben Jahre alte Margarete dem (angeblichen) Medici-Sproß Alessandro, der sich trotz seiner fragwürdigen Abkunft Herzog in Florenz nennen durfte.

1536 ehelichte die Kaisertochter den stadtbekannten Wüstling. Sie konnte dieses Joch aber schnell wieder abschütteln, denn ein gutes Halbjahr nach der Hochzeit wurde ihr Gatte erstochen. Acht Jahre später verheiratete sie Karl erneut. Der Auserwählte war nun Ottavio Farnese (1524–86), ein Bürschchen von knapp 13 Lenzen, aber der Enkel Papst Pauls III. Daß Ottavio als Herzog von Parma im Vertrag von Gent 1556 auch das Herzogtum Piacenza zurückerhielt, verdankte er vor allem Margarete – wenigstens dieses Verdienst soll ihr unbestritten bleiben. Denn der Ehemann gehörte keineswegs zu den unbedingten Gefolgsleuten Karls V. Noch König Philipp schien es 1556 geraten, Farneses Sohn Alexander an den spanischen Hof kommen zu lassen – als Unterpfand für die Loyalität des Vaters.

In den Mittelpunkt des politischen Geschehens sollte Margarete erst 1559 als Statthalterin der Niederlande geraten, zu der sie ihr Vater ernannte. Hier sah sie sich zunächst einer mächtigen Adelsopposition unter der Führung Wilhelms von Oranien sowie der Grafen Egmont und Hoorn gegenüber. Die Protestanten begehrten zu Anfang ihrer Regierungszeit ebenfalls heftig auf, 1566 kam es zu den berüchtigten Bilderstürmen auch in Flanderns Kirchen. Margarete verhielt sich abwartend, wich vorsichtig zurück. Sie erwartete eine Beruhigung der Gemüter vom persönlichen Auftreten ihres Halbbruders Philipp. Ihn aber konnten selbst die dringendsten Bitten nicht bewegen, den Escorial, seine religiöse Trutzburg im katholischen Spanien, zu verlassen.

Das Zurückweichen der Statthalterin war taktischer Natur. Als sich die Verhältnisse wieder stabilisierten, nahm sie ihre Zusagen Schritt für Schritt zurück. Die protestantischen Prediger wurden des Landes verwiesen, die adligen Hauptwidersacher gingen aus eigenem Antrieb. Doch gerade als die Kaisertochter wieder Herrin der Lage war, tat Philipp einen verhängnisvollen Schritt: Er schickte den geschichtsnotorischen Herzog Alba mit einem schwer bewaffneten Heer in die Niederlande. Margarete trat zurück – ob nur persönlich gekränkt oder weil sie doch eine Politik der Mitte als einzige Möglichkeit zur Befriedung der Niederlande ansah, muß dahingestellt bleiben. Die erneute Statthalterschaft 1579–1583 verlief für sie noch unbefriedigender und endete genauso enttäuschend wie die erste.

»Um die Ehre ihres Hauses zu schonen, wurde sie anfangs in der Dunkelheit erzogen, ihre Mutter aber, die mehr Eitelkeit als Ehre besaß, war nicht sehr besorgt, das Geheimnis ihres Ursprungs zu verwahren, und eine königliche Erziehung verriet die Kaisertochter.«
(Friedrich Schiller, Geschichte des Abfalls der Niederlande von der Spanischen Regierung, 1788)

Margarete, Herzogin von Parma. Gemälde von Adriaen Th. Key, Wien, Kunsthistorisches Museum

Flanderns Künstler

Rogier van der Weyden (1399/1400–1464)

Rogier van der Weyden, »Porträt des Anton von Burgund«, um 1460, Musées royaux des Beaux-Arts de Belgique, Bruxelles - Koninklijke Musea voor Schone Kunsten van België, Brussel

Tournai liegt heute im wallonischen Teil Belgiens, nichtsdestoweniger ist es ein Zentrum des historischen Flanderns gewesen. In der kleinen hennegauischen Stadt residierte schon während des 6. Jh. ein Bischof, und ihre Kathedrale gehört zu den bedeutendsten romanischen Kirchen überhaupt. Mittelbar blieb Tournai übrigens bis heute in so manchem Gemeinwesen Flanderns gegenwärtig: Aus seinen Steinbrüchen kam das Baumaterial für viele Kirchen der Region.

In Tournai wurde 1399 oder 1400 Rogier van der Weyden geboren. Hier ging er 1427 bei Robert Campin in die Lehre, hier nahm ihn die Malergilde 1432 als Freimeister auf. Einen Karrieresprung bedeutete der Umzug nach Brüssel etwa 1436, eine künstlerische Zäsur die Romreise 1450. Als Residenz des burgundischen Hofs verschaffte ihm Brüssel Zugang zu zahlungskräftigen Auftraggebern, die Romreise brachte den Kontakt mit Werken italienischer Künstler, vor allem wohl Fra Angelicos. Am 18. Juni 1464 ist Rogier van der Weyden in Brüssel gestorben.

Außer einigen (bedeutenden) Porträts blieb keines von Rogiers profanen Werken erhalten, doch sorgten seine Altar- und Andachtsbilder für einen um so größeren Nachruhm. Die frühen Gemälde zeigen noch den Einfluß seines Lehrers Campin, und auch das Schaffen Jan van Eycks spiegelt sich in ihnen wider. Für die Löwener Liebfrauenkirche schuf er um 1435 eine »Kreuzabnahme Christi« (heute Museo del Prado, Madrid), in der Rogier erstmals als prägnante Malerpersönlichkeit faßbar wird. Aus seinen Figuren spricht eine tiefe, verinnerlichte Frömmigkeit. Von ihr führt ein gerader Weg zu dem, was die Kunsthistoriker später als die Klassizität seines Stils bezeichnen sollten.

Das »Jüngste Gericht« (heute Beaune, Hôtel-Dieu) ist das wohl bekannteste Werk des Meisters. Über alle drei Tafeln spannt sich der Aufbau von beinah symmetrischer Strenge, wobei der auf einem Regenbogen thronende Christus und der Engel des Gerichts unter ihm die Spiegelachse bilden. Für die Kölner Kirche St. Columba malte Rogier dagegen das glänzendste Zeugnis seiner Kunst, eine »Geburt Christi« (heute München, Alte Pinakothek). Wie hier die Gestalten auf Maria als Zentrum bezogen sind, wie die Farbigkeit konsequent in den Dienst dieser Dynamik gestellt ist, blieb für spätere Künstlergenerationen Vorbild.

Eindringlichkeit der Darstellung, kompositorische Souveränität, die noble, jedenfalls nie plakative Farbgebung und die außerordentlich sinnfällige Typisierung beeindruckten schon zu Lebzeiten des Meisters. In seinem Jahrhundert steht Rogier van der Weyden zweifellos an der Spitze der niederländischen Malerhierarchie, übertroffen nur durch Jan van Eyck.

Hans Memling, »Verkündigung«, Crabbe-Triptychon, Flügelrückseiten, um 1470, Groeninge-Museum, Brügge ▷

Hans Memling (um 1433–1494)

Als der niederländische Chronist Marcus van Vaernewijck anno 1576 Brügge beschrieb, stützte er sich dabei unter anderem auf die Gemälde von »den Duytschen Hans«. Seine Herkunft blieb also sehr wohl im Gedächtnis der neuen Landsleute: Hans Memling, geboren etwa 1433 im (hessischen) Seligenstadt. 1465 kam er nach Brügge, heiratete hier und wurde der berühmteste Maler dieser Stadt. Was sich übrigens auch auszahlte: Hans Memling starb 1494 als einer der hundert reichsten Brügger Bürger.

Sein »Jüngstes Gericht« hatte der Auftraggeber Angelo Tani schon bezahlt, bevor es nie bei ihm ankam. Kaum aus dem Zwin heraus, kaperte nämlich der Korsar Paul Benecke das Schiff mit seiner kostbaren Fracht. Daß Bennecke sein räuberisches Geschäft zumindest mit Billigung der Hanse betrieb, sei am Rande vermerkt. In ihrem wirtschaftlichen Interesse lag es, die Gewässer ihres Konkurrenten Brügge in den Ruf der Unsicherheit zu bringen. Selbstredend herrschte angesichts des dreisten Überfalls große Empörung, schließlich war Tani eine Art Direktor der Medici-Bank. Es gab energische Interventionen des Herzogs von Burgund und sogar des Papstes – doch Memlings »Jüngstes Gericht« blieb dort, wohin der Freibeuter das Werk gestiftet hatte: in der Marienkirche zu Danzig.

Dieses monumentale »Jüngste Gericht« ist ein frühes Werk des Meisters, und so läßt sich aus ihm der Hinweis auf ein biographisches Intermezzo herauslesen. Einige Ähnlichkeiten mit Stephan Lochners Bild zum gleichen Thema (später auch die exakte Köln-Kulisse des Memlingschen Ursula-Schreins) legen die Vermutung nahe, der Maler habe seine Lehrjahre in der Rheinmetropole verbracht.

Aber der Danziger Dreiflügelaltar zeigt eben auch, wie gering der Einfluß Kölner Maler auf Memling blieb, und wie sehr der Künstler im niederländischen Milieu aufging. Das kompositorische Muster dieses »Jüngsten Gerichts« steht dem Rogiers van der Weyden in Beaune derart nahe, daß manche Kunsthistoriker von einem Wiederaufgreifen sprechen. Memling muß, daran gibt es so gut wie keinen Zweifel, einige Zeit in Rogiers Brüsseler Werkstatt zugebracht haben, bevor er nach Brügge ging.

Der Florentiner Tani war nicht der einzige italienische Auftraggeber Memlings, jenseits der Alpen beheimatete Banker und Kaufherren gehörten zu seinen besten Kunden. Wichtiger Auftraggeber war aber auch die Geistlichkeit, davon zeugt unter anderem das sogenannte Johannesretabel im Brügger St. Janshospitaal. Es zeigt auf den Außenseiten als Stifter und Stifterinnen prominente Mitglieder der Hospitalsgemeinschaft. Schließlich ließen auch Brügger Bürger bei Hans Memling malen. Und alle taten das sicher nicht zuletzt deshalb, weil er auch einen außerordentlichen Ruf als Porträtist hatte. Von diesen Qualitäten überzeugen kann sich der Besucher des Memling-Museums vor dem einzig erhaltenen weiblichen Porträtbild aus der Hand des Künstlers, dem »Bildnis eines jungen Mädchens«.

Es ist für die Zeit des 15. Jh. keineswegs selbstverständlich, daß wir derart viele Werke einem bestimmten Maler zusprechen können. So gewinnt auch die Künstlerpersönlichkeit Hans Memlings festere Umrisse als die vieler anderer Maler. Etliche Kritiker merkten eine gewisse Süßlichkeit der Madonnen-Darstellungen an oder den Hang zum Beschaulichen bei der erzählerischen Ausgestaltung seiner Motive. Dagegen stehen sein Realismus in den Details, seine Begeisterung für die Körperlichkeit der Dinge, sein Erfassen der Landschaft, vor allem aber die Intensität seiner Menschen-Bilder und die mitreißende Farbigkeit seiner Werke. Kein Zweifel: Die Erfolgsgeschichte der altniederländischen Malerei hat im »duytschen Hans« einen ihrer Hauptautoren.

Peter Paul Rubens (1577–1640)

Peter Paul Rubens, Selbstbildnis, um 1638/40, Wien, Kunsthistorisches Museum

Daß ausgerechnet der südwestfälischen Stadt Siegen die Gnade seiner Geburt widerfuhr, hat eine eigene und dramatische Geschichte. Vor der Protestantenschnüffelei aus Antwerpen nach Köln geflüchtet, vertritt der überaus gewandte Anwalt Jan Rubens auch die Interessen der Prinzessin Anna von Sachsen. Das ist nun nicht irgendein adliges Fräulein, sondern die Gemahlin Wilhelms des Schweigers, der von den nassauischen Besitzungen seiner Familie aus den niederländischen Widerstand gegen die Spanier anführt. Die Geschäftsbeziehungen zwischen Anna und ihrem Advokaten gestalten sich immer enger und gehen schließlich über das Geschäftliche hinaus. Die Liaison wird entdeckt, Jan Rubens in Siegen eingekerkert. Er entgeht mit knapper Mühe dem Tod, muß aber für einige Zeit am Verbannungsort bleiben.

Sehr zurecht singen die Biographen für seine Gemahlin, die Antwerpener Patriziertochter Maria Pipelincx, das Hohe Lied der Gattenliebe. Obwohl betrogen, hält sie Jan unerschütterlich die Treue, ihr Einsatz rettet ihn vor dem Henker. Am 28. Juni 1577 bringt Maria den Sohn Peter Paul zur Welt. Jahre später, ihr Mann ist früh im Exil gestorben, kehrt sie mit den Kindern nach Antwerpen und in den Schoß der alleinseligmachenden katholischen Kirche zurück. Unter dem Horizont des gegenreformatorischen Antwerpener Milieus erhält Rubens eine gründliche Erziehung. Mit 15 Jahren beginnt seine Lehrzeit zunächst bei dem Maler Tobias Verhaecht, dann bei Adam van Noort. Von 1596 bis 1600 ist er Schüler Otto van Veens, doch schon 1598 wird er Freimeister und in die hiesige Lukasgilde aufgenommen.

1600 bricht Rubens nach Italien auf. Hauptstationen dieser »Studienreise« sind Venedig, Mantua, Florenz, Rom und Genua. Ende 1608 kehrt er zurück, im folgenden Jahr ernennt ihn das Regentenpaar Albrecht und Isabella zum Hofmaler. 1610 ehelicht er Isabella Brant, das Stadtpalais am Wapper entsteht (s. S. 169). Von jetzt an verbreitet sich der Ruhm seines Namens immer weiter, schwillt die Zahl der Aufträge an. Ob Höfe, Orden oder vermögende Bürger, sie alle bestellen Bilder bei ihm. Rubens beherrscht die religiösen Sujets ebenso souverän wie die mythologischen, er malt Porträts oder auch Jagdszenen.

Seit 1620 übernimmt der Künstler zunehmend Aufträge ganz anderer Art: Seine diplomatischen Missionen führen ihn in die nördlichen Provinzen, nach England und nach Spanien. 1630 heiratet der über 50jährige noch einmal, seine zweite Gattin Helene Fourment zählt da gerade 16 Lenze. Und obwohl der Akt »Das Pelzchen« (1636–1639) aufs Sinnfälligste zeigt, welche Quelle der Inspiration diese Frau für ihn gewesen ist, melden sich nun die Leiden des Alters. Die Gicht erschwert ihm das Arbeiten immer mehr, ohnehin überläßt er häufig seiner Werkstatt die Ausführungen seiner Entwürfe. Aber noch zu den nicht weniger als 115 Gemälden für das Jagdschloß König Philipps IV. von Spanien (1638) lassen sich 50 Skizzen von seiner Hand nachweisen.

Die besonderen Stärken des Antwerpener Meisters liegen in seinem Umgang mit der Farbe, in seinen enormen Möglichkeiten als Zeichner, außerdem in seinem stupend sicheren Erfassen selbst extremer Bewegungen. Schon die Zeitgenossen hegten keinen Zweifel daran, daß die Welt mit seinem Tod am 30. Mai 1640 einen der bedeutendsten Maler überhaupt verloren habe.

»Mein Talent ist so geartet, daß keine Unternehmung, sei sie auch noch so groß und mannigfaltig im Gegenstand, mein Selbstvertrauen jemals überstiegen hätte.« (Peter Paul Rubens, 1621)

James Ensor (1860–1949)

Er hat gedichtet und komponiert, aber berühmt wurde er als Maler: James Sidney Ensor, Sohn eines englischen Vaters und einer flämischen Mutter, geboren am 13. April 1860 im mondänen Seebad Ostende. Der Geburtsort sollte Lebensmittelpunkt bleiben, das Treiben dort Quelle seiner Inspiration. Schon nach drei Ausbildungsjahren an der Brüsseler Akademie kehrte er wieder nach Ostende zurück, in künstlerischer Abgeschiedenheit entstand an der Nordseeküste ein Werk von derart avantgardistischer Kühnheit, daß ihm selbst geistesverwandte Künstler oft genug die Gefolgschaft versagten.

Denn Ensor suchte durchaus Kontakt zu den Bannerträgern der Moderne, die er zunächst im Kreis »L' Essor« fand. 1883 gründete er die Gruppe »Les XX« mit; sie hatte unter den belgischen Neuerern geraume Zeit die unbestrittene Meinungsführerschaft inne. Aber die Maler (und Mäzene) dieser Gruppe orientierten sich am französischen Neoimpressionismus, der expressiven und exzessiven Kunst Ensors standen sie ratlos bis ablehnend gegenüber. Geradezu Skandal machte sein immer noch bekanntestes Werk »Einzug Christi in Brüssel im Jahr 1888«. Der Erlöser reitet auf einem Esel inmitten einer »Gefolgschaft«, deren karnevalistische Ausgelassenheit auch einen bedrohlich aggressiven Zug hat. Zusätzlich verstörend wirkt das grelle Kolorit des Gemäldes.

James Ensor

Auch auf diesem Bild tragen die Menschen Masken. Masken ziehen sich leitmotivisch durch Ensors Werk ebenso wie die Skelette (s. S. 241). Der Mensch verschwindet zwischen diesen beiden Daseinsformen, die sich im Wirbel der Farben buchstäblich ausleben: ein *Danse macabre*, ein Totentanz. Allein der Künstler, genauer: der Künstler Ensor, erscheint als Repräsentant des Humanen, wenn auch auf den Selbstporträts solche Stilisierung häufig ironisch gebrochen wird. Doch auf einer gezeichneten Golgatha-Szene aus dem Jahr 1886 trägt das Christus-Kreuz statt des geläufigen INRI die Aufschrift ENSOR …

Etwa seit 1892 fanden die Arbeiten des Malers doch Anerkennung. Aber schon wenige Jahre später ließ seine schöpferische Kraft nach, erstarrte sein Werk in Selbstzitaten. Dafür erhält Ensor – eine Parallele zum Lebenslauf des Architekten Victor Horta – immer mehr Auszeichnungen und öffentliche Ehrungen. 1920 veranstaltete eine Brüsseler Galerie die erste repräsentative Ausstellung mit seinen Gemälden, 1926 vertrat er sein Land auf der Biennale von Venedig. 1929 erhob ihn der belgische König zum Baron, 1930 widmete ihm das Pariser Musée du Jeu de Paume eine große Retrospektive, 1931 errichtete ihm die Stadt Ostende ein Denkmal. Sein Ruhm, daran konnte es nun keinen Zweifel mehr geben, war endgültig auf der Höhe seines Werkes.

Victor Horta (1861–1947)

Der Grand-Bazar Anspach schon 1935 zerstört, das Hôtel Aubecq kurz nach seinem Tod ein Opfer der Grundstücksspekulation und die hochgerühmte Maison du Peuple noch 1965 trotz weltweiten Protests abgerissen: Das sind nur einige Beispiele dafür, wie die

Nachwelt mit dem Erbe Victor Hortas umging. Dabei konnte es in den 60er Jahren längst keinen Zweifel mehr geben, daß Brüssel zu den Hauptstädten des Jugendstils zählte und dies zuallererst wegen der Architekturen Hortas. Übrigens zucken selbst heute die Freunde solcher Baukunstwerke zusammen, wenn sie an einer Art-Noveau-Fassade das Schild »A vendre« sehen …

Geboren wurde Victor Horta in Gent. Für Genter Bürger entwarf er 1885 auch die ersten Häuser, nachdem er bereits ein Jahr zuvor seinen ersten Architekturpreis erhalten hatte. Einige Zeit später trat er in das Büro Alphonse Balats ein, der als Hofarchitekt König Leopolds II. ein entschiedener Vertreter der klassizistischen Baukunst war. Horta hat von seinem »Lehrmeister« stets mit Hochachtung gesprochen, was sich umgekehrt nicht sagen läßt: 1892 kritisierte Balat sehr deutlich Hortas Entwurf zum Aufbau eines Denkmals, dessen Figur der Skulpteur Godefroid Devreese geschaffen hatte.

Victor Horta um 1905 in seinem Atelier in der rue Américaine

Die Zusammenarbeit mit Bildhauern sollte die frühen Jahre seines eigenständigen Schaffens prägen. Noch größere Bedeutung für seinen weiteren Berufsweg hatte der Eintritt in die Loge der Menschenfreunde. Hier lernte er viele seiner Auftraggeber kennen, unter anderem Emile Tassel. Für ihn schuf Horta 1893–95 seine erste Jugendstil-Architektur (s. S. 262), die alle Fesseln der Konvention abwirft. Nun entstehen rasch hintereinander immer mehr Häuser, immer mehr beschäftigt sich der rastlose Arbeiter Horta auch mit der Durchgestaltung seiner Objekte bis hin zum Mobiliar.

Zu seinen Kunden gehören nun auch Kaufleute, die mit dem Kolonienhandel reich geworden sind. Für eine ganz andere Klientel sollte er 1898 die *Maison du Peuple* gestalten. Beim Volkshaus der Sozialistischen Partei erreichte sein Einsatz der ›neuen‹ Materialien Glas und Eisen eine neue Dimension. Nun kamen die Werkstoffe des Industriezeitalters denen zugute, die seine eigentlichen Protagonisten waren. Und wenn Hortas Umgang mit dem Eisen darauf abzielte, quasi das Muskelspiel eines Bauwerks bloßzulegen, dann mußte seine Schöpfung für die »Arbeiter der Faust« wie selbstverständlich auch heroische Züge tragen. Daß sich »der Licht- und Raumkünstler« dank dieses Baus ebenfalls als neue Kundenschicht die gutbürgerlichen Mitstreiter der Arbeiterpartei erschloß, sei am Rande vermerkt. Erhalten blieben die Landhäuser für den Anwalt M. Frison und Leon Furnément, einen Abgeordneten der Sozialistischen Partei.

1901 hatte der Architekt sein Atelierhaus in der Rue Americaine bezogen, das heutige Horta-Museum (s. S. 260). Eine Zäsur für sein Schaffen bedeutete der Erste Weltkrieg. 1915 ging er nach Amerika, Anfang 1919 kehrte er zurück. Nun fand Horta eine ganz andere Situation vor. Potentielle Auftraggeber litten unter Geldmangel, neue architektonische Ausdrucksformen drängten sein Werk in den Hintergrund. Horta nahm diese Entwicklung nicht ohne Bitterkeit zur Kenntnis, und die zahlreichen Ämter, Auszeichnungen sowie die Ernennung zum Baron haben ihn über seinen Fall aus der Moderne nicht hinweggetröstet.

Ansicht von Gent, Kupferstich von Pieter van der Aa aus der Folge »Galerie Agreable du Monde«, 1729 ▷

Reisen durch Flandern

Westflandern

»*Die Krone Flanderns*« – *Brügge*

»Bruges-la-morte«, »Das tote Brügge«, heißt die bekannteste Erzählung des belgischen Fin-de-siècle Autors Georges Rodenbach (1855–1902). Bei Rodenbach dämmert die Metropole Westflanderns im fahlen Licht der *décadence*: »Ein Hauch des Todes wehte ihn von den geschlossenen Häusern an, deren Scheiben wie im Tode gebrochene Augen starrten, von den Giebeln, deren getreppte Absätze das Wasser schwarz widerspiegelte.«

Doch zeigt die jüngste Geschichte Brügges, daß ein wirtschaftlicher Niedergang bei geduldigem Zuwarten durchaus reichen Gewinn abwerfen kann. Allerdings muß dafür der Glanz dem Elend vorausgegangen sein. Der Aufstieg Brügges zum wichtigsten Handelszentrum Europas begann im 11. Jh., nachdem es schon eine Quelle des 8. Jh. als Hauptort des Flanderngaus bezeichnet hatte.

Drei Gegensätze haben die Geschichte dieser Stadt geprägt: einmal der natürliche zwischen Wasser und Land, dann der zwischen Territorialherren und Stadtregiment, schließlich der zwischen Patriziat und Handwerkerschaft. Dank eines gewaltigen Meeresvorstoßes war Brügges Hafen (entweder im oder ganz nahe am alten Stadtkern gelegen) seit etwa 1040 gut erreichbar. Nach 1130 suchte das Wasser wiederum die küstennahen Länder heim; ein erneuter Durchbruch des Ozeans ließ den Zwin entstehen, der etwa bis Damme (1180 gegründet, s. S. 80) reichte und die Seeschiffahrt ermöglichte. Zwar verschaffte er Brügge keinen unmittelbaren Zugang zum Ozean, doch konnte dieser Nachteil durch einen Kanal von Damme nach Brügge ausgeglichen werden.

Die Burg, seit dem 10. Jh. Sitz der flandrischen Grafen, etwa 1050 durch den Grafen Balduin V. um eine wirkliche Residenz bereichert, wurde ein weiteres Jahrhundert später durch den Bau der Blasiuskapelle noch einmal bedeutend aufgewertet. Noch einmal hatte auch ihr Bauherr Dietrich von Elsaß (1128–1168) der gräflichen Gewalt Respekt verschaffen können, nachdem die Brügger seinen Vorgänger Karl den Guten vom Leben zum Tode befördert hatten (s. S. 33). Zu dieser Zeit (1127/28) erhielt die Stadt auch eine Umwehrung, die sich heute noch dank des inneren Kanalrings ungefähr nachverfolgen läßt.

Bis zum Jahr 1200 ist die Fläche im Schutz dieser Mauern vollständig besiedelt, ohne daß die prosperierende Stadt zu wachsen aufhörte. Nun entstehen außerhalb des Befestigungsrings neue Viertel, deren Bewohner jedoch unter der Kontrolle der Patrizier im Zentrum stehen. Dagegen begehren 1280/81 die Handwerker auf, ihre Revolte liegt kurz vor dem Rückzug der flandrischen Grafen aus Brügge. Sogleich hält die Verwaltung des Gemeinwesens Einzug in die Burg; ein beinahe symbolischer Akt, gibt er Brügge doch den Anschein eines Stadtstaats.

Brügge ☆ ☆
Besonders sehenswert:
Das mittelalterliche
Stadtbild
Rathaus
Stadthalle mit Belfried
Groeninge-Museum
Gruuthusemuseum
St.-Janshospital
Liebfrauenkirche
Kathedrale
Beginenhof

Blick auf den Belfried von Brügge vom Rozenhoed-
◁ *kaai aus*

47

»Schön sind Gent,
Antwerpen, Brüssel,
Löwen und Mecheln –
aber gegen Brügge
sind sie nichts.«
(Adrianus Barlandus,
1486–1538, Professor
zu Löwen, Humanist)

Aber Machtposition und wirtschaftliche Verflechtung ziehen auch politische Zwänge nach sich. Brügge hat keine Möglichkeit, sich aus den großen Konflikten der Zeit herauszuhalten. Der Krieg zwischen England und Frankreich spaltet die Stadt. Während es die minderprivilegierten Handwerker an der Seite des flandrischen Grafen Guido von Dampierre mit dem englischen König halten, ergreift das Patriziat die Partei Philipps IV. von Frankreich. 1297 ziehen die Franzosen in Brügge ein. Die Stadt erhält in der Folgezeit jene Mauer, deren Verlauf sich auf den aktuellen Stadtplänen am äußeren Kanalring ablesen läßt.

Gegen die Herrschaft der Franzosen stehen die Bewohner der »äußeren Stadt« auf. Am 18. Mai 1302, der sogenannten »Brügger Mette«, richten ihre Scharen unter den Besatzern ein fürchterliches Massaker an. Doch selbst ihr glänzender Sieg in der »Goldsporenschlacht« ermöglicht es den flandrischen Städten nicht, das fremde Joch abzuschütteln. Der Vertrag von Athis-sur-Orge 1305 verfügt gegen Brügge schwere Sanktionen. Sie werden allerdings bald schrittweise zurückgenommen, auch setzt die Handwerkerschaft eine Beteiligung am Stadtregiment durch.

Die politischen Kämpfe schadeten dem Wirtschaftsleben, hatten aber aufs Ganze gesehen erstaunlich geringe Auswirkungen. Und Aufstände schreckten später auch die Herzöge von Burgund nicht ab, Brügge zum Hauptort ihres Staates zu wählen. Kein Pardon kannten die Burgunder freilich, als die Bürgerschaft 1438/39 wieder einmal gegen den Stachel löckte, Herzog Philipp den Guten gefangensetzte und seine »Regierungsmannschaft« um einige bedeutende Köpfe kürzer machte. Nichtsdestoweniger war die Stadt 1468 Schauplatz der Hochzeit Karl des Kühnen mit Margaretha von York, der Schwester Eduards IV. von England. Der Herzog veranstaltete eine, sogar für burgundische Verhältnisse, kolossale Feier. Alle fünf Jahre nutzt Brügge dieses historische Ereignis, um ein farbenprächtiges »Fest des Goldenen Baums« auszurichten.

Den Brügger Bürgerstolz bekam selbst der Habsburger Maximilian zu spüren, der 1488 gleichfalls die Kerker der Stadt von innen kennenlernte. Maximilian hat diese Demütigung nie verziehen. Er tat, was in seinen Kräften stand, um die Stadt ökonomisch zu schwächen. Als Kaiser drängte er die Kaufleute erfolgreich zur Verlegung ihrer Kontore nach Antwerpen, das nun die Rolle der Handelsmetropole übernahm. Begünstigt wurden seine Machinationen durch die Launen des Ozeans. Das Zwin versandete mehr und mehr, Seeschiffe konnten nur noch im nördlich gelegenen Hafen Sluis vor Anker gehen, und der sollte 1604 endgültig in die Hände der Niederländer fallen …

Obwohl nun der Stern Brügges im 15. Jh. zu sinken begann, ist dieses Säkulum das Goldene Zeitalter seiner Kunst. Das gilt besonders für die Tafelmalerei. Hier wirkten die Brüder van Eyck, Petrus Christus, Hans Memling und Gerard David; Namen, die für die Öffnung der spätgotischen Kunst Nordwesteuropas zur Renaissance

stehen. Da jedoch ihr Schaffen nicht zuletzt auf der Wirtschaftskraft der Stadt fußt, soll dieses Fundament wenigstens streiflichtartig beleuchtet werden.

Der »Festzug des Goldenen Baums« erinnert noch heute an die glanzvolle Hofhaltung der Burgunder

Handelsmetropole Brügge

Zuweilen ist es eben doch mehr als eine akademische Pflichtübung, nach der Herkunft eines Wortes zu fragen. Der Begriff Börse zum Beispiel stammt aus Brügge, genauer: Er leitet sich vom Familiennamen einer hiesigen Patrizierfamilie her. Die van der Buerse waren etwa 200 Jahre lang die Besitzer der Herberge »Zur Börse«. In solchen Herbergen logierten die fremden Kaufleute nicht nur, sondern wickelten dort auch ihre Geschäfte ab. Später ging diese Aufgabe an die sogenannten Konsulate der einzelnen »Nationen« über. 1397 suchte das Konsulat der Venezianer, 1399 die Geschäftsstelle der Genuesen, um 1420 das Handelshaus der Venezianer die Nähe der »Börse«. Der Herbergen-Name übertrug sich zunächst auf den Platz, an dem diese Gebäude lagen, später dann auf die Institution für Wertpapiere und vertretbare Waren.

Als die großen Seeschiffe Anfang des 12. Jh. dank der Zwin-Bildung die Stadt bzw. ihre Vorhäfen besser erreichen konnten, begann Brügges unaufhaltsamer Aufstieg zur Handelsmetropole. Garant dafür waren die engen wirtschaftlichen Beziehungen zu England, aber auch zum kontinentalen Besitz des englischen Herrscherhauses

Plantagenet. Getreide aus der Normandie, die hochgeschätzten Bor-
deaux-Weine aus der Gascogne und Rebensaft von der Loire waren
wichtige Güter, die in Brügge umgeschlagen wurden. Größere
Bedeutung hatte indessen der Import englischer Wolle. Sie diente
dem stärksten Wirtschaftszweig hierzulande als Rohstoff. Vor allem
in Ypern und Gent entstand das berühmte flandrische Tuch.

Schon um 1250 begann sich allerdings abzuzeichnen, daß die
Rolle Brügges, besonders jedoch die seiner Kaufmannschaft, nicht
unangetastet bleiben sollte. Einerseits schwächten die innerstädti-
schen Auseinandersetzungen mit den Zünften ihre unternehmeri-
sche Position, andererseits liefen jetzt manche Geschäfte an ihnen
vorbei, weil der europäische Handel andere Wege nahm. Und gerade
Brügges ausgedehnte Handelsbeziehungen sorgten für die ökonomische Entwicklung auch andernorts, wo sich nun gleichfalls die Kaufleute organisierten. Sie verdrängten die Brügger Patrizier allmählich
aus dem profitablen Fernhandel, ja sie stießen sogar nach Brügge
selbst vor.

Die Stadt paßte sich den geänderten Verhältnissen bemerkenswert
schmiegsam an. Sie ließ die auswärtigen Kaufleute nicht nur gewäh-
ren, sondern sorgte auch für reibungslose Abwicklung der Geschäfte
und für Rechtssicherheit. Seit dem Beginn des 14. Jh. empfahl sich
Brügge als Markt der Nationen. Waren aus allen Weltgegenden fanden den Weg hierher, wo die kaufkräftigen Schichten eines blühen-
den Landes dankbare Abnehmer waren. Viele Einwohner Brügges
profitieren von dieser zentralen Stellung enorm, keineswegs nur die
Wirtsleute. Der fremde Kaufmann mußte nämlich für die Abwicklung seiner Geschäfte einen Brügger Vermittler in Anspruch nehmen
– gegen ein stattliches Entgelt, versteht sich.

Doch nicht allein der Waren-, auch der Geldverkehr konzentrierte
sich in Brügge. So saßen denn mit Willem Ruweel und Colaert van
Marke hier zwei Pioniere der bargeldlosen Transaktionen; allerdings
machten beide Bankiers Konkurs. Später bestimmten an der Brügger
Börse oft italienische Finanzleute das Geschehen, allen voran der
gebürtige Lucchese Giovanni Arnolfini († 1472). Sein Handel mit
Tapisserien, doch besonders seine Geld- und Wechselspekulationen
ließen ihn zu einem der reichsten Männer Flanderns werden. Am
französischen Hof spielte er zeitweilig eine beachtliche Rolle, gerne
nahmen die Burgunder seine Dienste in Anspruch, in Brügge fungierte er als offizieller Finanzier der Stadt. Das grandiose Doppelbildnis Jan van Eycks (entstanden 1434 zur Eheschließung Arnolfi-
nis mit Giovanna Cenami, heute National Gallery, London) hat sein
Konterfei der Nachwelt erhalten.

Zu Brügges Schwächung als Finanzplatz trugen nicht zuletzt die
Änderungen der Handelsrouten bei, so fanden Waren aus Italien
immer häufiger über die Alpenpässe den Weg nach Deutschland.
Herbe Verluste zog der Niedergang des flandrischen Tuchs nach
sich, an seine Stelle traten Brabanter, besonders Mechelner Stoffe,
die in Antwerpen umgeschlagen wurden. Außerdem nahmen die

Engländer, über Jahrhunderte nur Rohstofflieferanten, die Weiterverarbeitung ihrer Wolle jetzt selbst in die Hand. Hinzu kam, daß wegen der fortschreitenden Versandung des Zwin die großen Seeschiffe nicht mehr im Vorhafen Sluis vor Anker gehen konnten. Vermutlich hätte es der Interventionen Maximilians gar nicht bedurft, um Brügges Fall zu besiegeln.

Das »tote Brügge« wächst bis zum Ende des 19. Jh. nicht über die (allerdings einige Jahrzehnte zuvor geschleiften) Stadtmauern von 1300 hinaus, seit etwa 1400 stagnierte seine Einwohnerzahl bei 40 000. Dem wirtschaftlichen Verfall hatte auch die Spitzenklöppelei nichts Wesentliches entgegenzusetzen, wenngleich ihre Produkte durchaus begehrtes Exportgut waren. Aber wie gesagt hat im Fall Brügge gerade das fehlende Geld (für Stadterneuerungen) reiche Zinsen getragen. Heute zieht das großartige Stadtbild viele Touristen aus aller Welt an, und der Besucherstrom trägt einen guten Teil zum neuen Wohlstand bei.

Burg und Markt

Wer Brügges historisches Zentrum erkunden will, kann als Ausgangspunkt zwischen städtischem und territorialem Mittelpunkt wählen. Weil Burg und Markt eng beieinanderliegen, wäre das keine praktische, sondern eine Grundsatzentscheidung. Aber da sich das Stadtregiment der Grafenresidenz recht früh bemächtigt hat, bedeutet ein Anfang mit der Burg keine Favorisierung der Herrschaftsgeschichte.

Doch wenn wir schon mit der Burg beginnen, dann auch mit der **Heiligblutbasilika** *(Hl.-Bloedbasiliek)*. Sie hat wenigstens mit ihrer Unterkirche ein steinernes Denkmal aus Brügges Frühzeit bewahrt, kein anderer Bau dieser Stadt erreicht ihr Alter. Während der Grafensitz selbst bereits 1434 nur noch als Steinbruch diente, blieb seine Burgkapelle erhalten. Graf Dietrich von Elsaß ließ sie Mitte des 12. Jh., schon damals als Doppelkirche, errichten, geweiht wurde sie der Gottesmutter und dem hl. Basilius. Er wacht heute nur mehr über die Unterkirche. Diese romanische, dreischiffige Pfeilerhalle mit dem halbrund geschlossenen Chor beeindruckt in ihrer herben Monumentalität. Sie steht in denkbar großem Gegensatz zur ziselierten Gotik etwa des benachbarten Rathauses.

Ein ungleich bewegteres Schicksal hat die obere Kapelle. Noch heute besitzt sie Bauteile aus der romanischen Gründungszeit, doch wurde sie im 15. Jh. völlig umgearbeitet. Sie besitzt einen eigenen, 1533 geschaffenen Zugang. Und wir könnten die Art und Weise, wie sich an seiner Fassade bereits die robusteren Formen der Renaissance ins spätestgotische Filigran schieben, als typisch für einen Übergangsstil deuten – wenn diese Schaufront nur aus dem 16. Jh. stammen würde. Denn leider haben die Anhänger der Französischen Revolution an der Heiligblutkapelle als einem Monument der feuda-

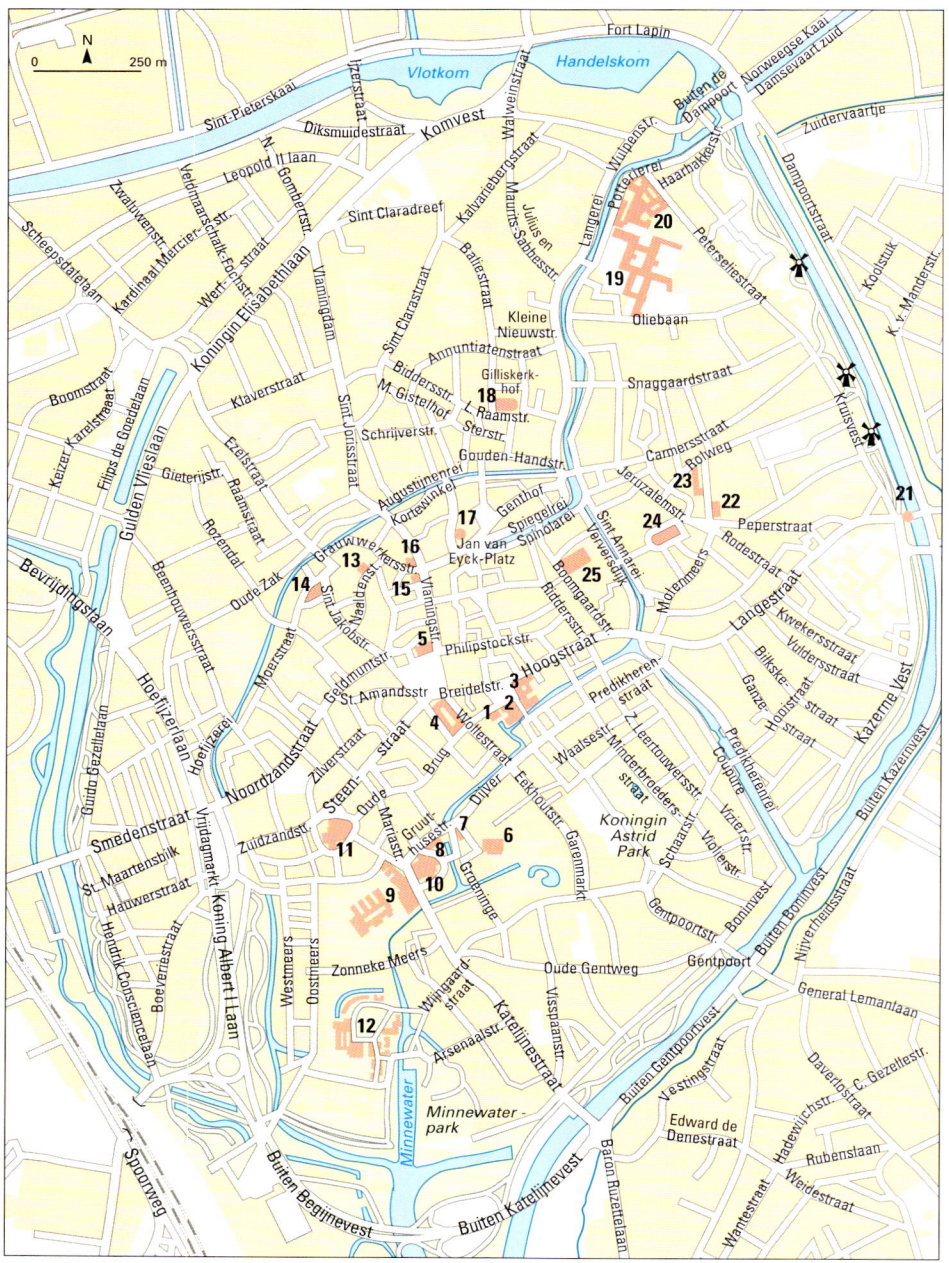

len Zwangsherrschaft derart ihr Mütchen gekühlt, daß ein Wiederaufbau (1819–39) unumgänglich war. Und dabei entstand die Fassade ganz neu.

Aber dann öffnen sich drei romanische Rundbögen zu einer Sei-
tenkapelle. Dort steht der Rokokoaltar, auf dem jeden Freitag die
Phiole mit dem sehr besonderen Saft gezeigt wird. Wie kam nun das
Heilige, das Blut Christi nach Brügge? Natürlich ruft eine solche
Reliquie nach einer Legende: Dietrich von Elsaß, der vielleicht
ruhmreichste flandrische Graf, habe sie von keinem Geringeren als
dem Jerusalemer Patriarchen erhalten. Im Unterschied zu manch
anderer Leuchte der Christenheit sei Dietrich der zweite Kreuzzug
wirklich eine Herzensangelegenheit gewesen – außerdem war sein
Schwager Balduin III. König von Jerusalem. Und so ergreifend feierlich die Übergabe im Heiligen Land, so jubelnd bewegt hätte sich die
Aufnahme des kostbaren Heiltums in Flandern gestaltet. Die
schlichte Wahrheit ist, daß die Blutreliquie erst um 1230, und nicht
aus dem fernen Jerusalem, sondern aus Konstantinopel, nach Brügge
kam. Nur findet eben ein gesellschaftliches Ereignis wie die Heilig-
Blut-Prozession eher in einer frommen Sage seine Beglaubigung.

Bewahrt wird das Heilige Blut in einem prunkvollen Renaissance-
Reliquiar. Sechs Silbersäulen tragen den Baldachin über der Phiole.
Der mehrgeschossige Aufbau schließt mit einer Darstellung des Peli-
kans ab, der sich die Brust aufreißt, um mit dem Blut seine Kinder
wieder zum Leben zu erwecken. Die Regenten Albrecht und Isabella
stifteten den Schrein, geschaffen hat das Prachtstück 1614–1617 der
Brügger Goldschmied Jan Crabbe. Der reiche Schmuck, vor allem
aber der Edelsteinbesatz ziehen die Besucher immer neu in ihren
Bann. Übrigens stammt das Krönchen über der Reliquie aus dem
Besitz der unglücklichen Maria von Burgund (s. S. 21), und ein
schwarzer (!) Diamant soll der noch unglücklicheren Maria Stuart
gehört haben.

Sozusagen von Reliquiar zu Reliquiar: An die Heiligblutkapelle
schließt unmittelbar das **Rathaus** *(Stadhuis)* an. Zweifellos hat bei
seiner Architektur die Pariser Ste-Chapelle als Vorbild gewirkt, die
ausdrücklich als großer Reliquienschrein verstanden werden will.
Nur ist das Brügger Rathaus ein Profanbau, und sicher einer von hin-
reißender Eleganz. Zwischen 1370 und 1420 entstanden, beginnt mit
ihm eine neue Epoche der bürgerschaftlichen Repräsentation: Die-

*Brügge 1 Heiligblutbasilika 2 Rathaus 3 Brügger Freiamt 4 Stadthalle
mit Belfried 5 Haus Craenenburg 6 Groeninge-Museum 7 Museum
Arentshuis 8 Gruuthuse-Museum 9 St. Janshospital 10 Liebfrauenkirche
11 Kathedrale 12 Beginenhof Ten Wijngaarde 13 Haus Badelin
14 Jakobskirche 15 Haus des Konsuls von Genua 16 Haus ter Beurze
17 Zollhaus 18 Ägidiuskirche 19 Kloster Unserer Lieben Frau in den
Dünen 20 Potterie-Hospiz 21 Kruispoort 22 Jerusalemkirche
23 Städtisches Volkskundemuseum 24 Annakirche 25 Walburgakirche*

Brügge, Rathaus und Stadtkanzlei

ses Rathaus steht auch für die Abkehr von Halle und Belfried als Zentrum des Gemeinwesens.

So ragt denn hier nicht der eine mächtige Turm viele Stockwerke hoch auf, sondern drei zierliche Fassadentürmchen stechen keck in den – meist verhangenen – flandrischen Himmel. Die Symmetrie der Fensterbahnen gibt der Schaufront Struktur – zumindest werden Bahnen suggeriert, denn die Maueröffnungen scheinen zwischen dem niedrigeren ersten und dem höheren zweiten Geschoß durch Ornamente nur unterbrochen. Das feine, wie geklöppelte Maßwerk der oberen Fenster findet seine Entsprechung in der Zierlichkeit jener Fialen, welche die – meist zweifachen – Wandnischen bekrönen. Früher präsentierten die Nischen allesamt die stattliche Reihe flandrischer Grafen, heute sind sie nurmehr teilweise und mit Kopien besetzt.

Innen verdient der Schöffensaal die meiste Beachtung. Eine breite Treppe führt zu ihm hinauf ins obere Geschoß. Dort erstreckt er sich über die ganze Breite der sechs Fensterachsen, sein imposantes Kreuzrippengewölbe aus vergoldetem Holz gehörte für die Zeitgenossen zu den bedeutendsten baukünstlerischen Schöpfungen des Abendlandes. Leider gingen die ursprünglichen Fresken verloren, aber seit dem späten 19. Jh. zieren wenigstens wieder Schlüsselszenen der ruhmreichen Brügger Vergangenheit die Wände. Der Historische Saal beherbergt eine Ausstellung zur Geschichte des Gemeinwesens, darunter interessante Ansichten der Stadt auf alten Gemälden.

Schon bald schien den Brügger Stadtgewaltigen ihr Rathaus zu klein. Kaum war es fertig, kam ein Südflügel hinzu, 1523 dann ein neuer Schöffensaal. 22 Jahre später entstand an der Blinde Ezelstraat eine Dependance, Anfang des 17. Jh. folgten zwei weitere Gebäude. 1776 galt das Interesse noch einmal dem Alten Rathaus, sein ebenerdiger Saal erhielt ein Gewölbe. 1894/95 wehte wieder ein ganz anderer Zeitgeist, der das neogotische Herausputzen dieses Saals diktierte.

An das Rathaus schließt die frühere **Stadtkanzlei** an. Obwohl erst 1537 vollendet, changiert ihre Fassade immer noch zwischen Spätgotik und Renaissance. Auf ihren kapriziösen Giebeln (im späten 19. Jh. – einmal mehr – stark »restauriert«) stehen Justitia, Moses und Aaron. Nach Süden aber schließt den Burgplatz die klassizistisch geläuterte Barockfassade des ehemaligen (bis 1984) **Gerichtshofs** (*Gerechtshof*). Das Gebäude beherbergt nicht nur das Fremdenverkehrsbüro, sondern auch das **Museum des Brügger Freiamts** *(Provinciaal Museum van het Brugse Vrije)*.

Doch was war das Brügger Freiamt? Nun, zunächst einmal war es noch 1722 wohlhabend genug, um einen sicher nicht hinreißend schönen, aber sehr aufwendigen Neubau an die Stelle des alten Amtsgebäudes zu setzen. Er zeugt noch heute vom Reichtum der größten Burggrafschaft *(Kastellanei)* Flanderns. Sie ist etwa seit dem Jahr 1000 bezeugt, konnte jedoch erst im Spätmittelalter ihr ganzes ökonomisches auch als politisches Gewicht in die Waagschale werfen. Neben Gent, Ypern und Brügge selbst gehörte das *Brugse Vrije* zu den »vier Gliedern von Flandern«, die als Ständevertretung die Interessen aller Einwohner des Landes gegenüber dem Grafen wahrnahmen.

Wie (zunächst) die Stadt, wurde auch das Brügger Freiamt von Schöffen verwaltet. Ihre Zahl wechselte im Lauf der Geschichte, immer aber hatten sie Anspruch auf einen repräsentativen Tagungsraum. Der alte Schöffensaal dient heute als Museum. Sein **Schwarzer Kamin** ist selbst nach den anspruchsvollen Brügger Maßstäben ein außerordentliches Kunstwerk.

Seinen Namen verdankt er dem Material, schwarzem Dinanter »Marmor«, seinen Ruf der virtuosen Eichenholzschnitzerei des Aufsatzes. Eines Aufsatzes allerdings, der die Fülle des Bildprogramms nur durch die Ausdehnung nach beiden Seiten bewältigen kann. Der berühmte Brügger Maler Lanceloot Blondeel hat die Entwürfe dazu geliefert, der Mechelner Meister Guiot de Beaugrant hat sie ausgeführt.

Im Zentrum dieses Bildprogramms steht, das Schwert in der Rechten zum Treueschwur auf Flandern erhoben, Kaiser Karl V. als Landesherr. Das ist zweifellos ein Mannsbild im Sinne des Herrscherkanons, man beachte vor allem die sehr bewußt zur Schau gestellte Lendengegend! Und die Geschichtsbücher wissen schließlich zu berichten, daß diesem tatkräftigen Regenten die Ablösung französischer Lehnsrechte auf Flandern zu verdanken sei. Grund genug also

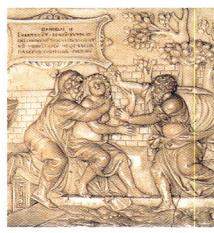

Karl V. im Aufsatz des »Schwarzen Kamins« und Detail des Alabaster-Frieses: »Susanna im Bade«

für eine Huldigung – wenn wir einmal davon absehen, wie lange und heftig die Einwohner der Grafschaft einen Landesherrn überhaupt abgelehnt haben.

Eigentlich aber müßte hier eine Frau stehen, nämlich Margarete von Österreich (1480–1530), auch genannt die »Gouvernante der Niederlande«. Sie, die gewiefte Diplomatin und souveräne Generalstatthalterin, hat den Frieden von Cambrai zuallererst bewirkt. Ihr Neffe, eben Kaiser Karl V., wollte genausowenig mit König Franz I. von Frankreich zusammenkommen wie der mit ihm. So führte denn auf französischer Seite die Mutter des Regenten, Herzogin Louise von Savoyen, 1529 die Verhandlungen, und die Übereinkunft ging als »Damenfrieden« in die Geschichte ein.

Margarete von Österreich erscheint im Kaminschmuck nur auf einem kleinen, schlecht einsehbaren Rundmedaillon. Dafür sind Karls Großeltern väterlicher- wie mütterlicherseits an den Flanken des Kaminaufsatzes vollplastisch präsent, links Kaiser Maximilian von Österreich und Maria von Burgund, rechts Ferdinand von Aragon und Isabella von Kastilien. Putten halten auf den Wandpfeilern Medaillons mit den Bildnissen von Frankreichs König Franz I. und seiner Frau Eleonore von Österreich hoch. Keineswegs hochgehalten hatte Franz die ihm angetraute Schwester des Kaisers. Daß er die Ehe mit Eleonore zu vollziehen sich weigerte, hatte den Habsburger besonders ergrimmt; nun zwang der Friede von Cambrai den französischen König auch dazu. Deutlich genug präsentiert eine Kartusche die Jahreszahl 1529.

Selbstverständlich zeigt die Kaminwand auch die schwere Menge der – steinernen – Wappenschilde, an denen sich der habsburgische Besitz ablesen läßt. Aber dann erscheint das geheime Motiv dieses

Kaminschmucks doch noch einmal angesprochen: Der Alabaster-Fries auf der Kaminstirn erzählt in vier Szenen die alttestamentarische Geschichte der keuschen Susanna. Vordergründig eine Variation des Themas »Gerechtes Richten« (der Prophet Daniel rettet die zu Unrecht Angeklagte vor dem Tod), steht hier mit Susanna doch das Urbild einer starken Frau im Mittelpunkt.

Von seiner schönsten Seite zeigt sich das Brügger Freiamt übrigens an der Reie. Dort blieb die Fassade des gotischen Vorgängerbaus (1520–35) so erhalten, wie sie Jan van der Poele spitzgieblig und türmchenbewehrt aus Backstein errichtet hat. Überhaupt ist diese Partie am Wasser einer von Brügges bezauberndsten Winkeln, er zieht die Sonntagsmaler an wie der Honig die Bären.

Aber von einem Bauwerk auf dem ehemaligen Burgterrain soll noch die Rede sein, obwohl sich nur mehr sein Grundriß vom Boden ablesen läßt. Der revolutionäre Elan verschonte auch **St. Donatian** (*St.-Donaas*) insofern nicht, als die Kirche zur Franzosenzeit auf Abbruch verkauft wurde. Nun gut, sie war ein Symbol des feudalen Flandern, überdies hatte der Probst ihres Stifts seit 1089 das Kanzleramt des Landes inne. Nach neuesten Erkenntnissen um 980 errichtet, stand St. Donatian als achtseitiger Zentralbau in der Nachfolge des berühmten Aachener Oktogons, der Pfalzkapelle Karls des Großen. Wie ihr Vorbild besaß sie außerdem einen dreitürmigen Westbau. In der Kirche lag der Maler Jan van Eyck (s. S. 59) begraben, daran erinnert sein 1822 aufgestelltes marmornes Standbild.

Doch nun zum Zentrum der Bürgerstadt Brügge, dem **Markt**. Natürlich beherrscht ihn die flandrische Zweifaltigkeit von **Halle** und **Belfried** *(Belfort)*. Das Geviert der Halle entstand in mehreren Phasen, nach 1240 ersetzte der Backstein- den Holzbau. Noch im 13. Jh. war der zweigeschossige Flügel zum Platz hin vollendet, dessen Südseite er wie selbstverständlich in der vollen Breite beansprucht. 1365 wurden die langgestreckten Seitentrakte fertig. Die Arbeiten am vierten Flügel begannen erst 1561, und dann sollte noch ein ganzes Jahrhundert vergehen, bis man die Anlage wirklich geschlossen hatte.

Mochte nun die Halle mit ihrem unteren Geschoß dem Handel und Wandel, mit ihrem oberen der Verwaltung und den Banketten vorbehalten sein – der Turm war das ragende Symbol städtischer Freiheit. Er ist ein Kennzeichen flandrischer Gemeinwesen: Hier kamen die Schöffen zusammen, hier lagen die Stadturkunden. Im Belfried hingen die Glocken, welche die (Arbeits-)Zeit ansagten, vom Belfried aus kontrollierten die Turmwächter das Umland und warnten vor dem Feind.

Brügges Belfort ersteht mitten aus der Hallenfront, drei Geschosse führt er über sie hinaus, verjüngt sich Stockwerk für Stockwerk und strebt zuletzt achteckig in die Höhe. Und eine – hölzerne – Spitze hätte er auch noch, wenn die letzte nicht 1771 ausgebrannt wäre. So bekam er 1822 einen Balustradenkranz als Abschluß, eine probate, wenngleich nicht unbedingt originelle Lösung. Dafür steht den

Halle und Belfried

57

Besuchern jetzt eine ganze Plattform zur Verfügung, wenn sie sich dort oben an der vorzüglichen Aussicht auf die Stadt freuen wollen.

Im übrigen wird der Turm von oben nach unten immer älter: 1487 war das schlanke Oktogon fertiggestellt, dort hängt das vielbewunderte Glockenspiel. Um es mit den Versen des amerikanischen Dichters Henry Wadsworth Longfellow (1807–1862) zu sagen: »Dann melodisch und getragen, als ob's aus alten Zeiten fiel / Mit unirdisch-fremden Klängen läutete das Glockenspiel.« – 1315 entstanden die Ecktürmchen am obersten Backsteinstockwerk, der massive Unterbau datiert von etwa 1240, mußte aber nach einem Brand 1282–87 durchgreifend saniert werden.

Auch heute noch liegt der Markt im Mittelpunkt des Geschehens, noble Geschäfte in seiner Umgebung machen weit lockendere Offerten als den leidigen Andenken-Nippes. Als interessantestes Gebäude am Markt darf (nach Halle und Belfried) vielleicht das **Haus Craenenburg** gelten, obwohl es ein Remake aus dem Jahr 1955 ist. In seinem Original hielten die Brügger über drei Wochen des Jahres 1488 Maximilian von Habsburg gefangen. Wenig ritterlich behandelten sie diesen »letzten Ritter«, der damals immerhin schon deutscher König war und 20 Jahre später »Erwählter Römischer Kaiser« werden sollte. Das heutige Gebäude entstand nach einer Zeichnung Marc Geeraets zu seiner berühmten Schaukarte von 1562, und wie's dadrin aussieht, geht ohnehin keinen Touristen was an.

Gleichfalls an rebellische Zeiten erinnert das 1887 aufgestellte **Denkmal** in der Platzmitte. Es ehrt Jan Breidel und Pieter de Coninck, beide führten 1302 den Aufstand gegen die französischen Besatzer an und das Brügger Aufgebot in die Goldsporenschlacht (s. S. 97). Die vier Reliefs am Sockel vergegenwärtigen die wichtigsten Ereignisse dieser Erhebung, darunter natürlich auch die Brügger Mette. Sie fand am 18. Mai 1302 statt, einen Tag nach dem Einmarsch des französischen Gouverneurs Jacques de Châtillon. Ihm hatten die Patrizier die flandrische Metropole übergeben, nicht ohne vorher die »aufrührerischsten Elemente« auszuweisen. Dennoch fürchteten viele die Rache der schwer bewaffneten Franzosen.

Doch sei die Schilderung der folgenden Geschehnisse dem Altmeister der belgischen Historiographie, Henri Pirenne, überlassen. Zumal er den geneigten Leser ganz nebenbei darüber aufklärt, wie nützlich das akzentfreie Beherrschen einer fremden Sprache sein kann: »Das Volk hielt sich für verloren. Die Verbannten waren noch nicht weit entfernt. Man rief sie zurück, damit sie der Stadt Beistand leisteten. Unter dem Schutze der Nacht gelangten sie bis an den Rand der Festungsgräben, erkletterten mit Leichtigkeit die halb zerstörten Wälle, brachten die französischen Schildwachen ums Leben und drangen in die Stadt. Dies war das Signal zum Blutbad. Die in tiefem Schlummer überraschten Krieger Châtillons wurden mühelos niedergemetzelt. Der Ruf ›schild en vriend‹ (Schutz und Freund, D. A.) erfüllte die Straßen. Diejenigen Franzosen, die ihn, wie die anderen, ausstießen, indem sie sich unter die Menge zu mischen suchten, verrieten sich durch ihre Aussprache und wurden ohne Erbarmen hingemordet. Gleichzeitig mit den Franzosen wurden auch mehrere Patrizier in jener Schreckensnacht getötet.«

Museen und Kirchen: Brügges Süden

Keinem Besucher Brügges darf im Ernst geraten werden, immer nach der kürzesten Verbindung zwischen zwei Sehenswürdigkeiten zu suchen. Wer vom Markt die Wollestraat hinunter und den Dijver entlang gleich ins Groeninge- und Gruuthuse-Museum will, hat sicher auch eine hübsche Strecke, aber ein paar besonders schöne Winkel verpaßt er eben doch.

Allerdings muß angesichts der Bilder des **Groeninge-Museums** einem Kunstreiseführer – und sei's nur dieses eine Mal – das Sakrileg des schnellsten Weges gestattet sein. Die Gemäldesammlung hier bietet ein prächtiges Panorama der (süd-)niederländischen Malerei und führt mitten hinein in das Goldene Zeitalter der Brügger Kunst. Jan van Eyck ist hier ebenso vertreten wie – wenngleich nur mit einer Kopie – Robert Campin, es fehlen weder Rogier van der Weyden und Petrus Christus noch Hugo van der Goes und Gerard David. Selbst von Hans Memling wird das sogenannte »Moreeltriptychon« gezeigt, obwohl dieser im Oud St.-Janshospitaal ein eigenes Museum hat.

Jan van Eyck: Mittel- und Glanzpunkt der Brügger Malerei, geboren vielleicht in Maaseik (Provinz Limburg, s. S. 310), 1422 drei Jahre lang in Diensten des Grafen von Holland, dann »peintre et valet de chambre«, also Maler und Kammerherr Philipps des Guten. Nach Brügge übersiedelt 1432, Hauskauf und Heirat; 1434/35 zeichnet er die Vorlagen für die längst verlorenen Grafenstatuen der Rathausfront (s. S. 53), selbst deren farbige Fassung stammt von seiner Hand. Wie später Rubens, übernimmt auch Jan van Eyck diplomatische Missionen, für Philipp den Guten begibt er sich auf Brautschau. Das dabei entstandene Porträt Isabellas von Portugal ist allerdings nicht erhalten, ebenso wenig wie die wohl in Portugal gemalte Weltkarte.

Die hier ausgestellten Tafelbilder »Die Madonna des Kanonikers Joris van der Paele« (1436) und das »Bildnis der Margareta van Eyck« (1439) zeigen ihren Urheber auf der Höhe seiner Kunst. Das Gemälde mit dem Kanonikus hing einst über seinem Grab in St. Donatian (s. S. 57), diente mithin als Erinnerungsbild. Der Verstorbene ist diesmal nicht mit Maria allein, zu ihnen gesellen sich die hll. Georg als Namenspatron des Stifters und Donatus als Schutzpatron der Kirche. Sie sind hier vereint im Bildtypus der *Sacra Conversazione*, einer heiligen Unterhaltung, die vor dem Thron der Gottesmutter und in einem wunderschönen Kirchenraum stattfindet. Dieses Werk bezeugt die ganze Meisterschaft der van Eyckschen Lichtführung, von ihr profitiert die Strahlkraft der Farben ebenso wie die außerordentliche Plastizität der Formen.

59

Jan van Eyck, Die Madonna des Kanonikus Joris van der Paele, 1436

Zu welcher Vollkommenheit Jan van Eyck auch als Porträtmaler fand, zeigt nicht allein das grandiose Greisenhaupt des Joris van der Paele, sondern auch das Bildnis der Ehefrau Margareta. »Mein Mann Johannes vollendete mich im Jahr 1439 am 17. Juni, mein Alter war 33 Jahre«, stand auf dem originalen Rahmen. Doch die enge Verbindung zum Modell hat den unbestechlichen Blick des Malers keineswegs getrübt. Die aufwendig gefältelte, in unseren Augen fast schon monströse Haube kann nicht von den überscharfen Zügen dieses Gesichts ablenken. Geistesabwesend schaut es den Betrachter an, in der Zuwendung unendlich distanziert. – Kein Zweifel, hier war ein Wahrheitsfanatiker an der Arbeit, einer, der dem Leben mit ganzem Einsatz auf die Spur blieb wie ein Jäger dem Wild.

Am Beginn der altniederländischen Malerei steht neben Jan van Eyck Robert Campin, der am 26. April 1444 in Tournai starb. Seine hiesige »Muttergottes mit Kind« ist allerdings ein Replikat aus dem späten 15. Jh. Auch Rogier van der Weyden (1399/1400–1464), im Groeninge-Museum mit einer Kopie seines berühmten Bilds »Der Evangelist Lukas malt die Madonna« vertreten, soll als Stadtmaler von Brüssel (seit etwa 1433) in einem anderen Zusammenhang gewürdigt werden (s. S. 38).

Ein weiterer Brügger Maler ist Petrus Christus (um 1415/20–1472/73), der sogar ein Schüler Jan van Eycks gewesen sein könnte. Erst 1444 erhielt er das Brügger Bürgerrecht, doch ist er wohl schon früher in die Werkstatt des Meisters aufgenommen worden und hat nach Eycks Tod einige seiner Werke zu Ende gemalt. Von seiner Hand blieb das Bildnis der Isabella von Portugal erhalten, die im Museum als Stifterin eines Altars mitsamt ihrer Namenspatronin Elisabeth erscheint. Im Vergleich zu Jan van Eyck sieht Christus seine Figuren eher nüchtern, seine Kompositionen sind weniger vielschichtig, vor allem in den Bedeutungszusammenhängen reduziert. Aber er hat – jedenfalls im späteren Schaffen – die Perspektive sehr viel stringenter zur Geltung gebracht als sein (mutmaßlicher) Lehrer.

Bildnis der Margareta van Eyck

Auch Hugo van der Goes (s. S. 232) und Hans Memling (s. S. 39) sind im Groeninge-Museum mit je einem Werk vertreten, doch soll an dieser Stelle die Aufmerksamkeit Memlings Nachfolger Gerard David (um 1460–1523) gelten: Daß die älteren Vorstellungen von Gerechtigkeit nicht zwangsläufig mit unseren Prinzipien der Rechtspflege vereinbar sein müssen, zeigt sein Gemälde »Das Urteil des Cambyses« auf sehr drastische Weise. Dort wird dem – freilich der Korruption überführten – Richter Sisamnes die Haut bei lebendigem Leibe abgezogen. Im Mittelgrund steht der für die Exekution verantwortliche altpersische König Cambyses, er schaut gefaßt an der grausigen Szene vorbei. Zwei offenbar zartsinnigere Hofleute links von ihm haben – zu ihrer Ehre sei es gesagt – die Augen niedergeschlagen, um diesem Schlachtfest der Gerechtigkeit wenigstens nicht mit den Blicken beiwohnen zu müssen.

Was den Herrscher angeht, so weiß die Geschichte zu berichten, daß er die Linie der Abschreckung konsequent weiterverfolgt hat. Er ließ den Richterstuhl mit der Haut seines unglücklichen Inhabers beziehen, jedem zur Mahnung, der von dort aus seines hohen Amtes waltete, ganz besonders aber dem Sohn des Sisamnes, der seinem Vater als Richter nachgefolgt war. Die Simultanbühne des Bildes zeigt diese Szene klein im Hintergrund.

Das Gemälde, 1498 entstanden, war eine Auftragsarbeit des Brügger Rats, es zierte den Schöffensaal ebenso wie die hier gleichfalls ausgestellte »Überführung des bestechlichen Richters durch Cambyses«. Von David stammt auch das zweiflügelige Altarbild »Taufe Christi«. Das Werk imponiert besonders wegen seiner detailreichen und durchdachten Landschaftsdarstellung.

Die Bilder Davids stehen schon für die Götterdämmerung der berühmten Brügger Schule, und die Biographie ihres Schöpfers spiegelt den Niedergang Brügges wider. Obwohl er bis zu seinem Tod in der Metropole Flanderns arbeitet, taucht sein Name 1515 in den Verzeichnissen der Antwerpener Malergilde auf. Auch die zurückhaltende Farbigkeit seiner späten Bilder deutet auf vorsichtige Anpassung an die Usancen der Antwerpener Malerei hin.

Gerard David, »Das Urteil des Cambyses«, Ausschnitt

Mit David endet das Goldene Zeitalter der Brügger Malerei; seine Schüler Adriaan Isenbrant (um 1490–1551) und Ambrosius Benson (um 1499–1550) sind keine derart markanten Künstlerpersönlichkeiten mehr. Als tüchtige Maler wirkten im 16. Jh. zunächst Jan Provoost und Lanceloot Blondeel (1498–1561), dann hat Pieter Pourbus (um 1523–1584) die Szene beherrscht. Das Groeninge-Museum verfolgt die Geschichte der Brügger und flämischen Malerei bis in die Gegenwart (z. B. mit dem Pop-Art Künstler Roger Raveel).

Auf der Brügger Museumsmeile folgt jetzt das **Museum Arentshuis** (Dijver 16) mit den Werken des englischen, aber in Brügge geborenen Malers Frank William Brangwyn (1867–1956). Doch zweifellos die interessanteren Bestände hat das **Gruuthuse-Museum** *(Stedelijk Museum vor Oudheidkunde en Kunstnijverheid*, Dijver 17) vorzuweisen. Dabei ist schon das Haus selbst den Besuch wert, es gilt als das besterhaltene gotische Wohnhaus der südlichen Niederlande. Der Komplex mit seinem unregelmäßigen Grundriß besteht aus insgesamt drei Trakten, von denen die beiden historischen rechtwinklig aufeinanderstoßen. Der ältere entstand um 1425 und kehrt seinen imposanten Spitzgiebel der Reie zu – mitsamt den Wappen des Jan van der Aa und seiner Gemahlin Agnes de Montaigne. Während der zweiten Hälfte des 15. Jh. kam der Südflügel hinzu, erst 1910/11 der Neubau an der Gruuthusestraat.

Die Gruuthuse waren ein bedeutendes flämisch-brabantisches Adelsgeschlecht. Ludwig van der Aa († 1492) zählte zur Crème de la crème des burgundischen Hofs. Energisch befürwortete er den Schulterschluß zwischen Burgund und England, erhielt sogar als Dank für geleistete Dienste die Grafschaft Winchester. Seine Bibliothek konnte sich mit der des Büchernarren Philipp von Burgund durchaus messen, eine der zentralen mittelniederländischen Textsammlungen trägt den Namen der Familie, die Gruuthuse-Handschrift.

Diesen Namen (und ersten Reichtum) verdankte das Haus der *grut*. Das war, bevor der Hopfen sich im Nordwesten Europas durchsetzte, die Bierwürze. Die Grut enthielt mehrere, lokal wechselnde Kräuter, immer aber die Blätter des Gagel. Dieser mit der Weide verwandte Strauch wächst noch heute in den hiesigen Heidemooren, ist aber wie sein Lebensraum ziemlich selten geworden. Für den Gagel sprach nicht nur sein Aroma, sondern offenbar auch seine berauschende Wirkung (obwohl sich eine entsprechende Substanz bisher nicht sicher nachweisen ließ). Möglicherweise hat der Hopfen den Gagel auch deshalb verdrängt, weil er beruhigt. Der Gagel dagegen macht rebellisch. Und das sah die Obrigkeit nirgendwo gern.

Für die Grut gab es ein Regal, ein Privileg also, das allein dessen Inhaber zum Grut-Handel berechtigte. Sie vor allem haben sich mit Händen und Füßen gegen den Einsatz von Hopfen beim Bierbrauen gewehrt – schließlich drohte da eine wichtige Einnahmequelle zu versiegen. Nun, die Gruuthuse hat dieser Verlust nicht weiter gequält, zumal sie sich zum Ersatz an einer Biersteuer schadlos hal-

Gruuthuse-Museum

ten konnten. Überdies betrieben sie inzwischen längst lukrativere Geschäfte.

Das Gruuthuse-Museum zeigt die unterschiedlichsten Exponate, aus vielen Jahrhunderten, quer durch alle möglichen Sparten des Kunstgewerbes und der Handwerkskunst. Eher zum Kunstgewerbe zählen die hauchzarten Brügger Spitzen (Säle 18/19), zur Handwerkskunst möglicherweise die ungleich derberen, aber immer wieder gern betrachteten Folterinstrumente. Auch sehr beachtliche Gobelins Brügger Provenienz gibt es zu bestaunen, überdies im prächtigen Renaissancesaal. Erhalten blieb die gotische Küche des Hauses, und der mächtige Kamin läßt ahnen, welch hektisches Treiben in diesem Raum bei Festlichkeiten herrschte. Daß hier die Sammlung historischer Küchengeräte ihren legitimen Platz hat, versteht sich von selbst.

Auf das wertvollste Stück des Museums aber trifft der Besucher schon im Empfangssaal. Dort steht die farbig gefaßte Tonbüste eines noch jungen Mannes, der als Karl V. über ein Weltreich gebieten sollte. Sie wird Conrad Meit zugeschrieben. Er stand in den Diensten von Karls Tante Margarete von Österreich und war hierzulande einer der gefragtesten Künstler. Albrecht Dürer hat ihn auf seiner niederländischen Reise besucht, »den guten Bildschnitzer mit Namen Conrad, desgleichen ich keinen gesehen hab«.

Im Vergleich zum Gruuthuse- bietet das **Memling-Museum** ein Kontrastprogramm. Statt der unendlich vielen Sparten und der allermeist unbekannten Künstler/Handwerker (fast) nur ein einziger Maler, eben Hans Memling. Eines aber haben beide Museen gemeinsam: die Authentizität ihres architektonischen Rahmens.

Memlings Werke haben im **St. Janshospital** die angemessene Umgebung gefunden. Dieses Hospital ist unter den Krankenhäusern Europas eines der ältesten (erhaltenen). Wie es die christlichen Tugenden der Nächstenliebe und Barmherzigkeit geboten, sorgte hier eine Gemeinschaft von Schwestern und Brüdern ebenso für Arme oder Waisen wie für Kranke oder Pilger. Als sich diese Gemeinschaft im 16. Jh. auflöste, blieb das Hospital nichtsdestoweniger der Krankenpflege verpflichtet (und das noch bis 1978). Deshalb kann es heute mit einer historischen Apotheke aufwarten, deren bemerkenswerte Ausstattung ins 17. und 18. Jh. datiert.

1188 erstmals genannt, weist das Hospital noch romanische Partien auf, etwa den Turmbau an der Mariastraat. Die Gemälde Memlings werden in der großen Kapelle des Hospitals und der anschließenden kleineren Corneliuskapelle gezeigt. Das schon erwähnte Johannesretabel (s. S. 39) ist unter den hier gezeigten Tafeln die älteste, jedenfalls was den Beginn der Arbeit angeht. Und es gehört zu den drei größten Altären, die Hans Memling geschaffen hat. Die vier Oberen der Hospitalgemeinschaft bestellten ihn wahrscheinlich als Hochaltar für den neuen, 1474 geweihten Chor der Kapelle.

Dieses Retabel ist zunächst einmal ein thematisch vielseitiges Werk. Die Mitteltafel stellt eine »Mystische Vermählung der hl. Katharina« dar, in deren Zentrum die Gottesmutter mit Kind thront. Die Heilige – kenntlich am Marterwerkzeug Rad zu ihren Füßen – streckt die Linke Jesus entgegen, der ihr den Ring überstreift. Katharinas prächtiges Gewand und der virtuos gemusterte Teppich vor dem Thron gelten als besonders schöne Beispiele für Memlings stupende Fähigkeit zur Wiedergabe erlesener Materialien, an die er seine ganze Meisterschaft im Umgang mit der Farbe gewandt hat.

Während die beiden Johannes hier der mystischen Vermählung nur assistieren, sind sie auf den Seitenflügeln die Hauptfiguren. Johannes der Täufer ist allerdings schon eine Figur ohne Haupt, der Scharfrichter legt es gerade auf den Teller in den Händen Salomes. Die Landschaft im Hintergrund – und auch dies kennzeichnet die Kunst Memlings – zieht den Blick weit hinaus, suggeriert eine bis dahin nicht gekannte Tiefe des Raums. Der rechte Flügel zeigt den Evangelisten Johannes als Verbannten auf Patmos, wo er seine Visionen niederschreibt. Die Ruhe seiner Gestalt kontrastiert zur Bewegtheit der Szenerie. Da speit die Erde Feuer, die vier Apokalyptischen Reiter sprengen heran, der eine geradewegs aus einem schon Breughelschen Untier(gleich Höllen-)Schlund. Ein Regenbogen schließt die Sphäre des Himmels gegen dieses Inferno ab, dort thront Gottvater im Kreis der 24 Ältesten. Die ganze Tafel ist wie durchdrungen von einem blaugrünen Farbton, er steht für den Zustand ekstatischen Sehens, der Offenbarung.

Auch Jan Florens war Mitglied der Hospitalgemeinschaft, 1479 wurde das nach ihm benannte kleinere Triptychon auf einem Seitenaltar aufgestellt. Seine Mitteltafel hat die »Anbetung der Heiligen Drei Könige« zum Thema, ganz links kniet der Stifter im geistlichen

*Hans Memling,
Ursulaschrein*

Habit. 1480 folgt Memlings Flügelaltar für Adriaan Reins, ebenfalls
ein Hospitalbruder. Aus dem Jahr 1487 schließlich stammt das Diptychon des Maarten van Nieuwenhove. Dieser Altar kam allerdings
erst später ins St. Janshospitaal. Zunächst diente er den Angehörigen
einer maßgebenden Brügger Familie zur häuslichen Andacht. Die
beiden Flügel des Retabels vereinen die Gottesmutter und den anbe-
tenden Jüngling in einem Raum.

Bleibt der **Ursulaschrein,** die wohl bekannteste Arbeit Memlings.
Im Gegensatz zu anderen Prunkreliquiaren ist er nicht aus Metall,
sondern aus Holz, und seine Figuren sind nicht aus vergoldetem Sil-
ber, sondern gemalt. Übrigens ähneln die Schmalseiten stark der
Nordgiebelwand des Paradiesportals an der Liebfrauenkirche gegenüber. Ihr Hochformat gibt einmal Ursula als einer Schutzmantelhei-
ligen und zum anderen der Madonna mit zwei Stifterinnen Raum.

Mehr Interesse haben seit je die Längsseiten des Schreins auf sich gezogen: Hier vergegenwärtigt Hans Memling jeweils drei Szenen aus der Ursula-Legende, wie sie die *Legenda aurea* des Jacobus de Voragine (größtenteils) überliefert. Danach dringt Ursula, die ebenso schöne wie fromme Tochter des Königs von Brittanien (wohl Bretagne), auf eine Wallfahrt. Denn noch opfert ihr vorgesehener Ehemann, immerhin der Sohn des englischen Königs, den alten Göttern. Mit riesigem weiblichen Gefolge geht es zunächst den Rhein hinauf nach Köln und Basel, von hier aus zu Fuß weiter nach Rom. Der Papst empfängt die Schar nicht nur aufs Huldvollste, sondern begibt sich auch mit ihr zurück gen Köln. Und das aus einem Grund, den weniger glaubensstarke Seelen nur schwer nachvollziehen dürften: Gott hat ihnen den Märtyrertod dortselbst prophezeit. Zum Werkzeug dieses groß angelegten Heilsplans ist der Hunnenfürst ausersehen, sein Heer tötet denn auch alle Christen vor den Toren Kölns, darunter den Papst und die elftausend Jungfrauen. Zuletzt streckt der Heidenobere Ursula mit einem Pfeil nieder; sie hatte sich geweigert, seine Frau zu werden.

Die ersten vier Bilder sind den Stationen der Reise gewidmet: Köln, Basel, Rom und wieder Basel, die beiden letzten erzählen vom Kölner Martyrium. Dabei fällt die exakte Wiedergabe der Kölner Kulisse auf, vom Bayenturm über St. Maria Lyskirchen und Groß St. Martin bis hin zum Domchor samt dem berühmten Kran. Ein derart getreues Abbild kann sich nur eigener Kenntnis verdanken (s. auch S. 39). Darüber hinaus müssen Memling zwei Kölner Bildfolgen zum Thema gegenwärtig gewesen sein, vor allem ein Vergleich mit dem Kleinen Ursula-Zyklus im Kölner Wallraf-Richartz-Museum zeigt Übereinstimmung in Details. Gerade der Ursulaschrein zeigt aber auch, welche Distanz Memling zum gotischen Darstellungskanon schon gewonnen hatte. Der Maltradition und dem Weltbild des Mittelalters zweifellos noch verpflichtet, kündigt sich hier doch unübersehbar die Hinwendung zu Renaissance und Neuzeit an.

Den ganzen weiten Bogen der Gotik in Flandern umspannt die **Liebfrauenkirche** *(Onze-Lieve-Vrouwekerk)* gegenüber dem St. Janshospitaal. Solide gegründet, ragt ihr wuchtiger Turm stolze 122 m in die Höhe, auch heute noch ein Fixpunkt des Stadtbilds. Und selbstverständlich ging ein Gemeinwesen wie Brügge mit der Zeit, nicht nur hinsichtlich der Baugesinnung, sondern auch hinsichtlich des Baumaterials: Die Liebfrauenkirche gehört zu den frühesten flandrischen Backsteinarchitekturen.

Als zwischen 1210 und 1230 das dreischiffige Langhaus der Kirche entsteht, beherrscht nur wenig weiter östlich noch die Romanik das Feld. Freilich trägt die Scheldegotik (s. S. 15) noch viele Züge romanischen Bauens, auch Schmuckformen wie die Knospenkapitelle sind der vorausgehenden Epoche verpflichtet. Um 1280 setzen die filigranen Treppentürme das Tüpfelchen auf dem i der eindrucksvollen Westfassade. Damals hat die zweite Bauphase schon begon-

Mächtiger Akzent des Brügger Stadtbilds: Die Liebfrauenkirche ▷

Michelangelo Buona-
rotti, »Madonna mit
Kind«

nen, der sich Querschiff, Chor und eben auch der ungewöhnlich plazierte Turm verdanken. 1335 war auch diese Arbeit getan. Doch schon zehn Jahre später wurde das Gotteshaus um ein zweites nördliches Seitenschiff erweitert, 1450–74 bekam es sein Gegenstück im Süden. Diese beiden äußeren Seitenschiffe zeugen für die nunmehrige Vorherrschaft der Brabanter Gotik (s. S. 18), in deren späteste Phase das Paradiesportal am Turm gehört. 1480 endlich ist auch der Bau von Sakristei und Kapellen abgeschlossen.

Womöglich noch mehr Aufmerksamkeit als ihre Architektur verdient die Ausstattung der Liebfrauenkirche. Im Mittelpunkt stehen die beiden Grabtumben für Maria von Burgund († 1482) und ihren Vater Karl den Kühnen († 1477). Das Grab der später verstorbenen Maria ist das ältere: Ihr Gemahl Maximilian I. wußte, was er der tragisch verunglückten Erbin schuldig war. Die bronzene Liegefigur hat um 1500 Renier van Thienen gegossen. Er bettete nach dem Entwurf Jan Bormans eine zarte Gestalt auf den Deckel der Tumba, das jugendliche Gesicht spiegelt auch die Trauer über ihren frühen Tod wider.

Damit Marias Vater an ihrer Seite eine nicht minder prächtige Ruhestätte fand, mußte wohl doch eine gewisse Schamfrist vergehen. Die Rücksichts- und Maßlosigkeit, mit der Karl den Plan eines burgundischen Reiches verfolgt hatte, fand den Beifall seiner Zeitgenossen nicht. Immerhin hat er den Vorsatz seiner Devise »*Je l'ay empris, bien en avienge*« (Ich hab's gewagt, möge es gelingen) konsequent befolgt, nur ging der Wunsch des Nachsatzes nicht in Erfüllung. Erst Karl V., Urenkel Karls des Kühnen, veranlaßte 1558, daß die Gebeine des Hasadeurs nach Brügge gebracht wurden. 1562 vollendet, trägt sein Grabmal schon die Signatur der Renaissance; Cornelis Floris als Zeichner und Jacob Jonghelinck als Plastiker haben der forcierten Kühnheit dieses Karl sehr wohl Ausdruck zu verleihen gewußt. Hochgerüstet liegt sein Abbild da, was es an schimmernder Wehr nicht selber tragen kann, liegt neben ihm. Und sein Paar gepanzerter Fingerlinge könnte ja auch so verstanden werden, daß der Verstorbene seinen Gegnern den Fehdehandschuh immer gleich in doppelter Ausfertigung hinwarf.

Das prominenteste Kunstwerk der Kirche umgibt die Aura eines großen Namens: Michelangelo Buonarotti (1475–1564). Seine Madonna mit Kind steht in einem recht entlegenen Winkel, dabei war sie ursprünglich für den vornehmsten Platz eines sehr berühmten Gotteshauses bestimmt, nämlich den Hochaltar des Sieneser Doms. Sie blieb aber in Michelangelos Werkstatt, und dort wurde sich der Künstler mit den Brügger Kaufleuten Jan und Alexander Mouscron handelseinig: Für die stolze Summe von 100 Dukaten kam die marmorweiße, lebensgroße Statue nach Brügge. 1503 geschaffen, zählt sie noch zu Michelangelos frühen Plastiken. Ungeachtet der kompositorischen Spannung hat der Künstler das oft variierte Thema doch eher nüchtern umgesetzt. Jedenfalls hat er selbst die Andeutung zu einer seinerzeit so beliebten, menschlich-allzumenschlichen Tändelei zwischen Mutter und Kind vermieden. Aber der Blick dieser Maria deutet doch auf die Leidensgeschichte voraus, in ihm liegt Trauer und das Wissen um den Verlust.

Im übrigen wird der Besucher eine Auswahl treffen müssen. Liebfrauen verfügt über mehr außerordentliche Bilder als manche renommierte Gemäldegalerie, nur daß es mit der Ausleuchtung nicht zum Besten steht. Gerard Davids »Verklärung Christi« (1520) und Adriaan Isenbrants »Schmerzensmutter« (1530) seien als Werke einheimischer Meister genannt, den flämischen Barock vertreten würdig zwei Antwerpener Meister: Anthonis van Dyck mit einem »Gekreuzigten« (1626) und Gerard Seghers mit einer ausgezeichneten »Anbetung der Heiligen Drei Könige« (1630).

Die älteste Pfarrkirche der Stadt ist die **Kathedrale** *(St.-Salvatorskathedraal)*, ihr Westturm fußt noch auf dem Fundament des romanischen Vorgängers (von 1200). 1280 mußte das ältere Gotteshaus dem gotischen Neubau weichen, stilbildend wirkte hier einmal mehr die Kathedrale von Tournai. Als 1358 nach Langhaus und Chor auch die Arbeiten am Querschiff abgeschlossen waren, brannte die Kirche aus. Diese Katastrophe wirkte als Zäsur: Zwar erhielt St. Salvator noch seinen Chorumgang durch Jan van der Poele (1480), und die spitzen Zeltdächer der Kapellen setzten noch einmal einen ganz eigenen Akzent. Doch bis zur vollständigen Einwölbung des Gotteshauses sollten dann 250 Jahre vergehen (1739).

Selbst als St. Salvator in der Nachfolge von St. Donatian 1834 Bischofskirche wurde, bewahrte sie das nicht vor den Anschlägen des Feuerteufels. So mußte 1844–46 der Turmaufbau neoromanisch erneuert werden, 1871 kam die neue Spitze hinzu. Dieser Abschluß ist ein ehrgeiziges Werk: Auf zwei Geschossen formieren sich je vier kleinere Türme zu einer spektakulären Dachlandschaft auf engstem Raum. Brügge besaß nun außer seinen mittelalterlichen Wahrzeichen auch ein neuzeitliches.

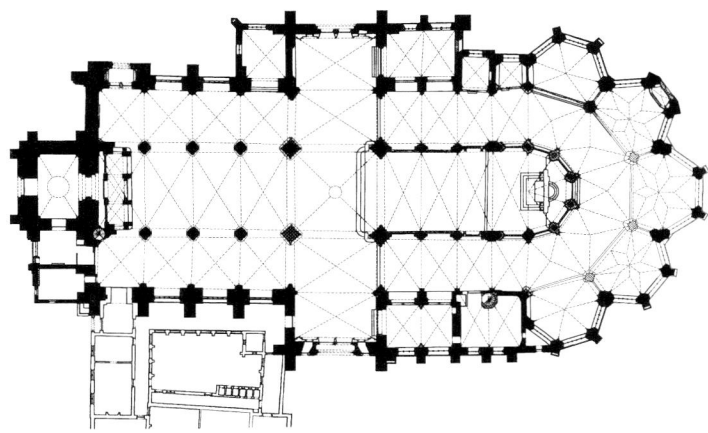

Salvatorkathedrale
(Grundriß)

Wer nun eingedenk der langen und wechselvollen Baugeschichte ein entsprechend disparates Raumbild erwartet, darf beim Eintritt in die Kirche erstaunt sein: Über die Jahrhunderte hinweg haben sie hier zur ursprünglichen Architekturidee gestanden. Klar gegliedert ist diese Basilika, die Dramaturgie der Steigerung von West nach Ost (also zum Chor hin) souverän durchgehalten. Auch die wesentlichen Komponenten der (sehr frühen) Scheldegotik blieben gewahrt: Schlanke Rundsäulen nehmen als Bündel zusammengefaßt den Pfeilern wenigstens optisch ihre Schwere, und die – wenngleich kleinen – Fenster des Triforiums lassen deutlich die gotische Tendenz zur Auflösung der Mauer erkennen.

Natürlich hat gerade die Ausstattung unter den Flammen gelitten, doch sind viele wertvolle Stücke erhalten. Dazu gehört der Lettner aus dem späten 17. und frühen 18. Jh. Er trennte damals den Chor vom Kirchenschiff, präsentiert sich seit 1935 jedoch als (westliche)

Orgelempore. Ein Gottvater, dessen große Geste vom kolossalen Faltenwurf seines Gewands wirkungsvoll unterstützt wird, thront im Zentrum des Aufbaus. 1682 vollendete Arthus Quellin d. J. mit dieser Plastik eines seiner Hauptwerke. Die schöne Orgel (1717–19) schuf Jacob van Eynde, der Engel zuoberst ist ein schwungvoller Dirigent dieses »Orchesters« unter den Instrumenten«. Sein Schnitzer Jan van der Plancke hat ihm sogar einen Taktstock in die Rechte gegeben, dem auf den Seitentürmen auch der harfeschlagende König David und die hl. Cäcilia als Schutzpatronin der Musik folgen. Erst 1726 kam das prächtige Zweiflügel-Tor aus Messing hinzu, es stellt Wieryck Somers, dem »Meister Silberschmied zu Antwerpen«, ein hervorragendes Zeugnis aus.

Einige Grabdenkmäler von Bischöfen hat St. Salvator übernommen, ohne ihnen die effektvolle Rahmenarchitektur aus St. Donatian bieten zu können. Unter den zahlreichen Gemälden fallen die

Jacob van Oosts d. Ä. auf, während Jan Janssens »Auferstehung Christi« im Hochaltar eine etwas befremdende Titelfigur gibt: Dieser zum Himmel strebende Christus scheint im wahrsten Sinn des Wortes auf dem (Weit-)Sprung.

Überdauert hat ebenfalls das kurz vor 1450 geschnitzte Chorgestühl. Bald nach seiner Fertigstellung nahmen hier die Ritter vom Goldenen Vlies zu ihrer 13. Kapitelversammlung Platz; ein willkommener Anlaß, um die Rückwand des Gestühls zu erhöhen und mit den Wappen der Beteiligten zu schmücken. Zwar hat mit Errichtung des Lettners die Sitzanordnung verändert werden müssen, selbstredend überstanden die Bankreihen das 19. Jh. nicht unbeschadet – doch wenn heute auch noch die acht prachtvollen Gobelins nach den Bildern des Jan van Orley den Chor schmücken, dann recken die Besucher sehr zu Recht die Hälse.

Der Kathedrale angegliedert ist ein **Museum.** Es besitzt einen Kalvarienberg mit den hll. Katharina und Barbara, der um 1400 geschaffen wurde, also eines der raren Zeugnisse altniederländischer Malerei im Vorfeld ihrer großen Meister darstellt. Im Vergleich zu deren Werken scheint dieses Bild mit seinem Goldgrund, den verzerrten Architekturen und den eigentümlich stilisierten Gestalten wie aus einer anderen Welt. Kurz vor seinem Tod 1475 malte Dieric Bouts (s. S. 274) das »Martyrium des hl. Hippolytus«. Es ist die Mitteltafel eines Flügelaltars, auf dessen linker Schmalseite die Stifter Hippolytus de Berthos und Elisabeth van Keverswyck anbetend knien. Den hohen Finanzbeamten Karls des Kühnen nebst seiner Gemahlin hat dann schon Hugo van der Goes konterfeit.

Neben weiteren Gemälden, unter anderen von Lanceloot Blondeel und Pieter Pourbus, steht hier auch die zweieinhalb Meter hohe Schnitzfigur Karls des Guten. Der flandrische Graf fiel 1127 durch Mörderhand (s. S. 33) und das auch noch an geweihter Stätte, nämlich in St. Donatian. Das seltsame Herrscher-Porträt mit hochgestelltem Schwert, sicher des öfteren überarbeitet, wird meist ins 15. Jh. datiert.

Nach so viel großer Kunst und imposanten Bauwerken empfiehlt sich ein Spaziergang zu einem der traulichsten Winkel Brügges. Derart traulich war es dort allerdings nicht immer: Vorzeiten diente das **Minnewater** als Binnenhafen, dafür bauten die Brügger 1519 das (1893 restaurierte) Schleusenhaus. Heute schieben nur die Schwäne kleine Bugwellen vor sich her – falls sie nach dem Brot gieren, das ihnen gegen jede ökologische Vernunft zugeworfen wird. Trauerweiden hängen ihre Zweige mit geradezu zwingender Symbolik ins Wasser, kurz: der Melancholie dieses Ortes wird sich einer selbst dann nicht entziehen können, wenn er etwas oberhalb des Teichs auf der Brücke zum Beginenhof steht.

Denn auch der **Beginenhof** ist ein Ort der Stille und keineswegs zufällig in Georges Rodenbachs Brügge-Erzählung ein Topos für die tote Stadt. Von der Beginen-Bewegung soll anderer Stelle die Rede sein (s. S. 187), für diesmal nur so viel: Das Klischee vom beschauli-

chen Zusammenleben trifft auf diesen weiblichen Laienorden gewiß nicht zu.

Der Beginenhof um die Osterzeit

Der Brügger Beginenhof entstand etwa 1230, die flandrische Gräfin Johanna von Konstantinopel hat ihn gestiftet. Die Häuschen des Ordens stammen aus seiner späten Blütezeit, dem 17. und 18. Jh. Mit dem Bau der Elisabethkirche im Osttrakt der Anlage wurde immerhin 1245 begonnen, doch mußte das 1548 ausgebrannte Gotteshaus von Grund auf erneuert werden und präsentiert sich seit 1605 im Gewand der Renaissance. Heute beleben wieder Schwestern die Kirche mit ihren Gebeten, es sind allerdings Benediktinerinnen.

Der Norden Brügges: Abseits des Besucherstroms

Die Reiseführer-Sternchen flimmern am Kunsthimmel Brügges bekanntlich dicht an dicht. Doch nur wenige weisen den Weg in die nördlicheren Viertel. Dabei lagen hier die Werkstätten der großen Maler und die Kontore der ausländischen, vor allem der italienischen Kaufleute.

Auch die großen Geldhäuser hatten hier ihren Sitz oder doch wenigstens ihren Vertreter, die Gallerani und Bonsignori aus Siena, die Bardi und Perrugia aus Florenz. Die Banken der Florentiner gin-

Hafendrehkran mit Tretradantrieb, ein Wahrzeichen der Handelsstadt Brügge. Miniatur aus einem Stundenbuch, um 1540. München, Bayerische Staatsbibliothek.

gen allerdings 1343 und 1346 bankrott, weil ihre Londoner Niederlassung die Risiken einer Kreditvergabe an den kriegführenden König Eduard falsch eingeschätzt hatte. So gaben erst einmal Luccheser Finanziers in Brügge den Ton an, Dino Rappoldi lieh Philipp dem Guten (1419–1467) die stolze Summe von 200 000 Gulden. So viel hatte der türkische Sultan als Lösegeld für Philipps Sohn Johann Ohneland verlangt.

Von Rappoldis Landsmann Giovanni Arnolfini war schon die Rede (s. S. 50), nicht aber vom Geldinstitut der Medici. Seit 1439 fungierte Bernardo Portinari als sein Repräsentant, seit 1473 Bernardos Neffe Tommaso Portinari. Bereits sieben Jahre zuvor hatte sich die Medici-Repräsentanz mit einer besonders vornehmen Adresse schmücken können: **Naaldenstraat 19–21**. Noch heute sind im Innenhof des Gebäudes zwei steinerne Medaillons erhalten, die Lorenzo de Medici und Clarice Orsini zeigen. Bauherr des Hauses war (um 1450) übrigens Pieter Bladelin, Brügger Stadtkämmerer, Schatzmeister des Ordens vom Goldenen Vlies, einflußreicher Diplomat in Diensten Philipp des Guten – und Stifter des grandiosen Berliner Van-der-Weyden-Altars (s. auch S. 38).

Was aber Tommaso Portinari angeht: Auch er gab die ihm anvertrauten Gelder dem falschen Herrscher. Geblendet vom Glanz des Burgundischen Hofes, sah er sich in der Rolle des unentbehrlichen Finanziers, auch staatsmännische Ambitionen pflegte er. Bekanntlich endete die Herrschaft Karls des Kühnen mit einem Desaster (s. S. 21); es brachte die Medici-Bank an den Rand des Zusammenbruchs. Schon vorher hatte Lorenzo der Prächtige seinen Direktor scharf gerügt, weil er sich »auf unsere Kosten« ins rechte Licht setzte. Jetzt löste sich der Fürst von Portinari, der noch einige Jahre auf eigene Rechnung arbeitete, doch immer unter dem Damokles-Schwert des Bankrotts.

Nach allen Zeitzeugen war Tommaso Portinari kein Finanzgenie, sondern eher ein gefallsüchtiger Gernegroß. Das hat seinen Namen in der Kunstgeschichte nicht verdunkeln können. Hans Memling hat ihn gemalt, vor allem aber hat der nach ihm benannte Altar sein Bild überliefert (heute Uffizien, Florenz). Und etwas vom Ruhm des Hugo van der Goes fiel immer auch auf den Stifter ab.

Sicher hatte Tommaso Portinari Sorgen. Ob er in der **Jakobskirche** *(Sint Jacobskerk)* Trost gesucht hat? Unwahrscheinlich ist das gewiß nicht, zumal St. Jakob bis heute einen Frührenaissance-Tondo aus der Florentiner Werkstatt von Luca oder Andrea della Robbia bewahrt. Wenn Tommaso Portinari das kostbare Stück bemalter Fayence dem Gotteshaus tatsächlich gestiftet hätte, käme zu seinen bekannten Schenkungen nur eine mehr hinzu. Doch nicht nur der geplagte Finanzmann, auch andere Italiener taten viel für eine Aufwertung der Kirche, die um 1250 als bescheidene einschiffige Andachtsstätte über kreuzförmigem Grundriß errichtet worden war. 1459–78 wurde aus ihr eine sehr stattliche Hallenkirche mit einem womöglich noch stattlicheren Turm.

Zu ihrer Ausstattung gehören viele prächtige Bilder, darunter die »Szenen aus dem Leben der hl. Lucia von Syrakus« eines unbekannten Meisters. Um 1480 gemalt, spielen sie keineswegs vor der Kulisse von Syrakus, sondern von Brügge; daran läßt die Wahrzeichentrias von Belfort, St. Salvator und Liebfrauenkirche keinen Zweifel. Ebenfalls markante Stationen in Heiligenleben vergegenwärtigt eines der bedeutendsten Werke von Lanceloot Blondeel, das den beiden Ärztebrüdern Kosmas und Damian gewidmet ist. Kaum ganz uneigennützig stiftete Terry de Gros, Schatzmeister des Ordens vom

Goldenen Vlies, die 1518 vollendete Grabkapelle. Sie birgt das Renaissance-Prunkgrab dieses Mannes und seiner zwei Ehefrauen. Mit diesem prachtvollen Angedenken können die Messingplatten des 15. und 16. Jh. nur auf den ersten Blick nicht mithalten. Sie sind gerade in ihrer Vielzahl aufschlußreiche Zeitdokumente.

Wer sich weiterhin auf die Spuren der Italiener in Brügge setzen möchte, kann gleich östlich der Kirche in die Grauwwerkerstraat einbiegen. Kurz vor deren Mündung in die Vlamingstraat entstand 1441 das **Haus des Konsuls von Genua,** dem allerdings die nicht ganz unbewegte Baugeschichte deutlich anzusehen ist. Ecke Grauw-werkers-/Vlamingstraat (Nr. 33) steht das **Haus der Genueser Kaufmannschaft**. Seine Bausubstanz reicht bis ins Jahr 1399 zurück. Sein Portal ziert ein Relief des Genueser Schutzpatrons Georg. Und wenn auch der Hauptgiebel des Gebäudes den keck ausschwingenden Rahmen erst um 1750 erhielt, weist das delikate Maßwerk der (restaurierten) Fenster doch zurück in die Gotik. Übrigens trennt nur die schmale Grauwwerkerstraat das Genueserhaus von dem 1453 erbauten **Haus der Familie van der Beurze** (s. S. 49).

Und wiederum nur gegenüber, jetzt aber eingangs der Academie-straat (Nr. 1), hatten die Handelsherren aus Florenz ihren Sitz, allerdings wurde er im 18. Jh. stark verändert. Aber was tut's, das Viertel kann historische Häuser genug bieten. Nehmen wir nur den Jan van Eyckplein mit dem – wengleich später überarbeiteten – **Zollhaus** an seiner Nordseite (1477), daneben das etwa gleichalte Rijkepijnders-huis, beide beherbergen heute die Stadtbibliothek.

Wo der Osten anfängt, ist immer auch eine Frage des eigenen Standpunkts. Aus Brügger Sicht war es geographisch korrekt, die Hanseleute als *Oosterlinge* zu bezeichnen. Die Deutsche Hanse und Brügge – eine lange, wengleich nicht durchgängig harmonische Beziehung. Aber letztendlich rauften sich die Partner immer wieder zusammen, und bevor die attraktiven Ostseemärkte verlorengingen, gab Brügge zähneknirschend nach. So zahlte die Stadt zum Beispiel, als die Italiener Schadensersatz für die beiden 1473 gekaperten Schiffe forderten. Dabei hätte sie mit Fug und Recht die Hanse um den Ausgleich angehen können, schließlich hatte der Korsar Paul Benecke mehr oder weniger in ihrem Auftrag gehandelt (s. S. 39). In der Krise galt solche Kulanz ohnehin nichts mehr. 1563 verlegte die Hanse wie viele andere Handelsunternehmen ihr Kontor nach Antwerpen, im 18. Jh. verschwand auch ihr Haus (Oosterlingenplein 4).

Am breiten Stadtrand

Zwar platzte Brügge im 13. Jh. aus allen Nähten, doch die Erweiterung der Stadt geht erst auf die Franzosen zurück. Die Mauer vom Anfang des 14. Jh. umfaßte viel ländlich geprägtes Terrain, obwohl sich hier längst vorstadtähnliche Siedlungskerne gebildet hatten. Aber einen Hauch von Dorf glauben hier manche selbst heute zu

»Es gibt zu Brügge einen Platz, der für alle Länder der Welt von großem Vorteil ist, an seinem einen Ende liegt ein großes altes Haus, das der Patrizierfamilie van der Buerse gehörte. Die Kaufleute nun, die zu Brügge ansässig sind, haben diesen ›Börsenplatz‹ für ihren Handel, erwählt.« (Ludovico Guicciardini, Beschreibung der ganzen Niederlande, 1563)

spüren. So im Fall der **Ägidiuskirche** *(St.-Gilliskerk)*. Ihr Mittelschiff zeigt noch die typischen Säulen der frühen Scheldegotik, doch
mit dem Umbau von 1459-78 verwandelte sie sich in eine Hallenkirche. Als der Turm 1512 seine Spitze erhielt, lag hier Hans Memling
schon 18 Jahre begraben, später fanden die Maler Jan Provoost, Lanceloot Blondeel und vielleicht auch Pieter Pourbus der Ältere in oder
um St. Gillis (der Friedhof existiert nicht mehr) ihre letzte Ruhestätte. Pourbus malte für das Gotteshaus die »Szenen aus der Kind-
heit Jesu« (1564).

Eine stattliche Anzahl gediegener Barock- und Rokokohäuser
säumt die **Langerei.** Einmal mehr führt also ein schöner Weg hinaus
zum **Kloster Unserer Lieben Frau in den Dünen** *(O.-L.-Vrouw ter
Duinen)*. Das ist bei aller Meernähe des historischen Brügge doch
ein erstaunlicher Beiname, er bezeichnet denn auch nicht den heutigen Standort. Schon 1138 hatten sich die Zisterzienser bei Koksijde
niedergelassen. Aber zwischen 1577 und 1593 brandschatzten die
Wassergeusen das Kloster dreimal (s. S. 89). Das ließ selbst die glau-
bensstarken Gottesmänner davon absehen, ihren Schutzengeln weitere Anstrengungen zuzumuten. 1612 suchten sie Zuflucht hinter
den Brügger Stadtmauern, 1642 waren die neuen Gebäude fertigge-

stellt. Heute Bischöfliches Seminar, ist der – später teilweise veränderte – Vierflügelbau einer von strenger Geschlossenheit, dafür gewährt der Kreuzgang um den Innenhof desto lieblichere Ausblicke. 29 Landschaften haben Künstler auf seine Wände gemalt.

Unmittelbar neben dem Kloster liegt das **Potterie-Hospiz.** Seinen Namen verdankt es den zahlreichen Töpfereien des Viertels, doch seine Geschichte beginnt schon vor der Stadtwerdung dieser Gegend. 1276 wurde diese Unterkunft gegründet und 1300 mit dem *Geesthuis* vereint, das in Brügges Armenpflege eine längere Tradition hatte. Ebenfalls zum Hospiz gehören sieben ehemalige Pesthäuschen, sie stehen für die gleiche Zahl »Gaben des Hl. Geistes«. Während diese Häuschen ins 17. Jh. datieren, wurden das neue Spital 1529 und noch einmal 170 Jahre früher die (Liebfrauen-)Kirche der Einrichtung gebaut. Sie birgt die »Muttergottes der Potterie« vom Ende des 13. Jh.; ein außerordentlich wundertätiges Gnadenbild, wie die eigentümlichen Wandteppiche aus der Zeit um 1580 zu erzählen wissen. Außerdem kann das hiesige Museum mit einer beachtlichen Sammlung aufwarten, in der neben Möbeln, Bildern und Gobelins auch Gold- und Silberschmiedearbeiten nicht fehlen. Die Kostbarkeiten markieren den Unterschied zwischen den Verwaltern der Armut und den Armen selbst.

Unser Rundgang folgt nun dem einstigen Graben der (äußeren) Stadtumwehrung, vorbei geht es an der **Nieuwe Papagaai-** und an der **St.-Jansmoel**, beide noch aus dem 18. Jh. Ein kleiner Abstecher zur dritten und jüngsten im Mühlenbunde (Bonne Chiere von 1844) bringt dann fast schon bis an die **Kruispoort.** Sie ist eines von vier erhaltenen Stadttoren, das zumindest mit seinem Baubeginn ins 15. Jh. datiert.

Dann aber führt die Route vom Kruisvest ab und durch die Stijn Streuvelsstraat. An deren Ende steht die **Jerusalemkirche** *(Jeruzalemkerk).* Hier wird es nun wieder italienisch, wenigstens was die Herkunft des Kirchenstifters angeht. Gestiftet hat sie Pieter (II.) Adorne, dessen Familie aus Genua nach Brügge gekommen war. Er ließ sich offenbar weniger die Geschäfte, dafür um so mehr sein Seelenheil angelegen sein. Mitglied von gleich neun religiösen Bruderschaften, hat er auch den Bau »zu Ehren der geheiligten Passion unseres Herrn Jesus Christus und seines Heiligen Grabes« vorangetrieben. Nun ist die Kapelle sicher keine getreue Nachbildung der Jerusalemer Heilig-Grab-Kirche. Immerhin kann die Anlage ihres Chors als Reminiszenz gedeutet werden, und das Heilige Grab in der Krypta ist ein sicherer Beweis für die angestrebte Nähe. In der Krypta befindet sich auch das Grabmal von Anselm Adorne († 1483, s. S. 35) und seiner Frau Margaretha van der Banck († 1480).

Für die Armen Brügges ließ die Familie Adorne unweit der Kirche ein Haus errichten, heute ist dort das **Spitzenmuseum** *(Kantcentrum)* untergebracht. A propos Armenhäuser: Das **Städtische Volkskundemuseum** *(Stedelijk Museum voor Volkskunde*, Rolweg 40) residiert ebenfalls in solchen. Die acht einstöckigen Häuschen nah

Grabmal des Anselm Adorne in der Jerusalemkirche

men früher erwerbsunfähige Schuhmacher auf, heute hat das Museum sogar eine außerordentlich stimmungsvolle Wirtschaft namens »De Zwarte Kat« zu bieten. Nicht zufällig knüpft dieser Name ans legendäre Pariser Cabaret »Chat Noir« an, das für die Brügger Schwarzen Katzen Vorbild war. Ungeachtet des musealen Rahmens sorgen sie hier nicht nur für die Augenweide, sondern auch für den Gaumenschmaus. Der Besucher kann »ein zünftig gebrautes regionales Bier« schlürfen, ein besonders hübsches Intermezzo zwischen all den Kunstgenüssen.

Vom Volkskundemuseum sind es nur wenige Schritte zur spätgotischen **Annakirche** *(St.-Annakerk)*. Die einschiffige Andachtsstätte aus Backstein entstand 1496/97. Der stattliche Turm (Baubeginn 1516) war kaum vollendet, als die Bilderstürmer das Gotteshaus schwer heimsuchten. Das gab andererseits Gelegenheit, St. Anna als Renaissancekirche wiederaufzubauen und 1657 einzuwölben. Dann sollte es allerdings noch einmal hundert Jahre dauern, bis der Turm seinen Abschluß über dem achteckigen Grundriß erhielt. Dem Neuansatz der Baugeschichte verdankt die Kirche auch ihre einheitliche Barockausstattung mit Hochaltar, Chorgestühl, Marmorlettner, Beichtstühlen, Kanzel und Orgelprospekt. Die Täfelung mit den Malereien Jan Garemyns (1761) trägt allerdings schon die stilistischen Signaturen des Rokoko.

Wieder zurück in die »innere« Stadt führt der Weg zur **Walburgakirche** am St.-Maartensplein. Ursprünglich wachte über die Kirche der hl. Franz Xaver, denn sie war das Gotteshaus der Jesuiten. Wie so viele ihrer Andachtsstätten entstand auch die Brügger Kirche nach den Plänen des Ordensbruders Pieter Huyssens. St. Walburga besitzt eine qualitätvolle Barockausstattung, wiewohl der marmorne Hochaltar erst seit 1842 das Bild der heutigen Patronin rahmt.

Damme und Lissewege

Damme ☆
Besonders sehenswert:
Rathaus
Liebfrauenkirche

»Mijn Vlaanderenland, mijn platten land«, sang Jacques Brel. Vielleicht werden ihm Radfahrer widersprechen, die seiner Liebeserklärung leichtfertig Glauben geschenkt haben. Aber der Weg von Brügge nach **Damme** ist wirklich eben, am pappelgesäumten Kanal führt er entlang. Schließlich lassen sich die 7 km in nordöstliche Richtung auch per Boot zurücklegen, also auf dem geschichtsträchtigen Wasser selbst.

Daß Flüsse »Lebensadern« sind, hat sich inzwischen herumgesprochen. Daß auch eine künstliche Wasserstraße eine Lebensader ist, muß nicht immer eine Schutzbehauptung der Verkehrsplaner sein. An diesem silberglänzenden Faden hing das Schicksal Brügges, und Dammes Schicksal hing am Zwin. Da, wo dieser Meeresarm gerade noch schiffbar war, lag die Hafenstadt, benannt nach dem Damm quer zum Kanal, in dem die Schleuse zwischen Meeresarm und Wasserstraße die Schiffe passieren ließ.

1180 erhielt Damme das Stadtrecht, seine große Zeit hatte es im 13. Jh. Damals diente es nicht nur Brügge, sondern auch Gent als Vorhafen, Lieve hieß der Kanal zwischen diesen beiden Gemeinwesen. Niemand sieht's dem Ort heute noch an, aber Damme war *das* Weinhandelszentrum Flanderns überhaupt. Doch als Karl der Kühne hier 1468 seine (dritte) Braut Margaretha von York mit allem burgund-üblichem Gepränge empfing, drohte der festliche Aufzug schon nur noch vor einer Kulisse zu spielen. Der Zwin versandete zunehmend, Dammes Tage als Hafenstadt waren gezählt.

Wie ein viel zu großes Gewand schlottert heute der leicht zerschlissene Festungsmantel um Damme, aber nicht einmal als Bollwerk gegen die nahen Niederlande hatte die Stadt eine Zukunft. Vielmehr verordneten ihr die Jahrhunderte eine radikale Schlankheitskur, allein südlich des Kanals blieben etliche Zeugen einstiger Größe erhalten. Und das **Rathaus** zeugt sogar von existentiellem Trotz – oder wenigstens vom Wissen darüber, wie notwendig die Imagepflege gerade in wirtschaftlich schlechten Zeiten ist. Denn die Halle des Jahres 1241 ließen sie noch um 1460 abtragen, um 1468 nach vier Jahren Bauzeit den repräsentativen Nachfolger einzuweihen. Das Rathaus im Stil der reifen Brabanter Gotik macht einiges her, ohne gegenüber den Prunkbauten der Zeit auftrumpfen zu wollen. Das ebenerdige Geschoß diente als Halle und Stapelplatz, die Räume darüber der Verwaltung und Rechtsprechung. Der Ratssaal hat noch die geschnitzten Balken der 1460er Jahre, neben dem Dammer Wappen (gehalten von zwei Greifen) zeigen sie auch die von Flandern und Philipp dem Guten, während das Hoheitszeichen des Hauses Burgund von zwei Wilder-Mann-Figuren präsentiert wird.

Frisch restauriert zeigt sich das Doppelhaus **De Grote Sterre** an der südlichen Rathausplatzseite. Die beiden Haushälften mit den spitzen, aber verschieden hohen Giebeln haben auch ein verschieden hohes Alter. Knapp fünfzig Jahre jünger, nämlich vom Anfang des 16. Jh., ist die Hälfte mit der um eine Fensterachse schmaleren Front. Hier werden die bedeutendsten Schätze Dammes gezeigt, darunter zwei Tafelbilder von Dieric Bouts.

Auch Damme hat sein **St.-Janshospital,** gegründet vor 1249 von einer der zahlreichen Margareten in der flandrischen Geschichte, der von Konstantinopel. Das Hauptgebäude stammt noch aus der Zeit um 1250, von den Wirtschaftsgebäuden blieb unter anderem die Brauerei erhalten. Ob dort schon der »Pater von Damme« gebraut wurde, ein Bier von rotbrauner Farbe und ganz eigenem Geschmack, sei allerdings dahingestellt. Jedenfalls beherbergt das Hospital eine bunte, nichtsdestoweniger beachtliche Sammlung aus der Historie des Hauses.

Der Niedergang Dammes läßt sich an seiner **Liebfrauenkirche** ablesen: 43 m ragt ihr gewaltiger Turm in die Höhe, ein stolzes Zeugnis der frühen Scheldegotik – nur fehlt ihm der Helm. Ein Turm ohne Ab- und Anschluß, oder doch fast ohne: Denn immerhin wurde das Langhaus im 18. Jh. nicht völlig abgerissen, sondern nur auf das Mit-

*Damme mit
Liebfrauenkirche*

telschiff reduziert. So erscheint das Innere nach außen gekehrt: die Arkaden zu den Seitenschiffen liegen offen. Immerhin sind sie vermauert, während selbst ihre gemessene Eleganz die schönen Triforienfenster nicht davor bewahren konnte, daß heute durch sie der Wind pfeift.

Bei Gelegenheit der Langhausverschlankung verschwand das Querhaus gleich ganz, für die wenigen Einwohner reicht der Chor allemal. Dieser Ostabschluß stammt aus dem 14. Jh., Dammes Blütezeit, denn damals hieß das Gebot der Stunde Erweiterung. Und so entstand statt des bescheidenen frühgotischen Raums eine dreischiffige Halle, Vorbild für viele Hallenkirchen der Küstengegend.

Sein Denkmal (von 1860) steht auf dem Rathausplatz, sein Grabmal ging verloren. Aber er wurde wohl in der Liebfrauenkirche bestattet, der treffliche Jacob van Maerlant (um 1235–etwa 1300), den sie gern »Vater der flämischen Dichter« nennen. Jedenfalls hat dieser Poet die mittelniederländische Literatur außerordentlich bereichert. Und ob nun seine Fassungen des Alexander-, des Arthus- oder des Troja-Romans, seine Werke haben einen handfesten, will sagen belehrenden Zug. Das gilt um so mehr für sein mutmaßlich in Damme entstandenes »Der naturen bloeme«, ein gereimtes Naturbuch. Überhaupt war er ein virtuoser Verseschmied, das bewies er auch mit »Vanden Lande van Oversee«. Vor allem diese eindringli-

che, bittere Klage über den Fall Akkons 1291 hat ihn berühmt gemacht.

Nun zieht bekanntlich die Legende einer historisch dunklen Berühmtheit andere Legenden an wie der Magnet das Eisen. Noch im 17. Jh. soll der Grabstein des Jacob van Maerlant in der Liebfrauenkirche vorhanden gewesen, aber für den Till Eulenspiegels gehalten worden sein. Bereits um 1550 wird diese Verwechslung kritisiert. Doch offensichtlich galt schon damals der ursprünglich niederdeutsche Eulenspiegel als Flame, und vielleicht verdankt Damme ja den Import dieser Figur der Hanse.

Doch es war erst Charles de Coster (1827–1879), der die Wiege des Schalksnarren nach Damme versetzte: »Zu Damme in Flandern, als der Monat den Hagedorn erblühen ließ, wurde Eulenspiegel, der Sohn des Klaas, geboren.« Keineswegs in Niederländisch, sondern in – archaisierendem – Französisch geschrieben, wurde »La légende et les aventures héroiques, joyeuses et glorieuses d'Ulenspiegel et de Lamme Goedzak au pays de Flanderes et ailleurs« (1867) zu einem Welterfolg – das allerdings erst im 20. Jh. Man hat es »die nationale Bibel der Belgier« genannt, Alfred Döblin sprach gar von einer »belgischen Marseillaise«. De Coster verlegt seine Version des Eulenspiegel in die Zeit der Religionskriege, und der Held nimmt entschieden für den Freiheitskampf der Niederlande Partei.

Auch Lissewege überragt der mächtige Turm einer Liebfrauenkirche

Die Poldergegenden hinter Belgiens Küste bieten meist das Bild einer freundlich-behäbigen Landschaft – Wiesen und Weiden, Kanäle oder träge Wasserläufe, kleine Buschgruppen, hier und da eine Windmühle. Zuweilen aber läßt die ein oder andere Kirche, dieses oder jenes Gebäude doch ahnen, daß hier vorzeiten der Pulsschlag des öffentlichen Lebens rascher ging. Doch nur einmal ragt zwischen den weißgetünchten Häusern mit den roten Dächern ein Kirchturm wie der von **Lissewege**.

Bereits im 10. Jh. erwähnen die Urkunden das Gemeinwesen, und der 50 m hohe, strebepfeilergestützte Backsteinturm seiner **Liebfrauenkirche** *(O.-L.-Vrouwkerk)* zeigt einmal mehr, welche Bedeutung die Scheldegotik gerade diesem Bauteil zumaß. Auch ohne Spitze machte er im frühen 13. Jh. schon von weitem darauf aufmerksam, daß die Tuchproduktion dem damaligen Städtchen Lissewege zu beachtlichem Wohlstand verholfen hatte. 1586 ließen die Wassergeusen das Gotteshaus in Flammen aufgehen, bis etwa 1672 zog sich der Wiederaufbau hin. So stammt die Ausstattung weitgehend aus dem Barock. Den Lettner mit Orgelprospekt schuf übrigens der einheimische Künstler Walram Rombout (1598–1668), an dessen Wohn- und Arbeitsstätte unweit des Dorfzentrums eine Gedenktafel angebracht wurde.

Die Ter Dooststraat hat ihren Namen von der ehemaligen Zisterzienserabtei **Ter Doest.** Wo am Straßenrand die barocke Sechseckkapelle steht, zweigt der Weg zum Abteigelände ab. Jetzt macht das Ensemble den Eindruck eines Gutshofs, was Ter Doest nach seiner Übernahme durch die Dünenabtei (s. S. 89) im Grunde auch war. Übrigens spielte das Kloster im hohen Mittelalter tatsächlich eine wichtige Rolle bei der Landgewinnung. Davon zeugt die – mutmaßliche – Zehntscheune noch aufs Eindrucksvollste. Um 1275 wurde sie errichtet und gehört damit zu den ältesten Bauwerken der Backsteingotik an diesem Küstenstreifen. Schon ihre Abmessungen sind imposant: Bei einer Länge von nicht weniger als 60 und einer Breite von 25 erreicht diese Scheune eine Firsthöhe von 20 m. Die Giebelfront mit ihren getreppten Stützpfeilern und den spitzbogigen Ziernischen läßt fast vergessen, daß es sich hier »nur« um einen Zweckbau handelt.

Seine Berühmtheit verdankt Ter Doest trotzdem nicht irgendwelchen Verdiensten um den Landbau, geschweige denn den Schreibpultarbeiten feinsinniger Mönchsgelehrter. Vielmehr war es Laienbruder Willem van Saefthinghe, der schon zu Lebzeiten für etwas ähnliches wie Schlagzeilen sorgte. In der Goldsporenschlacht vom 11. Juli 1302 in Kortrijk (s. S. 97) hatte er unter den französischen Rittern gewütet wie kein anderer. Einmal Blut geleckt, nahm er die Grenze zwischen Kriegs- und Friedenszeiten nur noch verschwommen wahr. Statt sich in christlicher Demut zu üben, begehrte er handgreiflich gegen den Abt auf. Und als der Kellermeister seinen Oberen schützen wollte, beförderte Willem ihn gar vom Leben zum Tode. Es hätte böse enden können für den Helden von Kortrijk, doch halfen ihm die einstigen Kampfgefährten noch einmal heraus. Gegen die Waffen der Kirche waren freilich auch sie machtlos. Um die Aufhebung des über ihn verhängten Kirchenbanns zu erreichen, mußte Willem ins Heilige Land. Dort verliert sich seine Spur. Immerhin läßt sich nicht nur die unnachgiebige Strenge, sondern auch die überlegene Weisheit einer *ecclesia militans* rühmen, welche die heiklen Fähigkeiten des gewesenen Klosterbruders wieder in gottgefällige Bahnen lenkte.

»Besagter Konverse, groß, kräftig und wohl bewaffnet, bemerkte unter den flämischen Kriegern einen Mann mit einer gewaltigen eichenen Keule. Eine eiserne Platte war um ihre Kuppe gebunden, in die wiederum ein sehr scharfes Messer eingelassen war. Er kaufte die Waffe, und mannhaft fechtend erlegte er mit ihr eine große Anzahl Franzosen.« (Annales Blandinenses)

Die Nordseeküste

Sie ist und bleibt ein rühmenswertes Beispiel für jeden öffentlichen Personennahverkehr: die Straßenbahnlinie entlang der ganzen belgischen Küste. Nur ist die Küste selbst leider bis auf wenige Abschnitte mit Betonhäusern der tristeren Art verbaut. Im Sommer, wenn die Badesachen auf den Balkonen trocknen, belebt wenigstens hier und da ein bunter Fleck die Fassaden. Aber zu jeder anderen Jahreszeit werden auch die sublimsten Stimmungsspiele von Wolken, Licht und Wasser an der platten Trostlosigkeit dieser Häuserfront zuschanden. Und nur selten beschwört das ein oder andere Denkmal die vergangene Seebadherrlichkeit.

Zu ihr gehört zweifellos das Casino von **Knokke-Heist,** obwohl über den 1930 vollendeten Bau in den 70er Jahren eine Renovierung hinwegging, die ihm von seinem ursprünglichen Erscheinungsbild so gut wie nichts mehr ließ. Dafür blieb ihm die Art-deco-Ausstattung. Im Innern paradiert auch Belgiens klassische Moderne: Delvaux, De Smet, Permeke (s. S. 138) und Spillaert; »Le Domaine enchanté«, das großformatige Wandbild des Spielsaals, entstand nach acht Tafeln von René Magritte. An das mondäne, exklusive Seebad, 1891 durch König Leopold II. feierlich eröffnet, erinnern ebenfalls die Villen des Ortsteils Het Zoute.

Wenigstens **Blankenberge** kann noch auf einige bauliche Zeugen seiner vortouristischen Vergangenheit hinweisen. Dazu gehört das (alte) Rathaus von 1532, das seine Renaissance-Architektur allerdings dem Wiederaufbau von 1680 verdankt. Auch der 1358 vollendeten gotischen Hallenkirche mit dem Antonius-Patrozinium blie-

Atelier von James Ensor in Ostende

ben weder Brände noch die Attacken protestantischer Bilderstürmer erspart. So ist auch sie genaugenommen ein Werk des 17. Jh., ihr Gewölbe erhielt sie sogar erst um 1760.

Doch wer will das schon so genau wissen im hiesigen Yachthafen? Und welche Attraktion kann sich hier überhaupt an der Seebrücke messen, die nicht nur 350 m weit ins Meer hinausführt, sondern auch noch in einem »Aquarama« mit meeresbiologischer Sammlung endet? Nun, auf seine Weise vielleicht doch der ganz reizende »Paravent« unter dem phantasievollen Dach. Ein Bau mit allem Anmut der Belle-Epoque und seinerzeit ein vorzüglicher, weil windgeschützter Beobachtungsposten für das Geschehen auf der Promenade ...

Da ist **Ostende** *(Oostende)* ein anderes Kaliber. Nicht nur, daß seine Stadtgeschichte bis 1270 zurückreicht und daß schon Philipp der Gute hier 1445 einen Seehafen anlegen ließ, es ist auch heute noch ein Verkehrsknotenpunkt, und die Route Oostende–Dover wird immerhin schon seit 1846 befahren. Zwischen den ruhmreichen Tagen der frühen Geschichte und der aktuellen Bedeutung liegt allerdings die völlige Zerstörung des historischen Gemeinwesens während seiner Belagerung 1601–1604 durch die Spanier. Als Ambrosio Spinola die von Generalstaaten-Truppen verteidigte Stadt zurückgewann, war er stolzer Eroberer eines Trümmerhaufens. Die Prunkbauten schließlich, mit denen sich die Belle Epoque hier feierte, wurden im Zweiten Weltkrieg zusammengeschossen.

Denn Ostende war ja ein Seebad von Weltruf. James Ensor, 1860 hier geboren (s. S. 41), hatte über den Souvenirladen seiner Eltern unmittelbar Anteil daran, wenngleich die ganz noblen Gäste dieses Geschäft kaum frequentiert haben dürften. Als Ensor 57 Jahre alt war, erbte er das Haus Vlaanderenstraat 27 von seinem Onkel. Dort wohnte und arbeitete er bis zu seinem Tod 1949. Das Haus ist heute eine stimmungsvoll eingerichtete Gedenkstätte, aber eine ohne Originale. Die finden sich im **Fest- und Kulturpalast** *(Stedelijk Feesten Kultuurpaleis)*, wo das **Museum für Schöne Künste** *(Museum voor Schone Kunsten)* untergebracht ist.

Das Museum präsentiert auch Arbeiten von Leon Spillaert (1881–1946), einem weiteren, jedoch weniger bekannten Ostender Künstler. Das Auftrumpfen der Farben vermeidet er, in Zeichnungen mit Buntstift und Tusche, in Aquarellen und Guachen zeigt sich seine Meisterschaft. Stilistisch ist Spillaert kaum einzuordnen. Die Linienführung läßt eine gewisse Nähe zum Jugendstil erkennen, seine Figuren verraten zuweilen ein expressionistisches Temperament, und viele Bilder haben eine surreale Atmosphäre. Jedenfalls spricht aus dem Werk Spillaerts eine Beklommenheit, ja Verstörung, die gerade mit Hilfe der zarten Valeurs zu einem ganz eigenen Ausdruck findet.

Im Alter von vier Jahren kam übrigens auch Constant Permeke nach Ostende, hier starb der bedeutendste belgische Expressionist 1952. »Sein« Museum liegt allerdings im nur wenige Kilometer ent-

Ostende ☆
Besonders sehenswert:
Ensorhaus
Museum für Schöne Künste

fernten **Jabekke** (Bruggestr. 2), wo er sich 1926 (zunächst nur während der Sommermonate) niedergelassen hatte. Seine Bilder vergegenwärtigen in erdig-dunklen, nur selten fahl aufleuchtenden Farben Kargheit und Mühen des Land-, vor allem des Fischerlebens.

Noch weiter im Westen wird mit **Nieuwpoort** das traurigste Kapitel flandrischer Geschichte aufgeschlagen. In der Nacht vom 28. zum 29. Oktober 1914 war das Land um Nieuwpoort geflutet worden, das Städtchen blieb während des ganzen Ersten Weltkriegs unbesetzt. Aber wenn es auch den Truppen der Besatzer unerreichbar blieb, so doch nicht ihren Geschossen. Und es versteht sich, daß die Deutschen gerade diesen Hort des belgischen Widerstands mit wütenden Bombardements bedachten. Gegen die Geschehnisse des Ersten und im Falle Nieuwpoorts auch noch des Zweiten Weltkriegs verblassen die Daten der älteren Historie: die Stadtgründung durch Philipp von Elsaß 1163, die spektakuläre Hafenerweiterung mit dem Bau zweier backsteinerner Leuchttürme gut ein Jahrhundert später. Nach dem Rückgang des Seehandels um 1400 blieb Nieuwpoort immer noch die Rolle des wichtigsten Fischereihafens an Flanderns Küste.

Freilich beginnt auch die Geschichte der Zerstörungen nicht erst in diesem Jahrhundert. Als die Engländer 1383 das blühende Gemeinwesen plünderten, hatte das immerhin noch den Bau einer massiven Umwehrung zur Folge. Beinahe unvermeidlich mußte Nieuwpoort bei seiner Nähe zur französischen Grenze auch Festungsstadt werden. Hier schlugen sich 1600 spanische und gene-ralstaatische Truppen, die nach Flandern eingefallen waren. Und als ob die Jahrhundertwende auf Seiten der Niederländer gestanden hätte, zogen die Spanier in dieser Schlacht erstmals den kürzeren, mußten die militärische Stärke der Republik anerkennen.

Bereits 1925 war der völlig zertrümmerte Kern des Städtchens wieder neu erstanden, allerdings nur, um 1940 abermals verwüstet zu werden. Doppelt heimgesucht, kann Nieuwpoort nur noch Abbilder von Abbildern seiner Denkmäler bieten, sei es nun das Renaissance-Rathaus am Markt, die Halle mit Belfried (ursprünglich aus dem 14. Jh.) oder die gotische Liebfrauenkirche.

Er hat sein Museum 1979 selbst gegründet, der Maler Paul Del-vaux (1897–1994). Mit den meisten seiner Werke ging er allerdings in den Untergrund von **Koksijde,** vordergründig, weil er den alten Bau-ernhof nicht der optimalen Präsentation opfern mochte. Nun zeigt der stark erweiterte Keller seine surrealen Kompositionen, in denen bleiche, schlanke Frauen mit unbewegten Puppengesichtern das wichtigste Element sind. Atmosphäre und Farben der Bilder legen nicht so sehr den Gedanken an eine Traum- als vielmehr an eine Schattenwelt nahe, obwohl – oder gerade weil – die Menschen und Dinge auf Delvaux' Gemälden gar keine Schatten werfen. Eben in Hinsicht auf das Totenreich ist der Ort ihrer Präsentation überlegt gewählt.

Einen stimmungsvollen Abschluß der Küstenfahrt bieten die Rui-nen der **Zisterzienserabtei Unsere Liebe Frau in den Dünen** (*O.-L.- Vrouw ter Duinen, Koksijde-Bad,* Koninklijke Prinslaan). Dabei war es wirklich ein lebensfeindlicher Fleck Erde, auf dem das Kloster entstand. Doch obwohl es vom Meer die Sturmfluten und vom Land die Wanderdünen bedrohten, zog die Mönchsgemeinschaft immer mehr Menschen an, 368 lebten zur Blütezeit im 13. Jh. hier.

Aber dann – diesen Teil der Klostergeschichte kennen wir schon aus Brügge (s. S. 77) – suchten Bilderstürmer und Protestanten die Abtei böse heim. Nach dem Abzug der Brüder verfiel die Anlage. Aber noch die freigelegten Überreste lassen erkennen, wie bedeu-tend die Abtei einst gewesen sein muß. Ter Duinen war außerordent-lich begütert und hielt mit seinem Reichtum nicht hinter dem Berg. Die 1262 geweihte Kirche hatte eine Länge von nicht weniger als 115 m, sie gehörte damit zu den größten Flanderns. – Das kleine Museum auf dem ehemaligen Abteigelände zeigt die interessantesten Grabungsfunde.

Veurne und Diksmuide

Veurne ☆
Besonders sehenswert:
Marktplatz
St.-Walburgakirche

Schon in Nieuwpoort waren der Erste Weltkrieg und seine Folgen ein Thema, das sich nun hartnäckig an die Fersen auch des Kunstreisenden heften wird. **Veurne** liegt – oder sollten wir sagen: ruht – in den saftig grünen Poldern, und wenn eine Gegend überhaupt einen friedlichen Eindruck machen kann, dann diese. Es hat den Anschein, als würde die Landschaft schon eine leichte Anhöhe als Zumutung empfinden und sich solche Topographie gewordene Hektik verbitten. Wo sich doch selbst die Flüsse hier so langsam wie eben möglich bewegen, wenn nicht gar als stehende Gewässer zu tarnen versuchen.

Dagegen konnte das Veurne des 12. und 13. Jh. als eine der dynamischsten Städte Flanderns gelten. Die Tuchherstellung sorgte für reges urbanes Leben, Produktion und Handel blühten. Mit dem Tuchgewerbe geriet freilich auch Veurne in eine Krise. Doch jetzt sollte dem Gemeinwesen zugute kommen, daß es seit dem 10. Jh. auch Zentrum einer reichen, agrarisch geprägten *Kasselrij* oder Burggrafschaft war. Ihre bis dahin selbständige Verwaltung wurde 1586 mit der städtischen vereinigt. Der Zusammenschluß brachte neue wirtschaftliche Impulse und neuen Wohlstand. Davon zeugt vor allem der Große Markt.

Grenznah gelegen und prosperierend, erregte Veurne die besondere Aufmerksamkeit Ludwigs XIV., der die Stadt 1668 eroberte. 45 lange Jahre sollte es dauern, bis Frankreich sie wieder an die Südlichen Niederlande zurückgab. Inzwischen hatten die Besatzer Veurne zu einer kolossalen Festung ausgebaut, deren Bastionen erst Kaiser Joseph II. schleifen ließ. Dieser Erlaß des Habsburgers hat der Stadt ihr kriegerisches Erscheinungsbild weitgehend genommen, den Krieg fernhalten konnte er nicht. Die IJzerschlacht vom Oktober 1914 zog Veurne stark in Mitleidenschaft, kaum weniger schwer waren die Verwüstungen von 1940. Jedes Mal wurde die Stadt wiederaufgebaut, und ohne jeden Zweifel ist sie einen Besuch wert.

Das gilt besonders für den **Großen Markt** (*Grote Markt*), einen der schönsten Plätze dieses Landes und wahrlich die gute Stube der Stadt. Eingefaßt wird er durchweg von stufengegiebelten Häusern, denen sonst aber der gotische Habitus fehlt. Ihr besonderes Kennzeichen sind die Tabernakelfenster im Giebelfeld. Deren mehr oder weniger aufwendige, häufig mit Säulen und Giebeln versehene Rahmung verschönt derart konsequent eingesetzt nur die Veurner Häuser. Natürlich behauptet auch auf diesem Großen Markt das Renaissance-**Rathaus** (ursprünglich erbaut 1596–1612) eine privilegierte Lage, und sein reich ornamentierter Portalvorbau auf ionischen Säulen entzückt auch heute noch die Besucher.

Doch so gewiß das Rathaus die Blicke auf sich zieht, es bleibt nicht ohne Konkurrenz. Im rechten Winkel schließt gleich das soge-

nannte **Landhaus** an, von dem aus die Geschicke der Burggrafschaft gelenkt wurden. 1613–1621, mithin später als das Rathaus errichtet, hat es die strengere Architektur. Ja, diese Architektur scheint sogar eine gewisse Mißbilligung gegen solchen Aufwand wie den doppelten Schweifgiebel oder gar den verspielten Portalvorbau des städtischen Pendants auszudrücken. Und der Belfried, Sinnbild aller flandrischen Städtehoheit, stärkt diesem Landhaus den Rücken – ganz so, als wolle hier die Burggrafschaft der Stadt bedeuten, daß sie alle urbane Herrlichkeit nur ihr verdanke. Und ganz so unrecht hätten die aus der *Kasselrij* ja auch nicht gehabt, schließlich brachten sie die ungleich größere Mitgift in die 1586 geschlossene Ehe mit der Stadt ein.

Noch ein Gebäude ragt am Markt heraus: der **Spanische Pavillon** *(Spaanse Paviljoen)*. Allerdings verdankt er diesen Namen seiner Zweitverwendung: Bis 1586 residierte hier das Stadtregiment, dann nutzte es die nach Veurne verlegte spanische Garnison. Wie ein gotischer Wohnturm besetzt dieses frühere Rathaus (1448–52) die Ecke Markt/Ooststraat, in die hinein sich ein jüngerer Flügel von 1530 erstreckt. Sehr repräsentative Giebel zeigen auch die 1615 erbaute einstige **Fleischhalle** (*Vleeshuis*, Nr. 1), und die **Hoge Wacht** (1636), seinerzeit Dienstgebäude der Nachtwächter. Fast überflüssig zu sagen, daß der Bau beider Häuser von der Burggrafschaft bezahlt wurde.

Der Bogengang zwischen Rat- und Landhaus führt direkt in den St. Walburgapark. Seine hohen Bäume werfen ihre Schatten auch auf eine Ruine, die jedem romantischen Landschaftsgarten Ehre machen würde. Aber die **Walburgakirche** verdankt ihren Zustand weder einem Ruinenarchitekten noch verzögerten Restaurierungsarbeiten nach den Weltkriegen. Nein, bei diesem Gotteshaus hatten sich schon die Erbauer entschieden zu viel vorgenommen.

Eine Kirche sollte es werden, wie sie Flandern bis dahin noch nicht gekannt hatte. Gewaltig in den Abmessungen, avanciert in der Bauweise. Um 1250 wurde der Ostabschluß des sicher nicht unan-

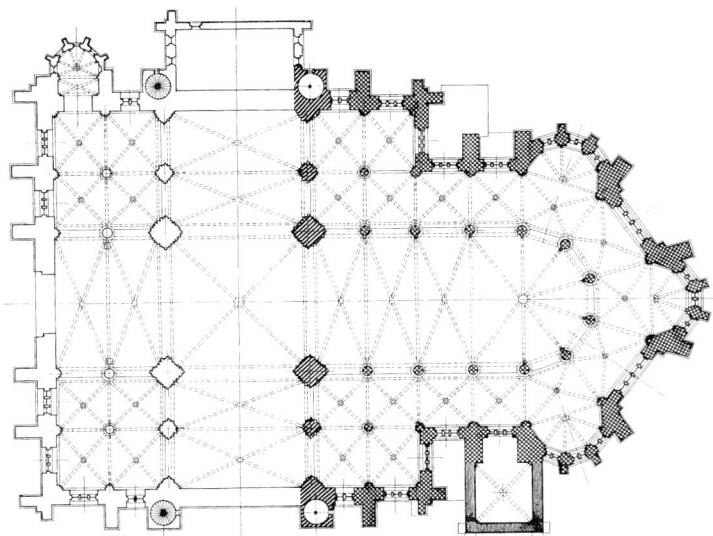

St. Walburgakirche, Grundriß

sehnlichen romanischen Vorgängers niedergelegt. Bis zu Beginn des 14. Jh. entstand ein Chor mit Umgang und Kapellenkranz, der nun wirklich keinen Vergleich scheuen mußte. Die frühe Gotik Nordfrankreichs hatte seine Architektur inspiriert, sie ließ für den Fortgang der Arbeiten das Beste hoffen. Aber dann brannte St. Walburga 1353 aus, der Bau geriet ins Stocken. Vorsichtshalber erhielt der Chor jetzt doppelte Strebebögen, was seiner Statik, jedoch kaum seinem Erscheinungsbild zugute kam. Und selbstverständlich sollte es bei sichernden Maßnahmen nicht bleiben, vielmehr bäumten sie sich in Veurne noch einmal gegen das sang- und klanglose Ende auf. Doch statt die Arbeiten im Osten mit dem Querschiff fortzusetzen, sollte nun die Kirche von Westen her vollendet werden. Auch das mißlang, und die heute arg gestauchte Architektur mit Quer- und dem Längsschiff von gerade einem Joch ist das Ergebnis neogotisch inspirierter Bemühungen vom Anfang des 20. Jh.

Viel ließe sich zu den wirtschaftlichen, politischen und kulturellen Beziehungen zwischen Flandern und Spanien sagen, nur sind diese weitgehend Geschichte. Aber wer am letzten Julisonntag nach Veurne kommt, könnte sich jäh ins finsterste Iberien versetzt sehen. Tief vermummte Gestalten, das schwere Kreuz (25 kg) auf dem Rücken, ziehen durch die Straßen; sie vor allem lassen einem unvorbereiteten Gast den Schreck in die Glieder fahren. Immerhin blitzt heute unter so mancher dunklen Kutte ein Paar Turnschuhe hervor und deutet an, daß es ganz so ernst vielleicht doch nicht gemeint ist. Außerdem setzte dieser Umzug nie irgendeinen Inquisitor effektvoll in Szene, sondern ist ein Bußgang mit wenigstens 450jähriger Tradition, organisiert von einer frommen lokalen Bruderschaft. Damals sollte er Pest und Krieg abwenden. Ungemach zuhauf droht jederzeit, und selbstredend hat auch unsereiner allen Grund, möglichst eindringlich um gnadenweise Verschonung zu bitten.

Bußprozession in Veurne

Ende des Ersten Weltkriegs war auch **Diksmuide** nur noch ein Trümmerhaufen, und beim Wiederaufbau mußte ganze Arbeit geleistet werden. Während der 20er Jahre entstand das weite Panorama des Großen Markts neu, das Rathaus von 1923 trägt samt seinem Belfried neogotische Züge. Dagegen nutzte man im Fall der Nikolauskirche (*St.-Niklaaskerk*) die traurige Gelegenheit, um ihr das frühgotische Erscheinungsbild zurückzugeben. Ebenfalls gehört der trauliche Beginenhof aus dem 17. Jh. heute erneut zum Stadtbild, desgleichen die frühere Residenz des Spanischen Gouverneurs (16. und 17. Jh.).

Selbstverständlich ist die Weltkriegsvergangenheit in und um Diksmuide gegenwärtig. Friedenstor, »*Dodengang*« (ein Laufgraben des Stellungskrieges) und IJzerturm erinnern an die Kämpfe und wollen zugleich zum Frieden mahnen. Der **IJzerturm** erhebt sich 84 m hoch am Stadtrand und ehrt die 1914–1918 umgekommenen flämischen Soldaten. Aber er ist auch ein Denkmal des Widerstands: Diese kleine Küstenstrecke Belgiens blieb im Ersten Weltkrieg unbe-

*»Die Eltern«, Käthe
Kollwitz*

setzt. Noch heute ist der Turm nicht nur eine Stätte friedlichen Gedenkens, sondern auch ein Wallfahrtsort militanter flämischer Nationalisten.

Auf dem deutschen Soldatenfriedhof bei **Vladslo** schließlich liegen 25 644 Gefallene. Die langen Reihen der einfachen, genormten Platten sind ein treffender Bildkommentar auf die Weise des Sterbens im Krieg. Schon am 23. Oktober 1914 starb auch Peter Kollwitz an der IJzerfront. Seine Mutter Käthe Kollwitz (1867–1945) schuf das Denkmal »Die Eltern«, das hier in Vladslo Aufstellung fand.

Ypern und Poperinge

Ypern ☆
Besonders sehenswert:
Tuchhalle

Einst war sie die dritte im Bunde der flämischen Städte, glänzte mit Brügge und Gent als prächtigster Stein in der Krone des Landes. Kurz nach 1170 hatte Philipp von Elsaß den verkehrsgünstig an der Route Lille (Rijsel)–Brügge gelegenen Ort zur Stadt erhoben. Damit trug er nur den realen Verhältnissen Rechnung. Denn **Ypern** *(Ieper)* war inzwischen ein Handelsplatz, der Kaufleute aus ganz Europa anzog. Bald sollte es in den Listen der Londoner Hanse gleich hinter Brügge an zweiter Stelle geführt werden. Neben dem Handel blühte auch die Tuchproduktion. Ypern wuchs mit seiner Einwohnerzahl, welche im 13. Jh. fast die von Brügge und Gent erreicht haben dürfte.

Die Krise der Tuchherstellung riß ausgangs des 14. Jh. auch Ypern in den Strudel des Abstiegs. Immerhin wurde die Stadt 1559 Bischofssitz (und blieb es bis 1801). Von 1636 bis zu seinem Pesttod 1638 stand dem Bistum der Reformtheologe Cornelius Jansen vor, dessen Augustinus-Buch allerdings erst nach dem Ableben des Verfassers erschien. Die darin geäußerte Auffassung von der göttlichen Gnade fand vor allem in den Niederlanden und Frankreich viele Anhänger, wurde aber von den Jesuiten heftig angegriffen und von Papst Clemens XI. hart sanktioniert (s. S.283).

Bedeutung gewann Ypern noch einmal 1678, als es mit dem Vertrag von Nimwegen unter französische Besatzung kam. Sogleich ließ es Ludwig XIV. durch Sébastien le Prestre de Vauban zu einer der stärksten Festungen des Kontinents ausbauen. Aber selbst wenn deren Werke im 19. Jh. nicht großenteils geschleift worden wären, hätten sie die Stadt im Ersten Weltkrieg nicht schützen können. Nur wenige Kilometer trennten Ypern von den IJzer-Front, 1918 lag die Stadt völlig in Trümmern. Hier war tatsächlich kaum ein Stein auf dem andern geblieben.

Um so mehr Bewunderung verdient der Wiederaufbau, durch den die Stadt alle wichtigen historischen Gebäude zurückerhielt. Am Markt erstand die **Tuchhalle** mit **Belfort** neu, eines der großartigsten Ensembles des gotischen Profanbaus überhaupt. Die monumentale

Architektur fügt Halle und Belfried auf einzigartige Weise mit dem Rathaus zusammen. Stolze 132 m Länge hat die südliche Schaufront, von der wohl ab Mitte des 13. Jh. zunächst der Belfried entstand. Das östliche Neuwerk mit seinen Renaissanceformen und den spätgotischen Arkaden war ursprünglich ein Bau der Jahre 1620–1623. Einen wesentlichen Akzent im Stadtbild setzt auch wieder die **Martinskirche,** die einen Vergleich mit den großen französischen Kathedralen nicht zu scheuen brauchte. Und in der Rijselstraat steht mit dem Haus Nr. 70 ein frühgotisches Gebäude aus dem 13. Jh., dessen Konturen nach dem Krieg wenigstens noch erkennbar waren. Heute sitzt hier die Post, damals der Templerorden. Wer die Straße hinuntergeht, stößt auf die **Rijselpoort,** ein Überbleibsel der unter den Burgundern hochgezogenen Stadtmauer (1388–96). Diese burgundische Pforte stellt eindrucksvoll unter Beweis, daß man sich auch vor Vauban auf den Festungsbau verstand.

Den Charakter eines Festungswerks hat auch die **Menenpoort.** Wo einst das gleichnamige Stadttor stand, wurde 1923–27 der gewaltige neobarocke Bau als *Missing Memorial Monument* errichtet. Jeden Abend um 20 Uhr hallen seine mächtigen Gewölbe von den Klängen des Zapfenstreichs wider, der »Last Post«. Sie gilt nicht den schaulustigen Touristen, sondern den 54 896 von über 250 000 briti-

Tuchhalle in Ypern. Auf dem Dach erinnert eine Figur an das traditionelle „Kattenwerpen", bei dem (Stoff)-Katzen vom Belfried geworfen werden

schen Soldaten, die in Gefechten um Ypern starben und deren Gräber unbekannt blieben.

Nur weil zwei Städte dicht beieinander liegen, müssen sie noch lange nicht harmonieren. Im Gegenteil. Die gemeinsame Historie von Ypern und **Poperinge** strotzt vor Zwistigkeiten. Das kann einem Landesherrn nur recht sein, der seine Position durch die Macht der Städte gefährdet sieht. Also verleiht Flanderns Graf Ludwig von Nevers 1322 den »Ieperlingen« das Monopol für die Tuchproduktion im Umkreis von 12 km. Heftiger Protest seitens der Poperinger Bürger, aber erst sein Nachfolger Ludwig von Male macht einen Vorschlag zur Güte: Poperinge darf wieder Tuch herstellen, allerdings nur leichtes Gewebe, das dem Yperner Produkt wenigstens nicht im gleichen Marktsegment Konkurrenz macht. Eine weise Entscheidung zu einer Zeit, da es mit dem Gewerbe insgesamt bergab geht.

Im Gegensatz zu den Ieperlingen scheinen die Leute von Poperinge sich bald nach neuen Einnahmequellen umgetan zu haben. Denn schon 1409 erläßt der Burgunderherzog Johann Ohnefurcht eine Hopfenordnung für das Städtchen. Noch heute gedeiht die Bierwürze hier, die Gegend um Poperinge ist Hopfenland.

Poperinge, St. Bertinus: Die spätgotische Hallenkirche besitzt einen 1630 geschaffenen Lettner, der noch unter dem Horizont der Renaissance steht. Das Bild zeigt einen Ausschnitt aus der Apostelreihe mit einem Christus als Salvator mundi im Zentrum

Kortrijk

Sie könnte ein Souvenir sein, ein besonders geschmackvolles Mitbringsel: Sie paßt ohne weiteres ins Handgepäck und hat ein erlesenes Design, dem das Material vollkommen entspricht. Nun gut, ganz so erlesen ist das Material nicht, nach so vielen Jahrhunderten kommt doch schon einmal die Bronze durch das edlere Metall des Überzugs.

Nun ist eine Goldene Spore kein Zeugnis des frühen Flandern-Tourismus, sondern Trophäe aus einer blutigen Schlacht. Der 11. Juli 1302 gehört zu den Daten, die jeder belgische Schüler präsent haben muß. Damals standen sich unter den Mauern Kortrijks die Heere Frankreichs und Flanderns gegenüber, hoch zu Roß die Blüte des französischen Adels, meist zu Fuß die Milizen der flandrischen Städte. Zwei Söhne des Grafen Guido von Dampierre, der in Paris gefangenlag, führten die Flamen, doch standen an der Spitze ihrer städtischen Aufgebote auch Handwerker wie Pieter de Coninc und Jan Breidel aus Brügge oder Jan Borluut aus Gent. Beide Seiten verfügten über etwa 8000 Mann, nichtsdestoweniger schien ein französischer Sieg bloße Formsache. Denn gegen die etwa 3000 Ritter Frankreichs konnte der Gegner nur 350 Berittene aufbieten, und Fußvolk war eben Fußvolk. Undenkbar, daß diese im wahrsten Sinne des Wortes Dahergelaufenen eine Schlacht wirklich beeinflussen, geschweige denn entscheiden konnten.

Doch es kam anders. Dank einer überlegenen Taktik konnten die flandrischen Truppen ihre größere Beweglichkeit voll nutzen. Dagegen wirkte die schwer gepanzerte französische Reiterei wie ein manövrierunfähiges Schiff. Die leichtfüßigen Krieger machten am frühen Nachmittag des 11. Juni gut tausend Rittern den Garaus, darunter auch ihrem Feldherrn, dem ruhmreichen Robert von Artois. Die goldenen Sporen ihrer Feinde, das blitzende Symbol einer gesellschaftlichen und militärischen Überlegenheit, nahmen sie an sich.

Wie ein Lauffeuer ging durch Westeuropa die Nachricht von der desaströsen Niederlage und den ungeheuren Verlusten der hochgerüsteten französischen Reiterei. Und wenn die Grafschaft Flandern den glänzenden Sieg auch nicht in entsprechende Verhandlungserfolge umsetzen konnte, auf die sozialen Strukturen der Städte hatte dieser Sieg erhebliche Auswirkungen. Vornehm hatten sich die Patrizier im Kampf gegen die französischen Besatzer zurückgehalten, nach Kortrijk mußten sie ihre Macht mit den Handwerkern teilen.

Nun ist die »Goldsporenschlacht« doch nur eine Momentaufnahme in Kortrijks Geschichte. Die reicht immerhin bis in die Römerzeit zurück, und schon damals kann die Siedlung nicht ganz unbedeutend gewesen sein. Bereits um 870 sprechen die Quellen von einer *civitas*, Stadt *(oppidum)* heißt Kortrijk aber erst seit 1190. Bald

Kortrijk ☆
Besonders sehenswert:
Beginenhof
Liebfrauenkirche

Kortrijk, Belfried

97

danach setzt die starke wirtschaftliche Expansion ein, die hochwertigen Kortrijker Tuche aus englischer Wolle waren im 13. und 14. Jh. ein sehr begehrtes Handelsobjekt. Das städtische Leben blüht, doch um 1390 gerät die Tuchherstellung in eine kritische Phase. Aber nach zwei, drei Jahrzehnten ist das Gewerbe erneut obenauf. Nur haben die Produzenten sich umgestellt: Statt Wolle weben sie nun Leinen, auch dieses von ausgezeichneter Qualität. Noch heute sitzt hier der Welt wichtigster Flachsmarkt, dem hoffentlich die Renaissance des Leinens zugute kommt. Wo also könnte das **Nationale Flachsmuseum** (*Nationaal Vlasmuseum*, Etienne Sabbelaan 4) besser aufgehoben sein als in Kortrijk?

Leider hat auch das Stadtbild von Kortrijk besonders im Zweiten Weltkrieg schweren Schaden genommen, und die Städteplaner taten nach 1945 das ihre hinzu. Dies sollte von einem Gang durch das Städtchen nicht abhalten, denn gleich der **Große Markt** (*Grote Markt*) hat zwei Attraktionen aufzuweisen. Der Belfried in seiner Mitte, nun schon vertrautes Wahrzeichen des Bürgerstolzes und der Bürgerfreiheit, ist allerdings ein Werk vieler Generationen, er verjüngt sich nach oben um rund vier Jahrhunderte. Übrigens steht der Kortrijker Stadtturm nur scheinbar frei, die zugehörige (Kleine) Halle ist verschwunden. Statt dessen prunkt Ecke Reie-/Rijselstraat das **Rathaus** aus der Übergangszeit zwischen Gotik und Renaissance

(1520). Eine gründliche Restaurierung hat ihm um 1960 sein ursprüngliches Erscheinungsbild wieder zurückgegeben. Im Empfangssaal werden auch die Trauungen vorgenommen. Freilich halten hier die Schnitzereien der Balkenenden beklemmende Szenen weiblicher Niedertracht fest, wobei die antike Mythologie ebenso bemüht wird wie das Alte Testament. Doch der spätgotische Kamin von 1527 gibt immer wieder einen schönen Hintergrund für die Hochzeitsphotos ab. Noch ein wenig repräsentativer ist der zeitgleich entstandene Kamin im Historischen Ratssaal, wo den Schöffen eingeheizt wurde.

Östlich des Großen Markts sind die drei wichtigsten Sakralarchitekturen der Stadt wie an einer Perlenkette aufgereiht. Den Anfang macht im Süden die **Martinskirche** *(St.-Martinuskerk)*. Sie mußte nach einem Brand wieder aufgebaut werden, statt der Basilika des 13. Jh. entstand zwischen 1389 und 1476 eine dreischiffige Hallenkirche mit Querhaus und Westturm. 1862 sollte das Feuer noch einmal eine bauliche Veränderung ermöglichen. Während der Turmabschluß nur wiederhergestellt wurde, entstand die Ostpartie von St. Martin als neogotisches Prunkwerk neu. Das auffälligste Detail der Kirche ist das prächtige Westportal, dem Otmaar van Ommen 1593/94 sein heutiges Aussehen gab. Dagegen haben Süd- und Nordeingang (beide um 1270) die schlichteren Formen des ursprünglichen Baus behalten.

Nur wenige Schritte weiter folgt der **Beginenhof** St. Elisabeth (Eingang Begijnhofstraat). Diesen Hof hat 1238 wohl Flanderns Gräfin Johanna von Konstantinopel gestiftet, jedenfalls hat sie ihn drei Jahre später reich ausgestattet. Erhalten blieb ein Ensemble von fast vierzig Barockhäuschen, der doppelte Treppengiebel im Zentrum zeichnete den Sitz der Oberin aus. Alle Häuschen besitzen ein Vorgärtchen, und auch die Kirche kann die Verkleinerungsform beanspruchen. 1464 wurde sie dem hl. Matthäus geweiht, in der Folge aber mehrmals verändert.

Bleibt die **Liebfrauenkirche** *(O.-L.-Vrouwkerk)*. Sie steht auf dem Gelände der ehemaligen Kortrijker Burg, die Graf Balduin 883 in seinen Festungsgürtel gegen die Normannen einfügte. Im 10. Jh. hat der vierte Graf dieses Namens einmal gegen den hiesigen Burgherrn vorgehen müssen, weil der sich gegen ihn empört hatte. Der neunte Balduin endlich ließ hier von 1203–05 einen Chorbau errichten. Er diente zunächst auch der späteren Kirche als Ostabschluß, mußte nach 1300 aber dem heutigen Chor mit Umgang und Strahlenkranzkapellen weichen. 1370–72 kommt noch die sogenannte Grafenkapelle hinzu, eine Stiftung Ludwigs von Male.

Übrigens berichtet der Chronist Jean Froissart, daß nach der Schlacht vom 11. Juli 1302 nicht weniger als 500 Paar Goldsporen in einer Kapelle des Gotteshauses aufgehängt wurden. Aber auf den Sieg von Kortrijk folgte 1382 die Niederlage der städtischen Partei bei Westrozebeke. Der flandrische Graf konnte seine Gegner allerdings nur mit Hilfe des französischen Königs niederhalten (s. S. 18). Die Franzosen zogen ins nahe gelegene Kortrijk und steckten

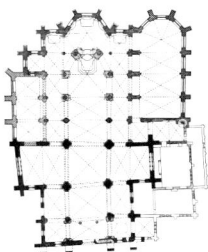

Liebfrauenkirche, Grundriß

99

– gewissermaßen als Vergeltung für die schmähliche Niederlage von 1302 – die Liebfrauenkirche in Brand. 1410 beginnt die Wiederherstellung, in deren Verlauf auch die Liebfrauenkapelle an der Chornordseite neu entsteht. Die beiden Westtürme sind jedoch bis auf den heutigen Tag unvollendet geblieben.

Um die Ausstattung der Kirche hat sich Kanonikus Karel de Meu-
lenaare († 1777) sehr verdient gemacht. Dank seiner großzügigen
Stiftungen konnte unter anderem der Chor mit Marmor ausgekleidet
und ein respektabler Lettner in Auftrag gegeben werden. Einem
anderen Chorherrn verdankt die Kirche eine ausgezeichnete

101

Hl. Katharina von Alexandrien, Marmorfigur von André Beauneveu

»Kreuzaufrichtung« des Rubenszeitgenossen Anthonis van Dyck (geschaffen 1631, s. auch S. 179).

Vielleicht noch größere Aufmerksamkeit verdienen die Werke zweier Künstler, die als Vorläufer der altniederländischen Malerei gelten können. André Beauneveu († gegen 1400) ist hier allerdings nur als Bildhauer vertreten, doch zeigt die hl. Katharina von Alexandrien sein überragendes Können (auch) in diesem Metier. Die Ausstrahlung der Marmor-Figur, ihre vorzügliche Durchbildung weisen schon auf die Renaissance voraus. Kein Zweifel, daß sie zur Zufriedenheit des Auftraggebers Ludwig von Male ausfiel. Für diesen flandrischen Landesherrn schuf Beauneveu ebenfalls ein Grabmal, das beim Tod Ludwigs allerdings noch unvollendet war. Überdies wurde es nicht, wie ursprünglich vorgesehen, in der hiesigen Grafenkapelle aufgestellt, sondern in der Kirche St-Pierre in Lille.

Dafür hängen hier noch die (mehrfach restaurierten) Bildnisse aller Gräfinnen und Grafen von Flandern. Jan van der Asselt begann die Porträtreihe mit dem Stifter Ludwig von Male (Nr. 32), Melchior Broederlam malte Philipp den Kühnen von Burgund und Margaretha von Male, seine Gattin. Von Broederlam sind kaum Daten gesichert, zwischen 1381 und 1401 wirkte er in Ypern. Nur ganz wenige Werke dieses Meisters lassen sich nachweisen, zuweilen wird auch seine Urheberschaft am hiesigen Doppelbildnis angezweifelt.

Kortrijk ist keine Stadt der langen Wege. Die kurze Guido Gezellestraat führt nicht nur direkt zu einem imposanten Zeugnis des einstigen Befestigungsgürtels, sondern auch vorbei am barocken Treppengiebel der heutigen Stadtbibliothek (erbaut um 1635). Die beiden **Broeltürme** schützten die Brücke über den Fluß. Sie entstanden im späten 14. bzw. frühen 15. Jh., wobei der Turm am südlichen Leieufer auf den Fundamenten eines Vorgängers aus dem 13. Jh. ruht. Die massiven, gedrungenen Rundbauten machen einen äußerst wehrhaften Eindruck und bezeugen als eines der ganz wenigen erhaltenen Beispiele den hohen Stand mittelalterlicher Festungskunst im Scheideraum. Übrigens ist das Wort *Broel* mit unserem Brühl verwandt und hat wie es dieses Bedeutung Feuchtland oder Morast.

Jenseits der Leie liegt am Broelkaai (Nr. 6) das **Städtische Museum** *(Stedelijk Museum vor Schoone Kunsten)*. Die sorgfältig restaurierte Patrizierwohnung vom Ende des 18. Jh. bieten den luxuriösen Rahmen für eine Plastiken- und Gemäldesammlung. Ihr Schwerpunkt liegt auf dem Werk Roelant Saverys (1576–1639), eines Sohns dieser Stadt. Er ging 1603 nach Prag und brachte es in der Residenz Kaiser Rudolfs II. zum Hofmaler. Daß der melancholische Herrscher Savery als Landschaftsmaler in der Tradition Pieter Breughels sehr zu Recht geschätzt hat, beweist seine »Plünderung eines Dorfes« (um 1604) unter dem typischen türkisblauen Himmel.

Und noch ein Museum nennt Kortrijk sein eigen. Das **Groeningemuseum** liegt nahe historischer Stätte – darauf weist ein 14 m hohes Denkmal hin, das sich in einem Park erhebt. Der Park aber war ehemals Kampffeld, und das Denkmal erinnert an die Schlacht von Kortrijk. Auch das Museum widmet sich natürlich der Schlacht (s. S. 97) mit der gebotenen Ausführlichkeit. Es ist im ehemaligen Dormitorium einer Abtei untergekommen, das allein von einer Klosteranlage des 16. Jh. erhalten blieb. Selbst ein wichtiges Monument der Stadtgeschichte, präsentiert es heute weitere Zeugnisse der Historie Kortrijks. Dazu gehören nicht zuletzt die Erzeugnisse der hiesigen Damastmanufakturen. Damast, daran sei kurz erinnert, bezeichnet ja keinen bestimmten Stoff, sondern eine bestimmte Webtechnik, bei der durch den Wechsel von Kett- und Schußbindung Muster entstehen. Zwar wurde mit ihr traditionell Seide verwebt, doch kann ebensogut Leinen verwendet werden. Seit dem 15. Jh. hatten die Kortrijker Leinendamaststoffe europaweit einen hervorragenden Ruf.

Mit **Tielt** sind wir im östlichsten Städtchen der Provinz Westflandern angekommen. Auch hier blieb mit Tuchhalle und Belfort das historische Zentrum flandrischer Städte erhalten, mehrmals restauriert oder wiedererrichtet, gewiß, aber über 700 Jahre alt. Um 1275 gab Beatrix, die Witwe des Grafen Wilhelm von Dampierre, dem Drängen dieses kleinen urbanen Gemeinwesens in der Burggrafschaft Kortrijk nach und ihre Zustimmung zum Bau.

Turm und Halle, wie oft haben wir dieses Ensemble als machtvolle Bekundung städtischen Selbstbewußtseins beschrieben. Hier wirkt seine Architektur weit weniger auftrumpfend, eher schon wie ein heiterer Ausklang: Der Turm bekam sein heutiges Erscheinungsbild im 15. Jh., die verspielte Dachbekrönung entstand um 1620. Sie kann sozusagen nicht zum Schluß kommen: Zuunterst läuft ein Haubenteil glockenförmig zu, dann wird doch noch einmal ein Tambour draufgesetzt, was zugegeben noch nichts Besonderes wäre, sondern nur das bekannte barocke Turm-Ritardando, aber dann folgt eben noch immer keine Spitze, obwohl das Tambourdächlein dazu Anstalten macht, vielmehr bläht sich jetzt eine gelängte Zwiebel, und auch sie noch mit Dachfenster.

Verspielt wirkt gleichfalls die kleine Halle, sie ist eben nur mehr ein Zitat alter Städteherrlichkeit, das vom Ende des 17. Jh. stammt. Als Rathaus dient heute das ehemalige Hospiz der Alexianerinnen. Auch seine Gründung 1220 geht auf eine flandrische Gräfin, nämlich auf Margarethe von Konstantinopel zurück. Das L-förmige Gebäude zeigt dem Markt eine imposante Giebelfront, es ist allerdings – wie so vieles in Flandern – ein Remake: Seine Renaissance datiert ins 19. Jh.

Ein Wiederauf- und Nachbau schließlich ist die St.-Pieterskerk. Frankreichs Truppen zerstörten die gotische, dreischiffige Halle 1645. Noch im gleichen Jahr machten sich die Tielter an die Wiederherstellung, die sich bis 1720 hinziehen sollte. Aus dieser Zeit (1726) stammt auch die Poelbergmühle etwas außerhalb des Städtchens. Überhaupt blieben in Tielts Umgebung etliche Mühlen erhalten. Wie Belfried und Halle das Bild des städtischen, prägen die Mühlen das Bild des ländlichen Flandern.

Ostflandern

Gent

Stadtgeschichte

Daß die Anfänge einer Stadt im Dunkeln liegen, ist eine geläufige Formel der Geschichtsschreibung. Im Fall von Gent trifft sie nicht nur für die zeitliche, sondern auch für die räumliche Dimension zu. Denn einen Siedlungskern hat es nicht gegeben, wohl aber eine mehrere Quadratkilometer große Siedlungszone. Schon auf den Beginn der Genter Geschichte nehmen übrigens die Abteien St.-Pieter und St.-Baaf (Bavo) Einfluß. Wenn also diese Stadt im Vergleich mit Brügge zu längeren Wegen zwingt, hat das auch eine historische Wurzel.

Ganda hieß der Ort am Zusammenfluß von Leie und Schelde, das keltische *ganda* heißt Mündung. Der Name bürgerte sich im Frühmittelalter für das ganze Gemeinwesen ein, schon um 865 muß es einen recht lebhaften Handel getrieben haben. Die stadtähnliche Siedlung hat wohl bei der heutigen Kathedrale und dem Donjon des späteren Geraard de Duivelsteen gelegen. Jedenfalls konnten die Archäologen 1988 den Lauf eines Schutzgrabens nachverfolgen, der an beiden Seiten in die Schelde mündete. Nachdem die Normannen 851 und besonders 879 Gent übel mitgespielt hatten, stabilisiert sich dieser *portus* (Handelsort) bald wieder und wird nach Osten erweitert.

Noch vor 950 bekommt dieser *portus* sozusagen Konkurrenz: Der Graf von Flandern hatte am Leieufer seine Burg gebaut, den Gravensteen. In ihrem Schutz entsteht gleichfalls ein *portus*, mithin eine stadtähnliche Siedlung. Das Zusammenwachsen beider Stadtkerne, die Erweiterung und Ausdifferenzierung des Gemeinwesens wird durch das Entstehen neuer Pfarreien und ihrer Pfarrkirchen um 1100 beglaubigt. Etwa 80 ha umfaßte dieses Gebiet. Die wirtschaftliche Blüte des 12. Jh. läßt die Bevölkerung rasch anwachsen. Zwischen 1241 und etwa 1325 werden immer mehr Orte in den Stadtbering einbezogen, darunter auch die ehemaligen Abteidörfer St.-Pieter und St.-Baaf. Manche dieser Stadtteile sollen ihren ländlichen Charakter allerdings lange bewahren. Ende des 14. Jh. umfassen die Befestigungen ein nicht weniger als 644 ha großes Areal.

Um 1170 läßt sich Gent mit letzter Sicherheit Stadt nennen, gut möglich jedoch, daß es schon ein Jahrhundert zuvor städtische Rechte besaß. Und schon um 1000 wurde hier Tuch gewebt, zunächst noch aus Wolle von einheimischen Schafen. Aber bereits kurz nach der Verleihung des Stadtprivilegs bezogen die Genter ihren Rohstoff aus England. Schon damals bildete sich ein Patriziat. Höchstens 50 Familien zählte diese Genter Elite, anfänglich waren das Kaufleute von großem Unternehmungsgeist. Sie trieben Handel mit England, auf den Champagnemessen waren sie präsent, doch

Gent ☆ ☆
Besonders sehenswert:
Kathedrale St. Bavo
mit Genter Altar
Belfried
Nikolauskirche
Graslei und Korenlei
Gravensteen

Kathedrale
◁ *St. Bavo, Gent*

1382, Zeit des Flämischen Aufstands: Die Bürger von Gent versuchen vergeblich, mit Ludwig von Male zu einem Vergleich zu kommen. Miniatur aus den Froissartschen Chroniken, Paris, Bibliothèque National

saßen ihre Geschäftspartner auch am Rhein oder im Norden Deutschlands. Wie selbstverständlich leiteten sie aus ihrer wirtschaftlichen auch ihre politische Vorrangstellung ab. Das Stadtregiment betrachteten sie als persönlichen Besitz, nutzten die Schöffenbank rigoros zur Durchsetzung ihrer Interessen. Und keineswegs trug zu ihrer Beliebtheit bei, daß sie statt der mobilen Güter immer mehr die Immobilien schätzen lernten. Vor allem ihr städtischer

Haus- und Grundbesitz machte bei den minderprivilegierten Schichten viel böses Blut, da sie dem Preisdiktat des Patriziats ausgeliefert waren.

Bei allen Handelsaktivitäten – Gents städtische Elite war nicht unmittelbar an der Tuchherstellung beteiligt. 1252 verweigerten erstmals Handwerker, vor allem Weber, die Arbeit und forderten höhere Löhne. Sie konnten zunächst noch niedergehalten werden, doch die Unruhe wuchs. Als Flanderns Graf Guido von Dampierre Ende 1297 gegen den französischen Lehnsherrn mit England zusammenging, stellten sich auch in Gent die städtischen Mittel- und Unterschichten auf seine Seite. Als *Klauwaards* zeigten sie die Krallen des flämischen Löwen, während es das Patriziat als *Leliaards* (Lilien) mit dem König von Frankreich hielt.

Noch im nächsten Jahrhundert war der innerstädtische Konflikt stets davon geprägt, auf welche Seite sich der Landesherr im englisch-französischen Konflikt schlug. Mit Ludwig von Nevers (1322–48) paktiert wieder ein Graf offen mit den Patriziern. Als Parteigänger des Königs von Frankreich bringt er seine Grafschaft freilich in einen Gegensatz zu England, dessen Handelsembargo die Genter Oberschicht empfindlich trifft. Der Aufstand unter Jacob van Artevelde (s. S. 34) kommt ihr deshalb nicht völlig ungelegen. Aber als Frankreich und England 1348 Frieden schließen, hat das Patriziat sofort wieder Oberwasser – zumal ihre hochfahrende Art den regierenden Webern viele Sympathien verscherzt hatte.

Wenigstens saßen auf der Schöffenbank jetzt auch Angehörige der minderbegüterten Schichten, doch fällt ihre Teilhabe an der Macht schon in die Zeit der Rezession, zumindest des wirtschaftlichen Stillstands. Wohl oder übel mußte Gent sich nun auf den regionalen Märkten tummeln, da aber kam es Brügge ins Gehege. Selbstverständlich wird die Wirtschaftskrise auch in der Bevölkerungsstatistik widergespiegelt: 64 000 Menschen wohnen hier 1358, dann entvölkert sich die Stadt, und erst im 15. Jh. bringt sie es wieder auf 45 000 Bewohner.

Noch einmal begehrt die Stadt auf, als Graf Ludwig von Male einen englandfeindlichen Kurs steuert. Der sogenannte Genter Krieg, in dem wieder ein Artevelde die Fäden zieht (s. S. 35), dauert sechs Jahre (1379–85). Erst Herzog Philipp, genannt der Kühne, kann als Landesherr alle Beteiligten an einen Tisch bringen und den Konflikt beilegen. Philipp macht der Stadt Zugeständnisse, gerät aber – und seinen Nachfolgern wird es nicht anders gehen – bald wieder mit ihr aneinander. Heftig widersetzt sich Gent auch den Machtansprüchen der Burgunderherzöge, 1453 unterliegt es den Truppen Philipps des Guten. Mit keinem günstigeren Ergebnis befehdet das Gemeinwesen knapp fünfzig Jahre später den Habsburger Maximilian. Ja, die Genter verweigern selbst Karl V., immerhin einem Sohn der Stadt, die Gefolgschaft: Karl muß in seinen Auseinandersetzungen mit Frankreich auf die hiesigen Kriegssteuergelder verzichten. Der Kaiser reagiert deutlich ungehalten. Er nimmt Gent

»Wenn alle die Tuche, die sie zu Gent weben, in Pergament verwandelt würden, sie könnten sie nicht alle darauf schreiben.« Der Wolf Isegrimm über die Missetaten des Reineke Fuchs (Aus dem »Reineke Fuchs« des Nivard von Gent, geschrieben um 1150)

Der Handel zu Wasser und zu Land machte Gent reich: Relief am Haus der Schiffer an der Graslei

nicht nur die städtischen Privilegien, sondern läßt an die Stelle der Bavo-Abtei auch eine Zitadelle setzen. Von nun an thront eine Zwingburg über der Stadt.

Noch einmal flammt in den Religionskriegen das Feuer des Genter Widerstands auf, um dann endgültig zu erlöschen. Doch bleibt erstaunlich, wie zäh Gent über gut anderthalb Jahrhunderte seine geschwächte Position verteidigt. Angesichts der schlechten wirtschaftlichen Lage kommt es sogar zu einer Art Interessenausgleich zwischen den rivalisierenden Gruppen. Der Erhalt des Status quo geht zu Lasten der sozialen wie der ökonomischen Dynamik – und zu Lasten des Umlands. Es leidet unter der rigoros selbstbezogenen Genter Politik besonders.

Im 19. Jh. findet Gent Anschluß an die Industrialisierung. Erneut wird die Stadt Textilzentrum, aber jetzt wird die Baumwolle zum beherrschenden Rohstoff. Während der niederländischen Herrschaft entsteht (1825–27) der Kanal Gent–Terneuzen, damit kann der Genter Hafen von Seeschiffen angelaufen werden. Unter erbärmlichen Verhältnissen leben allerdings die Industriearbeiter. So erklärt sich leicht, daß Gent zum Mittelpunkt der sozialistischen Bewegung wird. Das Gemeinwesen expandiert, und in der – *Kuip* genannten – historischen Innenstadt muß manches ehrwürdige Gebäude der Spitzhacke weichen. Gent ist kein städtebauliches Juwel wie Brügge, es hat seinen Preis für die wiedergewonnene Vitalität zahlen müssen. Daran ändern auch die Blumenfelder der Umgebung nichts.

Nicht nur der Genter Altar: Die Kathedrale St. Bavo

Wer einen Rundgang durch Gent mit der Kathedrale St. Bavo (*St.-Baafskathedraal*) beginnt, fällt sozusagen mit der Tür ins Haus. Aber unter den möglichen Ausgangspunkten ist sie doch der zwingendste, und das keineswegs nur wegen ihres monumentalen Turms

Gent: Kathedrale St. Bavo (Grundriß)
1 Kanzel
2 Hochaltar
3 Grabmal des Eugenius d'Allamont
4 Grabmal des Antonius Triest
5 »Eintritt des heiligen Bavo ins Kloster«
6 »Genter Altar«

108

s. S. 104). Ganz in der Nähe liegt ja auch die Keimzelle dieser Stadt, und der Dom läßt sich ohne weiteres als Nachfolger der ersten Genter Pfarrkirche bezeichnen. Von der romanischen Johannesbasilika blieben sogar Teile der Krypta unter St. Bavo erhalten.

Doch natürlich geht es auch um den Turm. Sicher, die Gotteshäuser der Brabanter Gotik provozieren öfter den Eindruck, sie seien nur wegen des Turms gebaut. Doch so wie der Genter beherrscht keiner seine östlich anschließende Kirche. Und angesichts ihrer Entstehungsgeschichte bis zur Grundsteinlegung des Turms (1462) kann einer schon auf den Gedanken kommen, mit dieser Vertikale von ungeheurer Wucht hätten die Bauherren alles herausreißen wollen.

Dabei handelte es sich von Anfang an um ein durchaus ehrgeiziges Unternehmen. Um 1300 beginnen die Arbeiten an der neuen gotischen Kirche mit dem Chor, 1353 kann er geweiht werden. Doch sind zu diesem Zeitpunkt gerade einmal die fünf Chorjoche fertig, die Vollendung des Kapellenkranzes, des eigentlichen Abschlusses also, zieht sich noch weit ins 15. Jh. hin. Und erst 1533 wird das romanische Mittelschiff-Provisorium aufgegeben. Quer- und Langhaus entstehen nun unter Zeitdruck innerhalb von 26 Jahren, damit dauert ihr Bau immer noch 10 Jahre länger als geplant. Das Richtfest auf dem Turm findet 1538 statt, über 70 Jahre hat seine Fertigstellung in Anspruch genommen.

Inzwischen hatte sich auch im Umfeld der Kirche einiges getan. Um 1540 war Karl V. entschlossen, den widerspenstigen Gentern seine landesherrliche Macht dauernd vor Augen zu halten. Der Zwingburg des Kaisers mußte mit der Abtei St. Bavo ebenfalls ihr – säkularisiertes – Kapitel weichen, und nach Lage der Dinge konnte es nur in der Johanneskirche eine würdige Bleibe finden. Damit änderte sich das Patrozinium des Gotteshauses, von nun an stand es unter dem Schutz des hl. Bavo. Als 1561 das Bistum Gent aus der Taufe gehoben wurde, zog dies die Erhöhung der Kirche zur Kathedrale nach sich.

Mag das Äußere von St. Bavo einige Wünsche offenlassen, im Inneren überzeugen die Weite des Raums wie seine zwingende Staffelung. Und gar der hohe Chor aus Tournaiser Kalkstein besticht mit seiner luziden Architektur der Schelde-Gotik. Mehr zählt in dieser Kathedrale freilich die Ausstattung. Dank des Wütens der Bilderstürmer dominiert hier der Barock, vor allem Bischof Antonius Triest hat nach Kräften und – dank seines hinterlassenen Vermögens – noch über den Tod hinaus dafür gesorgt, daß auch die Kunstwerke den Rang dieser Kirche deutlich machen.

Zunächst einmal fällt der Blick auf die gewaltige **Kanzel**. Der gebürtige Genter Laurent Delvaux schuf sie 1741 aus Eichenholz und Marmor. Als steinerner Baum wächst sie aus ihrer Sockelplatte, ein Baum, in dessen Ästen die Putten auf Luren blasen. Sie wecken den greisen Chronos. Sein Blick fällt auf die Frauenfigur ihm zur Seite; wie er eine Allegorie der Zeit ist sie eine der Wahrheit. Diese Wahrheit hält ein Buch, und sie weist auf einen dort (lateinisch) nie-

Kathedrale St. Bavo, Kanzel von Laurent Delvaux

109

dergeschriebenen Satz aus dem Epheserbrief des Apostels Paulus:
»Wach auf, der du schläfst, und steh auf von den Toten, so wird dich
Christus erleuchten.« In den Kanzelkorb aus Eichenholz sind drei
marmorne Medaillons eingelassen, sie stellen die Geburt Christi
sowie die Bekehrung des Apostels Paulus und des hl. Bavo dar. Das
Ganze ist eine außerordentlich virtuose Komposition und gilt
zurecht als eines der schönsten Bildhauer- und Schnitzerwerke des
südniederländischen Rokoko.

Einen weiteren Schwerpunkt setzt das Innenrund des Chors mit barockem **Hochaltar** und den vier flankierenden Bischofsgräbern. 1719 wurde der imposante Altar des Antwerpeners Hendrik Frans Verbruggen aufgestellt, die beiden bedeutenderen Grabmäler stehen zu seiner Linken. Jean Delcour schuf das Mausoleum für Eugenuius d'Allamond, Jérôme Duquesnoy 1654 das für Antonius Triest († 1657). Besonders die halb aufgestützte Figur Triests ist die eindrucksvolle Studie eines alten Mannes, während Jean Delcour das bewegte Pathos seiner hochbarocken Kompositionen auch hier souverän zur Geltung gebracht hat.

Selbstverständlich besitzt auch diese Bischofskirche zahlreiche Bilder flämischer Künstler. Justus van Gent (in der Krypta) und Frans Pourbus d. Ä. sind vertreten, desgleichen Gaspar de Crayer (1584–1669) oder die namhafteren Gerard van Honthorst (1590–1656) und Gerard Seghers. Doch wie namhaft auch immer, sie müssen zurückstehen hinter Peter Paul Rubens (s. S. 40). In der nördlichsten Kapelle des Chorumgangs hängt sein »Eintritt des hl. Bavo ins Kloster« (1624 geliefert), ursprünglich das Kernstück des frühbarocken Hochaltars. Ein noch voll gerüsteter Bavo – er trägt die Züge des Künstlers – kniet hier auf der Schwelle des Klosters, wo ihn St. Amandus als Apostel Flanderns und der Abt Floribert freudig willkommen heißen. Obwohl es hier nicht zuletzt um Entsagung geht, sprüht das Bild vor Vitalität, in der Dynamik seiner Figurenkonstellation ebenso voller Leben wie in seinem Kolorit.

Aber selbst das Rubenssche Bavo-Bild wird hier noch einmal übertroffen. Denn in der Taufkapelle nördlich des Turms steht der **Genter Altar,** und die laut Inschriften-Chronogramm erstmals 1432 gezeigte Malerei zählt schlichtweg zu den berühmtesten Kunstwerken dieser Welt. Als Dürer auf seiner niederländischen Reise Tagebuch führte, hat er das in der sachlichsten Weise getan. Gemessen am knochentrockenen Ton seines Berichts bricht er vor diesem Retabel geradezu in Begeisterung aus. »Ein überköstlich, hochverständig Gemäl« lautet sein Urteil, das die Kunstgeschichte immer wieder bestätigen sollte.

Werke wie der Genter Altar haben ihre Schicksale. Zunächst einmal wecken sie Begehrlichkeiten. Bereits Philipp der Schöne hatte ein Auge auf den Altar geworfen, mußte sich aber mit einer Kopie begnügen. 1566 gelang es nur knapp, das Retabel vor den Bilderstürmern zu retten. Dann raubten es die Calvinisten, 1794 expedierten die Franzosen seine wichtigsten Teile gen Paris. 1821 gelangen sechs Tafeln nach Berlin. Dort werden sie zersägt, um Vorder- und Rückseite zeigen zu können. 1919 kommen sie jedoch als Reparation für die Kriegszerstörungen wieder an den belgischen Staat.

Schließlich werden in der Nacht des 10. April 1934 die Tafeln mit Johannes dem Täufer und mit den Gerechten Richtern gestohlen. Der Johannes (ursprünglich die Rückseite) kehrt zurück, die Richter (Vorderseite) bleiben verschwunden. Die Suche nach dieser Tafel fordert Kriminalisten wie Hobby-Detektive heraus. Inzwischen

herrscht über den Tathergang Klarheit, der – längst verstorbene – Täter, ansonsten ein Bieder- und Ehrenmann, ist bekannt, jeder Hinweis auf ein mögliches Versteck gewissenhaft geprüft – nur eben das Bild selbst hat noch niemand gefunden.

»Der Maler Hubert van Eyck, dem niemand an Größe gleichkam, begann die gewaltige Arbeit, die (sein Bruder) Johannes, Zweiter in

der Kunst (vollendete) auf die Bitte des Jodokus Vyd. Mit diesem Vers läßt er Euch am 6. Mai zusammentreten, das getane Werk zu beschauen.« Der im Original lateinische Text (immer vorausgesetzt, er wurde nicht später hinzugefügt) liest sich wie eine Erklärung Jan van Eycks. Sie weist den Altar als Gemeinschaftsarbeit der Brüder aus, läßt uns aber über die jeweiligen Anteile beider Künstler völlig im Unklaren. So haben sich die Kunsthistoriker an das gemacht, was sie »Händescheidung« nennen. Doch auch bei dieser Scheidung herrscht keineswegs Einvernehmen. Manche wollen dem wohl älteren, 1426 verstorbenen Hubert nur den Entwurf zugestehen, die einen erkennen seine Malweise in den Gestalten Christi, Mariens und Johannes des Täufers, die den anderen gerade als charakteristische Schöpfungen Jans gelten.

Etwas klarer sehen wir beim Bildprogramm. Der aufgeklappte Altar stellt auf seinen äußersten Schmalseiten Adam und Eva dar. Noch 1781 schien ihre Nacktheit Kaiser Joseph II. derart anstößig, daß er die Tafeln entfernen ließ. Zwischen diesen beiden Sündern –

»Dies ist das schönste Werk der Christenheit.« (Antonio de Beatis, Sekretär des Kardinals Luiz von Aragon, 1517) Hubert und Jan van Eyck, »Genter Altar«, um 1430

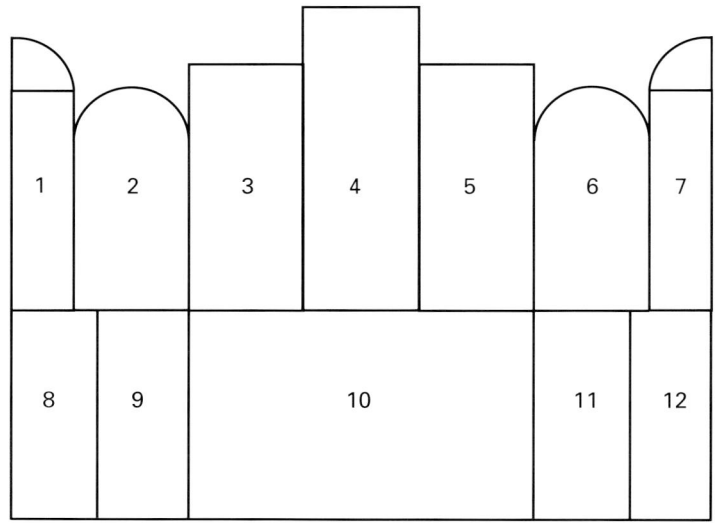

und ihretwegen – spielt sich das Heils- und Erlösungsgeschehen ab. Zunächst einmal treten singende und musizierende Engel zwischen die irdische und die himmlische Sphäre. Im Zentrum der oberen Bildfolge sitzen bzw. thronen Maria, Johannes der Täufer und – erhöht – Christus als Triumphator.

Die ganze Breite ihrer drei Bildnisse beansprucht die Haupttafel unter ihnen, ihretwegen heißt der Altar auch »Die Anbetung des Lammes«. Während in der Ferne die Türme des Himmlischen Jerusalem sichtbar werden, treten die vier Züge der privilegierten Gläubigen an einen Altar heran. Er ist mitten in die Paradieswiese gesetzt, wie er auch das Zentrum der ganzen Komposition bildet: Auf seiner Mensa steht das Lamm, aus dessen Brustwunde ein Blutstrahl in den Abendmahlskelch fällt. Vorn haben die alt- und neutestamentlichen Seligen den Brunnen des Lebens schon erreicht, hinten nahen sich die Bekenner und heiligen Frauen. Außer durch Brunnen und Altar wird die Mittelachse des Bildes noch durch die Taube als Symbol des Heiligen Geistes akzentuiert, das wiederum auf die Krone zu Füßen Christi über ihm verweist. Je zwei schmale Tafeln flankieren diese Anbetung, links die Streiter Christi und die Gerechten Richter (Kopie), rechts die Einsiedler und Pilger.

Die gewöhnliche Ansicht des Altars aber bot früher seine Außenseite – nur an Feiertagen war er geöffnet. Hier zeigen die beiden mittleren Tafeln der unteren Bildfolge Johannes den Täufer und Johannes den Evangelisten. Daß sie Grau in Grau gemalt sind, hat nichts mit dem Alltagsaspekt zu tun, vielmehr ging es dem Künstler um den Effekt einer aus Stein gehauenen Plastik. Den beiden Johannes zur

Seite knien die beiden Stifter Joos Vyd und Isabella Borluut. Übrigens hatte Vyd bei der Aufstellung des Retabels seine ehrenvollste Aufgabe noch vor sich, 1434/35 amtierte er als Bürgermeister von Gent. Die Verkündigung der vier Tafeln darüber spielt in einem einzigen Raum. Ein Stilleben und ein geöffnetes Fenster mit Blick auf Gent schaffen eine recht große Distanz zwischen dem Engel des Herrn und Maria.

Nun sagt solch nüchterne Beschreibung wenig über die Schönheit dieser Malerei. Über den Glanz, das Feuer der Farben vor allem, über die Plastizität der Figuren im allgemeinen, die kühne Körperlichkeit der zwei ersten Menschenkinder im besonderen. Und wie leicht, wie abgegriffen unbedacht redet es sich von englischer Lieblichkeit, hier, bei den Eyckschen Himmelsboten ohne Flügel, ist sie ein für allemal Gestalt geworden. Und welch ein Gegensatz zum beinahe schon abgefeimten Porträt des Stifters! In aller Unschuld gaben die Maler dem demutsvoll Knienden ein Gesicht, dessen Züge bei genauem Hinsehen Eitelkeit und Geltungsbedürfnis verraten. Auf das großartige Panorama der Anbetung kann nur hingewiesen werden, und auf die exakte Wiedergabe mancher Pflanze im Wiesenplan, des Maiglöckchens, des Salomonssiegels oder der Erdbeere. Nur der Rainfarn ist den Eycks entschieden zu farnartig geraten.

Wer jetzt noch ein wenig Zeit und den Kopf noch frei für andere Eindrücke hat, der kann die Krypta der Kathedrale besuchen. Ihre herbe, gedrungene Romanik kontrastiert eindrucksvoll mit der himmelstürmenden Gotik darüber. Sie war die Beerdigungsstätte der Patrizier und höheren Geistlichkeit; Grund genug für die Bilderstürmer, an den Grabmälern ihr Mütchen zu kühlen. Erstaunlich gut erhalten blieben die Wandmalereien aus der Zeit zwischen 1480 und 1540, was auch daran liegen mag, daß ihnen die Entdeckung im 19. Jh. erspart blieb.

Außerdem ist die Krypta Schatzkammer. Zu ihren besonderen Schätzen gehört der Kreuzigungsaltar des Joost van Wassenhove. Justus von Gent hieß er in Italien, wohin es ihn nach 1468 als Hofmaler des Herzogs von Urbino verschlug. Den Kalvarienberg mit dem »Quellwunder« und der »Ehernen Schlange« als Seitentafeln schuf der Künstler um 1466, besonders seine delikate Farbigkeit zeichnet diesen Altar aus.

Im historischen Zentrum

Vom St.-Baafsplein geht es zunächst nach Westen. Dabei folgen drei Sehenswürdigkeiten sozusagen auf dem Fuße: Belfort mit Tuchhalle, Rathaus und Nikolauskirche. Was den **Belfort** angeht, ließe sich von einer derart bürgerstolzen Stadt mehr erwarten. Jeder kann die »Baunaht« von 1338 sehen: Bis hierhin ging es und dann lange Zeit nicht weiter, jedenfalls nicht in Stein. Wenigstens konnte dem Turm 1380 eine provisorische Spitze aufgesetzt werden, und schon auf ihr

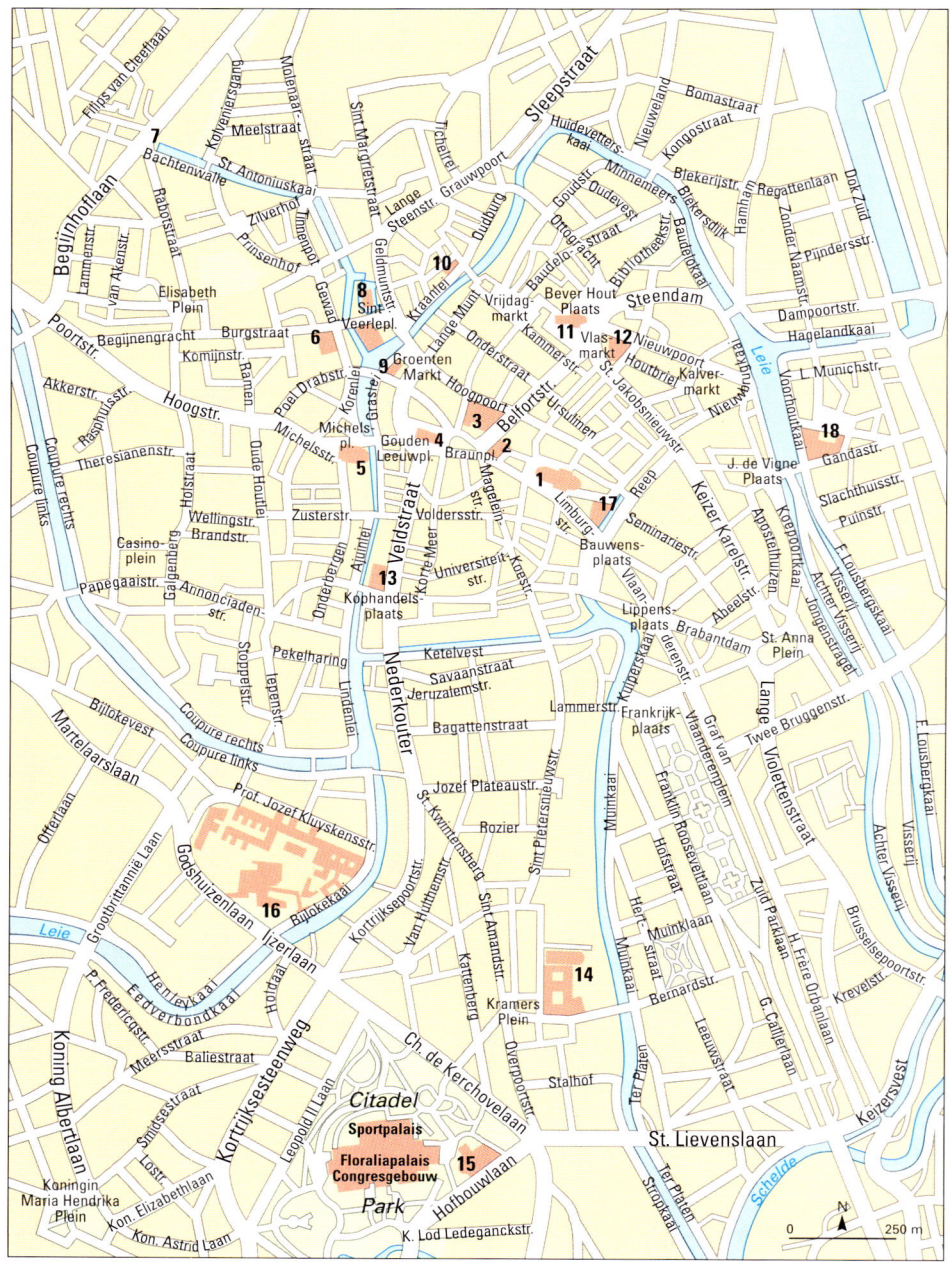

glänzte ein vergoldeter »Drache von Gent« als Windfahne. Die heutige Spitze trägt der Belfort erst seit 1913 – vermutlich mit der gleichen Gelassenheit wie ihre vielen Vorgängerinnen auch.

Erhalten blieb der Raum, in dem die Genter ihre verbrieften Freiheiten unter Verschluß hielten. Dort steht jetzt auch die letzte von den vier Turmwächter-Figuren des 14. Jh.; offenbar wollte man einem wetterwendischen Drachen allein die Bewachung des Privilegienschatzes doch nicht überlassen. Und mochte auch das Glockengeschoß ein hölzerner Behelf sein, die vier Wächter waren natürlich aus Stein. A propos Glockengeschoß: Auf ihr Geläut hatten die Genter schon immer ein besonderes Ohr. Bis 1659, 325 Jahre, schlug hier die mächtige Rolandglocke, auch sie ein Unterpfand der Stadtfreiheit, denn sie rief die Bürger zu den Waffen. Dann wurde der gewaltige Klangkörper in 37 kleine umgegossen, die immerhin noch ein hübsches Glockenspiel abgaben.

An den Belfort schließt die **Tuchhalle** an. 1425 begonnen, stockten die Arbeiten schon 1445 wegen Geldmangels. Damals war die Halle immerhin zu knapp zwei Dritteln fertig, doch erst 1890 ging man an ihre Vollendung – übrigens nach den alten, erhalten gebliebenen Plänen. 1741 aber wurde der Tuchhalle ein recht anmutiges Gebäude vorgesetzt, das freilich einem strengen Zweck diente. Hier schmachteten noch bis 1902 die Gefangenen der Stadt, allenfalls getröstet durch das Relief des »Mammelokker« über dem Eingang. Das beliebte Motiv – auch Rubens hat sich seiner angenommen – kommt aus der römischen Sagenwelt. Hier rettete die Tochter das Leben ihres gefangenen Vaters, indem sie ihn mit ihrer eigenen Milch nährte.

Das **Rathaus** hat gleichfalls eine sehr lange Baugeschichte, die genaugenommen bis 1913 reicht. Am 4. Juni 1482 wurde – Rezession hin, Rezession her – der Grundstein zu diesem äußerst ehrgeizigen Vorhaben gelegt. Eine ziemliche Größe brauchte das neue Gebäude schon allein deshalb, weil es zwei Schöffengemeinschaften Platz bieten mußte. Seit 1301 führten die Schöffen der *keuren* (städtische Statuten) das eigentliche Regiment über die Stadt, zuständig auch für Finanzen und Gerichtsbarkeit. Die Schöffen der *gedele* entschieden nur in Vormund- und Erbschaftsfragen, durften aber die gleiche räumliche Ausstattung beanspruchen.

Während die Fassaden aus der frühesten Bauphase nur noch auf zwei Innenhöfe weisen, zeigt die spätgotische Front Hoogpoort/Botermarkt jedermann, daß Rombout Keldermans und Domien de Waghemakere Großes vorhatten. Wo die 14 Fensterachsen an der Hohen Pforte und die vier am Buttermarkt aufeinandertreffen, begnügten sie sich nicht mit einer schlichten Kante, sondern setzten mit dem vieleckigen Turm einen besonderen Akzent. Die hochfliegenden Pläne der beiden Baumeister wurden von 1519 bis 1539, aber eben nur teilweise realisiert. In diesem Bauteil liegt auch der sogenannte **Pazifikationssaal**, in dem 1576 die nördlichen und südlichen Provinzen der Niederlande ihren Religionsfrieden schlos-

Belfort

sen. Der Renaissanceflügel hat am Buttermarkt die stolze Länge von 19 Fensterachsen (seitlich am Poeljemarkt sind es neun). Seine Fertigstellung zog sich, häufiger unterbrochen wegen Geldmangels, von 1595 bis 1618 hin. Die strenge Säulen-Gliederung der Fassade erinnert an italienische Palazzi.

Dritte im Bund der eng benachbarten Sehenswürdigkeiten ist die **Nikolauskirche** *(St.-Niklaaskerk).* Jüngst gründlich restauriert, konnte sie ihren hohen Rang als Baudenkmal auch vom inneren Erscheinungsbild her wiedergewinnen.

Einst beherrschte die Kirche den Korenmarkt und damit den wirtschaftlichen Mittelpunkt der Stadt noch stärker als heute. Lange und zäh hat die Stadt ihr Stapelrecht für Getreide verteidigt, es sicherte ihr wichtige Einkünfte auch nach dem Niedergang des Tuchgewerbes. Nicht zufällig ist St. Nikolaus der Patron dieser Andachtsstätte, als Schutzheiliger der Kaufleute wie der Seefahrer war er hier gefragt. Die Kirche erhielt denn auch bedeutende Stiftungen von seiten des Patriziats.

St. Nikolaus ist ein Bau der Scheldegotik, wenngleich der heutige Chorschluß und die Kapellenanbauten der Seitenschiffe erst im 14. bzw. anfangs des 15. Jh. hinzukamen. Typisch ist die Westfront mit den flankierenden runden Treppentürmchen – ein Motiv im übrigen, das sich an den Fassaden des Querhauses wiederholt –, ein Charakterkopf der imposante Vierungsturm mit dem flachen Pyramidendach, und auch ihm geben vier Ecktürmchen das Geleit. Das frühgotische Gotteshaus entstand in zwei Bauphasen, die ersten vier Joche des Langhauses datieren aus dem frühen, sein östlichstes Joch, das Querschiff und der Chor aus dem späten 13. Jh. Er wurde schon recht bald nach seiner Vollendung um zwei Joche verlängert, außerdem bekam er den weniger schlichten Kapellenkranz mit Umgang. Und weil sich die Gilden wie die Zünfte in »ihrer« Kirche repräsentiert sehen wollten, drangen sie erfolgreich auf Erweiterung der Seitenschiffe durch eigene Andachtsräume.

Auch nur ein kurzer Weg ist es von der Nikolauskirche zur **Graslei.** Mit der **Korenlei** gegenüber zählt sie zu den größten touristischen Attraktionen Gents, wenn sie nicht die größte überhaupt ist (s. Umschlagbild). Hier lag vormals der eigentliche Genter Hafen, und natürlich tut die Leie mit dem Wasser das ihre zur Schönheit der Partie. Aber die Anziehungskraft verdanken Gras- und Korenlei überwiegend doch – der Genter Weltausstellung von 1913. Aus diesem großen, festlichen Anlaß wurde die Stadt herausgeputzt. So erhielten auch die Häuser an der Leie ihre eindrucksvollen Fassaden und wunderschönen Giebel teils wieder, teils neu.

Daß sich in einigen Fällen der historische Zustand nicht mehr ganz genau ermitteln ließ, daß hier Stilgefühl an die Stelle positiven Wissens treten mußte und neue Materialien anstelle der alten, was soll's? Daß gar die prachtvolle Schauseite des Maurerzunfthauses (Graslei 8) wenn schon, dann schon in die Cataloniestraat gehören müßte – wir wollen es so genau gar nicht wissen. Dafür steht der

*Nikolauskirche,
Westfront*

romanische **Spijker** (Graslei 11) hier bereits seit dem 12. Jh., und bis
1734 nahm er das Korn auf. Das einstige **Kornmesserhaus** (*Coore-
metershuys*, Graslei 13) spiegelt sich mit seinem barocken Giebel
seit 1698 im Wasser der Leie, geht im Kern aber auf einen Bau des
14. Jh. zurück. Zuvor der Müllerzunft gehörte das **Haus der freien
Schiffer** (Graslei 17), die es anläßlich der Übernahme 1530 mit einer
neuen, spätgotischen Fassade versehen ließen.

An der Korenlei liegt hingegen das **Haus der Unfreien Schiffer**
(Nr. 7). Seine elegante barocke Front entstand 1739, den geradezu
auftrumpfenden Giebel zieren zwei Anker. Nur ein Gebäude steht
zwischen diesem Gildesitz und der ehemaligen Brauerei (Nr. 9),
mutmaßlich aus dem 16. Jh., wobei die barocke Tür Zutat einer spä-

teren Restaurierung ist. Seinen Namen **Die Schwäne** hat es vom Fassadenschmuck – und es bleibt der Phantasie des Betrachters überlassen, in welche Beziehung er den Zweck des Hauses und sein Hauszeichen setzen will.

Um den Gravensteen

Blick zurück ohne Zorn: Die **Michaelsbrücke** zeigt Gent von seinen schönsten Seiten. Vor allem die Ansicht nach Osten mit den Türmen von St. Nikolaus, Belfried und St. Bavo ist ein gesuchtes Motiv. Im Norden setzt die düster-lockende Kulisse des Gravensteen den effektvollen Fluchtpunkt der äußerst fotogenen Korenlei/Graslei-Perspektive.

Und am anderen Ufer liegt die **Michaelskirche** zu Füßen der Brücke, ein typischer Bau der Brabanter Gotik, die sich beim äußeren Zierrat ihrer Kirchen so auffällig zurückhielt. Darüber hinaus blieb der Turm unvollendet, so daß nicht einmal der Prunkteil dieses Regionalstils groß herauskommen kann. Von 1440 bis 1530 wurde das dreischiffige Gotteshaus über kreuzförmigem Grundriß erbaut, der Umgangschor mit den Kapellen entstand erst zwischen 1623 und 1650. Diese Nachzügler-Gotik hatte schon längst keinen eigenen Kopf mehr und exekutierte nur noch den hergebrachten Formenkanon. Doch ein schönes Ensemble barocker Gemälde hat St. Michael zu bieten, Werke von Gaspar de Crayer, Karel van Mander und dem Rubenslehrer Otto van Veen darunter. Das bedeutendste Bild in dieser Kirche hat Anthonis van Dyck gemalt, 1630 erhielt die Heiligkreuz-Bruderschaft seine »Kreuzigung«.

Die Korenlei eröffnet noch einmal eine prächtige Aussicht auf die Graslei, dann führt unser Weg zum ehemaligen Hôtel de Coninck und heutigen **Kunstgewerbemuseum** (*Museum voor Sierkunst*, Jan Breydelstraat 5). Seine beachtlichen Möbelsammlungen passen vorzüglich in das repräsentative Patrizierhaus, das den Namen seines namhaftesten Eigentümers F. J. de Coninck trägt, eines vermögenden Tuchhändlers. Errichtet wurde der stattliche Vierflügelbau kurz nach 1750, sein eher schlichtes Äußeres läßt kaum etwas von der Pracht im Innern ahnen. Aber das war ja ein Prinzip des Louis-Quinze-Stils: Nach außen kehrte er die klassizistische Strenge, innen ließ er allen Zauber des Rokoko walten. Vor allem der Speisesaal des Palais vermittelt davon eine gute Vorstellung. Eine wirkliche Augenweide sind aber auch die Jugendstil-Objekte dieses Museums.

Ein wenig Zeit immer vorausgesetzt, sollte es jetzt nicht spornstreichs zum Gravensteen gehen. Auch der Grachtenbummel hat seine Reize, und dann allemal, wenn er auch noch einen Abstecher wie den zur Donkere Poort zuläßt, dem letzten Überbleibsel des Grafenpalastes. Wir wählen den Weg die Lieve entlang. Der Wasserlauf wird von Alleen oder wenigstens halben Alleen gesäumt, auch den Trauerweiden begegnen wir wieder. Leider hat das Panorama durch einige Hochhäuser doch stark gelitten, und so leicht wie die

Linse des Photographen kann das Auge die störende Umgebung nicht wegblenden. Außerdem lädt ein Kunstreiseführer selten ganz ohne Absicht zum Schlendern ein: Dieser Weg jedenfalls führt ans **Rabot-Schleusentor.** Es entstand im Gedenken an die Abwehr der Einnahme Gents durch die Truppen Maximilians 1488: Damals hatte sich herausgestellt, wie wichtig ein guter militärischer Schutz auch der Wasserwege war. Das mächtige Verteidigungswerk wurde 1491 vollendet, zwei gedrungene, außerordentlich wehrhafte Rundtürme nehmen das treppengegiebelte Schleusenhaus in die Mitte.

Häuser an der Korenlei

Dann aber hält uns nichts mehr vom Besuch des **Gravensteen** ab. Denn der ist trotz seiner bewegten und sicher nicht durchgängig ruhmreichen Geschichte einer der bedeutendsten romanischen Wehrbauten des Landes. Schon im 9. Jh. erhob sich hier eine Burg, errichtet zum Schutz gegen die Normannen. Um 1180 ließ Flanderns Graf Philipp von Elsaß dann hier eine Wehranlage hochziehen, die allein schon durch ihren Anblick Furcht und Schrecken verbreitet haben dürfte. Modell standen zweifellos die syrischen Kreuzritterburgen, und schwer vorstellbar bleibt, daß in unseren Breiten eine Architektur von ähnlich heftiger Drohgebärde zu finden war.

Immerhin bis ins 14. Jh. harrten die flandrischen Grafen auf dieser Burg aus, wenn sie nach Gent kamen. Dann aber bezogen sie den ungleich wohnlicheren Prinzenhof. Nur blieb von dem – wie schon erwähnt – allein ein vergleichsweise trauriger Rest, ein Torbau

121

namens *Donkere Poort* (Prinsenhof 71) übrig. Dagegen spielt das Gemäuer des Gravensteen noch immer eine tragende Rolle im Stadtbild – zugegeben dank der kräftigen Mithilfe von Rekonstrukteuren, Restauratoren und Konservatoren. Zunächst umschließen den Komplex, eindrucksvoll genug, die Wasser von Leie und Lieve. Dahinter ragt die zinnenbekrönte Mauer auf, deren Ellipse das innere Terrain noch einmal sichert. Nicht weniger als 24 offene Türmchen, jedes durch einen Mauerpfeiler unterfangen, sind Voraussetzung für eine bestmögliche Verteidigung nach allen Seiten.

◁ *Gravensteen*

Nun muß selbst die wehrhafteste Anlage von außen erreichbar sein. Der Torbau bildet quasi eine Burg vor der Burg, die den Zugang eigens bewacht. Ein gedeckter Gang führt in den Hof, wo rechter Hand ein bemerkenswertes Kellergewölbe, ursprünglich wohl die Stallung, erhalten blieb. Die doppelschiffige, an die Ringmauer gelehnte Halle entstand im 13. oder 14. Jh. Sie wird durch niedrige, aber kräftige Säulen geteilt, auf ihnen ruhen die Kreuzgratgewölbe auf.

Kernstück der Anlage aber ist ihr **Donjon,** großenteils ein Werk des Wiederaufbaus, doch nichtsdestoweniger imposant. Besonders viel Tournaiser Kalkstein muß für seinen Bau die Schelde hinuntergeschifft worden sein, denn die Durchschnittsstärke der Mauern beträgt 1,70 m. Sein heutiger Zustand datiert gleichfalls ins 13. bzw. 14. Jh., doch stammen die Mauern des weiten Saals zu ebener Erde noch von der Anlage aus der Normannenzeit. Der größte, der festlichste Saal aber liegt ein Geschoß höher. Seine wieder freigelegten Fenster lassen das Licht gleich von vier Seiten hinein, in diesem Fall aber nur, um es auf die Zeugnisse finsterer Praktiken zu werfen. Doch lehrt die Erfahrung, daß sich die Burgenbesucher gerade zu Folterwerkzeugen hingezogen fühlen.

Die Terrasse des Donjon bietet einen schönen Blick auf das alte Gent, während eine auch nach oben geschlossene Galerie von hier zum sogenannten Haus des Grafen führt. Der breitgestellte Treppengiebel und die runden Maueröffnungen lassen auf eine Bauzeit um 1240 schließen. Der zweischiffige Saal diente einst dem Rat von Flandern als Gerichtsort, gleich nebenan mußte hinab ins unterirdische Verließ, wer sich eines besonders fluchwürdigen Verbrechens schuldig gemacht hatte.

Ein kleiner Rundgang läßt sich an die Burgbesichtigung noch anschließen, er gilt vor allem der Fleischhalle und dem Museum für Volkskunde. Das **Vleeshuis** liegt unmittelbar an der Leie, seine langgestreckte Traufseite wird durch viele Zwerghäuser gegliedert. Und selbstverständlich dürfen auch die Stufengiebel nicht fehlen, die bei Zwerghäusern ebenso selbstverständlich nur Giebelchen sein können. So hat der Stadtbaumeister Gilles de Suttere die Halle 1410 hergerichtet, so ist es bis heute geblieben. Bemerkenswert sind ebenfalls die zum Groentenmarkt hin gelegenen **Penshuiskens** (Kuttelhäuschen) von 1542, wo die Innereien der Schlachttiere an die Armen ausgegeben wurden.

Tip
Am Groentenmarkt verkauft das über 200 Jahre alte Geschäft Tierentijn Kräuter, Gewürze und eingelegtes Gemüse; Spezialität des Hauses ist der pikante Senf, der in aparte Steinguttöpfchen abgefüllt wird.

Das Leben der städtischen Mittelschicht um 1900 veranschaulicht das **Volkskundemuseum** (Kraanlei 65). Seine Läden, Werkstätten und die vielen Sammlungen haben im schon 1363 gegründeten St.-Catharina Godshuis Platz gefunden, dessen 18 Häuschen sich um einen Innenhof drängen. Übrigens hat dieses Hospiz eine ganz eigene Gründungsgeschichte, es ist das Unterpfand einer Versöhnung. Über Jahre hatten sich die beiden Genter Patrizierfamilien Rijm und Alijns erbittert befehdet, die Rijm waren nicht einmal davor zurückgeschreckt, die Kinder der Alijns ermorden zu lassen, überdies in einer Kirche. Um die ungeheure Bluttat zu sühnen, erbauten sie ein Waisenhaus, das ebenfalls *Kinderen Alynshospitaal* hieß.

Auch auf dem **Vrijdagmarkt** ging es keineswegs immer beschaulich zu. Häufiger wurde hier die Lunte ans Pulverfaß des Aufruhrs gelegt, an eine sehr stürmische Periode der Stadthistorie erinnert das Denkmal für Jacob van Artevelde (s. S. 34). Von bewegteren Zeiten kündet ebenfalls **Ons Huis** (Nr. 9/10), Sitz der Sozialistischen Arbeitervereinigungen. Das früh industrialisierte Gent war ja das flämische Zentrum dieser Bewegung, deren Dynamik »Unser Haus« allerdings kaum verkörpern dürfte. Um 1910 erbaut, läßt seine behäbig-eklektizistische Architektur nur gelegentliche Anklänge an den Jugendstil erkennen. Sonst blieben am Vrijdagsmarkt einige Zunfthäuser erhalten, am auffälligsten ist sicher das der Gerber (Nr. 34/35), entstanden etwa 1470. Das Eckhaus betont diese Lage noch durch ein kesses Rundtürmchen.

Die nahegelegene **Jakobskirche** *(St.-Jacobskerk)* kann trotz aller möglichen Veränderungen und Erweiterungen immer noch einige romanische Bauteile vorweisen. Das Querschiff der Basilika stellt sich nicht sichtbar quer, doch ein markanter Vierungsturm bezeugt eine Durchdringung von Transept und Langhaus. Die Rundbogennischen des unteren Geschosses zeigen seine romanische Provenienz. Gleichfalls bewahrt das Querschiff noch ältestes Mauerwerk aus dem 12. Jh., obwohl die neogotische Überarbeitung 1870–1906 wenig Rücksicht auf den romanischen Formenbestand nahm. Nicht anders erging es dem Westabschluß. Doch hat seine Doppelturmfassade ein Gepräge, das sich deutlich von den Westfronten der Gotik unterscheidet.

Schon im 13. Jh. wurde die Kirche nach den architektonischen Maßgaben der Scheldegotik erneuert, der Umgangschor mit dem Kapellenkranz entstand zu Beginn des 15. Jh. So prägt die Gotik auch den Innenraum, spitzbogige Arkaden steigen über den Blattkapitellen der Säulen auf. Die achteckigen Pfeiler des Chors haben überhaupt keine Kopfstücke, während die Spitzbögen zu den Kranzkapellen auf Pfeilerbündeln ruhen. Bei der Ausstattung von St. Jakob setzt dagegen der Barock die Akzente. Die Kanzel (1791), getragen von einem Standbild des Kirchenpatrons, zeigt ihren Schöpfer Ch. van Poecke auf der Höhe seiner Kunst.

Von dieser Kirche führt die Belfortstraat wieder geradewegs ins Zentrum, doch lohnt der kurze Abstecher in die Koningstraat. Dort hat die **Königliche Akademie für Niederländische Sprache und Literatur** *(Koninklijke Academie voor Nederlandse Taal- en Letterkunde)* ihren Sitz, und was für einen. Der Architekt David 't Kind lieferte 1746 den Entwurf auch für dieses anmutig-elegante Rokokohaus. Nicht wenige halten es für das schönste der Stadt.

Im Genter Süden

Vieles spricht dafür, nun die Veldstraat hinunterzuspazieren – hinunter deshalb, weil sie ziemlich genau nach Süden führt. An ihr liegen die großen Konsumtempel der Stadt, aber auch einige Patrizierhäuser. Hinter der Rokokofassade des Hauses Nr. 55 saß 1815 ein gewiß sorgenvoller Ludwig XVIII. und sah einer ungewissen Zukunft entgegen. Daß er nach rund hundert Tagen wieder nach Frankreich zurückkehren konnte, hatte er nicht zuletzt dem Herzog von Wellington zu verdanken, der gleichfalls 1815 die Veldstraat Nr. 82 bewohnte und von dort nach Waterloo in die Schlacht zog. Sie beendete Napoleons kurze Herrschaft nach seiner Rückkehr aus der ersten Verbannung (s. S. 28).

Für Wellingtons zeitweilige Residenz hatte David 't Kind die Pläne gezeichnet, bezogen wurde das Gebäude allerdings erst 1771. Heute beherbergt es das **Arnold-Van-der-Haegen-Museum,** das seinerseits mit einem Maeterlinck-Kabinett aufwartet. Hier wird das Andenken des (französischsprachigen) Schriftstellers und Literatur-Nobelpreisträgers Maurice Maeterlinck (1862–1949) geehrt, der ein gebürtiger Genter war. Allerdings verließ er seine Heimatstadt schon 1886 in Richtung Paris. Als Lyriker und Dramatiker (freilich recht handlungsarmer Stücke) hat er die moderne Literatur geprägt. Der mystisch-religiöse Impuls, der oft genug seinen Symbolismus inspiriert, wurzelt tief in der flämischen Kunst und im Geistesleben des Landes. Maeterlincks Gedichte vor allem haben die Interpreten immer wieder an die Altarbilder Memlings oder Jan van Eycks denken lassen.

Es sind wahrhaftig nicht irgendwelche Namen, mit denen die Geschichte der **Abtei St. Peter** *(St.-Pietersabdij)* verbunden ist. Kein Geringerer als Amandus, der Apostel Flanderns, soll sie 629/39 gegründet haben, Einhard, Biograph und enger Vertrauter Karls des Großen, gehörte ebenso zu ihren (Laien-)Äbten wie Flanderns Graf Arnulf, der seinerseits den bedeutenden Reformtheologen Gerhard von Brogne zum Leiter der Abtei berief. Gerhards Wirken nahm Einfluß auf das Klosterleben weit über Flandern hinaus. Noch einmal sollte St. Peter anfangs des 12. Jh. Zentrum einer Erneuerungsbewegung werden, diesmal der cluniazensischen.

Im 13. Jh. geriet die Abtei auf dem Bladijnberg jedoch in eine schwere Krise, von der sie sich nur langsam erholte. Und nie mehr sollte das Klosterleben blühen wie in der Frühzeit, als St. Peter nicht nur ein geistlicher, sondern auch ein kultureller Mittelpunkt war. Die enorme Zerstörungswut der Bilderstürmer tat ein übriges, 1794 wurde die Abtei nach dem bekannten Erlaß Kaiser Josephs II. aufgelöst (s. S. 26). Doch war in zwei Bauphasen, von 1629 bis 1649 und während des 17. Jh., die Errichtung eines Gotteshauses gelungen, das keinen Vergleich mit den schönsten Barockkirchen des Landes scheuen muß. Obwohl zwischen der Vollendung des langgestreckten Chors und der Grundsteinlegung für den Kuppelbau die Arbeiten über ein halbes Jahrhundert lang ruhten, obwohl diese Liebfrauenkirche mit basilikalem Osten und der Zentralarchitektur im Westen zwei gegensätzliche Bautypen vereint, wirkt sie dennoch wie aus einem Guß.

Südlich der Liebfrauenkirche blieb, gruppiert um zwei Innenhöfe, der Kernbestand des ehedem sehr viel weitläufigeren Klosterkomplexes erhalten. Dazu gehören auch der etwa 1600 entstandene, überwiegend in spätgotischen Formen aufgeführte Kreuzgang, der Flügel mit Kapitelsaal und Bibliothek darüber (1616–35) sowie das Refektorium, bei dessen Wiederaufbau die Westfassade des 14. Jh. respektiert wurde. Das **Schulmuseum** *(Schoolmuseum Michel Thiery)* ist im ehemaligen Krankentrakt der Abtei (1770) untergebracht und präsentiert in jedem Saal ein anderes Unterrichtsfach.

Am Rand des **Zitadellenparks** *(Citadelpark)* liegen das **Kunstmuseum** *(Museum voor Schone Kunsten)* und das **Museum für Zeitgenössische Kunst** *(Museum voor Hedendaagse Kunst)*. Das neoklassizistische Gebäude aus den Jahren 1900–1913 zeigt zwei

Hieronymus Bosch, »Kreuztragung«, Ausschnitt mit Veronika und dem Schweißtuch, Kunstmuseum, Gent

eindrucksvolle Gemälde von Hieronymus Bosch, die »Kreuztragung« mit den fürchterlichen Physiognomien der Schergen und den »Hl. Hieronymus«, den womöglich noch abstoßendere Wesen heimsuchen. Eine Rubenssche »Geißelung« zählt ebenso zu den Glanzstücken des Hauses wie das »Bildnis einer unbekannten Dame« von Frans Hals und das vorzügliche »Bildnis einer jungen Frau« des Haarlemer Porträtisten Jan de Bray (1627–97). Mit James Ensor, Ferdinand Khnopff und Constant Permeke sind auch renommierte belgische Maler vertreten.

Im Museum für Zeitgenössische Kunst sind erstaunlich viele Künstler (etwa Karel Appel, Mario Merz, Andy Warhol, David

127

Hockney oder Joseph Beuys) und Richtungen der Gegenwart präsent, wenn auch nicht immer zur gleichen Zeit ausgestellt. Dafür sieht dieses Museum seine Aufgabe nicht zuletzt darin, durch seine Aktivitäten eine schöpferische Auseinandersetzung mit aktuellen Tendenzen der Kunst anzuregen.

Wir bleiben beim rechten Flußufer, nur wechseln wir von der Schelde zur Leie. Und wie St. Peter liegt auch die nächste Sehenswürdigkeit auf einem »Berg«. Über die Leie also erhebt sich das ehemalige **Bijlokehospitaal** der Zisterzienserinnen, auch es eine weitläufige Anlage. Seine Stifter, die Geschwister Ermentrude und Falco Utenhove, waren aus erlauchtestem Genter Patriziergeschlecht, allerdings stand ihre Gründung von 1204 noch im Zentrum des mittelalterlichen Gemeinwesens. 1228 schenkte der flandrische Graf Ferrand von Portugal dem Hospital ein neues Gelände außerhalb der damaligen Stadtmauern, und nun hatte es seinen endgültigen Standort gefunden. Während das heutige Krankenhaus erst im 19. Jh. errichtet wurde, blieben vom Bau der Schenkungszeit der ehemalige Krankensaal nebst Kapelle verschont. Die Architektur dieses Doppelgebäudes ist der Scheldegotik verpflichtet, und wie selbstverständlich diente auch hier der Kalkstein von Tournai als Baumaterial. Die Giebelspitze der schmaleren Kapelle ziert allerdings ein kleiner Renaissance-Campanile. Überhaupt ist die Kapelle so etwas wie der Juniorpartner des eigentümlichen Gespanns. Sie bleibt dem riesigen Krankensaal mit seinen elf Jochen nur über drei hinweg an der Seite. Trotz seiner schön gegliederten Fassade dürfte die größte Attraktion des »Ziekenzaal« das gewaltige eichene Dachgebälk sein.

Während diese Keimzelle des historischen Hospitals ins neuere Krankenhaus integriert wurde, hat das **Historische Museum** *(Museum voor Oudheden)* in der ehemaligen Zisterzienserinnenabtei ein angemessenes Quartier gefunden. Zu Beginn des 14. Jh. entstanden, blieben – des öfteren umgebaut – nur Ost- und Südtrakt des älteren Klostergevierts erhalten. Der Osttrakt wurde um 1590 als Kapelle hergerichtet – die Kirche hatte man nach den Zerstörungen durch die Calvinisten auf Abbruch verkauft. Den auffälligsten Akzent aber setzt der Westgiebel am alten Refektorium (Südtrakt). Was dort um 1300 dem spröden Backstein an Zierformen, an Linien von großem Schwung ebenso wie an ziselierten Mustern abgewonnen wurde, verdient das Prädikat großartig.

Zu Beginn des 17. Jh. ließen die zurückgekehrten Nonnen dann auch den Nord- und Westtrakt wiederaufbauen, ja sie begannen wenig später sogar mit dem Bau eines völlig neuen Klosters. Übereck schloß er an den alten an, und wieder war es eine Vierflügelanlage mit einem Garten im Innern. Nur stammt das feierliche Entree zu diesem Geviert zwar aus dem 17. Jh., aber nicht von Bijloke, sondern vom aufgehobenen Beginenhof St. Elisabeth. Ein Standbild der Heiligen wacht denn auch über dem Portal des barocken Torhauses. Dahinter zeigt das Museum seine Schätze. Unter ihnen zieht das 13.-

Jh.-Hochgrab für den Burggrafen Hugo II. die meisten Blicke auf sich. Eine Augenweide sind aber auch jene drei Wandteppiche, die im 16. Jh. zu Brüssel gewebt wurden und ursprünglich in der Abtei St. Peter hingen. Gleichfalls werden die Original-Pläne des Belfort wie des Rathauses von Domien de Waghemakere und Rombout Keldermans gezeigt. Und selbstverständlich ist auch die Textilstadt Gent in diesem Museum eindrucksvoll gegenwärtig.

Nach St. Bavo

Auf den Routen durch Gent liegt Heiliges wie Unheiliges am Wege. Unser Gang zur Abtei St. Bavo führt gleich hinter der Kathedrale vorbei am **Geerard de Duivelsteen.** Der Steen, ein befestigter Herrensitz aus dem 13. Jh., heißt so nach dem Ritter Gerhard von Gent. Wie sein Beiname zeigt, blieb er, Sohn des Burgvogts vom Gravensteen und mit einer Patriziertochter verheiratet, den Gentern keineswegs in guter Erinnerung. Aber vielleicht haben gerade deshalb Name und Gebäude die Jahrhunderte überdauert.

Nun war der Ruf Gerhards schon zu seinen Lebzeiten ruiniert. Beim Steen zog sich der Prozeß des Niedergangs viel länger hin, dafür betraf er nicht die Fama, sondern die Substanz. Ende des 19. Jh. erstand der Herrensitz jedoch wieder wie Phönix aus der Asche, eine Wiedergeburt, die uns von vielen flandrischen Bauwerken her vertraut ist. Selbst die romanischen Souterraingewölbe wurden 1891 stark restauriert, nichtsdestoweniger machen sie samt ihren wuchtigen Rundsäulen-Trägern einen kolossalen Eindruck.

So erging es dem Herrensitz Gerhards des Teufels. Wie aber erging es der Heimstatt des hl. Bavo, wo dieser merowingische Adlige († 653) doch früh dem zügellosen Leben abgeschworen und damit dem Flamen-Apostel Amandus eines seiner offenbar recht spärlichen Erfolgserlebnisse beschert hatte? Gar nicht gut erging es der mutmaßlichen Gründung Bavos, aber der Reihe nach.

Zunächst einmal: Die **Abtei St. Bavo** stand auf historischem Boden. Hier lag der galloromanische *vicus* »Ganda« oder ein römisches Kastell, hier soll St. Amandus nach 630 das sogenannte Gandakloster gestiftet haben. Heute allerdings geht die Forschung eher davon aus, daß es sein Schüler und Weggefährte Bavo war, der dort die geistliche Gemeinschaft gründete. Jedenfalls starb Bavo in diesem Kloster, dem die Quellen ab 864 seinen Namen gaben. In vielem läßt sich das weitere Schicksal der Bavo-Abtei mit dem von St. Peter (s. S. 105) vergleichen, so entstand auch hier ein Dorf, das der Mönchsgemeinschaft untertan war. Und wie St. Peter leistete auch St. Bavo einen wichtigen Beitrag zur Stadtentwicklung Gents.

Zunächst ließen allerdings die Normanneneinfälle das Klosterleben ersterben, doch etwa 940 entstand die neue Benediktinerabtei. Sie entfaltete im 13. Jh. eine äußerst lebhafte Bautätigkeit, und noch um 1490 ließ Abt Raphael de Mercatel einen spätgotischen Kreuzgang errichten. Aber schon 1536 wurde die Mönchsgemeinschaft säkularisiert, und die Patres kamen als Kapitelherren an die Kathedrale (s. S. 109). Das verlassene Gelände am Stadtrand kam nun Kaiser Karl V. gerade recht. Er sah darin den idealen Platz, um den unbotmäßigen Gentern seine Macht zu demonstrieren. Die Klostergebäude mußten zum guten Teil dem Zitadellenbau weichen, dem sogenannten Spanischen Kastell. Wäre diese Renaissancefestung eines italienischen Baumeisters und nach italienischem Vorbild auch nur einigermaßen erhalten geblieben, der Nordwesten Europas besäße ein bedeutendes Baudenkmal mehr. Aber sie verschwand nach 1830 völlig von der Bildfläche.

Verglichen damit ging es der Bavo-Abtei doch ein wenig besser. Der Kreuzgang(11.–17. Jh.) nebst romanischem Brunnenhaus ist erhalten, wenngleich in einigen Partien nur als Rekonstruktion. Ebenfalls stehen noch wichtige Teile des Ostflügels mit dem Kapitelsaal aus dem 12. und 13. Jh. sowie des Nordflügels mit dem romanischen Refektorium und der Küche. Heute wird die Abtei als **Lapidarium** genutzt, das unter anderem die Überbleibsel der hiesigen Kirche zeigt. Darüber hinaus fanden Zeugnisse aus der ganzen Stadt den Weg nach St. Bavo, darunter auch der Grabstein Hubert van Eycks (s. S. 113). So bildet die Besichtigung der Abtei einen guten Abschluß des Gent-Aufenthalts.

Abstecher
Nahe Gent zeigt das inzwischen ganz restaurierte Schloß von Laarne (14.–17. Jh., Eekhoekstr. 5) eine prachtvolle Sammlung historischer Gobelins und Möbel.

Von Sint-Niklaas nach Ronse

Sint-Niklaas

Ein fast dreieckiger Marktplatz und der größte Belgiens überdies. Kein Zweifel, auch Sint-Niklaas hat im Markt sein Zentrum. Ob eine derart weiträumige Freifläche nötig war, um das Leinen zu bleichen, die Bogenschützen ihre Treffsicherheit erproben oder die Grafen von Flandern ihren Schutzeid auf das fruchtbare Waasland leisten zu lassen, kann dahingestellt bleiben. Jedenfalls mußte auf dem immer gut besuchten und schon für 1513 belegten Donnerstagsmarkt von St.-Niklaas niemand Platzangst haben.

Wo ein Markt, da ein **Rathaus.** Das hiesige wurde allerdings erst 1874 eingeweiht, braucht also aus seiner neogotischen Existenz keinen Hehl zu machen. Seine architektonischen Glanzstücke hat dieser Markt mit dem **Landhaus** von 1637 (Nr. 43) sowie dem seltsamen Doppel von **Pfarrhaus** und **Gefängnis.** Nun diente das Pfarrhaus ursprünglich als Gericht, womit sich die enge Nachbarschaft ohne weiteres erklärt. Schwer erklärlich ist allerdings, warum das Gefängnis von 1662 einen wesentlich fideleren Eindruck macht als die zwei Jahre später vollendete Heimstatt Justitias. Doch bekam letztere 1823 einen streng klassizistischen Giebel, während der typisch barocke des Gefängnisses mit seiner schwungvollen Doppelvolute nicht ange-

tastet wurde. Außerdem erhielt das Gefängnis 1763 noch eine Roko-
kofreitreppe, die seiner Fassade zusätzlich Anmut verleiht.

Etwas zurückgesetzt, prägt die **Nikolauskirche** dennoch das
Platzbild mit. Einer langen und komplexen Baugeschichte verdankt
sie den gotisch geprägten Ostteil mit Querschiff und Vierungsturm,
während die Westfassade erst 1896 ihr heutiges Aussehen erhielt.
Aus einem Guß präsentiert sich dagegen die neoromanische **Lieb-
frauenkirche** *(O.-L.-Vrouw Bijstand der Christenen)*. Selbst die
Entwürfe der Ausstattung stammen hier zu einem guten Teil von
Lodewijk Roelandt, nach dessen Plänen das Gotteshaus 1841–44
gebaut wurde. Die 6 m große Gottesmutter fand allerdings erst vier
Jahrzehnte später auf die goldglänzende Kuppel des Fassadenturms.

*Sint-Niklaas kann
auch mit einigen Art-
déco- und Jugendstil-
häusern aufwarten*

Darüber hinaus hat St.-Niklaas einige bemerkenswerte Jugendstil-
(Stationsstraat 31) und Art-déco-Fassaden zu bieten (etwa Stationsstraat Nr. 19 und 81). Ein erstaunlicher Bau ist ebenfalls das **Kloster
der Brüder vom hl. Hieronymus Emiliani,** genauer: sein Haupthaus
(1932) an der Nieuwstraat. Dessen Halle erstrahlt in der leuchtenden
Farbigkeit eines grandiosen Art-déco, das zumindest in der Kloster-
architektur seinesgleichen sucht.

Ostflandern

Last but not least sei das **Städtische Museum** *(Stedelijk Museum)* in der Zamanstraat 49 erwähnt. Seine Sammlung von Atlanten und Globen hat ehemals einem der weltweit bekanntesten Waasländer gehört. Gerard de Kremer wurde 1512 in Rupelmonde geboren, als Gerardus Mercator sollte er berühmt werden. Seit 1541 lehrte er an der Duisburger Universität, in Duisburg ist er 1594 gestorben. Mercator verfertigte die erste Karte Flanderns, doch auch um die christliche Seefahrt hat er sich verdient gemacht: Seine Projektion des Globus auf die Fläche ermöglichte erstmals ein (nahezu) exakt planes Abbild der Erde. Überhaupt stammen von ihm die frühesten modernen Karten, wie er auch den Namen »Atlas« für die Sammlung seiner Werke kreiert hat.

Wer schon einmal St.-Niklaas besucht und dann womöglich auch nach Dendermonde will, sollte in **Temse** haltmachen. Schließlich liegt ein Gotteshaus wie die hiesige Liebfrauenkirche *(O.-L.-Vrouwekerk)* nicht alle Tage am Weg. Auf die getreue Nachzeichnung ihrer Baugeschichte sei allerdings verzichtet, sie beginnt noch in der Romanik, bereitet im Barock das eigenwillige Erscheinungsbild vor und endet 1888 mit allen möglichen Verlänger- und Verbreiterungen. So präsentiert sich die Andachtsstätte als zwei Kirchen in einer, und der Vierungsturm kann bei entsprechender Wahl der Perspektive ohne weiteres als Westturm der Ostpartie gelten. Das Querhaus schiebt sich zwischen Ober- und Unterkirche, der Einschnitt zwischen seinen beiden Dreiecksgiebeln bezeichnet die Grenze. Dabei blickt der Ostteil dieses doppelten Gotteshauses auf das entschieden höhere Alter zurück.

Dendermonde

Es geschieht nur einmal in zehn Jahren. Aber zur Jahrtausendwende werden die Darsteller der Haimonskinder wieder so hoch zur 700 kg schweren Pferdeattrappe sitzen wie nie zu Roß. Doch werden sie wirklich da oben hocken, vier Brüder, alle aus Dendermonde und in einer männlich-reinen Folge? Ja, die Kriterien sind streng, namentlich in Zeiten sinkender Geburtenraten. Aber wenn sie erfüllt sind, dann gibt es ein überaus rauschendes Fest samt Umzug und mit Beteiligung fast aller Stadtbewohner, auch sie selbstverständlich kostümiert.

Nun führt dieses Ereignis nicht ganz so zwanglos in die Stadtgeschichte hinein, wie das zu erwarten wäre. Die sehr alte, früh poetisierte Sage von den vier Haimonskindern und ihrem Riesenroß Beyard spielt in den Ardennen. Wo sollten sich auch in und um Dendermonde jene Felsklippen finden, die das Wundertier als Absprungbasis für seine gewaltigen Sätze brauchte? Aber es gibt eben doch eine Dendermonde-Variante der Vier Haimonskinder. Ihr zufolge waren sie die Söhne des hiesigen Edelherrn Aymon, der mit einer Schwester Karls des Großen verheiratet war. Nach einem Zwist mit dem Aymon-Sprößling Reinaut habe der Kaiser das Roß Beyard in der Dendermündung ertränken lassen. Ein grausamer Tod zweifellos, aber er sicherte dem sagenhaften Pferd bereits 1461 seine prominente Stellung im Dendermonder *Ommegang.*

Wie der Name schon sagt, liegt Dendermonde da, wo die Dender mündet, und zwar in die Schelde. Zuerst erhob sich hier eine Burg, der gegenüber am linken Ufer des Flusses die Stadt entstand. Rechts der Dender lag die ältere Siedlung Zwijveke, sie wuchs schon im 11. Jh. mit dem Marktort zusammen. 1233 bekam Dendermonde Stadtrechte und sollte das ebenso mächtige wie heftige Gent bald auf dessen ureigensten Gebiet der Tuchproduktion herausfordern. Weil Dendermonde die große Handelsstadt überdies mit einem Scheldezoll beeinträchtigte, schickte Gent immer wieder Strafkommandos stromabwärts.

Es ist das alte Lied von der strategisch günstigen Lage: Spätestens im 12. Jh., also lange vor der Stadtwerdung, war Dendermonde umwehrt. Graf Ludwig von Male ließ die Mauer mit nicht weniger als 23 mächtigen Türmen sichern. Alexander Farnese baute sie 1590 zur Festung aus, die zuletzt noch einmal 1822 von den Niederländern verstärkt wurde. Wie eiserne Ringe legten sich die Verteidigungsgürtel um die Stadt und hemmten ihr Wachstum. Ohne doch verhindern zu können, daß bei den deutschen Angriffen 1914 die Hälfte aller Häuser Dendermondes in Schutt und Asche sank …

Natürlich hat auch Dendermonde seinen Großen Markt, an dem selbstverständlich auch das **Rathaus** steht. Zu Beginn seiner Bauwerkskarriere war es allerdings die Tuchhalle der Stadt, aus dieser Zeit um 1350 blieb immerhin der Belfried erhalten. 1597 wurde die Tuchhalle durchgreifend verändert, 1925/26 das schwer kriegszerstörte Gebäude durchgreifend restauriert. Eine Zierde des Markts ist ebenfalls die frühere **Fleischhalle;** 1462 vollendet, beherbergt sie heute das **Archäologische Museum** *(Stedelijk Oudheidkundig Museum).*

Ein bemerkenswertes Gotteshaus besitzt Dendermonde ebenfalls, die Anfänge der gotischen **Liebfrauenkirche** datieren ins 14. Jh. Sie wurde später mehrfach erweitert, ihre reiche Ausstattung stammt großenteils aus dem Barock. Das wertvollste Stück aber ist der romanische Taufstein aus der ersten Hälfte des 12. Jh. Das Becken hat einen quadratischen Grundriß, es ruht auf einer zentralen Trommel und vier kantengestellten Rundsäulen, seine Wände zeigen die Abendmahlsszene sowie Episoden aus dem Leben der hll. Petrus und Paulus.

Abstecher
Ein wenig scheldeabwärts und schon in der Provinz Antwerpen liegt Sint-Amands, der Geburts- und Sterbeort des belgischen Dichters Emile Verhaeren (1855–1916). Am Scheldeufer steht seine eindrucksvolle Grabtumba.

Aalst

Auch Aalst gehört zu den Städten Flanderns, deren Historie sich über Jahrhunderte als Kriegsgeschichte erzählen ließe. Schon um 1380 muß sie einen festungsartigen Anblick geboten haben, 1578

Wie im Rheinland ist der Karneval auch in Flandern ein hohes Fest. Besonders ausgelassen wird er in Aalst begangen.

wurden die Verteidigungsanlagen mit großen Kosten noch einmal auf den neuesten Stand gebracht. Während des 80jährigen Krieges wechselte Aalst mehrfach den Besitzer oder, besser gesagt, die Besatzer, in der zweiten Hälfte des 17. Jh. litt es unter den Raubzügen Ludwigs XIV., 1914 und 1940 nahm deutsche Artillerie die Stadt unter schweres Feuer.

Gunst und Ungunst einer vorteilhaften Lage: Hier überquerte die bedeutende mittelalterliche Handelsroute Brügge–Köln die Dender, die als Verkehrsweg ebenfalls eine gewisse Rolle spielte. Doch trugen ihre Wasser seit dem 12. Jh. nicht nur die Schiffe nach Aalst, sondern speisten auch die Befestigungsgräben. Schon früh durfte der heute kanalisierte Fluß nicht so, wie er wollte, bereits im 11. Jh. gruben sie einen Abzweig zum Schutz der hiesigen Burg. Übrigens fußt das **Schöffenhaus** *(Schepenhuis)* auf den Grundmauern eines Vorgängerbaus, der hier schon 1225 gestanden haben soll und damit der älteste Sitz eines Stadtregiments in Belgien wäre.

Zum Aalster Schöffenhaus gehören der 1460 vollendete Belfort und das sogenannte *Gebiedshuisje*. Während im **Belfort** das älteste mechanische Glockenspiel der Niederlande hängt, hat das **Gebietshäuschen** von 1474 (1543/44 erneuert) zwar keinen Superlativ, dafür aber filigransten gotischen Zierat zu bieten. Gleich am Grote Markt steht auch das **Rathaus.** Ursprünglich war es gar kein städtisches, sondern das Haus der Burggrafschaft Aalst. 1643–45 errichtet, umfaßt das Gebäude hufeisenförmig einen Binnenhof und weist dem Marktplatz seinen spätklassizistischen Flügel (1828–1830). Es geht auf die Entwürfe des gleichen Lodewijk Roelandt zurück, der ein gutes Jahrzehnt später die neoromanische Liebfrauenkirche in St.-Niklaas (s. S. 131) planen sollte.

Am Markt setzt gleichfalls die Spätrenaissancearchitektur der **Beurs van Amsterdam** (Börse von Amsterdam) einen kräftigen Akzent. Ihr Bogengang zu ebener Erde ruht auf schlanken Rundsäulen, nicht weniger als vier Schweifgiebel machen sich über dem Dachsims breit, um die Fassade wirkungsvoll abzuschließen. Das 1630–34 entstandene Haus gehörte der Rhetorikergilde. Bei ihren Versammlungen dürfte gelegentlich auch des Mitbürgers Dirk Martens (um 1450–1534) gedacht worden sein, dessen Standbild seit 1856 den Marktplatz ziert. Martens hat den Buchdruck in den Südlichen Niederlanden etabliert und sich früh um die Lesbarkeit von Texten verdient gemacht: Schon 1501 arbeitete er nicht mit gotischen, sondern mit lateinischen Lettern. Seine Werkstatt war Treffpunkt der Humanisten, er veröffentlichte den ersten Bericht des Kolumbus nach seiner Fahrt in die Neue Welt, er druckte als erster die »Utopia« des Thomas Morus. Zu Aalst wurde Dirk Martens geboren, dort ist er auch gestorben, sein – allerdings später überarbeitetes – Grabmal findet sich noch heute im Chorumgang der Martinskirche.

Diese **Martinskirche** *(St.-Martinuskerk)* blieb zwar unvollendet, kann aber dennoch als beispielhafte Sakralarchitektur der brabanti-

Die Martinskirche birgt unter anderem das kostbare Sakramentshaus von Jerôme Duquesnoy

schen Gotik gelten. 1481 begannen die Arbeiten, sie standen zeitweise unter der Leitung von Domien de Waghemakere und Laurens Keldermans. Doch selbst der Einsatz derart prominenter Baumeister brachte das Werk nicht zügig voran, 1566 stockte es ganz. Erst 1650 ging man wieder an den Weiterbau des Gotteshauses, gab ihn jedoch schon 1660 wieder auf. So blieb es statt der vorgesehenen 105 bei einer Länge von 70 m, die St. Martin aber immer noch zu den größten Kirchen Flandern zählen lassen.

Für bauherrlichen Ehrgeiz sprechen auch die nicht weniger als 16 Seitenkapellen der Kirche. Ihnen vor allem verdankt St. Martin die stattliche Zahl seiner Altäre. Aber von den 23 steht doch nur einer im Mittelpunkt des Interesses. Er entstand im Auftrag der Aalster Rochusbruderschaft und ist auch dem Pestheiligen gewidmet. Möglicherweise hat Peter Paul Rubens sogar die portalartige Säulenarchitektur des Aufbaus entworfen. Schließlich mußte er daran interessiert sein, daß ein effektvoller Rahmen die Wirkung seines Altarblatts »Christus erscheint dem hl. Rochus im Gebet« noch steigerte.

Ein weiteres Glanzlicht in der ohnehin reichen Ausstattung setzt das Sakramentshaus des Jerôme Duquesnoy. Der 1604 geschaffene Dreitürmeaufbau steht noch in Renaissancetraditionen, doch klin-

gen auch schon barocke Motive an. Neben den zahlreichen Gemälden der Kirche sind auch die Fresken im Chorbereich von Bedeutung, die alle aus der Wende vom 15. zum 16. Jh. stammen. In der
Sakristei findet sich außer ornamental angelegtem Rankenwerk auch
ein »Jüngstes Gericht«.

Geraardsbergen

Auch erfahrene Flandern-Reisende zucken die Achseln, wenn der
Name Geraardsbergen fällt. In diesem Landstrich, der für die große
Tradition seiner Städte berühmt ist, bleibt ausgerechnet jenes
Gemeinwesen unbekannt, das im Besitz der nachweisbar ältesten
städtischen Privilegien ist (oder doch wenigstens solcher, die lange
als Stadtrechte gedeutet worden sind).

Und zweifellos hatte Graf Balduin VI. (1067–70) sehr gute
Gründe, den Ort derart stark zu machen. Geraardsbergen lag
schließlich nicht nur am wichtigen Fluß Dender, sondern auch dicht
an der Grenze Flanderns sowohl zum Hennegau wie zu Brabant.
Außerdem galt es, die Macht des lokalen Adels zu schwächen. Er
nahm im Grenzland jede Gelegenheit wahr, den einen Landesherrn
gegen den anderen auszuspielen.

Allerdings hatte die Stadt trotz gräflicher Unterstützung anfangs
einen schweren Stand. Erst die Gründung, genauer: die Verlegung
der Adriansabtei von Dikkelvenne nach Geraardsbergen (1096) gab
auch wirtschaftlich Auftrieb. Im 13. Jh. erreichte das Gemeinwesen
den Gipfel seiner urbanen Entwicklung, wurde zur Textilstadt von
Rang. Freilich gelang es ihm nach dem Niedergang der Tuchproduktion nicht, eine neue Marktlücke zu finden. So mußte der Ort bis ins
19. Jh. warten, ehe eine schnelle Industrialisierung neue Perspekti-
ven bot.

*Übrigens: Auch Ge-
raardsbergen hat sein
Manneken Pis. Es ent-
stand im Jahr 1455
und ist damit das älte-
ste Belgiens.*

Das **Rathaus** *(Stadhuis)* von Geraardsbergen stammt ursprünglich aus dem 14. Jh., hat sich aber mehrfach dem geänderten Zeitgeschmack anbequemen müssen. Nach einer spätgotischen (1559) und
einer im Rokoko-Stil (1753) erfuhr es 1896 eine neugotische Überarbeitung. Ganz ähnlich erging es der Kirche **St. Bartholomäus** *(St.-
Bartholomeuskerk)*, die über kreuzförmigem Grundriß zwischen
1476 und 1617 errichtet wurde. Seit dem 18. Jh. bot sie ein barockes
Erscheinungsbild, das den Apologeten der Neogotik ein Dorn im
Auge war. 16 Jahre dauerte die gründliche »Restaurierung«, im gleichen Jahr wie das Rat- zeigte das Gotteshaus dann wieder ein unan-
stößiges Aussehen im Zeichen des Spitzbogens. Eine Figur des
Schutzpatrons Bartholomäus aber steht im Rathaus, und geschaffen
hat sie ein Sohn dieser Stadt. Gabriel de Grupello (1644–1730) ging
zunächst als Schüler Arthur Quelliens d. Ä. nach Antwerpen, reüssierte dann als Hofbildhauer Karls II. von Spanien in Brüssel und
des Kurfürsten Johann Wilhelm in Düsseldorf. Sein Reiterstandbild
des Kurfürsten auf dem Düsseldorfer Marktplatz gilt als eines der

vollkommensten des Spätbarocks, er selbst als einer der größten Bildhauer seiner Zeit.

Ein bereits klassizistisch geprägtes Eingangstor (um 1785) und ein barocker Flügel: Das ist alles, was von der altehrwürdigen **Adrians-abtei** *(St.-Adriaansabdij)* übrigblieb. Schon im 8. Jh. unter dem Patronat von St. Peter gegründet, hatte sie auch am neuen Standort den ursprünglichen Schutzpatron, bis sie etwa 1174 Reliquien des hl. Adrian erhielt. St. Adrian war eine äußerst wohlhabende Abtei. Und obwohl sie als solche die Plünderer fast magisch anzog, galt die Benediktiner-Niederlassung bis an die Schwelle der Neuzeit als eines der bestgestellten Klöster Flanderns. Dann aber setzten die Religionskriege ihr böse zu, 1786 bedeutete der Erlaß Josephs II. auch für St. Adrian das Ende.

Ronse

Schon dicht an der niederländisch-französischen Sprachgrenze liegt Ronse. In der Mitte seines Großen Markts erhebt sich ein Obelisk mit dem doppelköpfigen Adler obenauf. Er läßt wissen, daß Ronse im Land von Aalst seit dem 13. Jh. zum Heiligen Römischen Reich Deutscher Nation gehörte. Ronses wichtigstes Denkmal ist die Kirche **St. Hermes** *(St.-Hermeskerk)*. Bei der beachtlichen Länge ihres Chors (immerhin 28 m) glaubte man wohl, auf den obligaten Umgang verzichten zu können, der wuchtige Westturm rechnet wie das Gotteshaus insgesamt der späten Gotik des 15. und 16. Jh. zu – nebst einer neogotischen Überarbeitung als Dreingabe.

Ronse hat eine Viel-zahl von Jugendstil- und Art-deco-Häusern

Ein Bauteil aber entstand wesentlich früher: Die Hallenkrypta verdankt sich der romanischen Vorgängerkirche, ihre ältesten Partien

Krypta der Hermeskirche

datieren in die Zeit um 1080. 1297 bekam ein Abschnitt allerdings Einwölbungen aus Backstein, die von Säulen mit Blattkapitellen getragen werden, außerdem erhielt der Raum 1511–24 noch einen Chor. Dennoch dominieren die archaischen Gewölbe der Frühzeit, ihre Stützen sind aus einem Stein gehauen und die Würfelkapitelle ohne jede Verzierung.

Diese Krypta im Osten der alten Grafschaft Flandern erinnert an die (etwas jüngere) Unterkirche der Brügger Heiligblutbasilika. Daß sich der prächtige Bogen flandrischer Architektur von einem romanischen Brückenkopf zum anderen gespannt hat, trifft sich nicht übel.

Von Gent scheldeaufwärts

An der Leie

Die Gegend südlich von Gent haben um die Jahrhundertwende die Künstler entdeckt. Besondere Anziehungskraft unter den Blumendörfern an der Leie besaß **Sint-Martens-Latem**, jedenfalls für die Vertreter des flämischen Expressionismus. Zu dieser Stilrichtung sollten sich Albert Servaes, Leon de Smet oder Constant Permeke allerdings erst später bekennen, zwischen 1905 und 1910 suchten sie hier noch ihren Weg als Maler. Schon zuvor hatte eine Künstlergruppe um den Bildhauer Georges Minne die feierliche Schönheit der Landschaft um **Deinze** zu schätzen gewußt – dicht gefolgt übrigens von betuchteren Genter Bürgern, die sich hier teils sehr hübsche Sommerfrischen bauen ließen, und so bietet das Museum von Deinze und der Leiegegend (Lucien Mathijslaan 3–5) mehr als nur Heimatkundliches.

Das benachbarte **Deurle** verfügt gleich über drei Häuser, in denen das Andenken hier tätiger Künstler geehrt wird. Das Museum der Stiftung J. Dhondt-Dhaenens *(Stichting Mevr. Jules Dhondt-Dhaenens*, Museumslaan 14) zeigt Arbeiten von Constant Permeke, Frits van den Berghe, Gustaaf de Smet und Albert Servaes, der zu den Vorläufern des Expressionismus zählt, das Museum Leon de Smet (Museumslaan 18) und das Museum Gustaaf de Smet (Gust de Smetlaan 1) ist den Werken der beiden Malerbrüder gewidmet. In St.-Martens-Latem selbst steht das Museum Gevaert-Minne (Kapiteldreef 45).

Ooidonk ☆

Mögen die Künstlernamen so manchen Touristen in die Dörfer um Deinze locken, die Künstler hat das sogenannte **Schloß von Ooidonk** *(Kasteel van Ooidonk*, Bachte-Maria-Leerne) mit seinem großzügigen Park gelockt. Das Schloß vereint Elemente der spätgotischen und Renaissance-Architektur auf reizvolle Weise. Allerdings wurde es nach 1864 bei einer Restaurierung durch zwei französische Architekten ein wenig zu sehr auf das Erscheinungsbild eines Loire-

schlosses festgelegt. Aber sei's drum, auch durch seine Mauern wehte der Atem der Geschichte. So gehörte zu seinen Besitzern unter anderen jener Graf Hoorn, der 1568 zusammen mit dem Grafen Egmont zu Brüssel den Kopf verlor.

Schloß Ooidonk

Oudenaarde

Es gibt Städte in Flandern, die nicht nur ihre Reize, sondern auch Liebreiz haben. Zu ihnen gehört, und vielleicht allen anderen voran, Oudenaarde. Außerdem hat Oudenaarde, was so vielen Städten dieses Landes versagt bleibt: Kulisse. Hier sind es die Anhöhen der sogenannten Flämischen Ardennen. Sie schwingen sich zwar nie zu den Höhenmetern des Vergleichsgebirges auf, aber in einem Flachland wie diesem leisten sie zweifellos topographische Pionierarbeit. Wovon übrigens auch die Teilnehmer der Flandern(rad)rundfahrt ein Lied singen können, wenn ihnen nach dem kräftezehrenden Hügelauf, Hügelab überhaupt noch nach Singen zumute ist.

Zuweilen findet der Wald einen Weg die Hänge der Flämischen Ardennen hinab, von weitem gesehen scheint er sogar bis in die Stadt zu Füßen der Höhenzüge vorzudringen. Aber deshalb muß Oudenaarde auf die naturgegebene Attraktion flandrischer Städte nicht verzichten, die Lage am Wasserlauf, hier an der Schelde. Übri-

Oudenaarde ☆
Besonders sehenswert:
Rathaus
Onze-Lieve-Vrouw van
Pamele

gens zog der Fluß früher zwischen zwei Gemeinwesen dahin, an seinem linken Ufer entwickelte sich dank der Förderung durch die Grafen von Flandern das größere. 1189 verlieh Philipp von Elsaß die Stadtrechte auch diesem Ort, der schon damals mit Wollweberei reüssierte. Und als die Tuchproduktion darniederlag, verlegte man sich zu Oudenaarde eben auf die Leinenweberei. Außerdem taten die hiesigen Werkstätten ein neues Erwerbsfeld auf: Seit dem frühen 15. Jh. wirkten sie mit großem Erfolg Wandteppiche.

Glanzvolle Schelde-gotik: Onze-Lieve-Vrouw van Pamele

Oudenaarde blieb dennoch eine kleine Stadt, 1459 lebten nur 5072 Einwohner auf bescheidenen 22 ha Fläche. Viel größer wurde Oudenaarde auch nicht, als es 1597 das Städtchen Pamele am rechten Scheldeufer endgültig »schlucken« konnte. Aber es hatte damit eine wunderschöne Kirche mehr: **Onze-Lieve-Vrouw van Pamele** ist zumindest das besterhaltene Gotteshaus der Scheldegotik. Aus der Not geringer Abmessungen machte sein Baumeister die Tugend einer feingegliederten Architektur. Am Chorumgang nennt ihn die Bronzeplatte des 13. Jh. mit Namen: Arnulf van Binche. Früher hat sich in Belgien kein Kirchenschöpfer verewigt.

Der kleinen Kirche blieb eine lange Entstehungsgeschichte erspart: 1235 wurde ihr Grundstein gelegt, 1265 war sie vollendet. Bis 1243 leitete Arnulf den Bau, die Errichtung des markanten Achteckturms über der Vierung erlebte er nicht mehr. Schon im frühen 14. Jh. wird der Nordarm des Querhauses durchgreifend erneuert, noch einmal zweihundert Jahre später bekommen Lang- und Querhaus Kreuzrippengewölbe. Etwa zur gleichen Zeit (1523–30) werden an der Südseite zwei Kapellen angefügt.

Jenseits der Schelde zieht das **Rathaus** die meisten Besucher an. Wer das Bild der Kirche von Pamele noch vor Augen hat, wird nicht nur über das Rathaus selbst, sondern auch über die gewaltige Spannweite flandrischer Gotik staunen. Knapp 300 Jahre liegen zwischen Kirchen- und Rathausbau, zwischen früher Schelde- und später Brabanter Gotik. Wie sich ein Stil entfaltet hat – Oudenaarde gibt davon eine Vorstellung. Den Schöffensitz hat die Gotik bis ins kleinste Detail durchdrungen, hier zieht sie den Betrachter in das virtuose Spiel ihrer Ornamentik, setzt noch einmal und mit schlafwandlerischer Sicherheit, graziös und bestimmt zugleich die Akzente. Der Anblick dieses Rathauses hat etwas mit Glück zu tun.

Brüssels Stadtbaumeister Hendrik van Pede hat das dreigeschossige Unterpfand des Bürgerstolzes errichtet. Und es braucht gewiß keinen gewaltig hohen Belfried mehr, um auf sich aufmerksam zu machen. Er kann sich über dem ebenerdigen, vorgezogenen Bogengang sogar als Risalit geben, bis er ab Dachtraufenhöhe dann mit drei Geschossen doch die Turmgestalt zeigt. Auf seiner Kuppel – wahrhaftig ein krönender Abschluß – erhebt sich die legendäre Figur von »Hanske de Krijger« und zeigt das Stadtbanner.

Auch von der ursprünglichen Ausstattung des Rathauses blieb einiges erhalten. Dazu gehören im *Volkszaal* die sehr fein gearbeitete Kaminummantelung des gebürtigen Oudenaarders Paul van der

*Juwel der Brabanter
Gotik: Rathaus von
Oudenaarde*

Schelden und sein Eichenportal für den Schöffensaal. Bekanntester
Sohn dieser Stadt ist aber der frühverstorbene Maler Adriaen Brou-
wer (1606–1638); ihm wird das Bild »Die fünf Sinne« im Schöffensaal zugeschrieben. Er hat seinen Geburtsort allerdings schon mit 16
Jahren verlassen, um in Holland und Antwerpen ein ziemlich unge-
regeltes Leben zu führen. Seine Genrebilder aus dem bäuerlichen

Leben stehen zwar in der Nachfolge Pieter Breughel d. Ä., sind aber in Komposition wie Kolorit Werke des Barock. Schon zu Lebzeiten des Künstlers waren sie sehr gefragt.

Bei diesem Rathaus muß die alte Tuchhalle an seiner Rückseite im wahrsten Sinne des Wortes hintanstehen. Dennoch imponiert das Gebäude aus dem 13. Jh., vor allem wegen seines mächtigen Dachgebälks. Außerdem präsentiert es eine Sammlung von *verdures*, jenen

Grünteppichen also, die den Ruf der Schelde-Stadt weit über die Grenzen Flanderns hinaus verbreitet haben. Auf dem grünen Grund sprießen phantasievolle Blüten, darüber fliegen phantastische Vögel. Außerdem stellten die Oudenaarder Wirkereien auch Bildteppiche her, bevorzugtes Motiv waren Jagdszenen nach den Gemälden des einschlägig bekannten David Teniers. Das Museum hier zeigt außerdem Stücke mit biblischen Szenen, etwa den »Bethlehemitischen Kindermord«. Die entscheidende Initiative zur Qualitätssicherung bei den Wandteppichen ging übrigens von Karl V. aus. Er hatte 1544 verfügt, daß jedes Stück seinen Herkunftsort und seine Werkstatt offenbaren mußte. Aus diesen Kennmarken wurden schnell Markenzeichen.

Welches Risiko eine lange Bauzeit birgt, zeigt die **St.-Walburga-kerk**. Bereits kurz nach 1150 entstand der Chor, inspiriert durch die sehr frühe Gotik von Notre-Dame in Tournai. Aus den Kalksteinbrüchen um diese Stadt am Schelde-Oberlauf stammte einmal mehr das Baumaterial zu den (langgezogenen) Seitenchören, der Kalkstein war eben eines der wichtigsten Tournaiser Wirtschaftsgüter.

Die zentrale Chorapsis ist jedoch schon 150 Jahre jünger, sie wurde 1407–09 zu Ehren des Burgunderherzogs Johann Ohnefurcht neu erbaut. Quer- und dreischiffiges Langhaus in Brabanter Gotik schließen sich zeitlich an, sie hochzuführen nahm fast das ganze 15. Jh. in Anspruch. Blieb der Turm. Offenbar sollte er noch einmal ein besonderes Prachtstück werden, und wirklich überragen seine erst 1627 vollendeten 88 Meter selbst die höchsten Bäume der Stadt. Doch er ist von ungefüger Mächtigkeit, wie St. Walburga überhaupt nie befürchten mußte, Metaphern von der Art »architektonisches Juwel« auf sich zu ziehen. Wirkt der Turm gegen das Langhaus zu mächtig, stimmen die Proportionen zwischen Schiff und Chor schon gar nicht. St. Walburga – das sind mindestens zwei Kirchen in einer.

Gleich hinter der Kirche liegt das **Liebfrauenhospital** *(O.-L.-Vrouwehospitaal)*. Neben einer Kapelle aus der Wende vom 14. zum 15. Jh. blieb hier ein Kreuzgang aus dem 16. Jh. erhalten. Unmittelbar benachbart steht der Pavillon des sogenannten Bischofsquartiers mit seiner bemerkenswerten Renaissance-Architektur. Zurück am Großen Markt – Oudenaarde ist eine Stadt der kurzen Wege – fällt an seiner Südseite der **Balduinsturm** *(Boudewijnstoren)* ins Auge, benannt nach seinem angeblichen Bauherrn Graf Balduin V. von Flandern. Da er bereits 1076 starb, müßte auch der Turm ins 11. Jh. datieren. Ziemlich sicher kann ins Reich der Fabel verwiesen werden, daß im spätgotischen Haus daneben Margarete von Parma (s. S. 37), spätere Statthalterin der Niederlande, zur Welt kam.

Auf die Schelde zu führen dann Voorburg-, Burg- und Kasteel-straat, doch die lange Mauer gehört nicht zu den ehemaligen Umwehrungen oder gar Festungsbauten der Stadt, sondern zu ihrem **Beginenhof** (Burgstraat). Unter seinem barocken Tor fällt der Blick auf eines jener typischen Ensembles aus kleinen Häusern, die auch hier großenteils im 17. und 18. Jh. erbaut wurden.

Provinz Antwerpen

Antwerpen

Stadtgeschichte

Zuweilen haben die Schaufenster belgischer Chocolaterien mehr Anziehungskraft als klassizistische Giebelfassaden. Wer also in Antwerpen die Auslagen der Confiserien auch nur eines flüchtigen Blickes würdigt, wird feststellen: Die Scheldemetropole ist eine Stadt der Hände. Etliche Plastiken, ob unter freiem Himmel oder dem Dach einer Galerie, präzisieren die Beobachtung: Antwerpen ist eine Stadt der geworfenen Hände. Einige Figuren schwingen das Wurfgeschoß derart lebensnah, daß sich schon mancher Betrachter unwillkürlich geduckt hat.

Aber es ist ja auch zu verlockend, den Namen der Stadt vom »Handwerfen« herzuleiten. Und ein sinnfälliger Name zieht leicht eine Gründungssage nach sich: Als Julius Cäsar noch seinen Gallischen Krieg führte, kontrollierte ein gewaltiger Riese namens Druon Antigon die Schiffahrt auf der Schelde. Wehe dem Kaufmann oder Seefahrer, der ihm den geforderten Tribut verweigerte: Er schlug ihm einfach die Hand ab. Gegen diesen Unhold zog der römische Centurio Silvius Brabo zu Felde. In einem fürchterlichen Kampf streckte er das leibhaftige Handelshemmnis nieder. Mit einem einzigen Hieb trennte der Held seinem Opfer dann die Hand vom Arm und warf sie in den Fluß; nicht anders, wie es der Riese bei seinen Opfern gehalten hatte. Darum heißt also Antwerpen Antwerpen, Brabant aber nach dem Handwerfer Brabo.

An dieser Geschichte stimmt soviel, daß hier etwa 150 Jahre lang eine römische Siedlung lag. Schon bald nach dem Normanneneinfall (836) entstand ein neuer *vicus*, dessen Wall sich etwa im Jahr 930 um den späteren Steen zog. Auf der anderen Seite bot die Schelde Schutz. Einen gewissen Bruch der Siedlungskontinuität bedeutete 980 die Erhebung Antwerpens zur Markgrafschaft. Jetzt wurde der befestigte Ort zur kaiserlichen Burg und zum militärischen Stützpunkt; die Fischer, Handwerker und Kaufleute mußten mit einem Platz außerhalb seines Ringgrabens vorliebnehmen. Zunächst konzentrierten sich ihre Behausungen um einen »Vismarkt« gleich neben der Burg, während des 11. Jh. erreichte dieser Siedlungskern dann den »Grote Markt«.

Schon damals hatte Antwerpen eine gewisse Bedeutung als Handels- und Hafenstadt. Um 1170 faßte ihre Umwehrung eine Fläche von 31 ha ein, Wasserläufe und Erdwälle zogen sich entlang der heutigen Straßen Steenhouwersvest, Lombardvest, St.-Kathelijnevest. Damals drängten die Bürger auch den Adel aus der Schöffenbank heraus, 1121 verlieh der Herzog von Brabant als Landesherr Antwerpen erste städtische Rechte. Damit einher ging eine immer stärkere Ausdehnung des Gemeinwesens, ihr trug der Bau einer Stadt-

Antwerpen ☆☆
Besonders sehenswert:
Grote Markt mit
Rathaus
Nationales Schiffahrts-
museum im Steen
Plantin-Moretus-
Museum
Liebfrauenkathedrale
St. Carolus Borromäus
Paulskirche
Rubenshaus
Jakobskirche
Königliches Museum
der Schönen Künste

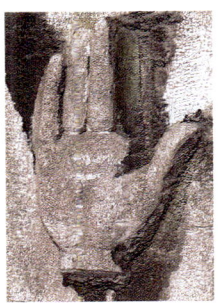

Antwerpen, Stadt der Hände

Antwerpen, Lieb-
◁ *frauenkathedrale*

mauer Ende des 12. Jh. Rechnung. Auch wirtschaftlich festigte sich Antwerpen immer mehr, der Aufschwung wurde 1355 allerdings durch den Anfall der Markgrafschaft an Flandern unterbrochen. Doch bereits während der Burgunderzeit, im 15. Jh., erfuhr die Stadt neue Impulse.

Des einen Freund, des andern Leid. Aus Brügges Absturz in die Bedeutungslosigkeit (s. S. 50) zieht Antwerpen den Nutzen. Als sich die Engländer um 1350 nicht mehr mit der Ausfuhr ihrer Wolle begnügen, sondern ebenfalls Tuche exportieren, setzen sie die Ware auf den hiesigen Messen ab. Auch auf dem besonders profitträchtigen Gewürzmarkt läuft Antwerpen Brügge den Rang ab. Und als die alte flandrische Hauptstadt gegen Maximilian besonders heftig aufbegehrt (1482–93), wirft der Herrscher sein ganzes Gewicht zugunsten eines Handelszentrums Antwerpen in die Waagschale. Von 1347–1496 steigt die Einwohnerzahl von fünf- auf fünfzigtausend: demographische Bestätigung des Aufstiegs zur Metropole.

Mit dem Geld kommen die Künstler aus Brügge. Frans Pourbus d. Ä. wird in die Antwerpener Malergilde aufgenommen, ebenso Quentin Metsys d. Ä.; er gilt sogar als Begründer der (manieristischen) Antwerpener Schule. Schließlich erlebt die Schelde-Stadt jetzt ihr »Goldenes Zeitalter« im wörtlichen und übertragenen Sinn. Dahinter tritt die hochwertige, keineswegs nur kunstgewerbliche Produktion zurück, mit der die Stadt bereits um 1500 aufwarten konnte. So hatte sich manche Werkstätte auf Schnitzaltäre spezialisiert und damit enorme Exporterfolge verbuchen können. Antwerpen selbst aber besitzt kein einziges dieser spätgotischen Retabel mehr. Manieristische und vor allem barocke Altaraufbauten haben hier gründliche Verdrängungsarbeit geleistet.

Der neue Reichtum spiegelt sich auch im Stadtbild wider: Ab 1542 wird eine neue, bedeutend erweiterte und verstärkte Umwehrung angelegt. Hinter ihren Mauern entwickeln sich planmäßig angelegte Viertel weiter oder entstehen neu. Ein Prachtbau nach dem anderen bereichert das Stadtbild, 1565 erlebt Antwerpen den glanzvollen Einzug der Schöffen ins imposante Rathaus. Für das gleiche Jahr wird die Einwohnerzahl auf 95 000 geschätzt.

»Die reiche und dichtbevölkerte Stadt Antwerpen könnte man zu Recht als Hauptstadt der Welt bezeichnen.« (Juan Calvete de Estrella 1549)

Das weltoffene Gemeinwesen öffnet sich auch den neuen Bekenntnissen. Protestanten aller Spielarten suchen und finden hier Asyl. Sie danken der Stadt die gastfreie Aufnahme allerdings schlecht. Auch hier entfesseln die Calvinisten einen Bildersturm, der Philipp II. von Spanien den Anlaß zum Eingreifen bietet. Der Herzog von Alba versteht seinen Auftrag gerade im Fall Antwerpens als Strafexpedition. Er greift zum bewährten Mittel des Zwingburgenbaus, um den Antwerpenern zu zeigen, wer Herr im Hause ist. 1576 suchen die hier stationierten Spanier die Stadt grausam heim *(Spaanse furie)*, woraufhin sie sich der Genter Pazifikation (s. S. 117) anschließt. Allerdings bleibt sie nicht lange im Lager der Empörer. 1585 nimmt Alexander Farnese Antwerpen ein. Diese Eroberung bricht dem Widerstand gegen die Spanier in den ganzen südlichen Niederlanden das Rückgrat.

Mit der Trennung von Generalstaaten und Spanischen Niederlanden wird Antwerpen Grenzstadt. Seine Lage hat deshalb besonders böse Folgen, weil der nun feindliche Nachbar im Norden die Scheldemündung kontrolliert. Das bedeutet nicht mehr und nicht weniger als den faktischen Verlust des gesamten Seehandels, übrigens zugunsten von Amsterdam. Dennoch bleibt Antwerpen das Handelszentrum der Südlichen Niederlande. Diese Stellung kann es dank seiner raschen Anpassung an die veränderte wirtschaftliche Situation behaupten. Die Stadt setzt jetzt auf die Herstellung von Luxuswaren. Dazu gehörten damals sowohl die Buchproduktion als auch das Schleifen von Diamanten. Und nicht zuletzt konnten Maler wie Peter Paul Rubens oder Anthonis van Dyck darauf bauen, daß sich unter den Käufern solch kostbarer Ware auch Interessenten für ihre Bilder finden würden.

»Unsere Stadt sieht dahin wie ein Körper, der von Schwindsucht befallen ist. Tag für Tag sehen wir die Zahl seiner Einwohner abnehmen.« Peter Paul Rubens über die Situation Antwerpens während der Schelde-Blockade 1627.

Nach dem Ende des Achtzigjährigen Krieges stagniert allerdings die Entwicklung der Stadt. Erst das Erscheinen der französischen Revolutionstruppen bringt – wie andernorts auch – einen Modernisierungsschub. Die Generalstaaten geben ihre Blockade der Schelde auf, Napoleon sorgt für den Ausbau des Hafens. Nur von einigen Krisen unterbrochen, beginnt der Aufstieg Antwerpens zum heute zweitgrößten Hafen Europas. Dieser Aufstieg schlägt sich auch im Stadtbild nieder und nicht immer nur positiv. 1859–65 fällt die Umwehrung aus spanisch-habsburgischer Zeit, aber nur, um einer ungleich wehrhafteren, festungsähnlichen Anlage Platz zu machen.

Gemeinwesen und Festung haben im Ersten Weltkrieg viel zu leiden, und während der letzten Monate des Zweiten Weltkriegs gehen 2448 deutsche V1-Bomben auf die schon befreite Stadt nieder. Das bedeutet auch empfindliche Einbußen an historischer Bausubstanz. Dennoch bleibt die Scheldemetropole reich an Denkmälern, Denkmälern übrigens, die durchaus abseits der erprobten Routen zu den großen Sehenswürdigkeiten liegen können. Und die nur darauf zu warten scheinen, daß ihnen die Restauratoren wieder zu ihrem früheren Glanz verhelfen.

Zwischen Grote Markt, Handschoenmarkt und Schelde

Es gibt genaugenommen nur eine Möglichkeit, um in Antwerpen wirklich anzukommen: die Fahrt mit der Eisenbahn. Antwerpens **Hauptbahnhof** *(Centraal Station)* hat noch eine Empfangshalle, die ihren Namen in jeder Hinsicht verdient. Eine mächtige Kuppel überwölbt das 1905 vollendete Gebäude, deren Rundbogenfenster den Raum mit Licht öffnen. Die neobarocken Wandaufbauten aus verschiedenfarbigem Marmor wirken wie nach innen gewendete Fassaden, sie bieten ein Äußerstes an eklektizistischem Raffinement, eine vollkommene Durchdringung von alter Pracht und neuer Prächtigkeit. Etwas Festliches, ja Feierliches hat dieser Saal. Eine breite Treppe führt von den Bahnsteigen herunter, schon sie verleitet zum Schreiten, und keine andere Gangart ist solcher Umgebung angemessen.

Vom Bahnhof aus führt eine deutlich gespurte Straßenflucht ins historische Zentrum: De Keizerlei, Leysstraat, Meir. Und fast wie ein Stadttor baut sich an der Meirbrug das Turmgebäude (1929–32) der

Architekten van Averbeke und van Hoenacker auf, ein avancierter Bau auf dem Grundriß etwa eines Kreisviertels, doch schwingt seine Fassade (fast in barocker Manier) zum zentralen Turm hin ein. Es gehört ein wenig Eigensinn dazu, den Weg rechts um den »Torenge-

Antwerpen
1 Brabo-Brunnen 2 Rathaus 3 Fleischhaus 4 Steen 5 Jordaenshaus 6 Plantin-Moretus-Museum 7 Liebfrauenkathedrale 8 St. Carolus Borromäus 9 Rockox-Haus 10 Archiv und Museum des flämischen Kulturlebens 11 Paulskirche 12 Andreaskirche 13 Augustinuskirche 14 Museum Meyer van den Bergh 15 Elisabethspital 16 Botanischer Garten 17 Rubenshaus 18 St. Jakobskirche 19 Alte Börse 20 Königliches Palais 21 Huis Osterrieth 22 Beginenhof 23 Hof van Liere 24 Hessenhuis 25 Museum der Schönen Künste 26 Diamantenmuseum 27 Middelheimpark

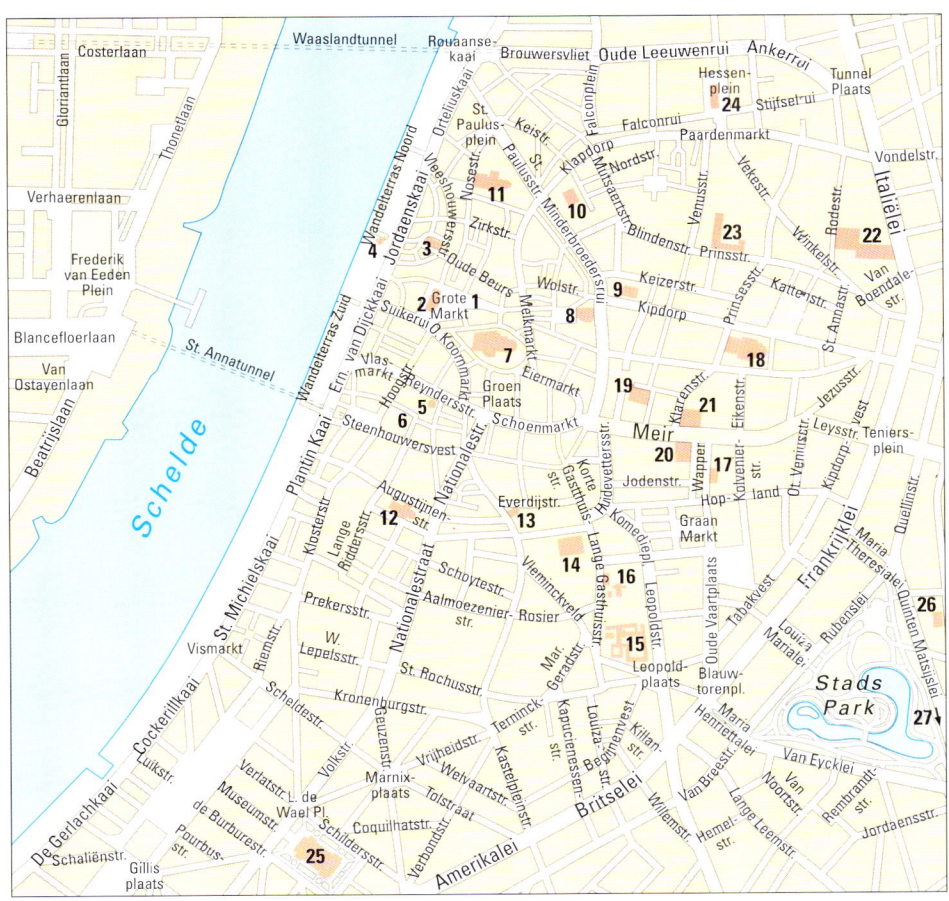

Rathaus von Antwerpen

Giebelfigur am Grote Markt

bouw« zu wählen, doch er führt über die ländlich-nahrhaften Eier-, Melkmarkt und Kaasrui gleich zum Grote Markt.

Der Beginn unseres Rundgangs am **Grote Markt** versteht sich als Reverenz an die Bürgerstadt Antwerpen. »Groß« heißt er übrigens erst seit dem 14. Jh., und wirklich flächengroß ist er seit 1713/14. Damals verschwand an der Südseite ein Block von 28 Häusern, noch einmal erweitert wurde der Platz anfangs des 20. Jh. Seit 1887 steht hier der **Brabobrunnen** von Jef Lambeaux, glücklicherweise fließt aus den durchtrennten Körperpartien des Riesen (s. S. 145) nur Wasser. Die Fronten aus Zunft- und Gildehäusern verdienen ohne weiteres das Prädikat »glanzvoll«, und das keineswegs nur wegen der frisch vergoldeten Figuren auf den Giebelspitzen.

Kein Zweifel also, daß der Antwerpener Grote Markt zu den schönsten Plätzen des Landes gehört. Und niemand soll sich den Augenschmaus verderben lassen, nur weil diese prächtigen Fassaden größtenteils ein Remake aus der Jahrhundertwende sind. Denn zweifellos wurde bei Wiederherstellung und Erneuerung seit Ende des letzten Jahrhunderts bis in unsere Tage äußerst sorgfältig vorgegangen. So zeigen die Schauseiten des Barock und der Renaissance wieder und erneut ihr altes Gesicht, das im Fall der letzteren noch Züge der Spätgotik trägt. Die ganze Westseite dieses Markts nimmt das mächtige **Rathaus** ein, seine Front erstreckt sich über 67 m. Schon die Planung verrät die großen Ambitionen: Zur Ausarbeitung der

Entwürfe wurde ein ganzer Stab namhafter Künstler berufen. Feder-
führend war Cornelis II. Floris de Vriendt (1514–75), er hatte
1561–64 dann auch die Bauaufsicht.

Nur zwölf Jahre später fiel die spanische Soldateska über Antwerpen her; als die Brände verraucht waren, standen vom Rathaus nur
noch die Außenmauern. Der Wiederaufbau 1579 stand am Beginn
kontinuierlicher Veränderungen hinter den Fassaden, bei einem
gründlichen Revirement im 19. Jh. verschwand sogar der kleine
Innenhof. Doch auf seiner Platzseite präsentiert sich dieses *Stadhuis* in seiner ganzen avantgardistischen Kraft. Erstmals gelang hier
die Verschmelzung von gotischer und Renaissance-, von bodenstän-
diger und fortschrittlicher Architektur, wie sie Vorbild für viele
Repräsentationsbauten der Niederlande werden sollte. Nicht nur
der Niederlande, läßt sich aus unserer Sicht hinzufügen: Nach Plänen von Floris de Vriendt entstand gleichfalls der Vorbau des Kölner Rathauses.

Ganz der neuen Zeit verpflichtet ist der dreiachsige Mittelrisalit.
Daß er vor die Fassade tritt, macht durchaus auch einen Anspruch
deutlich und läßt sich programmatisch verstehen. Über dem hohen
Sockel aus grob behauenen Buckelquadern folgen paarig zunächst
die schlichten dorischen, dann die ionischen Säulen mit der Doppelvolute im Kopfstück. Das untere Giebelgeschoß gliedern dann
korinthische Säulen, deren Kapitelle die Blätter der Akanthusdistel
zieren, und noch einmal eine Steigerung bedeuten dann die Kompo-
sitsäulen darüber. Mit dieser Abfolge stellt sich also auch die erste
niederländische Renaissancearchitektur in die römische Tradition,
und wie bei den Römern sind die Säulen hier zur Fassadendekora-
tion eingesetzt.

Die beiden Nischen der Giebelbasis besetzen allegorische Figuren
der Gerechtigkeit (Justitia, links) und der Weisheit (Prudentia). Für
Stadthistoriker regen sie zu der immer interessanten Frage an, ob
bzw. wann es mehr an der einen oder der anderen gefehlt hat. In der
Mitte prangt das Wappen König Philipps II., rechts außen sitzt das
der Markgrafschaft Antwerpen mit dem kaiserlichen Adler, und links
stellt sich der brabantische Löwe auf die Hinterbeine. Ein Geschoß
darüber wacht Maria als Stadtpatronin, allerdings folgte sie erst 1587
dem Standbild Brabos. Den Abschluß macht eine kleine Laube, sie
allein hält noch zur Erinnerung an den Belfried wach.

Der kurze Weg vom Rathaus zum Steen ist auch eine Zeitreise in
die Tiefe der Stadtgeschichte. Das **Fleischhaus** (*Vleeshuis*, Vlees-
houwersstraat 38–40) auf halber Strecke entstand in den Jahren
1501–04, also nur wenige Jahre vor dem Rathaus. Immerhin hatte
auch dieses Zunfthaus der Metzger einen Vorgänger, und der
datierte ins 13. Jh. Nur wurde er zu klein, und so entwarf Herman de
Waghemakere II. ein langgestrecktes Gebäude von sieben Fensterachsen und mit Treppengiebeln und Ecktürmchen. Er sah auf ein
gediegenes, traditionelles Erscheinungsbild; heller Sandstein gliedert
aufwendig die Backsteinfassaden und betont die Kanten der Türme.

Der Steen, Sitz des Nationalen Schiff-fahrtsmuseums

Unter dem hohen Satteldach war über der Fleischhalle reichlich Platz für die Räumlichkeiten der Zunft, unter anderem auch für einen respektablen Beratungssaal.

Die spätgotische Architektur in allen Ehren, aber wichtiger ist das hier residierende **Museum für Archäologie, Geschichte und Kunsthandwerk.** Seinen bedeutenden Sammlungen zur Antwerpener Historie bietet vor allem die ehemalige Fleischhalle im Erdgeschoß viel Platz. Zwar finden sich unter den mächtigen Gewölben ihrer zwei Schiffe auch die unvermeidlichen Ritterrüstungen, doch liegt ein deutlicher Schwerpunkt auf der künstlerischen und kunstgewerblichen Produktion dieser Stadt. Dazu gehört die Antwerpener Fayence, im 16. und 17. Jh. eine gesuchte Ware, ebenso wie die Cembali aus der berühmten Werkstatt Ruckers. Überhaupt erinnert diese Ausstellung daran, daß Antwerpen einen guten Teil seiner Wirtschaftskraft der Herstellung von Luxusgegenständen verdankte.

Geradewegs hinunter zum **Steen,** wenn auch über eine sehr verkehrsreiche Uferstraße. *Steen,* so heißen in Flandern und Brabant die mittelalterlichen Burgen. Meist stammen sie aus einer Zeit, in denen der (profane) Steinbau die Ausnahme und immer ein Privileg der Herrschenden war. Die Fluchtburg jedenfalls, die hier um 850 Schutz vor den Normannen bot (s. S. 145), hatte nur einen Erdwall. Und selbst die ersten Markgrafen ließen wohl den Wall erhöhen und einen Graben ziehen, doch sie begnügten sich mit einer hölzernen Behausung. Die ältesten Teile der heutigen Burg sind ihre unteren, sie entstanden in den Jahren 1200–1225. Ihr Baumaterial, der Kalkstein aus Tournai, nahm den langen Weg die Schelde hinunter. Es hebt sich gut vom helleren Sandstein ab, mit dem der Steen etwa 1520 über den alten Mauern neu aufgeführt wurde.

Trotz des helleren Steins sollte die Anlage ein düsteres Gemäuer bleiben. Sie diente lange als Gefängnis, zeitweilig sogar als Folter- und Gerichtsstätte, im Achtzigjährigen Krieg nistete sich die Inquisition hier ein. Ende des 19. Jh. wurde die verfallene Burg dann wieder hergestellt, wobei manche Partien nur noch ungefähr nachgebaut werden konnten. Erhalten blieb das mächtige Eingangstor mit Fallgitter, heute führt eine breite Rampe darauf zu. Ebenfalls erhalten blieb über dem Tor ein unbestimmt, aber sicher sehr altes Bildnis. Es soll Semini, einen nordischen Gott der Fruchtbarkeit, darstellen. Natürlich war den Jesuiten solch heidnisches Blendwerk ein Dorn im Auge. Sie ließen den Gott verstümmeln und konterkarierten ihn mit einem Marienbild, das in der Nische darüber Platz fand, jedoch später verloren ging.

Ansonsten ist der Steen eine Burg aus dem Bilderbuch: Treppengiebel, hohe Mauern, Rundtürme, auch zinnengekrönte, geben ihm ein sehr wehrhaftes Aussehen. Das **Nationale Schiffahrtsmuseum** ist hier untergebracht, dessen größte Attraktion die wunderschönen Schiffsmodelle sind. Daneben finden auch die alten Navigationsinstrumente staunende Bewunderer, außerdem besitzt das Museum manch seltene Land- und Seekarte, zeigt Atlanten und Globen. Und selbstverständlich bleibt hier die Geschichte des Antwerpener Hafens nicht ausgespart.

Dieses Denkmal zeigt den »Langen Wapper«, der seine Größe beliebig verändern konnte. So waren nicht einmal die höheren Stockwerke der Häuser vor seinem Einblick (und seiner Überwachung?) sicher. Zwei erschrockene Antwerpener blicken zu diesem Monster der Indiskretion auf.

Auch heute ist dieser Hafen das Rückgrat der Antwerpener Wirtschaft. Zwar braucht die Schelde jetzt noch 80 km bis ins Meer, aber sie strömt schon auf einer Breite von 500 m dahin, reagiert schon auf den Wechsel von Ebbe und Flut. Eine Hafenrundfahrt lohnt sich allein deshalb, weil sie an den Lagerhallen und Speichern der Gründerzeit vorbeiführt. Überdies präsentiert sie das Panorama der mittelalterlichen Stadt, wie es sich derart vollständig sonst kaum mehr darbietet. Einen ähnlich schönen Blick gewährt nur das andere, das westliche Scheldeufer, zu dem ein wenig weiter im Süden der Fußgängertunnel (St.-Annatunnel, 1931–33) E. van Averbekes führt.

Schon zu Lebzeiten stand **Jacob Jordaens** (1593–1678) im Schatten von Rubens. Dabei war er ein sehr gefragter Maler, und auch seine Werkstatt konnte über zu wenig Arbeit nicht klagen. Von der Reyndersstraat Nr. 6 ist der Innenhof zugänglich, an dem Wohnung und »Atelier« des Meisters gelegen haben. 1618 und 1639 kaufte Jordaens hier mehrere Hinterhäuser und ließ die Fronten nach eigenen Entwürfen gestalten. Sie liegen einander gegenüber, eine Kartusche trägt die Jahreszahl 1641. Für einen Hinterhof sind das ungewöhnlich repräsentative Fassaden mit reich geschmückten Mittelrisaliten. Sie signalisieren den Wohlstand des Besitzers: In England, Schweden und Dänemark wußte der Hof seine Kunst zu schätzen, sein vielleicht bekanntestes Bild schuf Jordaens für den Oraniersaal des Huis ten Bosch in Den Haag. Der grandiose »Einzug des Statthalters

Friedrich Heinrich« (7,30 × 7,50 m) gilt als eines der besten Wandgemälde der Epoche. Leider schmücken die Arbeiten des Meisters, die er für die Decken im eigenen Haus bestimmt hatte, längst andere Gebäude. Aber dafür besitzen die Antwerpener Kirchen und Museen noch zahlreiche Werke von seiner Hand.

So hat Antwerpen in seinem Stadtbild, in seinen Kirchen und Museen viele Zeugnisse untergegangener Epochen zu bieten. Sie stoßen auf mehr oder weniger lebhaftes Interesse. Eine ganz eigene Beziehung aber pflegt unsereiner zu jenen Zeiten, deren Untergang er selbst miterlebt, vielleicht sogar miterleidet. Das Haus am Freitagmarkt *(Vrijdagmarkt)* grüßt vom Ende der Gutenberg-Galaxie. Wenn keine Bücher, geschweige denn Reiseführer, mehr gelesen werden, wenn sich die Zeitgenossen fragen, was das überhaupt war, ein Buch – auch dann gehen sie vielleicht noch ins **Museum Plantin-Moretus.** Aber sie werden die hier ausgestellten Bücher, die Drucke, Druckstöcke und Pressen eben nur mit freundlichem Interesse zur Kenntnis nehmen. Jedenfalls nicht mit der Wehmut, die hier ein Mitglied der schreibenden Zunft anfällt. Sieht er doch in diesem Museum seine schattenhafte Existenz noch einmal Statur gewinnen, aber zugleich auch zurücktreten hinter das Produkt, das ja nicht nur seiner, sondern vieler Hände Werk ist.

Im Plantin-Moretus-Museum

Das Haus Plantin-Moretus pflegte die Druckkunst. 1549 kam der Franzose Christophe Plantin (um 1520–89) nach Antwerpen. Dort hatte er großen Zulauf – als Buchbinder. Zweifellos gewann ja das Statussymbol Buch durch einen kostbaren Einband, den mancher Gutbetuchte schon damals mehr geschätzt haben soll als den Inhalt. Freilich, als ihm nächtens ein rauflustiger Zecher den Degen in die Schulter rammte, mußte Plantin das sehr einträgliche Geschäft aufgeben und sich wieder seiner alten Profession zuwenden, dem Drukken.

1568 startete er sein ehrgeizigstes Unternehmen, eines der gewaltigsten in der Geschichte des frühen Buchdrucks überhaupt. Kein Geringerer als König Philipp II. von Spanien konnte als Finanzier gewonnen werden, aber nicht nur deshalb hieß das Werk »Biblia regia«. Eine »Königsbibel« war es auch wegen seiner Vielsprachigkeit: Der Text erschien in Latein, Griechisch, Hebräisch, Altsyrisch und Aramäisch. Acht große (Folio-)Bände umfaßte die Edition, für deren Gediegenheit der spanische Humanist Arias Montano einstand. Vier Jahre nahm das Erscheinen dieses »Buchs der Bücher« in Anspruch, nie mehr hat sich ein niederländischer Drucker an ein ähnlich ambitioniertes Vorhaben gewagt.

1589 kamen Druckerei und Verlag an Plantins Schwiegersohn Jan Moretus, 1610 an dessen Sohn Balthasar. Er machte sich vor allem durch die Gestaltung seiner Bücher einen Namen. Etliche Titelblätter und Illustrationen für die bibliophilen Kostbarkeiten entwarf Peter Paul Rubens, mit dem Balthasar Moretus eng befreundet war. 1876 verkaufte dann Edward Moretus das Haus samt Inventar an die Stadt Antwerpen. Zu diesem Inventar gehörten sowohl die Einrichtung der Druckerei als auch 15 Gemälde von Rubens und seinen Schülern.

Ein Gang durch das Haus lohnt sich nicht nur wegen der ausgestellten Bücher, darunter eine prachtvoll illustrierte Handschrift der Froissartschen Chroniken und die großartige Bibel des böhmischen Königs Wenzel (entstanden 1401/02). Auch das Gebäude selbst, ganz zu schweigen von den Ausstattungen der Räume, ist einen Besuch wert. Es präsentiert sich als Vierflügelbau um einen Innengarten, aber dieser Eindruck täuscht. Vielmehr ist der Komplex über fast zwei Jahrhunderte gewachsen, entstand durch Zubau neuer Einheiten ebenso wie durch Zukauf umliegender Häuser. Der große Trakt am Vrijdagmarkt etwa wurde erst um 1770 errichtet, als Keimzelle der Anlage gilt der westliche Teil des rückwärtigen Flügels, an den Plantin schon 1579 die Druckerei anschloß. Die »Gartenansicht« erhielt ihr heutiges Aussehen um 1630, damals kam auch der Arkadengang im Norden und Nordosten hinzu.

Doch nun endlich zur **Liebfrauenkathedrale** *(Onze-Liewe-Vrouwekathedraal)* am Handschoenmarkt, deren einer nun wirklich vollendeter Turm auf so unglaublich elegante Weise das Stadtbild beherrscht und schon vielen Besuchern Antwerpens die Orientierung erleichtert hat. 1352 begannen die Arbeiten am Gotteshaus, zunächst mit dem Chor. Doch bereits vier Jahre später zogen die Bauleute ab, und erst 1378 konnte die Fortführung des ehrgeizigen Projekts gefeiert werden. Als Baumeister des Chors gilt Jacob van Tienen, an dessen Stelle 1419 Pieter Appelmans trat. 1422 wurde der Grundstein zum nördlichen Fassadenturm gelegt, 99 Jahre sollte es dauern, bis er seine volle Höhe erreicht hatte.

Unter Pieter Appelmans entstanden zuletzt noch die geräumigen Kapellen entlang der (doppelten) Seitenschiffe, 1434 folgten ihm Jan Tac, diesem ab 1439 Evert Spoorwater. Seit 1474 lag die Leitung dann in den bewährten Händen der Baumeisterfamilie de Waghemakere, Domien konnte 1521 die Kirche fertigstellen. Was nun keineswegs so verstanden werden darf, als wäre nichts mehr zu tun geblieben: Noch 1537 erhielt das Querhaus sein steinernes Gewölbe, das Langhaus sogar erst 1614. Ebenfalls ins 17. Jh. datiert die Vollendung der Querhausfassaden.

Die Zahlen formieren sich zum Superlativ: Mit 117 m Länge, 65 m Breite und 40 m (Mittelschiff-)Höhe ist Liebfrauen die größte Kirche der Niederlande. Nur daß dieses Gotteshaus weniger Möglichkeiten hat, seine Größe auch zu zeigen. Denn hier sind einmal die Häuser und Häuschen stehengeblieben, die sich früher an fast jede bedeutende Stadtkirche gedrängt haben. Um so mehr Aufmerksamkeit verdient der 122 m hohe Nordturm, für dessen Würdigung es allerdings einigen Abstand braucht. Schon aus der Ferne wirkt ja dieser Turm, wie mächtig gegründet auch immer, durch die Leichtigkeit seiner Architektur, sein graziös-behendes Steigen in schwindelnde Höhe. Dem setzt der Abschluß nur noch die Doppelkrone auf, und ihre Form kündet trotz allen gotischen Filigrans doch schon die Renais-

Die Chroniken des Jean Froissart (1333–1400) umfassen die Zeit von 1327 bis 1400, also auch die Kernzeit des Hundertjährigen Krieges. Sie sind nicht nur ein bedeutendes historisches, sondern auch ein Dokument von großer Aussagekraft hinsichtlich der Kulturgeschichte des späten Mittelalters.

sance an. Aber um nachzuvollziehen, wie sich die Baumassen dem virtuosen Spiel fügen, muß der Betrachter doch näher heran. Der wuchtig-schlichte Grundtypus des brabantischen Turms mit seinen weit herausgezogenen Eckstegen liegt auch hier zugrunde. Nur verliert er sich im Hin und Wider des Maßwerks, der Wimperge und (vor allem) der Fialen, in einer Wechselrede, von deren sprühender Lebendigkeit eben doch nur der Bildausschnitt eine Vorstellung gibt.

Ins Innere der Kathedrale drängt es die meisten Besucher wegen der Altarbilder von Peter Paul Rubens. Der immerhin siebenschiffige Kirchenraum selbst beeindruckt weniger, allein die spätgotische Vierungskuppel mit ihrem feinen Maßwerk und dem Fresko einer »Himmelfahrt Mariens« (Cornelis Schut, 1614) hält den Blick lange fest. Wäre es übrigens nach dem Willen einiger Bauherren gegangen, dann hätte sich über der Vierung ein Turm erhoben, der sogar den Nordturm überragt hätte. Schließlich wurde nur deshalb auf das gewaltige Vorhaben verzichtet, weil das Geld in ein noch gewaltigeres fließen sollte, nämlich die Erweiterung von Liebfrauen um wiederum zwei Schiffe. Ein gnädiger Brand (von 1533) stutzte dem Größenwahn die Flügel. Jetzt mußten die enormen Summen für die Wiederherstellung verwendet werden.

Nur flüchtige Blicke gelten auch den meisten Stücken der Ausstattung, obwohl einige davon sehr wohl Interesse verdienen. Da wäre etwa eine der stets bemerkenswerten Kanzeln Michiel van der Voorts d. Ä., die er 1713 für die Zisterzienserabtei Hemiksen schnitzte (1819/20 fügte Hendrik Viddeleer die kaum minder aufwendige Treppe an). Oder die Beichtstühle Hendrik Frans Verbruggens und die maasländische Madonna aus dem 14. Jh. Keinesfalls zu vergessen die wertvollen Glasbilder: Das Burgunderfenster zeigt Philipp den Schönen und Johanna von Aragon, den englischen Heinrich VII. und Elisabeth. Beide entstanden 1503 und erinnern an den Abschluß eines Handelsvertrags zwischen Spanien und England, von dem nicht zuletzt Antwerpen profitierte. Gut fünfzig Jahre später leuchtete L. van Noorts »Letztes Abendmahl« in der Sakramentskapelle, im nördlichen Obergaden »Die Bekehrung des Paulus« und »Die Anbetung der Könige« sowie im Hochchor »Philipp II. und Maria Tudor mit den Heiligen Paulus und Andreas«. Sie zählen zu den ersten Renaissancefenstern der Niederlande.

Aber natürlich sind die vier Rubens-Werke Hauptanziehungspunkte dieser Kirche. Genaugenommen allerdings nur zwei davon. Denn im Fall der großartigen »Himmelfahrt Mariens« hält ihr Platz im Hochaltar die Kunstenthusiasten auf Abstand, bei der frühen »Auferstehung Christi« ist es die eher unauffällige Präsentation. (Sie kann sich jedoch ändern, wenn auch die Restaurierung der Chorkapellen beendet sein wird.) Dafür werden die beiden Triptychen der »Kreuzaufrichtung« im nördlichen und der »Kreuzabnahme« im südlichen Querhausarm um so dichter umlagert.

Doch die »Kreuzaufrichtung« hat Rubens gar nicht für Liebfrauen gemalt. Sie bildete ursprünglich den Hochaltar-Mittelpunkt in der

»Dieses Denkmal ist
ein Königreich wert,
es verdient mit einem
Futteral verdeckt und
dem Volk nur einmal
im Jahr gezeigt zu
werden.«
(Kaiser Karl V.)

Liebfrauenkathedrale.
Blick auf die Südseite.
Miniatur aus dem Gol-
denen Buch der Vier-
zehntägigen Letzten
Ölung

1815 abgerissenen Walpurgiskirche. Hier leitete eine grandiose Architektur feierlich auf das Dreiflügelgemälde hin, zu dem die Vorsteher des Gotteshauses und der schwerreiche Kaufmann Cornelis van Geest, damals Haupt der Krämerzunft, 1610 den Auftrag gegeben hatten. Rubens war gerade von seinem Italienaufenthalt zurückgekehrt und stand ganz unter dem Eindruck der dortigen Barockma-

157

Peter Paul Rubens,
»Kreuzaufrichtung«
(oben) und »Kreuzab-
nahme« (rechts)

lerei. So vermerken denn Kunsthistoriker auch kritisch, daß seine Kreuzaufrichtung eher den vordergründigen Effekt suche, daß sie zu sehr auf die Demonstration der neu hinzugewonnenen Möglichkeiten aus sei. Ein wenig viel Theaterdonner also, und jedenfalls mehr Muskel- denn Mienenspiel.

Aber dieses Gemälde, das die beiden Flügelszenen ins Geschehen miteinbezieht, ist mehr als eine furiose Inszenierung. Es hat gleichfalls eine innere Dynamik, und für sie steht gerade das breite Kreuz des Kraftpakets im Vordergrund. Die Henkersknechte nicht anders als der befehlshabende Centurio zu Pferde sind mit wahrem Feuereifer bei der Sache. Aus ihnen spricht der blanke Haß, ein beinahe explosiver Vernichtungswille.

Ganz anders die »Kreuzabnahme« von 1612/14. Nicolaas Rockox, der Antwerpener Bürgermeister und Hauptmann der städtischen Büchsenschützen, hatte das Werk in Auftrag gegeben, es sollte den Altar der Gilde zieren. Bei geschlossenen Flügeln zeigt das Retabel den hl. Christophorus mit dem Christuskind, der hier wie ein antiker Heros aufgefaßte Heilige war Schutzpatron der Gemeinschaft. Das Thema des »Christusträgers« wird auch auf den Innenseiten der beiden Flügel variiert: In der sogenannten »Heimsuchung« (Begrüßung Marias und Elisabeths) trägt die Gottesmutter ihren Sohn unter dem Herzen, bei der »Darbringung Jesu im Tempel« nimmt der greise Simeon das Kind in die Arme, Gott bewegt für die Gnade dankend, doch noch den Messias gesehen zu haben.

Auf der Mitteltafel nehmen die Freunde den Körper des toten Christus vom Kreuz und hüllen ihn ins Leichentuch. Über diese Leinwand fällt die Lichtbahn der Diagonalen. Die Helligkeit scheint wider in den Gesichtern der Menschen, die nun wirklich Trauer-Arbeit leisten. Aber es sind gar nicht einmal so sehr die Gesichter, in denen sich ihre Stellung zum Gekreuzigten ausspricht, sondern ihre Gesten. Mit äußerster Behutsamkeit halten und stützen sie den Toten, einer der Männer hält sogar das Tuch mit den Zähnen fest, um Christus möglichst sacht hineingleiten zu lassen. – Solche Intensität der Darstellung ebenso wie die Durchdachtheit der Komposition hebt diese Kreuzabnahme in den Rang eines Meisterwerks der abendländischen Malerei.

Von Ordenskirchen und Bürgerhäusern

Ein kurzer Weg führt vom Grote Markt durch Kaasrui und die hübsche Wijngaardstraat (eigentlich eine Gasse) zur **Karl-Borromäus-Kirche** (*St.-Carolus Borromeuskerk*, Hendrik Conscienceplein). Hier lag einst das Antwerpener Hauptquartier der Jesuiten mit Kirche, Profeßhaus und Kolleg. Von der Ordensniederlassung selbst blieb nur wenig ursprüngliche Bausubstanz erhalten, und auch die Kirche hatte ein vergleichsweise trauriges Schicksal. Nach einem Blitzeinschlag vernichtete 1718 ein Brand das hölzerne Tonnengewölbe und damit 38 Deckenbilder, die Peter Paul Rubens bzw. seine Werkstatt für die Kirche gemalt hatten. Übrigens war auch François Aguillon, der Rektor des Kollegs, ein Rubens-Freund, wie dem Maler überhaupt seine guten Beziehungen zu diesem Orden manche (Kirchen-)Tür geöffnet haben.

Als St.-Ignatius-Kirche wurde das Gotteshaus 1621 geweiht, die Pläne für den Bau hatten die Ordensbrüder Pieter Huyssens und der schon genannte François Aguillon gezeichnet. Die Fassade mit der klassischen Säulenordnung verweist auf das große Vorbild Il Gesù, die erste Jesuitenkirche in Rom. Ihr gegenüber hat sie einen stärkeren Zug ins Dekorative, doch um so deutlicher setzt sie ein Zeichen: Mit dieser Andachtsstätte geht die lange Periode gotischen Bauens zu Ende. Die Engel, die möglicherweise nach einem Entwurf von Rubens in den Zwickeln des Hauptportals kräftig Posaune blasen, sie können demnach auch als Künder einer neuen Architekturepoche verstanden werden.

Noch stärker der neuen Baukunst verpflichtet ist der 58 m hohe Turm. Vor allem sein Abschluß mit dem langgezogenen Tambour, der sich zwischen korinthischen Doppelsäulen mit hohen Rundbögen öffnet, setzt Maßstäbe. Und hat gleich wieder die Vermutung nahegelegt, daß auch sein Entwurf auf Rubens zurückgeht. Als barocke Architektur darf sich der Turm von Borromäus selbstverständlich nicht mit einem Kuppeldach begnügen, sondern bekommt noch einmal ein Laternchen aufgesetzt, über dem dann endlich – durch einen Kugelfuß noch einmal überhöht – das Kreuz ragt.

Das lichte Innere des dreischiffigen Baus behielt auch nach dem Brand ein Tonnengewölbe, dessen Gurtbögen die Abfolge von neun Jochen durchaus noch gegenwärtig halten. Über beiden Seitenschiffen liegt hier eine Empore, wie sie für Jesuitenkirchen typisch ist. Und wenigstens verschonte das Feuer die Liebfrauenkapelle an der Südseite. Sie läßt ahnen, welch prachtvollen Anblick die Kirche vor dem Brand geboten haben muß. Die Wandverkleidung aus verschiedenfarbigem »Marmor«, der reiche Deckenschmuck geben dieser Kapelle ein sehr festliches Gepräge. Geist und Gestus barocken Raum-

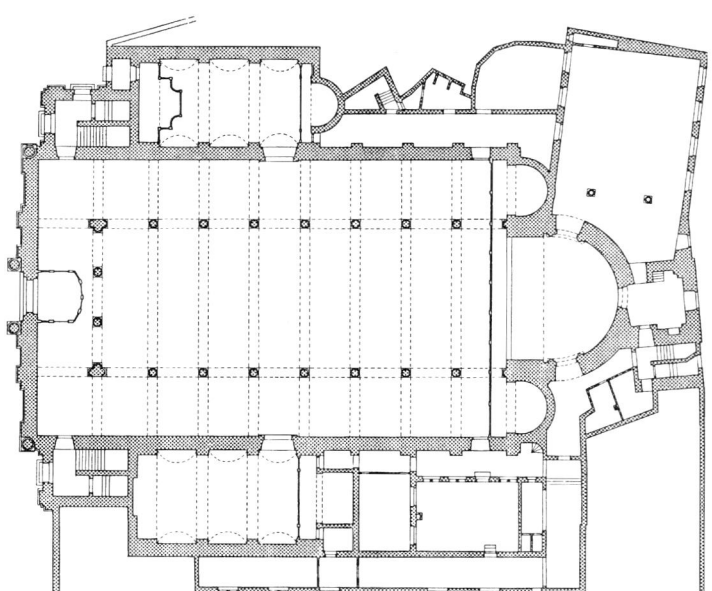

*Karl-Borromäus-
Kirche, Grundriß*

empfindens sind hier mustergültig erfaßt. Daß von der Sprache des neuen Stils bei einer der ersten Schöpfungen im nordwestlichen Europa derart virtuos Gebrauch gemacht wird, dürfte nun wirklich Rubens zu verdanken sein. Des Meisters »Himmelfahrt Mariens« schmückt allerdings nicht mehr den Altar der Liebfrauenkapelle, sie wurde bei Auflösung des Ordens ebenso nach Wien verkauft wie die beiden Hochaltarblätter von seiner Hand.

Wir bleiben in der Rubenszeit und bei den Rubensfreunden. Das Hausensemble Keizerstraat 10–12 trägt den Namen von **Nicolaas Rockox** (1560–1640), Antwerpener Bürgermeister und Hauptmann der Büchsenschützen, außerdem ein gediegener Kunst- und Anti-

Karl-Borromäus-Kirche, Innenraum

161

kensammler wie -kenner. Im Museum der Schönen Künste (s. S. 175 ff.) hängen allein drei Gemälde, die Rockox bei seinem Freund Rubens bestellte. 1603 kaufte der vermögende Patrizier die zwei Häuser in der Keizerstraat und ließ sie zu einem Wohngebäude zusammenfügen. 1715 wurde die Nr. 10 dem neuen Zeitgeschmack angepaßt, das scheinbar ältere Portal wurde – freilich nach einem Vorbild aus dem frühen 17. Jh. – erst um 1920 eingepaßt.

Das sorgfältig restaurierte Anwesen mit dem schönen Binnenhof (Nr. 12) ist heute jedermann zugänglich. Es vermittelt einerseits eine Idee vom gehobenen Wohnstil im Antwerpen des 17. Jh., andererseits eine anschauliche Vorstellung von den enormen Fertigkeiten der hiesigen Luxusmöbelhersteller. Aber das Haus zeigt auch Bilder jener Maler, deren Werke nachweislich zur Kunstsammlung des Hausherrn gehörten. Wir sehen Rubens' »Madonna mit Kind« und seine Ölskizze zu einer »Kreuzigung« (ausgeführt hat sie dann allerdings Anthonis van Dyck). Der »Hl. Christophorus« von Joachim Patinir (er war seit 1515 Mitglied der Antwerpener Lukasgilde, s. S. 176) und Jacob Jordaens »Erziehung Jupiters« gehören zu den weiteren Glanzstücken der Ausstellung im Rockox-Haus.

Übrigens war ein bekannter Maler direkter Nachbar von Nicolaas Rockox. Im Haus Nr. 8 wohnte Frans Snyders (1579–1657), ein gefragter Jagd- und Stillebenmaler der Rubenszeit, wobei die zwei Genres offenbar im Konterfei erlegter Wildtiere ihre Schnittmenge hatten. Zu weniger kunstsinnigen Betrachtungen lädt das **Archiv und Museum des flämischen Kulturlebens** (*Archief en Museum voor het Vlaamse Culturleven,* Minderbroedersstraat 22) ein. Hinter dem äußerst noblen Portal im Régencestil liegt die Schatzkammer eines anderen Flandern. Denn während der Franzosenzeit, aber auch im jungen belgischen Staat galt die aktuelle Kultur Flanderns wenig, das Haus dokumentiert das wachsende Selbstbewußtsein dieses Landesteils. Den historischen Kern bilden die Ehrengeschenke des flämischen Autors Hendrik Conscience (1812–83), um sie kristallisieren sich Sammlungen zu den verschiedensten Bereichen des Kulturlebens, vor allem aber zur Flämischen Bewegung (s. S. 29).

Gute Gründe, eine größere und schönere Andachtsstätte zu bauen, finden sich immer. Ein besonders guter ist sicher, daß die Meßbesucher keine nassen Füße mehr bekommen sollen. Weil das alte Kirchlein bei Springfluten ständig unter Wasser stand, beschloß der Dominikanerprior van Leent 1517 die Errichtung eines neuen Gotteshauses. Diese **Paulskirche** *(St.-Pauluskerk)* wurde 1571 geweiht, doch schon sieben Jahre später kamen in Antwerpen die Calvinisten ans Ruder – schlechte Zeiten für die Orden im allgemeinen und die Dominikaner im besonderen. Das Langhaus ihrer Kirche wurde zum Bethaus des machthabenden Bekenntnisses umfunktioniert, Querschiff und Chor teilweise abgebrochen – und die Klostergebäude gar als Kanonengießerei zweckentfremdet.

Als die Dominikaner 1585 nach Antwerpen zurückkehrten, mußten sie ihre Kirche wiederaufbauen. Natürlich wurde bei dieser Gelegenheit noch einmal der Chor vergrößert. 1634 war dann das Querschiff überwölbt, fünf Jahre später folgte die Weihe des Chors. Damals stand die barocke Jesuitenkirche schon über zwei Jahrzehnte, während hier der spätgotische Bauplan seine Verbindlichkeit behalten hatte. Überdies fluchtet der Kirchenraum enorm in die Tiefe, dank eines recht schmalen Querschiffs und eines stark verlängerten Chors. Es mußte also einiges getan werden, um wenigstens mit der Einrichtung auf die Höhe der neuen Zeit zu gelangen und gleichzeitig dem Auge Halt zu bieten, wenn es der suggestiven Kraft des Fluchtpunkts nicht erliegen sollte.

Tatsächlich besitzt das Gotteshaus eine erlesene Ausstattung. 1571 war hier die Bruderschaft Unserer Lieben Frau vom Rosenkranz gestiftet worden, zum Gedenken des spanischen Siegs gegen die Türken in der Seeschlacht bei Lepanto. Dieser Bruderschaft verdankt die Dominikanerkirche viel, vor allem den Bilderzyklus »Fünfzehn Mysterien des Rosenkranzes« (1615–30). Er allein vereinigt Werke der drei berühmtesten Antwerpener Barockmaler: Von Rubens stammt eine »Geißelung«, von Anthonis van Dyck eine »Kreuztragung« und von Jacob Jordaens eine »Kreuzigung«. Ferner thematisieren die zehn Beichtstühle des Kirchenschiffs die Symbolik des Rosenkranzgebets, erstmals wird ihr Ensemble auch als eigene Bedeutungwelt zusammengefaßt. Vermutlich Pieter Verbruggen d. Ä. hat es 1657–59 geschaffen.

Auch sonst ist der Rosenkranz in der Paulskirche gegenwärtig. Neben einer hölzernen Rosenkranzmadonna aus dem frühen 16. Jh. gibt es noch einen Rosenkranzaltar, der wohl auch nach der Restaurierung des Inneren wieder im nördlichen Querschiff stehen wird. Diesen Altar könnte heute noch eine echte Caravaggio-Madonna (anstelle ihrer Kopie) schmücken, wenn nicht Kaiser Joseph II. 1781 das Original erworben hätte. Die »Disputation der Kirchenväter über die Hl. Eucharistie« (um 1609) im Sakramentsaltar Pieter Verbruggens ist dagegen wirklich von Rubens. Eine »Beweinung Christi« im Kreuzaltar des südlichen Querschiffs malte Gaspar de Crayer etwa 1654.

Ein Grabmal links im Chor verdient noch Erwähnung. Dort ruht der Dominikaner Michael Ophovius (1571–1637), der es (1626) bis zum Bischof von 's-Hertogenbosch brachte. Er hat die Fackel der Gegenreformation besonders hochgehalten, unnachgiebig jede Form des Irrglaubens gegeißelt. Diesen Mann wählte Rubens zum Beichtvater, mehrfach hat er ihn gemalt. Der geniale Künstler war eben auch ein vorzüglicher Diplomat in eigener Sache und achtete sehr darauf, mit allen Mächtigen auf gutem Fuß zu stehen.

Gleich hinter dem Eingang führt eine Tür im südlichen Seitenschiff zum Kalvarienberg. Über sechzig Plastiken umfaßt das weitausgreifende Werk und macht es dem Betrachter keineswegs leicht, einen Überblick zu gewinnen. Gerade zum Heiligen Grab führt der Engelweg, beiderseits gesäumt von den geflügelten Himmelsboten. Linker Hand davon stehen die Propheten, rechts an der Wand die

Evangelisten. Der Berg selbst wuchert mit seinen künstlichen Felsmassen am südlichen Querhaus hoch, ganz oben, weit entrückt, das Kruzifix. Sicher, dieses gewaltige Aufgebot an Statuen stellt keinen Meilenstein der Bildhauerkunst dar, aber es inszeniert doch ein echtes barockes Welttheater, dem wir jedenfalls gerne zugeschaut haben.

Noch einmal: Auf Rubens' Spuren

Am Groenplaats, noch im Schatten der Liebfrauenkathedrale, erhebt sich das Standbild von Peter Paul Rubens auf hohem Sockel. Willem de Geefs schuf das repräsentative Bildwerk, es wurde 1840 enthüllt, also nur 10 Jahre nach der Gründung des belgischen Staats. Dieses Denkmal gibt das Leitmotiv für unseren Rundweg vor: So schwer es ist, das Thema Rubens bei irgendeinem Kultur-Streifzug durch Antwerpens Innenstadt zu vermeiden, sollen Leben und Werk des großen Malers jetzt im Mittelpunkt stehen.

Doch zunächst geht es zur **Andreaskirche** (*St.-Andrieskerk*, Waaistraat). Bereits seit Anfang des 17. Jh. dient St. Andreas als Pfarrkirche, obwohl sie vor 1520 als Andachtsstätte der hiesigen Augustinerniederlassung errichtet wurde. Nachdem man das Kloster zwischenzeitlich wegen protestantischer Neigungen geschlossen hatte – nicht zufällig war auch Luther Augustinermönch – , konnte die Weihe des Gotteshauses schon 1529 stattfinden. Doch noch 1555 muß eine Lotterie veranstaltet werden, um Geld für die weiteren Bauarbeiten zu bekommen. Ein Jahr später kühlten die Bilderstürmer hier derart ihr Mütchen, daß eine Neuweihe unumgänglich schien. 1568 wurde die Kirche teilweise den Reformierten überlassen. 1579 zog sich dann eine Mauer mitten durch die Kirche, dahinter wurden Querschiff und Chor abgebrochen. Einen neuen Ostteil bekam St. Andreas erst nach 1588, und bis zur Vollendung des Chors sollten noch einmal 180 Jahre vergehen – soweit die kurze Chronik eines Kirchenbaus in bewegten Zeiten.

Der eindrucksvolle Hochaltar kam aus der St. Bernhardsabtei hierher, das Chorgestühl stammt aus dem Augustinerkloster, aber beide haben denselben Urheber: Pieter Verbruggen d. Ä. Die meiste Aufmerksamkeit findet indessen ein Epitaph für Maria Stuart, Königin von Schottland (südliches Seitenschiff). Zwei ihrer Hofdamen gaben das Monument in Auftrag, Frans Pourbus d. J. (1569–1622) malte das Porträtmedaillon der später Enthaupteten. Und auch St. Andreas birgt einige beachtliche Gemälde, darunter »Abraham und Melchisedech« von Ambrosius Francken (1544–1618).

1522 hatten die Augustiner nicht nur ihr Kloster, sondern auch die Stadt verlassen müssen. Bei ihrer Rückkehr 1607 erhielten sie ein Areal in der Nähe ihrer einstigen Niederlassung. Die Zeiten überdauert hat nur mehr ihre Kirche **St. Augustinus** (*St.-Augustinuskerk*, Kammenstraat 73). Beim Baubeginn 1615 ließ es sich das Statthalterpaar Albrecht und Isabella nicht nehmen, höchstpersönlich zugegen zu sein. Die Pläne zum Gotteshaus entwarf Wenzel Cobergher (1561–1634), der auch selbst die Arbeiten leitete. In der frühbarocken Fassade zur Kammenstraat wacht das steinerne Bildnis des Kirchenpatrons über dem Portal, im zweiten Geschoß flankieren das Zentralmotiv Nischen mit dem hl. Nikolaus von Tolentino (rechts) und der hl. Apollonia.

Ihre Bedeutung verdankt die leider oft verschlossene Kirche jedoch nicht ihrer Architektur, sondern ihrer Einrichtung. Das Blatt ihres Hochaltars zeigt eine »Mystische Hochzeit der hl. Katharina«, Peter Paul Rubens hat sie 1628 gemalt. Die Titelszene mit der Heiligen, der das Christuskind den Ring an den Finger steckt, ist aber nur ein Teil der virtuosen Komposition. Ihr eigentliches Zentrum bildet vielmehr die Gottesmutter, der Josef hinter ihr vervollständigt die Heilige Familie. Johannes der Täufer, Petrus und Paulus, Clara von Montefalco und Maria Magdalena, Agnes und Apollonia, im Vordergrund die Soldatenheiligen Georg (samt erlegtem Drachen), Sebastian und Wilhelm von Aquitanien, überdies Augustinus, Laurentius (mit Rost) und Nikolaus von Tolentino sind zu einem Ensemble zusammengefaßt, das sich trotz der zahlreichen Personen durch die Zwanglosigkeit ihrer Konfiguration auszeichnet. Übrigens war auch die Vielzahl der Heiligen vom Auftraggeber festgelegt: Er wollte sämtliche Schutzpatrone der Bruderschaften, die in der Kirche Altäre besaßen, ins Bild aufgenommen wissen. (Das Gemälde befindet sich zur Zeit im Museum für Schöne Künste, s. S. 175 ff.).

Doch nicht nur das Gemälde des Hochaltars stammt von einem berühmten Künstler. Für den linken Seitenaltar hat Anthonis van Dyck die »Vision des hl. Augustinus«, für den rechten Jacob Jordaens das »Martyrium der hl. Apollonia« geschaffen. Damit ist das Triumvirat der Antwerpener Barockmalerei hier vollständig vertreten.

In der Lange Gasthuisstraat steht das **Museum Mayer van den Bergh** (Nr. 19) mit seiner bedeutenden Gemälde- und Skulpturensammlung. Der Sammler Fritz Mayer van den Bergh (1858–1901) hat sich dieses (neogotische) Haus eigens errichten lassen, um einen angemessenen Rahmen für seine Kunstwerke zu schaffen. Wo barocke oder Renaissance-Werke den Ton angeben, sorgte er ebenso für ein stimmiges Interieur wie bei der Präsentation mittelalterlicher Stücke. Besonders charakteristische Beispiele gotischer Kunst zeigt der Saal 6, darunter auch die Plastik »Christus und Johannes«. Meister Heinrich von Konstanz hat sie um 1315 für das Kloster St. Katharinenthal bei Schaffhausen geschnitzt und der besonderen Zuneigung des Gottessohns zum Lieblingsjünger einen besonders innigen Ausdruck verliehen.

Vor allem aber besitzt dieses Museum zwei wichtige Werke von Pieter Breughel d. Ä. (1528/30–1569). Unter den niederländischen Künstlern des 16. Jh. hat er den erlauchtesten Namen, mag über seine Lebensgeschichte auch wenig bekannt sein. Gesichert sind Breughels Aufnahme in die Antwerpener Lukasgilde 1551 und eine Italienreise im Jahr danach. Als Maler tritt er erst seit 1558 deutlicher

Meister Heinrich von Konstanz, »Christus und Johannes«, um 1315, Museum Mayer van den Bergh, Antwerpen

165

»Dulle Griet«, Pieter Breughel d. Ä. (um 1563; Ausschnitt), Museum Mayer van den Bergh, Antwerpen

hervor, ins Jahr 1563 fallen seine Heirat und der Umzug nach Brüssel, wo er schon 1569 an der Cholera stirbt.

Im Saal 9 hängen Breughels »Dulle Griet« (um 1563) und seine »Sprichwörtertafel« (um 1558). Die »Tolle Grete« ist in eine Weltuntergangsszenerie versetzt und dort offensichtlich in ihrem Element. Von ungeheurer Wut, vielleicht schon vom Wahnsinn getrieben, ist sie wörtlich und im übertragenen Sinne »in Harnisch geraten«. Die Klinge zeigt sie getreu der niederländischen Redewendung »mit dem Degen in der Faust zur Hölle fahren«. Nein, eine Grete hat mit Gretchen nichts gemein, und selbst dem Teufel dürfte dieser Satansbraten übel bekommen. So will es auch die Überlieferung, in der diese Gestalt als Hexe erscheint und selbst dem Höllenfürsten über ist. Kein Zweifel, die Welt gerät aus den Fugen, der Horizont steht in Flammen, ungeniert treiben die Laster ihr Wesen. Mit solchen Bildern steht Breughel ganz nahe bei Bosch.

Enthält schon die »Tolle Grete« Anspielungen auf Sprichwörter und Redensarten, so werden sie im zweiten Werk unvermittelt Thema. Zwölf bemalte Holzteller sind hier gleich Monatsbildern zu einer Folge vereint. Da ist unsereiner, der (erst) aus Schaden klug wird, der seine Perlen vor die Säue wirft, sich zwischen beide Stühle setzt oder mit dem Kopf durch die Wand will. Breughel malt das als lakonischen Kommentar zur Welt, die ist, wie sie ist und so bleiben wird bis (siehe oben) ans Ende ihrer Tage.

Nur wenige Meter weiter steht das **Mädchenhaus** (*Maagdenhuis*, Nr. 33), ursprünglich eine Schule für weibliche Findlings- und Waisenkinder. Aus der Stiftungszeit stammt noch der eigens übergiebelte Eingangsbereich (um 1560), er verbindet die etwa 70 Jahre jüngeren straßenseitigen Flügel. Der reich geschmückte, giebelständige Trakt birgt die gotische, allerdings Ende des 19. Jh. rekonstruierte Kapelle. Das Keramikrelief über dem Renaissanceportal zeigt links die Mädchen beim Unterricht, rechts Waisenkinder an der Pforte des Hauses. Das Werk wird Cornelis Floris de Vriendt zugeschrieben, obwohl sein Bruder Hans (Jan bzw. Juan, vor 1524 – nach 1580) die Künstlerpersönlichkeit unter Antwerpens Majolica-Produzenten war.

Heute ist auch das Mädchenhaus (teilweise) Museum, und vor allem die Kapelle zeigt sakrale wie profane Kunst des späten Mittelalters und der frühen Neuzeit. Einem interessanten Kapitel der städtischen Wirtschaftsgeschichte verdankt das Museum die Sammlung von Irdenware. Italienische Töpfer brachten das Handwerk nach Antwerpen, ihre charakteristische Farbpalette bestimmt die Produktion bis zum Niedergang Mitte des 17. Jh. Als viele »Tonbäcker« während der stürmischen Zeiten nach einem ruhigeren Arbeitsplatz Ausschau hielten, fiel ihre Wahl häufiger auf die nördlichen Provinzen. Die dortige Entwicklung der Keramik läßt sich bis hin zu den berühmten Delfter Kacheln verfolgen.

Zu den bemerkenswerten Anwesen dieser Straße gehört ebenfalls das einstige **Elisabethspital** (*St.-Elisabethgasthuis*, Nr. 45). Seine Tradition soll ins 11. Jh. zurückreichen, an diesem Platz ist es seit etwa 1233 ansässig. 1238 weihte der Bischof von Cambrai Spital samt Kapelle. Steinerne Zeugen aus der Gründungzeit fehlen, doch immerhin datiert die Andachtsstätte ins 15. Jh., ungefähr gleich alt dürfte der zweischiffige, gotische Krankensaal sein. Mit der Kapelle bilden die ehemaligen Klostergebäude und die Pastorei einen Innenhof, alle diese Gebäude liegen im rückwärtigen Teil des recht weitläufigen, teils frisch restaurierten Komplexes. Der im übrigen seine Tradition beibehalten hat, denn an die alten Spitalgebäude schließt sich ein neues Krankenhaus an.

Gleich neben dem Krankenhaus liegt genau der richtige Platz für eine Verschnaufpause: Antwerpens **Botanischer Garten**. Bänke laden nach all dem Pflastertreten zum Sitzen ein, Bäume spenden Schatten, und das üppige Grün ist nach so viel Kunst und Architektur gewiß auch eine Augenweide. Wer sich darüber hinaus ein wenig für Pflanzen interessiert, wird hier auf viele Bekannte, aber auch auf manche Seltenheit der mitteleuropäischen Flora treffen. Meist nach Familien geordnet, geben ihre Schilder allerdings nur die wissenschaftlichen Bezeichnungen der Gewächse preis. Zuweilen läßt sich wenigstens der provisorisch hinzugefügte niederländische Namen entziffern, der mit dem unseren oft viel Ähnlichkeit hat.

Über einen sorgsam angelegten Garten verfügt das **Rubenshaus** (Wapper 9–13) ebenfalls. Aber der spielt natürlich nur eine Nebenrolle angesichts dieses Gebäudes und eingedenk seines früheren Besitzers (s. S. 40). Dabei ist das Stadtpalais erst 1937–46 aus den Ruinen wiederauferstanden, wobei die Rekonstrukteure in ihrem Eifer des öfteren über das Ziel hinausgeschossen sind. Für wesentliche Teile ihrer Arbeit standen ihnen nur zwei Stiche aus dem späten 17. Jh. zur Verfügung. Und die ließen halt nicht erkennen, ob es sich im Fall der Atelierfassaden wirklich um plastischen Schmuck oder eben nur um den raffiniert erzeugten Eindruck desselben, also um illusionistische Malerei handelte. Ganz auf ihr Dafürhalten mußten die Neuerbauer bei der inneren Aufteilung des Hauses vertrauen, die nirgendwo festgehalten war.

Zur Dreiflügelanlage kommt rückwärtig ein Portikus, den drei Torbögen hin zum Garten mit seinem Pavillon öffnen. Diese Portalfassade und der Pavillon stammen großenteils wirklich aus der Rubenszeit. Doch der Reihe, sprich der Entstehungsgeschichte nach: Aus Italien zurückgekehrt, hatte der Maler ein älteres Haus am Wapper gekauft. Er ließ es – wie auch anders? – im Stil des italienisierenden Barocks umbauen. Besonders zeichnete er jenen Gebäudeteil aus, der an den Garten grenzte. Hier schloß jetzt nach Norden das »Museum« des Meisters an, eine Laterne krönt sein gekuppeltes Halbrund.

Außerdem entstand der große Ateliertrakt, zu dem Rubens wahrscheinlich selbst die Entwürfe zeichnete. Der Figurenschmuck hier – ob nun skulptiert oder gemalt – ist Programm: An der Innenhofseite die Büsten von Plato, Sokrates, Seneca, Sophokles und Marc Aurel, zum Garten hin Demosthenes, Demokrit, Homer und Caesar – ein Pantheon vorbildlicher Persönlichkeiten des griechischen und römischen Altertums. Der durchlaufende Relieffries (ursprünglich Grisaillemalereien) zeigt ebenfalls die Affinität des Hausherrn zur Antike. Seine Szenenfolge beginnt mit einer »Entführung der Proserpina« und endet mit einem »Trunkenen Silen«.

Der Besucher hat im Rubenshaus Gelegenheit, ein Werk aus den Anfängen des großen Malers kennenzulernen. Sein »Adam und Eva« oder »Der Sündenfall« entstand 1600. Rubens ist hier noch ganz dem Antwerpener Manierismus verpflichtet, zu dessen letzten Vertretern sein Lehrer Otto van Veen (1558–1629) gehörte. Außerdem besitzt dieses Haus das wohl bekannteste »Selbstbildnis« des Meisters, geschaffen um 1626. Das Kunstkabinett vereint eine vorzügliche »Anbetung der Hirten«, ein »Martyrium des hl. Adrian« und eine »Hl. Clara von Assisi«. Etwa ins Jahr 1630 wird die »Feld-

Büste am Rubenshaus

schlacht Heinrichs IV. vor Paris« datiert, ein Werk, das eigentlich als Teil eines Zyklus gedacht war. Er sollte das Gegenstück zu den 21 großen »Szenen aus dem Leben der Maria de Medici« werden. Die Bildfolge über ihren 1610 ermordeten Gatten, König Heinrich IV. von Frankreich, kam jedoch nie zustande. Um so bedeutender dieses eine Gemälde, das sich mit den besten des Medici-Zyklus ohne weiteres messen kann.

Daneben präsentiert das Haus am Wapper die Arbeiten von Rubens-Schülern, seinen Mitarbeitern und Zeitgenossen. Überdies haben sich die Rekonstrukteure und Restauratoren bemüht, die Ausstattung eines Patrizierhauses aus der Rubenszeit nachzustellen. Bleiben Portikus und Gartenpavillon, für deren Erneuerung es eine verläßlichere Basis gab als beim Dreiflügelbau. Den Portikus hat wahrscheinlich der Rubens-Freund Hans van Mildert entworfen. Offensichtlich suchte er eine Verschmelzung des mehr strukturorientierten italienischen mit dem stärker auf Farbigkeit und Plastizität ausgerichteten flämischen Barock. Als *point de vue* diente das graziöse Gartenhäuschen. Es erinnert an ein antikes Tempelchen, aber nach Flandern gehört wiederum der Einsatz von Steinen ganz verschiedener Couleur. Die zentrale Nische besetzt ein Herkules, er steht mit seiner Keule und dem Löwenfell für die Tugend der Arbeitsamkeit. Doch wenigstens flankieren ihn Weingott Bacchus und Liebesgöttin Venus, wobei sich über alle im Giebel die Göttin der Ehre erhebt.

Über den Meir (s. S. 173) hinweg führt der Weg zur **Jakobskirche** *(St.-Jacobskerk)*. Zu Ende des 14. Jh. lag die hiesige Pilgerstation noch außerhalb der Stadtmauern. Pilger, die zum heiligen Jakob nach Santiago di Compostela unterwegs waren, sollten hier ein Nachtlager finden, auch wenn Antwerpen seine Tore schon geschlossen hatte. Nach der Stadtvergrößerung gedieh die Gegend zu einer Art Nobelviertel. Kaufleute, Bankiers und kleine Adlige aber erhoben auch Anspruch auf eine standesgemäße Pfarrkirche. 1477 begann ihr Bau, der sich bis 1656 hinzog. Die stolze Zwei-Türme-Fassade, ohne Zweifel großartig gedacht, wurde nie vollendet.

Wir konnten es schon öfter feststellen: Lange Bauzeiten haben der stilistischen Einheitlichkeit flandrischer Kirchen nicht zwangsläufig geschadet. Das trifft auch für St. Jakob zu, die im übrigen mit der Liebfrauenkathedrale, St. Andreas und der Paulskirche so etwas wie eine lokale Variante der brabantischen Gotik darstellt. Sie unterscheidet sich vor allem durch den Laufgang im Obergaden und die achteckigen Säulensockel von den anderen Gotteshäusern. Sonst hat auch St. Jakob das großzügige, helle Raumbild mit dem hier noch deutlicheren Zug in die Höhe.

Dunkel hebt sich vor dem lichterfüllten Raum die Barockausstattung ab – eine überaus reiche, wie sich bei der hiesigen Kirchenklientel von selbst versteht. Verdienste um diese Ausstattung hat sich vor allem Arthus Quellien d. Ä. erworben, aus seiner Werkstatt kamen einige Beichtstühle, das Chorgestühl und (sehr wahrscheinlich) der

»Haupt und Apelles der niederländischen Historienmalerei«. (Constantijn Huygens, 1596–1687, namhafter holländischer Dichter und Gelehrter, über Rubens)

Hochaltar (um 1685). Der imposante Lettner stammt von Sebastiaan de Neve (1669), knapp dreißig Jahre weniger zählt der Orgelprospekt darüber, und erst seit 1865 krönt der heutige Kruzifixus den Aufbau. Die Kanzel schuf Lodewijk Willemsens 1675.

Vor allem die Kapellen sind eine Schatzkammer manieristischer wie barocker Malerei und Plastik. Von den Andachtsräumen längs der Seitenschiffe verdient rechts gleich der westlichste besondere Aufmerksamkeit. Der »Hl. Georg« dort wird Anthonis van Dyck zugeschrieben. In der Rochuskapelle steht eine Plastik des Pestheiligen von Arthus Quellin d. Ä., eine »Taufe Christi« von Michiel

Cocxie schmückt die querhausnächste Johannes-Baptist-Kapelle. Auf der Nordseite birgt die Kapelle der hl. Dymphna das Weltgericht-Triptychon Barend van Orleys, ein unter Malern des 15. und 16. Jh. sehr beliebtes Motiv. Der Brüsseler Orley (1488–1542) hält denn auch noch die Tradition der altniederländischen Malerei hoch, doch zeigt sein Werk auch schon manieristische Züge. Ins Weltgericht hat Orley die Stifterbildnisse von Adriaan Rockox und dessen Familie eingefügt.

Geradezu üppig sind die beiden großen, vierjochigen Andachtsräume am Querhaus eingerichtet. Die Sakramentskapelle rechts mit Plastiken von Lodewijk Willemsens, Henri Verbrugghen und Guillaume Kerrickx sowie Jan Metsys' Bild der »Muttergottes« (1564) ist ein typisches Werk des Antwerpener Manierismus. Ihr linkes Pendant, die Liebfrauenkapelle, bewahrt ein Triptychon, dessen Mitteltafel »Christus unter den Schriftgelehrten« zeigt, eine Arbeit Robert van Audenaerdes. Bekannter sind die Urheber der Flügel. Der Antwerpener Gerard Seghers (1591–1651) malte die »Anbetung der Hl. Drei Könige«, der Utrechter Gerard (Gerrit) van Honthorst (1590–1656) die Verkündigung. Hier konnte Honthorst nach seiner Rückkehr aus Rom endlich einmal ein Bild religiösen Inhalts realisieren; in seiner calvinistischen Heimatstadt fanden sich für solche Sujets keine Auftraggeber.

Die südliche Eckkapelle im Chorumgang ist der hl. Dreifaltigkeit geweiht, hier hängt das eindrucksvolle Jacob-Jordaens-Bild »Petrus reicht Christus den Fisch mit der Münze im Maul«. Von Gerard Seghers stammen die »Erscheinung Christi« in der südöstlichen und ein »Hl. Ivo« in der Chorkapelle daneben. Der nördliche Andachtsraum besitzt wiederum ein Gemälde von Jakob Jordaens, einen »Hl. Borromäus als Fürbitter der Pestkranken«.

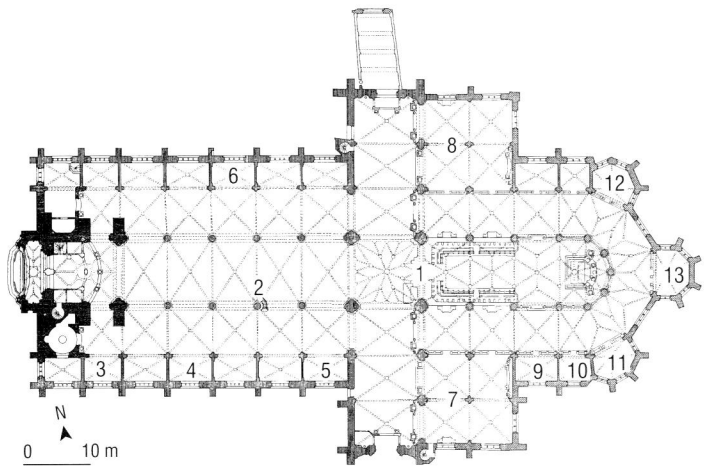

Jakobskirche (Grundriß)

Doch die meisten Besucher streben stracks zur Scheitelkapelle des Chorumgangs. Denn dort liegt der Malerfürst Peter Paul Rubens begraben. St. Jakob war ›seine‹ Pfarrkirche, 1630 hatte er dort Helene Fourment (s. S. 41) zum Altar geführt. Drei Jahre nach dem Tod des Künstlers stand der Anbau, für den der Rubens-Freund Hans van Mildert den Altar schuf. Das Altarblatt aber malte Rubens selbst. Diese »Maria mit Kind, umgeben von Heiligen« gehört einmal mehr zum Typus der »Sacra conversazione«. Sie ist ein charakteristisches Werk seiner spätesten Schaffensphase, die sich durch das luzide Spiel der Farben und den eigentümlichen Lyrismus auszeichnet. Die Marmorstatue der »Schmerzensreichen Mutter« stammt von des Meisters (Lieblings-)Schüler Lucas Fayd'herbe.

Und obwohl die lateinische Grabinschrift erst 1755 eingraviert wurde, ist ihr Text authentisch. Verfaßt hat ihn Gaspar Gevaert, auch er ein enger Freund des Verstorbenen. »Gott dem Gütigen und Allmächtigen. Petrus Paulus Rubens, Ritter, Sohn des Johannes, Schöffen dieser Stadt, Herr von Steen, der außer seinen übrigen Talenten, durch die er sich wunderbar auszeichnete in der alten Geschichte und in allen nützlichen und schönen Wissenschaften, auch Apelles genannt zu werden verdiente, nicht nur seines Jahrhunderts, sondern aller Zeiten, der die Freundschaft der Könige, der Fürsten und vornehmsten Männer erwarb und durch Philipp V., den König von Spanien und Indien, zum Staatssekretär ernannt und als Gesandter bei Karl, dem König von Großbritannien, im Jahr 1629 glücklich die Grundlage zum Frieden legte, der alsbald zwischen beiden Fürsten geschlossen wurde. Er starb im Jahre des Heils 1640, am 30. Mai im Alter von 64 Jahren.« Damit hatte Gevaert dem Freund nachträglich über ein Jahr Lebenszeit geschenkt, denn tatsächlich starb Rubens kurz vor seinem 63. Geburtstag.

Am Meir und im Norden Antwerpens

Mit seinen 475 000 Einwohnern ist Antwerpen keine ganz kleine Stadt und von der Fläche her sogar die größte Belgiens. Manche Wege ziehen sich, wenn die Sehenswürdigkeiten dünner gesät sind. Dafür kann der Straßenzug vom Altstadtrand zum Bahnhof als lebendigste Meile der Scheldemetropole gelten, und an repräsentativen Bauten namentlich der Gründerzeit herrscht kein Mangel. Ein erlesenes Ambiente bieten häufig die Banken, ein Ambiente überdies, das lange genießen darf, wer sich zum Geldumtausch erst als Zweiter oder Dritter vor dem Schalter plazieren konnte.

Aus drei Straßen – Meir, Leysstraat, De Keizerlei – besteht diese kürzeste Verbindung vom historischen Kern zum Bahnhof. Als Fußgängerzone laden vor allem Meir und Leysstraat zum Flanieren ein, wenngleich die wirklich feinen Geschäftsadressen von hier verschwunden sind. Aber das ist ein anderes Thema: Die europaweite Vereinheitlichung der Einkaufszonen, die immergleichen Ketten mit den immergleichen Auslagen. Für die nichtssagend-grellen Signale des aktuellen Kundenfangs und die oft erbärmlich verbauten Erdgeschosse bietet die prächtige Architektur darüber doch eine Art Ausgleich.

Den Löwenanteil an dieser »Goldenen Meile« hat der **Meir.** Im Straßennamen steckt das Wort »Meer«. Das allerdings bezeichnet hierzulande nicht die offene See, sondern ein stilles Binnengewässer. Es ist heute längst zugeschüttet und überbaut. Aber wer zur alten **Börse** des Domien de Waghemakere wollte, konnte auf Höhe der Twelfmaandenstraat durchaus noch mit dem Boot anlegen. 1532 wurde das Haus eröffnet, 51 Jahre später brannte es ab und erstand nach den alten Plänen wieder neu. Von diesem Bau blieb zur Borzestraat hin ein Rundturm (über zwei achteckigen Geschossen) erhalten.

Nicht nur dem alten Turm, auch der alten Lage und dem Grundriß erwies der Neubau von 1872 Respekt. Die Vierflügelanlage setzt sich wie ehedem mitten hinein in die geschlossene Wohnbebauung, immer noch laufen von vier Seiten kleine Straßen auf ihre Eingänge zu. Zwei Galerien umlaufen das innere Geviert. Und selbst die neogotischen Formen der Handelsbörse zollen dem Vorgänger Achtung; Formen, deren nostalgische Rückwärtsgewandtheit in eigentümlichem und nicht versöhntem Gegensatz zur Avanciertheit der Konstruktion steht. Maßwerk-, Kiel- und Korbbogenreminiszenzen der Giebelwände stehen für einen – zweifellos raffinierten – Eklektizismus, die kühne Eisen-Glas-Überdachung vertritt das neue Bauen. Der Betrachter wird Zeuge einer architekturgeschichtlichen Kehre, wenngleich sich die Akteure hier noch einmal mit einem Kompromiß begnügt haben.

Die nächste Sehenswürdigkeit liegt direkt am Meir. Das ehemalige **Königliche Palais** (*Koninklijk Paleis,* derzeit Internationales Kulturzentrum, Meir 50) verrät die Handschrift Jan Pieter Baurscheits d. J. (1699–1768). Der gefragte Architekt entwarf und baute es 1745–50 für den Kaufmann Johann Alexander von Susteren. Ganz im Geist des Rokoko zeigt das dreiflügelige Hôtel eine eher zurückhaltende Fassade, aufwendiger gestaltet wurde nur der Mittelrisalit samt Giebel. Schwelgerische Pracht herrschte dagegen im Inneren solcher Palais. Nur die Erdgeschoßsalons links und rechts der Durchfahrt haben sie bewahren können. Rotmarmorne Kamine, Grisaillemalerei, luxuriöse Wandkleidungen und kostbare - bespannungen halten den Glanz der Epoche gegenwärtig.

Das herrschaftliche Stadthaus verfiel – im Gegensatz zu so manchem anderen – nach dem Tod des Bauherrn nicht. Vielmehr kamen um 1770 noch Stallungen und Garten hinzu, und seit 1812 gehörte das Palais sogar dem damals prominentesten Europäer, Napoleon Bonaparte. Natürlich drückte auch er dem Haus seinen Stempel auf, nicht anders hielt es der niederländische König Wilhelm I., der Napoleon sehr bald als Hausherr ablösen sollte. Unter ihrer Ägide hielt hier das Empire Einzug, ein schönes Beispiel dafür ist der

»Blaue Salon«. Gleichzeitig eine politische Funktion erfüllte der Holländische, auch »Saal der Siebzehn Provinzen« genannt. Unter prächtig verzierter Decke lassen Reliefs die Geschichte der nördlichen und südlichen Provinzen zum Zwecke ihrer Vereinigung lebendig werden. Bekanntlich hielt dieses Vereinigte Königreich nur 15 Jahre. Mit dem Thron des neuen belgischen Staats ging dann auch das Palais an die Herrscher aus dem Haus Sachsen-Coburg.

Eine weitere Schöpfung Baurscheits ist das **Huis Osterrieth** (Meir 85). Es hat im Vergleich zum Königlichen Palais die konsequenter durchkomponierte Fassade, sie hält wirklich etwas vom vielberedeten Zauber des Rokoko gegenwärtig. Auch hier dominiert der Mittelrisalit, jedoch nicht, indem er vor-, sondern indem er zurücktritt. Solche Nischenexistenz kokettiert freilich nur mit ihrer Bescheidenheit, denn im Halbschatten der Gewände wuchern die Rocaillen um so üppiger. Über dem Dachbogen feiert die Ornamentik dann ihren schönsten Triumph.

Ganz die neue Prächtigkeit verkörpern dagegen der **Städtische Festsaal** von 1908 (Meir 74–80) und das einstige, 1903 vollendete **Kaufhaus Tietz** gleich nebenan. Nun hält die leicht einschwingende Fassade des Festsaals wenigstens in den Formen noch auf klassizistische Gemessenheit, wenngleich sich die Monumentalität der Architektur nur bedient. Das Kaufhaus aber trumpft in barocker Manier auf, unter anderem mit nicht weniger als drei Kuppeln. Es ist schon eine eigene, und möglicherweise doch auch befreiende Ironie der Geschichte, daß ein solches Haus heute noch den banalsten Trends modischer Konfektion seinen Rahmen geben muß.

Auch die Leysstraat bietet dem Betrachter eine äußerst effektvolle Inszenierung ihrer Häuserfluchten. Selbst wer dem geballten Eklektizismus im allgemeinen nichts abgewinnen kann, dürfte der Ansicht vom Teniersplaats aus seinen Respekt nicht versagen. Denn er hat hier nicht einfach die Ansammlung von mehr oder weniger prächtiger Fassaden vor sich, sondern wirklich ein Architekturensemble. Damit keineswegs genug, sind der Straßenverlauf und die Durchblicke bis zum Städtischen Festsaal in ihrer Wirkung genau bedacht und aufgenommen in das einheitliche Bebauungskonzept. Einheitlich, aber nicht einförmig: Schon die torartigen Eckbauten ausgangs der Leien präsentieren sich als glänzendes Entree. Der ganze Schatz, ja der Überfluß ornamentalen Reichtums vermittelt auch spielerische Gelöstheit, die Vielfalt der Giebelaufbauten und selbst die Kuppeln wirken dem Eindruck des nur Großartigen immer wieder entgegen. Ganz wenige Gemeinwesen können eine solche Demonstration steingewordenen urbanen Lebensgefühls bieten.

Keineswegs ein städtisches Zentrum ist dagegen der ehemalige **Beginenhof** (Rodestraat 39–41). Die kleinen Häuser des teils mauerumschlossenen Gevierts bilden selbst noch einmal eine Welt für sich, und auch das Gärtchen inmitten der Anlage, die kopfsteingepflasterten Gassen, sie halten noch ein wenig von der Atmosphäre solcher Höfe gegenwärtig, wenngleich das meiste aus dem 19. Jh. stammt

Giebeltürmchen am Meir

oder sich einem noch jüngeren Wiederaufbau verdankt. Dabei reichten die Wurzeln der hiesigen Gemeinschaft bis etwa 1245 zurück. Der damalige *Curtis Syon* lag noch außerhalb der Stadtmauer, die Neubegründung datiert ins Jahr 1544. Um diese Zeit entstand auch der polygonale Chorschluß des Kirchleins, das in allen anderen Teilen viel jünger ist (nach 1830). Aber wie gesagt, hier beeindruckt nicht das mehr oder weniger alte Detail, sondern der ganze Bezirk, seine Weltabgeschieden-, ja seine Entrücktheit.

Der **Hof van Liere** (Prinsstraat 13) ist heute das Zentrum der jesuitischen Hochschulfakultäten St. Ignatius. 1520 hatte ihn der Patrizier Adolf van Liere als Stadtpalais bezogen, doch bereits ein knappes Jahrhundert später etablierte sich hier eine Schule des Ordens. Schon damals mußte der Hof erweitert werden, trotzdem blieben einige Partien des ursprünglichen Patriziersitzes erhalten. Zu ihnen gehört der Südseiten-Arkadengang des vorderen Innenhofs, dessen Bögen sich als weite Dreipässe zur Freifläche hin öffnen. Auch der größere Innenhof dahinter hat einen solchen Gang, aber seine nüchternere Architektur weist ins frühe 17. Jh.

Die Venusstraat heißt so nach einem gewissen Andries de Venys, der Name verspricht also nichts Aufregendes. Doch über sie und den Paardenmarkt (Pferdemarkt) erreichen wir am schnellsten den nördlichsten Punkt unserer Antwerpener Streifzüge. 1563/64 ließ der Antwerpener Magistrat das **Hessenhuis** (Falconrui 51) als Lagerhaus errichten, hier konnten die Wagen ent- und beladen werden. Dieses Angebot nutzten, jedenfalls der Überlieferung nach, vor allem Kaufleute aus Hessen. Die Hessen waren überhaupt eine feste Größe im niederländischen Handel, Planwagen nannte man Hessenwagen, bestimmte Routen Hessenwege. Kein Zweifel aber besteht daran, daß beim Namen Hessenhuis der rege Warenaustausch zwischen Antwerpen und dem süddeutschen Raum Pate gestanden hat.

Das jüngst restaurierte Gebäude strahlt wieder die ganze Solidität traditionellen Bauens aus, die roten Backsteinmauern sind von helleren Streifen durchzogen, den sogenannten Specklagen. Die weite, dreischiffige Lagerhalle ist schon wegen ihrer großenteils ursprünglichen Holzkonstruktion sehenswert. Heute wird sie als Ausstellungssaal genutzt und bleibt in der Regel den Künsten vorbehalten. Selbst das hat eine Tradition, wenn auch eine weniger lange: 1958 zeigte hier erstmals eine Gruppe junger belgischer Künstler ihre Werke und nannte sich nach dem Ausstellungsort.

Brillantes zum Schluß

Das **Königliche Museum der Schönen Künste** (*Koninklijk Museum voor Schone Kunsten,* Leopold de Waelplaats) stellt sich schon von weitem als Musentempel vor. Je näher der Besucher kommt, desto kleiner muß er sich fühlen. Wenn er schließlich durch die kolossalen Säulen des Portals geht, bedeutet ihm die Architektur

(1884–90) unerbittlich, wie er der großen Kunst gegenüberzutreten hat: jedenfalls ehrfürchtig und ergriffen, allenfalls begeistert. Kunst als Religionsersatz.

Seinem Ruf als eine der wichtigsten Galerien des Landes wird das Museum schon mit der Abteilung »Alte Kunst« gerecht. Natürlich nimmt die **altniederländische Malerei** den meisten Raum ein. Jan van Eyck ist mit einer kleinformatigen »Maria am Springbrunnen« (1439) vertreten und mit einer Pinselzeichnung der »Hl. Barbara«, Rogier van der Weyden (s. S. 38) mit dem Sakramentstriptychon, einer »Verkündigung« und dem »Bildnis des Philippe de Croy« (um 1460), welchletzteres den Meister auch als vorzüglichen Porträtisten zeigt. Neben Werken der bekannten Künstler (Dieric Bouts, ein ganzer Saal Hans Memling) gibt es Entdeckungen wie das sehr intensive Mönchskonterfei eines unbekannten Meisters aus dem 15. Jh. Die interessanteste Künstlerpersönlichkeit im Kontext der Antwerpener Malerei ist sicher Gerard David (um 1460–1523). Zu Brügge hatte er die Nachfolge Hans Memlings angetreten, sich nach seiner Italienreise aber 1515 in die Lukasgilde des prosperierenden Antwerpen aufnehmen lassen. Auch stilistisch zollte er dem hiesigen Manierismus Tribut, vor allem der Kontakt mit Quentin Metsys hat sein Alterswerk beeinflußt.

Ein frühes Glanzlicht der hiesigen Malerei setzt der gebürtige Dinanter **Joachim Patinir** (um 1480–1524). Seit 1515 hat er in Antwerpen als Freimeister der Lukasgilde gearbeitet und als ein sehr gefragter dazu. Seine Domäne ist die Darstellung der Landschaft. Sie beherrscht Patinirs Bilder derart, daß ihr eigentliches Thema zur Nebensache wird. So geschieht es schon auf seiner frühen (und später mehrfach variierten) »Flucht nach Ägypten« (um 1507). Ganz klein im Vordergrund erscheint die titelgebende Szene: Ein biederer Joseph führt den Esel, der Maria mit dem Jesuskind trägt. Und schon hier gibt es die kühnen Gesteinsformationen, die bei Patinir stets ins Auge stechen und deren bleiche Schroffheit manchen an die Kalkfelsen um Dinant erinnert hat. Aber solche Felsen widersprechen jeder geologischen Wahrscheinlichkeit, wie ja Patinir seine Landschaften überhaupt nicht als reale gibt. Oft verleiht ihnen schon das Kolorit etwas eigentümlich Entrücktes, und ihr Zug in die Ferne hat etwas Mystisches.

Saal R bleibt der Antwerpener Malerei des 16. Jh. vorbehalten. Im Zentrum steht das Werk von **Quentin Metsys** (1465/66–1530), vor allem sein »Altar mit der Beweinung Christi und den Martyrien der beiden Johannes«. Unbestritten war Metsys der führende Kopf unter den hiesigen Künstlern. Anfangs zeigt er sich noch in den gotischen Maltraditionen befangen, auf Dieric Bouts verweist sein »Hl. Christopherus«. Selbst der hier ausgestellte Johannes-Altar von 1508/11 zitiert zumindest mit der Figurenpräsentation seiner Mitteltafel (»Beweinung Christi«) hergebrachte Darstellungsmuster. Doch in Aufbau und besonders in der sehr nuancierten Farbgebung hält dieses Werk die Höhe der Zeit.

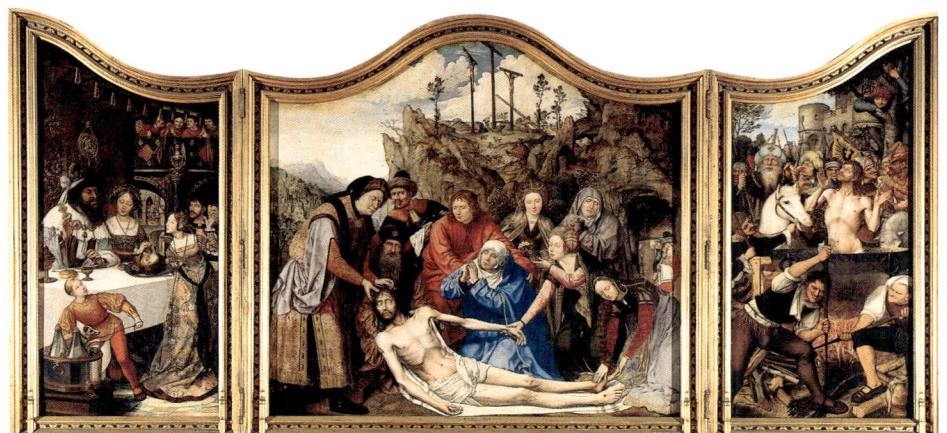

Ein Werk mit allen Charakteristika manieristischer Malerei ist der »Engelsturz« von **Frans Floris de Vriendt** (1519/20–70; s. S. 178). Das Thema leistet dem Anliegen der Künstler geradezu Vorschub. Hier wird gestürzt, wie es die Perspektive eben hergeben will: Die extreme Verkürzungen, die äußerst exaltierten Körperhaltungen entsprechen den Parolen der Epoche optimal. Kein Wunder, daß Frans, der Bruder des Rathauserbauers, einer der gefragtesten Maler seiner Zeit war. Nach Karel van Mander hatte er nicht weniger als 120 Schüler, auch sein Engelsturz vollzog sich ursprünglich an prominentester Stelle: auf dem Hauptaltar der Antwerpener Kathedrale.

Zu den Höhepunkten der Antwerpener Kunst zählt auch das Schaffen der **Breughel-Familie**. Zwar hängen die Bilder ihres Stammvaters Pieter Breughel d. Ä. im Museum Meyer van den Bergh (s. S. 165), dafür sind hier die Kinder und Kindeskinder versammelt. Um die Jans und Pieters besser auseinanderzuhalten, hat man sie hilfsweise mit werkbezogenen Beinamen versehen. So firmieren Pieter Breughel d. J. (1564–1638) als »Höllen-« und Jan Breughel d. J. (1568–1625) als »Samt-« oder »Blumen-Breughel«. Der Höllen-Breughel blieb stärker dem Werk seines Vaters verpflichtet, und noch sein Sohn, der dritte Pieter dieses Namens, hat die Familientradition der Endzeitmotive fortgesetzt.

Jan Breughel d. Ä. (auch er hat einen Sohn gleichen Namens) verdankt seine Popularität dagegen den Blumenstilleben. Natürlich hat er sich dem ungeheuer folgenreichen Schaffen des Vaters ebenfalls nicht entziehen können, doch haben ihm die ersten Lehrjahre bei der Miniaturistin Marie Bessemers, seiner Großmutter, auch einen anderen Weg gewiesen: Die Tendenz zum kleinen Format sollte ihm zeitlebens eigen bleiben. Sein »Blumenstrauß mit skulptierter Tonvase« (1609–1615) aber ist für Jans Verhältnisse ein imposantes Gemälde und ein virtuos komponiertes außerdem. Die Freiheit, ja

Quentin Metsys, »Beweinung Christi und Martyrien der beiden Johannes«, 1508/11, Koninklijk Museum voor Schone Kunsten, Antwerpen

177

Frans Floris de
Vriendt, »Engelsturz«,
Koninklijk Museum
voor Schone Kunsten,
Antwerpen

Frans Floris de Vriendt, »Engelsturz«, Koninklijk Museum voor Schone Kunsten, Antwerpen

Kühnheit des Arrangements tritt hier zum wunderbar genauen Erfassen der einzelnen Blüten und dem samtigen Schimmer der Farben. Zu solcher Meisterschaft hat es sein Sohn und Werkstatterbe Jan d. J. (1601–78) nie gebracht.

Ein bezeichnendes Licht auf die Antwerpener Malerei des 16. Jh. werfen gleichfalls die Bilder **Joachim Beuckelaers** (um 1533–um 1574). Er ging bei Pieter Aertsen (1508–75) in die Lehre, einem Maler, den die günstige Auftragslage ins prosperierende Antwerpen gezogen hatte. Als Aertsen wieder zurück nach Amsterdam ging, bediente eben Beuckelaer jene Kunden, die von den Bildern (in der Manier) seines Meisters angetan waren. Der hatte als einer der ersten überhaupt Küchen- und Marktszenen formatfüllend ins Bild gesetzt,

178

das gleiche tat Beuckelaer. Aber Beuckelaers Werke stehen auch am Beginn des flämischen Stillebens, zu dessen Statik seine lockere Malweise einen reizvollen Kontrast setzt.

Reizvolle Vergleiche bietet übrigens Saal T mit der **Holländischen Barockmalerei.** Die allgemeine Übereinkunft geht ja dahin, daß die ganz anderen politischen und religiösen Verhältnisse sich auch in den Kunstwerken der nördlichen Provinzen widerspiegeln. Protestantismus und demokratische Freiheiten führten zu einer gemesseneren Art der Darstellung, eben nach der bürgerlichen Devise: Mehr sein als scheinen. Das feudal-katholische Milieu der Südlichen Niederlande habe hingegen die dynamischen Formen und die vitalere Farbigkeit begünstigt. Daß diese Einschätzung der Tendenz nach zutrifft, sei zugestanden, für den Einzelfall gilt sie jedoch nicht. Überdies war selbst die Grenze zwischen den beiden Niederlanden durchlässig genug, um dem einen oder anderen Maler schöne Aufträge aus dem jeweils feindlichen Lager zu bescheren.

Im Rahmen der Antwerpener Kunstgeschichte verdient sicher **Frans Hals** (zwischen 1580 und 1585–1666) besondere Erwähnung. Er wurde hier (sehr wahrscheinlich) geboren und kam 1616 noch einmal für kurze Zeit nach Antwerpen zurück. Ansonsten war er derart standorttreu, daß er eine Amsterdamer Schützenkompagnie zum Porträtieren ins heimatliche Haarlem bestellte. Natürlich lehnten die Männer ein solches Ansinnen entrüstet ab. Die Fertigstellung des Bildes mußte schließlich ein anderer übernehmen. Das Königliche Museum zeigt den Halsschen »Fischerknaben« und das »Bildnis des Stephanus Geeraerdts« von etwa 1652. Letzteres unterstreicht den vorzüglichen Ruf des Malers als Porträtisten.

Selbstverständlich ist die Maler-Dreifaltigkeit des Antwerpener Barocks mit einer Fülle von Werken präsent. Und endlich einmal ist **Anthonis van Dyck** (1599–1641) hier mit Porträts vertreten, die ihn ja berühmt gemacht haben. Die Züge seines Zunftgenossen Marten Pepijn überlieferte er der Nachwelt ebenso wie die des Abbé Scaglia. Den Maler Cornelis de Wael hat er sogar hoch zu Roß konterfeit. So besitzt Antwerpen wenigstens ein Reiterbildnis von der Hand seines berühmten Sohns.

Seit 1616 gehörte van Dyck der Werkstatt von Rubens an, als Lernender zunächst, dann als Mitarbeiter. Zu dieser Zeit entstanden viele Bildnisse Antwerpener Bürger. Doch schon 1621 ging er für kurze Zeit nach London, von dort für sechs Jahre nach Italien. Wieder zurück, wurde er 1630 Hofmaler der erzherzoglichen Statthalterin Isabella, ohne daß er dafür in die Residenzstadt Brüssel umziehen mußte. Trotz guter Auftragslage zog es ihn 1632 erneut nach London. Hatte der Künstler zu Hause im Schatten von Rubens gestanden, erfuhr er auf der Insel höchste Anerkennung. Karl I. von England zeichnete ihn nicht nur als »principal painter in ordinary to their Majesties« aus, sondern schlug ihn auch zum Ritter. Rubens Tod 1640 ließ van Dyck dann wieder sein Glück auf dem Kontinent suchen, doch hier konnte er nicht mehr reüssieren. Am 9. Dezember

Rik Wouters, »Selbstporträt mit Zigarre«, 1913, Koninklijk Museum voor Schone Kunsten, Antwerpen

1641 starb er in London, sein Grab fiel einem Brand der St. Pauls Cathedral zum Opfer.

Von **Jacob Jordaens** war schon einigermaßen ausführlich die Rede (s. S. 153 f.). Doch besitzt eben das Museum Jordaens-Gemälde nicht-religiösen Inhaltes, unter anderem eine Variante des

180

öfter ins Bild gesetzten Sprichworts »Wie die Alten sungen, so zwitschern auch die Jungen«. Feinsinnige Interpreten könnten das Werk als Kommentar zur Vordergründigkeit des Generationskonflikts deuten, es ist aber zweifellos ein Beispiel für die Volkstümlichkeit des Künstlers.

Zu den wichtigen Antwerpener Meistern zählt ebenfalls **David Teniers d. J.** (1610–90). Malunterricht bekam er von seinem Vater, der selbst in dieser Profession allerdings nicht sonderlich erfolgreich war. Der Sohn ist jedoch schon 1632/33 Freimeister. Seine Ernennung zum Dekan der Lukasgilde 1645 belegt seine außerordentliche Wertschätzung unter den Künstlern der Scheldemetropole. Diese Wertschätzung hat offenbar Erzherzog Leopold Wilhelm geteilt. Seinem Ruf folgte Teniers nach Brüssel, wo ihn der Habsburger zum Hofmaler und Verwalter seiner Kunstkammer bestellte. Nichtsdestoweniger blieb der Antwerpener seiner Heimatstadt verbunden. 1665 hob Teniers die hiesige Kunstakademie mit aus der Taufe und wurde ihr erster Leiter.

Im jungen belgischen Staat hatte die Historienmalerei nicht zuletzt die Funktion, sich der eigenen Identität über die Geschichte zu versichern. Zu den bekanntesten Bildern dieser Zeit gehört »Albrecht Dürers Besuch in Antwerpen 1520« (1855) von Henri Leys. Und auch Belgiens frühe Moderne zeigt das Museum in einer repräsentativen Auswahl. Etliche Gemälde James Ensors gehören dazu, Arbeiten von Henri van de Velde und Théo Rysselberghe. Weiterhin sind die Künstler aus der Kolonie Sinbt-Martens-Latem vetreten, allen voran Constant Permeke. Zu seinen erdenschweren Gemälden kontrastieren die Arbeiten des explosiven Rik Wouters, der ein wirklicher *Fauve*, ein Wilder war.

Wenn ein Museum auf den bleibenden Wert seiner Objekte vertrauen darf, dann das **Diamantenmuseum** (*Provinciaal Diamantmuseum*, Lange Herentalsestraat 31). Außerdem ist es wohl das einzige Museum, das den Künstlern (und eine Kunst ist die Diamantenschleiferei ganz gewiß) bei der Arbeit zuzusehen erlaubt, wenn auch nur samstags zwischen 14 und 17 Uhr. Die Ausstellung selbst spannt den Bogen über mehr als vier Jahrhunderte; Diamantenschleiferei und Diamantenhandel haben hier eine lange Tradition.

Die neuprächtige **Börse für Diamantenhandel** (erbaut 1920) liegt in der Pelikaanstraat (Nr. 78), wie sich überhaupt um den Zentralbahnhof herum das Gewerbe mit den edelsten der Edelsteine konzentriert. Deshalb auch heißt dieses Viertel das »Jerusalem des Nordens«, denn vor allem dank des Diamantenhandels ist Antwerpen gleichfalls ein Zentrum der jüdischen Orthodoxie. In Spanien und Portugal an Leib und Leben bedroht, erreichten sephardische Juden um 1520 die brabantische Handelsmetropole. Noch um die Jahrhundertwende hatte die Stadt große Anziehungskraft für die Glaubensbrüder aus dem Osten Europas, wo die Pogrome wüteten. Viele reisten von hier über den Seeweg nach Süd- und Mittelamerika aus, etliche aber blieben an der Schelde. Heute setzen die strengglläubi-

Olivier Strecelle, »Miss Television II« (1979; oben) und Henry Moore, »König und Königin« (rechts; 1953); Freilichtmuseum für Plastische Kunst im Middelheimpark

Abstecher
In Deurne vor den Toren Antwerpens liegt das Museum für Kunsthandwerk und Silberzentrum Sterckshof. Es verfügt nicht nur über eine ausgezeichnete Sammlung von Gold- und Silberschmiedeobjekten, sondern verfolgt auch den Weg des kostbaren Materials bis ins Bergwerk zurück.

gen Juden markante Akzente im Straßenbild, und das Aussehen der bärtigen Männer mit den breitkrempigen Hüten und den langen schwarzen Mänteln will so gar nicht zu ihrem virtuosen Gebrauch des Handys passen.

Ganz andere Attraktionen als das Diamantenmuseum bietet Antwerpens **Zoo**, der durch den Bau des Bahnhofs leider etwas in den Hintergrund gedrängt wurde. Das schönste an ihm sind gar nicht einmal die Tiere, sondern ihre Unterkünfte. Schon der Eingang mit den Jugendstil-Anklängen seiner flankierenden Pavillons verspricht eigenwillige Architektur, ein Versprechen, das besonders der sogenannte »Ägyptische Tempel« hält. Dieses 1865/66 erbaute Elefantenhaus zeigt schon in seiner Vorhalle eine frisch restaurierte, bunte Farbenpracht. An Säulen und Wänden wimmelt es nur so von altägyptischen oder ägyptizistischen Motiven, und selbst der flandrische Löwe fügt sich zwanglos in diese Bilderwelt ein. Auch die Greifvogelvolieren stammen großenteils noch aus der Gründungszeit des Tiergartens, 1885 entstand das Okapihaus im prachtvoll-neomaurischen Stil.

Einen großartigen Skulpturengarten bietet das **Freilichtmuseum für Plastische Kunst** *(Openluchtmuseum voor Beeldhouwkunst)* im **Middelheimpark** (Zugang vom Middelheimlaan her). Die reiche Skulpturensammlung unter freiem Himmel hat in Europa ihresgleichen nicht. Sie wird durch neue Ankäufe ständig erweitert und aktualisiert. Von Rodin (»Balzac«) über Maillol, Barlach, Giacometti und Moore bis Panamarenko und Kirkeby spannt sich hier der Bogen moderner Plastik. Ein Gang durch diesen Park trägt gewiß dazu bei, Antwerpen in bester Erinnerung zu behalten.

Lier und Mecheln

Lier

Zugegeben, das Wetter in Atlantiknähe hat seine Launen. Dafür sind die schönen Tage besonders schön. Noch schöner werden sie bei einem Kaffee auf dem Grote Markt in Lier. Nun ist Flandern an Plätzen mit Atmosphäre nicht arm. Doch Liers Großer Markt strahlt eine Liebenswürdigkeit aus, die den Besucher an dieser Atmosphäre auch teilhaben läßt. Vielleicht liegt es daran, daß hier die kleinen Anfänge der Stadt gegenwärtig, vielleicht daran, daß Liers Handel und Wandel immer auch bodenständig geprägt blieben. Jedenfalls vermittelt dieser Platz den Eindruck eines gelassenen (nicht: nachlässigen), fast unbekümmerten Umgangs mit der eigenen Geschichte.

Kleine Anfänge, bodenständige Wirtschaft: Wo Große und Kleine Nete zusammenflossen, stand um 760 eine Klause. Ein fränkischer Ritter namens Gummar(us) war ihr Bauherr; er sollte später heiliggesprochen und Schutzpatron des Ortes werden. Um 1200 hatte sich hier ein Gemeinwesen gefestigt, das mitten in einem Geschling aus Flußläufen und -armen der beiden Neten lag. 1212 verlieh ihm der brabantische Herzog Heinrich I. die Stadtrechte, wenig danach bekam Lier seine Umwehrung. 1287 und 1389 wurde die Stadt erweitert. Damals war die Basis ihres Wohlstands zu nicht geringem

Lier ☆
Besonders sehenswert:
Großer Markt
Gummaruskirche
Zimmerturm

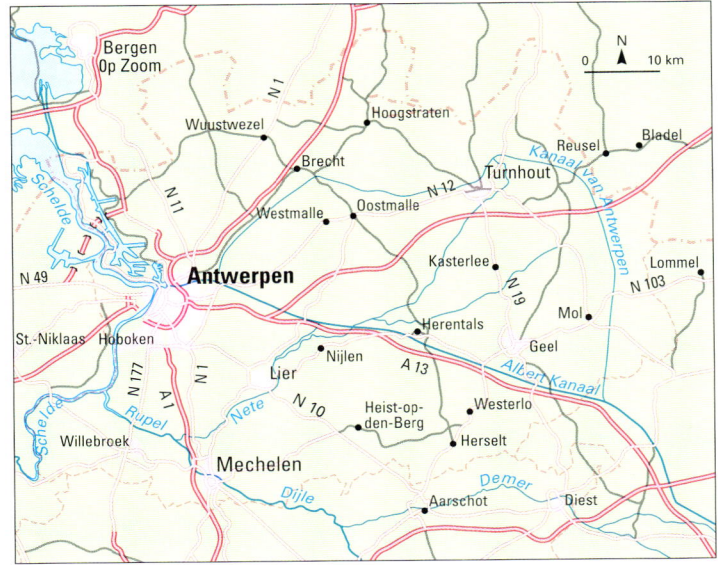

Provinz Antwerpen

Teil der Viehhandel, meist mit Schafen. Und weil es die Einwohner vorgezogen haben sollen, statt des Privilegs einer Lateinschule das des Viehmarkts zu erhalten, hängt ihnen bis heute der gar zu herzliche Kosename »Schafsköpfe« an.

Selbstverständlich blühte auch hier das Tuchgewerbe, und sogar seine Krise konnte die Wirtschaftskraft der Stadt nicht dauerhaft brechen. Nach einigen Jahrzehnten der Umstellung waren die Lierer wieder mit Leinen und preiswerteren Stoffen auf dem Markt präsent. Überdies erwiesen sich ihre kunstvoll bestickten Bordüren als Verkaufsschlager ersten Ranges. Nur sorgte der Dreißigjährige Krieg dann doch für einen Niedergang der hiesigen Ökonomie. Erst um 1660 zeichnete sich ein neuer Aufschwung ab, der wiederum von einem lebhaft besuchten Viehmarkt – und von Bierbrauereien getragen wurde.

Der kurze Geschichtsabriß erklärt, warum Lier eine Fleischhalle besitzt. Allerdings: Eine Tuchhalle besaß die Stadt auch, nur wurde sie 1740 abgebrochen. Seitdem fügt sich an den verschont gebliebenen, wuchtigen Belfort von 1369 das Rokoko-**Rathaus** mit seiner schon klassizistisch geläuterten Schauseite (1744 vollendet). Es steht ein wenig seitab an dem ohnehin eigenartig geformten Platz, doch es steht auch auf ganz unorthodoxe Weise frei. Im Südosten des Großen Markts, dort wo die Freifläche sich zu verengen beginnt, ist dieses Rathaus ein vorgeschobener Posten. Aber eben keiner von grimmiger Wehrhaftigkeit, sondern einer von nobler Eleganz. Das gilt besonders für die geschmeidige Führung der Treppe im Innern.

Die **Fleischhalle**, wie gesagt, blieb erhalten. Als eine Art Provisorium stand sie schon 1418. Ein stattliches Verkaufszentrum wurde sie 1454 und blieb es bis in die Franzosenzeit. Bei der Fassade dieses Gebäudes links vom Rathaus erlagen die Stadtgewaltigen 1920 dann doch der Versuchung, sie mit einem Treppengiebel neogotisch aufzuwerten. Überhaupt erhielt der Grote Markt, durch die Kampfhandlungen im Oktober 1914 fürchterlich mitgenommen, diverse Giebel, die den Stil der Erbauungszeit nur mehr zitieren. Aber es gibt da ja noch Gebäude wie das frühere Brauerhaus (1717, Nr. 57) oder die mit den sprechenden Namen »Den Palmboom« (1717, Nr. 41/2) und »D'Eycken Boom« (1709, Nr. 36). Seinen besonders schönen Barockgiebel krönt ein schmiedeeisernes Bäumchen. Es will sagen, daß dieses Haus einst Zentrum des poetischen Lier war: »Poesis d'Eycken Boom verciert« heißt das eine Chronogramm, während das andere versichert: »Minerva leeft in d'Eycke telgen«.

Die Heiligenlexika verschweigen es, aber das Volk weiß es besser: Gummarus ist auch der Schutzpatron aller unglücklich Verheirateten. Pippin der Kurze hatte ihn nämlich zu einer Verbindung mit einer bösartigen Frau gezwungen, die – nomen est omen – Grimmara hieß. Und die Vita des Franken widerlegt den Verdacht nicht, Gummarus habe sich aus der Ehe in die Frömmigkeit geflüchtet. Gründe für das unterschobene Patronat gibt es demnach sehr wohl, Zweifel daran erlaubt allein die Tatsache, daß Gummarus nirgendwo in die

Rathaus von Lier

Reihe der Vierzehn Nothelfer Aufnahme fand oder auch nur zu den bekannteren Heiligen gehörte.

Lier aber besitzt mit der **St.-Gummaruskerk** ein Gotteshaus, das des Stadtpatrons würdig ist (s. S. 5). Über kreuzförmigem Grundriß erhebt sich eine markante Basilika der Brabanter Hochgotik, gut 180 Jahre sollte ihre Entstehung in Anspruch nehmen. Und obwohl 1378 zunächst mit dem Westturm begonnen wurde, erhielt dieser erst 1707 sein oberstes Geschoß, 1754 endlich die barocke Haube. Zwischen 1425 und 1446 entstand das Langhaus, 1476 war das Querschiff bis aufs Gewölbe fertiggestellt. Noch einmal 40 Jahre dauerte es bis zur Vollendung des Umgangschors. Fast während der ganzen langen Bauzeit haben Mitglieder der Familien Keldermans und de Waghemakere die Arbeiten geleitet, wohl deshalb wirkt St. Gummarus wie aus einem Guß.

Nun mögen die schweren und ein wenig steifen Formen der Brabanter Hochgotik nicht jedermanns Sache sein, gleichfalls hat die

185

Gummaruskirche,
Innenraum

konventionelle Innenarchitektur ihre Kritiker gefunden. Aber im
Fall von St. Gummarus schafft sie doch einen weiten, hellen Raum,
der die reiche Ausstattung ins rechte Licht setzt. Da wäre allen voran
der filigran gearbeitete Lettner aus weißem Sandstein zu nennen
(1536–38), ein fulminantes Werk spätestgotischer Bildhauerkunst.
Die prächtige Kanzel hat Arthus Quellien d. Ä. (1609–1668) geschaffen. Von ihm stammen ebenfalls einige der Pfeilerapostel im Mittel-

schiff, außerdem der Säulenaltar der Liebfrauenkapelle. Hier hängt auch das berühmteste Bild dieser Kirche, das »Colibrant-Triptychon«. Anfang des 16. Jh. entstanden, stellt es die mystische Hochzeit, die Sieben Freuden wie Sieben Schmerzen Mariens dar und wird Jan Gossaert, genannt Mabuse, zugeschrieben.

Mehr als einen flüchtigen Blick haben schließlich die spätgotischen Glasmalereien verdient. Rombout Keldermans entwarf die ältesten Fenster, sie lassen im Sonnenlicht unter anderem eine Marienkrönung erglühen sowie ein Doppelbildnis der beiden Klostergründer Gummarus und Rumold (1475/76). Im Hochchor stiftete die Glasmalereien Kaiser Maximilian, der Lier 1506 besuchte. Folglich ehren die Bilder das Andenken der kaiserlichen Familie, neben Maximilian und Maria von Burgund erscheinen Philipp der Schöne, Johanna die Wahnsinnige, Philibert von Savoyen, Margarete von Österreich sowie Karl V. und Ferdinand I.

Von den anderen Gotteshäusern Liers ist noch die ursprünglich romanische **St.-Pieterskapel** (H.-Geeststraat) zu erwähnen, allerdings bekam der Bau aus dem 12. und 13. Jh. 1475 ein neues Mittelschiff. Predigtherren bauten im 15. Jh. die gotische **Klausenkirche** *(Kluizekerk)*. Unter ihrer bemerkenswerten Ausstattung finden wir ein Bäumchen, 1475 kunstvoll geschmiedet aus Eisen. Es spielt auf ein Wunder aus der Vita des Stadtpatrons an. Als Gummarus einst einen Baum gefällt hatte, kam dessen Eigentümer und wollte ihn belangen. Auf das inständige Beten des Heiligen aber habe der Baum wieder Wurzeln geschlagen und sich frisch begrünt.

Kontakt mit dem Himmel hält an der Nete auch der **Zimmerturm**, einst Teil der mittelalterlichen Umwehrung. Diese meistfotografierte Sehenswürdigkeit Liers trägt den Namen des Uhrmachers Louis Zimmer, der den Turm mit einer ingeniös konstruierten astronomischen Uhr schmückte. Für die Brüsseler Weltausstellung 1935 schuf Zimmer die sogenannte Wunderuhr, dieses Werk kam zurück in seine Vaterstadt, wo sie heute in einem Pavillon gleich neben dem Turm gezeigt wird.

Uhr am Zimmerturm

Ein besonderer städtebaulicher Glücksfall Flanderns ist der hiesige **Beginenhof**. Zu seiner lauschigen Verwinkeltheit, zu seinen putzigen Häusern scheint denn doch der Titel einer Erzählung von Felix Timmermans zu passen: »Die sehr schönen Stunden von Jungfer Symforosa, dem Beginchen«. Timmermans (1886–1947), ein allgegenwärtiger Sohn dieser Stadt und an seinem Sterbehaus Heyderstraat 30 mit einer Gedenktafel geehrt, hat da einen idyllischen, fast schon einfältigen Text geschrieben. Jedenfalls wird sein rhetorischer Diminutiv der historischen Bedeutung des Beginenwesens nicht gerecht. Es zog seit dem letzten Viertel des 12. Jh. nicht nur zahlreiche Frauen an – manche schätzen bis zu drei Prozent der weiblichen Bevölkerung – , sondern spielte in vielen mittelalterlichen Städten auch eine wichtige wirtschaftliche Rolle.

Zusammenschlüsse von Beginen hielten die Mitte zwischen Ordens- und Laienleben. Sie verpflichteten sich nicht mit einem ewigen Gelübde, Austritt und Heirat blieben möglich. Zwar gaben sich ihre Gemeinschaften eine Regel, ihre Mitglieder gelobten Keuschheit und Gehorsam, aber sie hatten keine zentrale Leitung und agierten durchaus eigenständig. So fürchtete die Kirche stets, daß sich die selbstorganisierten frommen Frauen ihrer Kontrolle entziehen könnten. Die Furcht schien nicht ganz unbegründet: Manche christliche Bewegung suchte damals ihr Heil außerhalb der Kirche – noch heute wird die Herleitung des Namens Beginen von den abtrünnigen Albigensern für möglich gehalten. In den Geruch der Ketzerei kamen auch die Beginen, 1311 verbot das Konzil von Vienne ihre Bewegung, doch wurde das Verbot nicht überall mit der gleichen Härte durchgesetzt.

Schon während des Mittelalters veränderte das Beginentum sein Gesicht. Schlossen sich zunächst Angehörige des Landadels und der Patrizierfamilien als fromme Frauen zusammen, waren später die Töchter und Witwen der ärmeren Schichten in der Überzahl. Im Zeitalter der Religionskriege drohten die Gemeinschaften ganz zu verschwinden, um während des 17. Jh. – jedenfalls in den Südlichen Niederlanden – eine neue Blüte zu erleben. Heute gibt es nur wenige Höfe, in denen noch Beginen leben. Der von Lier gehört dazu.

Keimzelle des Lierer Beginenhofs war um 1200 die Schenkung dreier Schwestern. Im Laufe der Jahrhunderte nahm der Hof immer stattlichere Ausmaße an, zuletzt wurde 1721–26 die Bleichwiese an der Grachtkant bebaut. So entstand eine Stadt im Kleinen. Hinter ihren Backsteinmauern drängen sich insgesamt 162 Häuser, sie stammen meist aus dem 17. und 18. Jh. Achse dieser Stadt ist die St.-Margaretastraat, Zentrum die **St.-Margaretakerk**. 1667 vollendet, erhielt sie 1767 noch einen Giebelaufsatz nebst Glockenturm, die Rokoko-Einflüsse zeigen. Im Mittelpunkt der Barockausstattung steht natürlich der Hauptaltar, dessen Blatt »Die Verherrlichung der hl. Begga« vergegenwärtigt. Die Heilige hat übrigens trotz der Namensähnlichkeit mit den Beginen nichts zu tun.

Bliebe noch, auf die beiden Lierer Museen hinzuweisen. Das eine heißt **Timmermans-Opsomerhuis** und liegt schräg gegenüber vom Zimmerturm an der Kleinen Nete, es ist Leben und Werk des Schriftstellers Felix Timmermans sowie des Malers Isidoor Opsomer (1878–1967) gewidmet. Vom Großen Markt führt die F. van Cauwenberghstraat nach Westen und zum **Stedelijk Museum Wuyts-Van-Campen-Caroly**. Seine Sammlung bietet einen interessanten Querschnitt durch die Geschichte nord- und südniederländischer Malerei zwischen Breughel und Permeke.

Aber selbst die interessanteste Bilderwelt sollte den Lier-Besucher nicht davon abhalten, noch ein wenig durch die Stadt, vor allem entlang der Kleinen Nete zu bummeln. Die Brückchen und Pumpen, die Stapelhäuser am ehemaligen Hafen, die Trauerweiden als unvermeidliches Accessoire der weniger verbauten Uferstreifen – sie alle tragen bei zur Atmosphäre dieser Stadt, die sich bis heute ein ganz unverwechselbares Gesicht erhalten hat.

Mecheln (Mechelen)

Angesichts der recht tristen Gegenwart fällt es schwer, von Mechelns großer Vergangenheit zu schwärmen. Selbstverständlich erlauben wir uns kein Urteil über das Sittenleben der Stadt, doch zweifellos sind am Sitz des Kardinal-Erzbischofs von Belgien die Bausünden besonders stark verbreitet. Außerdem brachten einige desaströs mißglückte Großprojekte die Stadtverwaltung derart in die Bredouille, daß ihr selbst für die wertvollsten Denkmäler lange Zeit das Geld fehlte. Heute tut sich doch einiges, und vielleicht hilft das ja nicht nur den Prestigeobjekten, sondern auch den weniger prominenten Baudenkmälern der Stadt. Aber immer noch sollten Besucher Mechelns mit der Möglichkeit rechnen, sogar dort vor verschlossenen Türen zu stehen, wo ihnen der Kunst-Reiseführer einen Rembrandt dahinter verspricht …

Als *malines* erscheint der Ort 870 erstmals in den Quellen, und bald sollte er zum Zankapfel zwischen einem geistlichen und einem weltlichen Herrscher werden. Die ältesten, die vornehmsten Rechte hatte hier der Fürstbischof von Lüttich, doch zu ihrer Wahrnehmung brauchte er einen sehr langen Arm. Näher hatte es der Herzog von Brabant, ganz nahe die Berthouts. Diese Vögte des Lütticher Lan-

Mecheln ☆
Besonders sehenswert:
Kathedrale St. Rumold

Mecheln
1 *Rathaus*
2 *Haus de Beyaert*
3 *Schöffenhaus*
4 *Kathedrale St. Rumold*
5 *Heiliggeistkapelle*
6 *St.-Johannes-kirche*
7 *Stadtmuseum*
8 *Peter-und-Paul-Kirche*
9 *Palais der Margarethe von York*
10 *Palais der Margarete von Österreich*
11 *Refugium von Sint-Truiden*
12 *Refugium von Tongerlo*
13 *St.-Katharina-Kirche*
14 *Kirche St. Alexius und St. Katharina im Beginenhof*
15 *Liebfrauenkirche von Liliendaal*
16 *OLV-van-Hanswijk-Kirche*
17 *OLV-over-de-Dijle*
18 *Haus »De Zalm«*
19 *Brüsseler Tor*
20 *St.-Jozef, Duivelshuis und Het Paradijs*

189

desherrn schalteten hier fast nach Belieben. Und nach Maßgabe des eigenen Vorteils schlugen sie sich bedenkenlos entweder auf die Seite des einen oder des anderen Potentaten.

Der Erfolg gab den Berthouts recht: Die Herrlichkeit Mechelen blühte, und natürlich auch deren Zentrum. Zu seinem Wohlstand trug ein Brabanter Stapelrecht ebenso bei wie ein florierendes Tuchgewerbe. Schon vor 1200 besaß das Gemeinwesen eine erste Umwehrung, die vor 1300 noch einmal verstärkt wurde. In den 20er und 30er Jahren des 14. Jh. erreichte die Stadt den Gipfel ihrer wirtschaftlichen Entwicklung. Als die traditionelle Tuchherstellung zusammenbrach, traf das auch Mecheln empfindlich. Aber mit der Leinen- und der berühmten Wirkteppichproduktion, mit dem Geschütz- und dem weithin bekannten Glockenguß erschloß sich die Stadt neue Erwerbsquellen.

Nach dem Aussterben der Berthouts fiel Mechelen zunächst an Brabant, dann an Flandern. Schon Karl der Kühne aber machte die Dijle-Metropole zur Hauptstadt des Burgunderreichs, wenn auch nur für kurze Zeit. Die gleiche Stellung behauptete sie während der Landvogtschaft Margaretes von Österreich (bis 1530), wenn auch nur für die Habsburgischen Niederlande. Ihre Nachfolgerin Maria von Ungarn verlegte den Regierungssitz endgültig nach Brüssel.

Immerhin wurde Mechelen 1559 Sitz eines Erzbischofs, der zur Betonung seines Rangs seit 1560 sogar den Titel Primas von Belgien führen durfte. So stieg die Stadt zum Zentrum der Gegenreformation auf, eine durchaus heikle Karriere im Zeitalter der Religionskriege. Lange hat sie gebraucht, um sich von den Plünderungen und Verwüstungen zu erholen, schwer mitgenommen wurde Mechelen auch in den beiden Weltkriegen.

Selbstverständlich kann auch ein Rundgang durch Mechelen mit dem **Großen Markt** beginnen. Seine Mitte beherrscht das Standbild der Margarete von Österreich, und gewiß hätte die Stadt eine Mäze-

Fest auf dem Eis bei Mechelen. Radierung von Pieter van der Borcht nach Bartholomeus de Momper, 1569

nin wie sie derzeit wieder bitter nötig. Überdies stehen hier gleich drei Gebäude, die als Sitz des Stadtregiments gedient haben bzw. dienen. Das heutige **Rathaus** *(Stadhuis)* ist ein kurioses Denkmal mit einer noch kurioseren Baugeschichte. Es entstand 1311 als Tuchhalle und sollte den Vergleich mit denen von Brügge und Ypern nicht zu scheuen brauchen. Aus den großen Plänen wurde nichts oder doch nur wenig. Als die Arbeiten um 1350 stockten, waren nicht einmal die beiden Geschosse der Halle vollendet und vom Belfried gerade der Unterbau. Daß er heute wie ein opulentes Zwerchhaus wirkt, geht auf Verlegenheitslösungen späterer Jahrhunderte zurück, denen er etwa die zwei achtseitigen Ecktürmchen (16. Jh.) verdankt. Auch der Südflügel des Gebäudes (Ecke Markt/Hallestraat) erhielt seinen marktzugewandten Giebel erst im 17. Jh.

Ganz anders setzt sich links daneben der sogenannte Palaisflügel in Szene. Nach dem Willen Kaiser Karls V. sollte hinter seiner spätgotischen, dynamisch eleganten Fassade der Große Rat der Niederlande tagen. Nur kam auch dieses ehrgeizige Projekt trotz gut 20jähriger Bauzeit (1526–1547) nicht zum Abschluß. Weil aber wenigstens die Pläne Rombout II. Keldermans' erhalten blieben, konnte das Gebäude 1910/11 als Vierflügelanlage doch noch fertiggestellt werden. Nur gab es da keinen Großen Rat mehr, geschweige denn die Habsburgischen Niederlande.

Auf der Ostseite des Platzes weist das **Haus de Beyaert** (Grote Markt 1) dem Markt die spätgotische Fassade, aber in seinen Wänden steckt noch Mauerwerk des 13. Jh. Mehrfach umgebaut und erweitert, war es von 1474 bis 1914 Rathaus. Dieser Bau wirkt schlicht, doch verleihen ihm die Treppengiebel eine durchaus eigene

Note. Nur verdankt auch sie sich einer Restaurierung zu Beginn unseres Jahrhunderts, die dem Haus sein Rokoko-Aussehen nahm, um ihm das gotische ›zurückzugeben‹. Etwa schräg gegenüber schließlich steht das **Schöffenhaus** (*Oud Schepenhuis*, Steenweg 1). Seine Baugeschichte reicht ebenfalls bis ins 13. Jh. zurück, die Erweiterung im 14. Jh. war logische Folge des wirtschaftlichen Aufschwungs. 1473 mußten die Schöffen ihre repräsentative Bleibe mit den Treppengiebeln und Ecktürmchen allerdings dem Großen Rat überlassen und ins weniger glänzende Haus de Beyaert ziehen, siehe oben.

Aber niemand und nichts kann der **Kathedrale St. Rumold** (*St.-Romboutskathedraal*) ihre beherrschende Stellung streitig machen. Kein Zweifel, daß solch städtebauliches Schmuckstück wie ein Augapfel gehütet werden muß. Kein Zweifel auch, daß es in seinem Fall immer noch besser ist, überschnell zu reagieren als verspätet. So waren die Mechelner beim nächtlichen Schreckensruf, der Turm von St. Rumold stehe in Flammen, gleich hellwach. Doch rückte die Brandwehr vergebens an. Denn nicht der feurige Kamm des roten Hahns beleuchtete den Kirchturm, sondern das bleiche Licht des Mondes. Seitdem haben die Mechelner ihren Spitznamen weg: »Mondlöscher« (*Maneblussers*) heißen sie wegen ihrer allzu großen Sorge um das Stadtwahrzeichen.

Noch in die Frühgotik fällt der Baubeginn des Gotteshauses, das bei dem tatsächlichen Brand von 1342 fast vollendet war. Doch machten die Bauherren aus der Not eine Tugend, als sie den Chorschluß der Andachtsstätte mit Umgang und sieben Kranzkapellen neu errichten ließen. 1375 hatte Jan van Osy diese Ostpartie fertiggestellt, sie wurde Vorbild für alle weiteren Kirchen der Brabanter Hochgotik. 1452 begannen dann die Arbeiten am Westturm. Und durfte St. Rumold bisher schon als sehr imposanter Bau gelten, sollte der Turm einen geradezu triumphalen Akzent setzen. Aber wie so häufig sorgte die Wirtschaftskrise auch hier dafür, daß der Turm nicht in den Himmel wuchs. 1520 ließen die Bauleute ein unvollendetes Werk zurück. Statt der angestrebten 167 erreichte es nur 97 m.

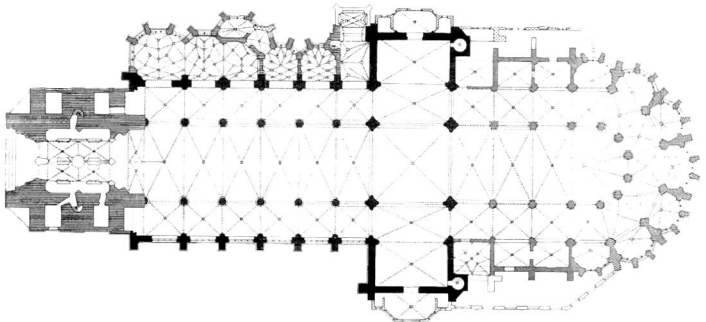

Kathedrale St. Rumold
(Grundriß)

Das ist immer noch eine beachtliche Höhe, zu der hinauf eine durchaus eindrucksvolle Architektur führt. Mehrere Generationen hindurch überwachte die Baumeisterfamilie Keldermans deren Werden. Sie betonte den vertikalen Zug mit vier starken Profilleisten an den Kanten und vier schwächeren in der Flächenmitte, die zugleich der Wucht des Turms entgegenwirken. Denselben Effekt hat die Verjüngung nach oben. Die Leisten tragen eine reiche Filialzier, und auch die Außenwände sind von virtuoser Ornamentik fast ganz überzogen. Nicht umsonst halten manche den Kirchturm von St. Rumold für den schönsten Flanderns.

Auf den schönen Turm macht ein schönes Glockenspiel zusätzlich aufmerksam, am Montagabend sogar mit einem eigenen Konzert. Eigentlich sind es ja zwei Spiele, doch kam das jüngere erst 1981 hinzu. Beim älteren wurden die ältesten Glocken schon 1480 und 1498 gegossen, zwei andere hängen hier seit 1696. Insgesamt besteht das Spiel aus 49 Klangkörpern, die vier Oktaven umfassen.

Während des 16. Jh. wurde im niederländischen Raum die besondere Mechanik zum Anschlagen der Glocken entwickelt, aber die Kunst des *Beiaard*-Spielens ist älter. Einen Höhepunkt erreichte sie in der zweiten Hälfte des 17., noch einmal erfuhr sie anfangs des 20. Jh. eine Belebung. Diese Renaissance ist zu einem nicht geringen Teil das Verdienst eines Mechelners, des *meesterbeiaardier* Jef Denijn, der auch eine Beiaard-Schule gründete. Sie besteht übrigens heute noch.

Aber nun zum Kircheninneren: Sein Raumbild würde sicher noch mehr überzeugen, wenn nicht der einheitlich helle Anstrich die Konturen derart schwächen würde. Diesen Eindruck können selbst die vielen plastischen Kunstwerke kaum korrigieren. So fallen die barocken Apostelfiguren an den Mittelschiffsäulen (1629–40) weniger ins Auge, als sie das verdient hätten. Unbestritten ein Blickfang ist der Hochaltar des Jahres 1666, nach einem Entwurf von Willem Hesius schuf ihn Lucas Fayd'herbe in weißem und schwarzem Marmor.

Fayd'herbe, wahrscheinlich ein gebürtiger, sicher aber getaufter Mechelner, war zeitweise Mitarbeiter von Rubens (s. S. 40). Er betrieb in seiner Heimatstadt ein sehr produktives Bildhaueratelier und gilt als Begründer der Mechelner Barockschule. So verwundert nicht, daß er noch einige Stücke mehr zur Ausstattung der Kirche beigetragen hat, darunter auch das Grabmonument des Erzbischofs Andreas Creusen († 1666). Das seines dritten Nachfolgers Humbert Guillaume de Precipiano (der übrigens trotz zeitweiliger Exkommunikation in sein hohes Amt gelangte) trägt die Handschrift Michiel van der Voorts, der auch das Grabmal für Precipianos Bruder Prosper Ambroise gestaltete. Obwohl beide Monumente im Jahr 1709 entstanden, vergegenwärtigen sie den Umschlag vom barocken Pathos (Humbert Guillaume) zur klassizistischen Verhaltenheit (Prosper Ambroise). Die Kanzel (1723) des gleichen Antwerpener Künstlers stand allerdings ursprünglich im Prämonstratenserinnen-

Grabmonument des Erzbischofs Andreas Creusen von Lucas Fayd'herbe

193

Kathedrale St. Rumold, Schnitzerei an der Kanzel

kloster Leliendaal, darum zeigt die Schnitzerei auf dem Kanzelkorb die Bekehrung des Ordensgründers Norbert. Offenbar hat sich van der Voort hier vom Sturz des geblendeten Apostels Paulus inspirieren lassen. Mindestens ebenso dramatisch hat er den Sündenfall gestaltet, anläßlich dessen die bekannten Teufelstiere wie Schlangen, Kröten und Eichhörnchen nicht fehlen dürfen. Im südlichen Querhaus findet sich schließlich das berühmteste Bild der Kirche, eine »Kreuzigung« von Anthonis van Dyck.

Im Schatten der großen Kirche steht eine kleine, die **Heiliggeist-Kapelle** (*Heilig-Geest-Kapel*, Minderbroedersgang) vom Ende des 13. Jh. Das Gotteshaus gehörte einst den Armenmeistern von St. Rumold, heute dient es zusammen mit dem anschließenden vormaligen »Amt für Wohltätigkeit« (17. Jh.) als Puppentheater. »Aus kleine Anfängen« – diese Wendung trifft für die Kirche **St. Johannes** (*St.-Janskerk*) wirklich einmal zu. Die Kapelle des 13. Jh. wurde zwar bald zur Pfarrkirche erhoben, aber erst im 15. Jh. entsprechend erweitert. Auch dieses Gotteshaus hat eine bewegte Geschichte hinter sich, nach den Attacken der Bilderstürmer diente es eine halbe Dekade lang sogar als Kaserne und Stall. Die meisten Besucher kommen ohnehin nicht wegen der Architektur dieser Kreuzbasilika, deren auffälligster Bauteil der Westturm ist. Vielmehr lockt sie das Johannes-Triptychon von Peter Paul Rubens, um es aber zu sehen, müßten sie in die Kirche hinein. Das geht jedoch nur kurz vor und kurz nach den Gottesdiensten, also zu sehr beschränkten Zeiten.

So bleibt also kaum ein Blick für die virtuos geschnitzte Kanzel des Theodoor Verhaegen oder das wunderschöne Chorgestühl desselben Meisters, der hier allerdings von seinen Schülern unterstützt wurde. Nein, hier gilt es die Gunst der Viertelstunde zu nutzen und gleich auf den Hochaltar loszusteuern. Auf ihm nämlich steht das Dreitafelbild des Antwerpener Malers, dessen Zentrum eine »Anbetung der Heiligen Drei Könige« bildet. Dafür aber sind die Flügel ganz den zwei namensgleichen Schutzheiligen der Kirche vorbehalten, links mit der »Taufe Christi« (Außenseite) und der »Enthauptung« Johannes dem Täufer, rechts mit der »Verbannung auf Patmos« (Außenseite) und seinem »Martyrium« dem Evangelisten Johannes.

Nur wenige Schritte weiter nördlich liegt das **Stadtmuseum** (*Stedelijk Museum Hof Busleyden*). Seinen Namen verdankt dieser 1503–08 errichtete Hof dem Geistlichen und namhaften Gelehrten Hieronymus van Busleyden (um 1470–1517), der sich außerdem als Diplomat Maximilians I. bewährte. Nun nennt Mecheln Höfe bekannterer Persönlichkeiten sein eigen, doch hinter diesen Palästen muß sich der Busleydener keineswegs verstecken, er diente sogar manch einem Mechelner Patrizier als Vorbild für den eigenen stattlichen Wohnsitz. Schon seit 1938 ist der zuvor gründlich restaurierte Hof Museum. Hier werden unter anderem (Wand-)Bildteppiche und Ledertapeten gezeigt, die zwischen 1600 und 1800 zu den großen Aktivposten des hiesigen Gewerbes zählten. Selbstverständlich darf in einem Mechelner Stadtmuseum auch eine *Beiaard*-Abteilung nicht fehlen.

Daß die Andachtsstätte an der Keizerstraat heute **Peter-und-Paul-Kirche** *(St.-Pieter-en-Pauluskerk)* heißt, dürfte kaum im Sinne der Bauherren sein. Die Jesuiten hatten ihr Gotteshaus vor dem Verbot des Ordens jedenfalls nach ihrem Mitbruder Franz Xaver benannt, dem großen Missionar Ostasiens. Die repräsentative Barockkirche, 1670–77 nach den Plänen des Jesuitenpaters Andreas Losson erbaut, diente während der Besatzung durch die französischen Revolutionstruppen zeitweilig als »Tempel der Rede«. Diese Umwidmung scheint nicht völlig aus der Luft gegriffen, denn trotz üppiger Stukkatur zeigt die Innenarchitektur manche klassizistischen Momente. Längst jedoch präsentiert sich das Gotteshaus wieder im Schmuck des barocken Mobiliars. Einen originellen Aufbau hat der Hochaltar, der sich halbkreisförmig zum Schiff hin öffnet. Weltumspannend im wahrsten Sinne des Wortes ist die Kanzel Hendrik Frans Verbruggens (um 1700), sie thematisiert die Verbreitung der Gottesbotschaft rund um den Globus (mit Längen- und Breitengraden!). Auch Personifikationen der Erdteile fehlen nicht, denen zur Verdeutlichung noch einmal die wildesten Tiere der entsprechenden Weltgegenden zugeordnet sind. Leider hat das Krokodil seinen Unterkiefer eingebüßt.

Gleich daneben steht das ehemalige **Palais der Margarethe von York,** Witwe Karls des Kühnen (1446–1503). Der prächtige »Hof« ist heute in einem beklagenswerten Zustand. Daß sich die Historie dieses Hauses mit glanzvollen Namen europäischer Geschichte verbindet, hat seinen Verfall nicht aufhalten können. Um 1480 entstand dieser Bau der späten brabantischen Gotik, doch bewahrt er noch Mauerwerk älterer Vorgänger. Margarethe von York hat hier freilich nicht lange gewohnt. 1487 erwarb die Stadt das Palais, um es Maximilian von Österreich und seinem Sohn Philipp dem Schönen zu schenken. Natürlich war das keine bloß devote Geste, sondern als Investition in die Zukunft der Stadt gedacht. 1501–16 wohnten hier die Kinder Philipps und Johannas (der Wahnsinnigen). Eleonora, Isabella, Maria und (der spätere Kaiser) Karl (V.) blieben nach dem Tod des Vaters (1506) in Melcheln, während sich die Mutter in ihre spanische Heimat zurückzog. Für die Stadtgewaltigen sollte ihre Idee der Herrscherbindung wenigstens ansatzweise Früchte tragen: Karl V. wollte Mechelen als Regierungssitz für den Großen Rat der Niederlande festigen.

Der Kinder nahm sich 1506 Margarete von Österreich an, die sozusagen schräg gegenüber residierte **(Palais der Margarete von Österreich;** Keizerstraat 20). Zunächst baute Antoon Keldermans d. J. für sie den Trakt an der Korte Maagdenstraat im spätgotischen Stil, was Treppentürmchen fast zwingend einschloß. Die Erweiterung verantwortete zwischen 1517 und 1530 Rombout Keldermans. Der eindrucksvollste Teil der nunmehrigen Vierflügelanlage liegt an der Keizerstraat. Seine Renaissance-Architektur, die erste der Niederlande überhaupt, hebt die Portalfront besonders hervor. Noch einmal kam es 1611–15 zu größeren Bautätigkeiten. Damals entstand der Große Audienzsaal des Großen Rats, der hier bis zu seiner Auflösung 1695 tagte.

Heute ist der Palast Gerichtshof, ein auswärtiger Besucher muß also schon zu einem recht hohen Einsatz bereit sein, wenn er ihn von innen kennenlernen will. Den Innenhof darf er allerdings ohne weiteres betreten; kein schlechter Platz, um den Glanz des einstigen Hoflebens vor dem inneren Auge erstehen zu lassen. Margarete von Österreich, die kluge und weitsichtige Politikerin (s. S. 56), zog viele bedeutende Künstler und Gelehrte nach Mecheln, ihr Hofbildhauer war (seit 1514) der von Dürer hoch gelobte Conrad Meit (s. S. 63). Übrigens verfolgte der Nürnberger Meister bei seinem Aufenthalt in der Residenz auch handfeste geschäftliche Interessen: Er bot der Statthalterin ein Porträt ihres Vaters Maximilian an. Was Margarete bewog, dieses Kaufangebot auszuschlagen, haben die Quellen nicht überliefert.

Auch westlich des Grote Markt finden sich einige bemerkenswerte Denkmäler auf engstem Raum konzentriert. Die beiden ehemaligen **Refugien der Abteien von Sint-Truiden und Tongerlo** sind sogar fast Nachbarn (Schoutestraat 3 und 7). Das **Truidener Refugium,** ein Bau des 16. Jh., macht vor allem durch den oktogonalen Hausturm auf sich aufmerksam. Überdies verleiht ihm das *Groen Watertje,* so genannt wegen seiner Haut aus grünen Wasserlinsen, eine pittoreske Note. Als einziges Überbleibsel des Melaan läßt es noch ein wenig von dem Reiz ahnen, den dieser Wasserlauf mitten durch Melcheln dem Stadtbild gegeben haben muß, bevor er zugeschüttet wurde. Das **Refugium von Tongerlo** stammt großenteils noch aus dem 15. Jh., hat aber eine aktuelle Bestimmung gefunden. Hier wird das traditionsreiche Kunstgewerbe der Wandteppichherstellung fortgeführt. Überdies dokumentiert eine Sammlung alter Stücke, welche Meisterschaft die Mechelner Weber in diesem Handwerk erreichten und über Jahrhunderte gehalten haben.

Vor einigen Jahren restauriert, gehört die Kirche **St. Katharina** (von Alexandrien, *St.-Catharinakerk*) zu den Schmuckstücken des Stadtbilds. 1343 wurde das heutige Gotteshaus geweiht, Chor, Querschiff und Westfassade entstanden etwa ein Jahrhundert später. Die strenge Architektur des Inneren weist in die frühe Gotik, allerdings sollen die kargen Rundfenster des Obergadens auch das Rad, mithin das Marterinstrument der hl. Katharina, symbolisieren. Einigermaßen ungewöhnlich ist die Ansicht des Westabschlusses, weil er ganz ohne Turm auskommt. Der sitzt hier über der Vierung und hat seinen angestammten Platz für ein großes, langgestrecktes Fenster freigegeben. Dessen delikates Maßwerk setzt einen schönen Kontrapunkt zur Schlichtheit des Baus.

Und noch ein sehenswertes Gotteshaus erhebt sich nur wenige Meter weiter. Die **St.-Alexius- und St.-Katharina-Kirche** *(St.-Alexius-en Catharinakerk)* gehört zum (Großen) *Beginenhof* der

Stadt. Auch über Beginen (s. S. 187) in Mecheln berichten die Quellen schon seit 1209, der hiesige Beginenhof hatte seine Blütezeit zwischen 1595 und 1652. Seine imposante Andachtsstätte wurde 1629–1647 errichtet, wobei Lucas Fayd'herbe in der letzten Bauphase auf die Entwürfe des Jesuitenpaters Pieter Huyssens und Jakob Franquaerts Einfluß nahm. Die kraftvoll rhythmisierte Giebelwand der Kirche hat ihre Entsprechung in der dynamischen Raumperspektive des Inneren, das allerdings auf einige Elemente gotischer Architektur nicht verzichtet.

Hatte Fayd'herbe schon das Standbild der Kirchenpatronin über dem Portal und Gottvater in der Giebelnische geschaffen, so war er an der Ausstattung ebenfalls wesentlich beteiligt. Die Muttergottes über dem Hochaltar (1671) stammt von seiner Hand, desgleichen ein Christus als Salvator mundi und eine Schmerzensmutter von 1640. Obwohl ein frühes Werk des Bildhauers, zeigt sie ihn doch schon als Meister seines Fachs. Sie ist während Fayd'herbes Zeit in Rubens' Atelier entstanden. Doch der Werkstattinhaber höchstselbst hat allen Mußmaßungen den Boden entzogen, die Figur verdanke ihre Qualität dem lehrmeisterlichen Zurhandgehen. »Allein bei mir zuhause, ohne jede fremde Hilfe« habe Fayd'herbe gearbeitet und mit so ausgezeichnetem Ergebnis, »daß ich nicht glaube, ein anderer Bildhauer im Lande hätte sie besser machen können«.

Diese Vlurfpuppe ist das berühmteste Objekt der Mechelner Folklore und heißt »Het Op-Sinjorke«, ursprünglich (im 17. Jh.) aber »Vuylen Bras«, was so viel wie Schmu'zfink bedeutet. Sie ist das Symbol für die Verachtung der Antwerpener (die sich mit dem Beinamen »Sinjoor« seit der spanischen Zeit bis heute schmücken).

Wer vom Grote Markt über den Bruul zum jenseitigen Dijleufer will, passiert rechter Hand die **Liebfrauenkirche von Liliendaal** *(O.-L.-Vrouwkerk van Liliendaal)*, einem ehemaligen Prämonstratenserinnenkloster. Auch hier begegnet uns Lucas Fayd'herbe als Architekt, 1663–74 entstand dieses Gotteshaus nach seinen Entwürfen. Allerdings sollten seine planerischen Fähigkeiten nicht an dieser Andachtsstätte gemessen werden, zu übel haben die Zeiten ihr mitgespielt.

Da bietet der kleine Park am Fluß (wenn auch nicht der Fluß selbst) schon einen freundlicheren Anblick. Der etwas gezauste Kräutergarten darin ist der richtige Platz für ein Standbild des großen Botanikers Rembert Dodoens (latinisiert Rembertus Dodonaeus), der am 29. Juni 1517 oder 1518 in Mecheln geboren wurde und am 10. März 1585 in Leiden starb. Der studierte Mediziner wirkte seit 1541 als Mechelner Stadtarzt, von 1575–78 war er sogar kaiserlicher Leibarzt in Wien. Sein berühmtes »Cruydeboek« erschien erstmals 1554, es sollte bis weit ins 17. Jh. viele Auflagen und Ausgaben erleben. Obwohl Dodoens vor allem die Heilwirkungen der Pflanzen interessierten, hat er doch auch die Gewächse als solche beschrieben und für die Botanik Wegweisendes geleistet.

Dann aber geht es endgültig über die Dijle, auf deren anderer Seite wir gleich zwischen zwei Liebfrauenkirchen wählen können. Der Steigerung wegen halten wir uns zuerst links und kommen nach kurzer Zeit an die **Kirche Unserer Lieben Frau von Hanswijk** *(Onze Lieve Vrouw van Hanswijk)*. Wieder liegen dem Gotteshaus Ent-

Kirche Unsere Liebe Frau von Hanswijk, Kuppel

würfe von Lucas Fayd'herbe zugrunde, dieser bedeutendsten Persönlichkeit der Mechelner Barockkunst. Eine gewisse Kühnheit läßt sich seinem Plan nicht absprechen. Denn gerade ein Kuppelbau fordert ja gediegene konstruktive Kenntnisse, zumal hier auch noch Achsial- und Zentralbau miteinander verschmolzen sind. Auf welches Abenteuer er seine Maurer da verpflichtet hatte, ist dem Bildhauer wohl erst während der Arbeit bewußt geworden. Jedenfalls fiel die reale Andachtsstätte bescheidener aus als geplant.

Nichtsdestoweniger entstand eine eindrucksvolle Barockkirche, wovon gleich die ambitionierte Gliederung ihrer Westfassade zeugt. Über dem wuchtig-massiven Untergeschoß erhebt sich ein schwungvoll ausgreifender Giebel, der mit vorgestellten Säulen und Frontispiz das Portalmotiv quasi auf höherer Ebene wiederholt. Und das innere Kuppelrund hat zweifellos Eleganz, zwölf Pilaster mit ionischen Kapitellen tragen die Kappe. Sie bauen den vieleckigen Tambour nahezu allein auf, denn die Wandpartien mußten fast ganz der großzügigen Durchfensterung weichen. Mit seiner Helligkeit kontrastiert der Dämmer des Kirchenschiffs – insofern bereitet die zweigeteilte Schaufront mit dem Elan des Giebelfelds und der Getragenheit im ebenerdigen Geschoß den Raumeindruck vor.

Doch bei allem Respekt vor Fayd'herbe muß sein Werk hinter der **Liebfrauenkirche jenseits der Dijle** *(Kerk O.-L.-Vrouw-over-de-Dijle)* zurückstehen. Dabei läßt sich wahrhaftig nicht sagen, daß sie ein Bau aus einem Guß sei. Schon Ende des 14. Jh. wuchs der Turm in die Höhe, und vor 1403 muß er immerhin das dritte Geschoß erreicht haben. Mit dem Turm entstand auch die übrige Westfront, während das Langhaus erst in der Baukampagne von (etwa) 1451 bis 1475 Gestalt annahm. Daß noch einmal 140 Jahre ins Land gingen, bevor es die (steinernen) Gewölbe erhielt, ist für flandrische Gotteshäuser so ungewöhnlich nicht.

Ziemlich genau 1500 ging man nach Plänen Rombout Keldermans an die Vollendung der Kirche. Bis 1566 war der Umgangschor zumindest vorläufig fertiggestellt. Noch später, 1572, wurden die Arbeiten am südlichen Querschiffarm beendet. Den eigentümlichen Umriß verdankt der Chor den Kapellen, um die Jakob Franquaert um 1650 den Ostabschluß bereicherte. Dennoch zählt dieses Gotteshaus zu den besten Kirchenbauten der Brabanter Spätgotik.

Vor allem überzeugt das Raumbild des Langhauses. Dort gibt sich das Triforium mit seinen Drei- und Vierpässen als unmittelbare Fortsetzung des großzügig durchfensterten Obergadens. Unter den Bildwerken an den Pfeilern verdient »Onze Lieve Vrouw van Scheve Lee« besondere Aufmerksamkeit, sie stammt aus dem 14. Jh. und ist das älteste Ausstattungsstück der Kirche. Eine »Madonna mit der Mondsichel« (15. Jh.) schmückt die Chorscheitelkapelle, Michiel Cocxies III. Altar mit drei Szenen aus der Vita des hl. Antonius (1607) die nordöstliche Chorkapelle. Auf dem Hochaltar hat Jan Erasmus Quelliens (1634–1715) »Abendmahl« einen angemessenen Platz gefunden.

Der berühmteste Altar aber steht heute im südlichen Querhausarm. Eigentlich gehört er in die kleine Chorkapelle, vor deren Wand er nun steht. Ihr schönes Ziergitter von 1625 schließt sie mit biblischen Szenen rund um die großen Gewässer zum Chor hin ab. Hier hatte die Mechelner Fischerzunft ihren Andachtsraum, und für die Herren der Netze malte Peter Paul Rubens 1618/19 den »Petri-Fischzug-Altar«. Seinen Namen hat er nach der Mitteltafel, in deren Vordergrund sich das angelandete Netz mit den verschiedensten Meerestieren öffnet. Das Bildzentrum aber beherrscht die Konfrontation zweier Männer in einem Boot: Der dunkel gewandete Christus steht vor einem heller gehaltenen Petrus, der sich erschöpft von seiner Arbeit auf der Bank niedergelassen hat. Dennoch scheint er den Sinn der Worte gleich zu erfassen: »Von nun an sollst du Menschen fischen.«

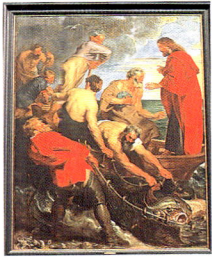

Peter Paul Rubens,
»Fischzug Petri«,
Kirche Unsere Liebe
Frau jenseits der Dijle.
1618/19

Auch die beiden Flügel zeigen biblische Szenen. Links werden nach einem Text aus dem Matthäus-Evangelium (17, 24–27) der Reichtum des Meeres (bzw. des Sees Genezareth) und die göttliche Fügung auf wunderbare Weise verknüpft. Von Jesus aufgefordert, zieht Petrus einen Fisch an Land. Der aber trägt in seinem Maul just jenes Vierdrachmenstück, das der Jünger zur Begleichung einer Steuerschuld brauchte. Mit solcher vergleichsweise profanen Notwendigkeit hat das Wunder auf der rechten Tafel nichts zu tun. Sie greift vielmehr das vielleicht rührendste Bibel-Sujet auf, es stammt

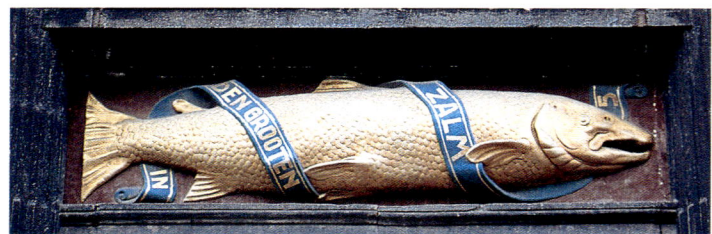

aus dem (apokryphen) alttestamentlichen Buch Tobit. Dort bietet sich der Erzengel Raffael dem Sohn des Tobit als Begleiter an. Mit seiner Hilfe kann der Knabe Tobias den erblindeten Vater heilen. Als Medikament dient – die Galle eines Fisches.

Ob es sich bei diesem Fisch um einen Lachs gehandelt hat, muß dahingestellt bleiben. Doch legt der kurze Weg von einem der besten Rubens-Werke zum **Haus »De Zalm«** den Gedanken wenigstens nahe. Das Renaissance-Gebäude (1530–34) an der Zoutwerf 5 ist der ehemalige Sitz der Fischhändler-Zunft, und die ließ über den Eingang das Konterfei eines wahren Prachtexemplars von Lachs setzen. Daß hier nur der edelste aller Flossenträger erscheinen durfte, stand ohnehin außer Frage. Leider birgt es heute nicht mehr das Museum, in dem die Geschichte des hiesigen Fischhandels dokumentiert war. Und wer beim Fluß selbst noch an den Lachs denkt, dessen Vorstellungskraft verdient höchsten Respekt.

Wer auf symbolische Gesten Wert legt, hat die Möglichkeit, Mecheln durch das **Brüsseler Tor** und damit den einzig erhaltenen Teil der historischen Stadtbefestigung zu verlassen. Die eigentliche Pforte wird von zwei außerordentlich wuchtigen Rundtürmen in die Mitte genommen. Sie datieren noch ins 14. Jh., während die heutige Bedachung des Tors erst im 17. Jh. entstand.

Der schönere Abschluß eines Mecheln-Besuchs führt allerdings noch einmal ans Dijleufer. Dort blieb entlang der Haverwerf ein Ensemble alter Bauten erhalten. **St.-Jozef** (Nr. 20) von 1699 (1904 wiederaufgebaut) weist dem Wasser einen langgestreckten Giebel, der die Volute als Ornament besonders phantasievoll ins Spiel seiner Ornamentik bringt. Die beiden anderen Gebäude demonstrieren zumindest der Bezeichnung nach das friedliche Nebeneinander von Himmel und Hölle, denn auf das **Duivelshuis** (Nr. 21, um 1550) folgt gleich **Het Paradijs** (Nr. 22, um 1525). Das Teufelshaus ist eine imposante Holzkonstruktion und verdankt seinen Namen den Knaggen über dem Türsturz. Die geschnitzten Figuren sind Satyrn, die ausgesprochen dämonisch wirken. Andererseits ziert den Türsturz selbst ein Relief mit der tröstlichen Geschichte des Verlorenen Sohns. Dagegen halten die beiden Reliefs am Paradies mit Sündenfall und Vertreibung gerade den Verlust desselben gegenwärtig. Wie ja auch Mecheln ein Paradies des historischen Baubestands sein könnte, wenn nicht … siehe oben.

Brüsseler Tor

Eine Fahrt durchs Kempenland

Turnhout

Nicht weit zu den schönsten Partien der Kempener Heide (s. S. 9) hat es, wer sein Quartier in Turnhout nimmt. Der Ort erhielt um 1210 vom brabantischen Herzog Heinrich I. das Stadtrecht, aber nie eine Umwehrung. Potentielle Eroberer hatten also leichtes Spiel, allerdings scheint das Gemeinwesen kaum stärker unter Besatzern gelitten zu haben als die ummauerten Städte der Region. Auch Turnhout verdankte seinen Wohlstand dem Tuchgewerbe und -handel, die hiesigen Weber stellten jedoch robustere Qualitäten her.

Den Grote Markt beherrscht die **Peterskirche** *(St.-Pieterskerk).* Ihre Westturmbasis bilden noch Backsteine einer Andachtsstätte aus dem 13. Jh., das übrige Gotteshaus ist jünger. Um 1470 entstand der Umgangschor, die jetzigen beiden Querhausarme und das Längsschiff kamen erst im 18. Jh. hinzu. Der renommierte Antwerpener Jan Pieter Baurscheit d. J. (s. S. 173) hatte die Pläne zu dieser Erweiterung vorgelegt. Nicht vergessen werden soll der wunderhübsche Dachreiter über der Vierung, 1634 setzte ihn der Zimmermeister Gerrits Lieffmans hier hinauf. Nun zeigt das Türmchen weithin sichtbar, zu welchen Leistungen selbst einfache Handwerker im Barock fähig waren.

Der Hochaltar (1740) des Antwerpeners Bildhauers Walter Pompe gehört zu den eindrucksvollsten Stücken der Ausstattung. Kaum weniger imposant ist das Chorgestühl (1713) mit seinen virtuosen Schnitzereien, es stammt jedoch aus der nahen Abtei Corsendonk. Im Chorumgang und seinen Kapellen haben verschiedene spätgotische und barocke Bildwerke Platz gefunden. Zu den älteren gehört sicher die Plastik des hl. Theobald (in der nördlichsten Chorkapelle), der beim Keuchhusten der Kinder angerufen wurde. Auf dem Altar des folgenden Andachtsraums steht das wertvollste Gemälde von St. Peter. Dieses Triptychon stellt die qualvollen Martertode der hll. Apollonia und Agatha dar, es sind figurenreiche, schwer überschaubare Kompositionen. Um 1540 geschaffen, könnte ein nordniederländischer Künstler sein Urheber sein.

Das Wappen der Stadt zeigt einen Hirsch. Dieses üppig gehörnte Tier erinnert daran, daß die Keimzelle der Herrschaft Turnhout ein **Jagdschloß** der Brabanter Herzöge war. Dessen Nachfolger dient derzeit als Gericht und liegt nahe des Stadtzentrums. Sein heutiger Zustand geht auf die Initiativen zweier habsburgischer Statthalterinnen zurück, auf Margarete von Österreich und Maria von Ungarn. Zwischen 1504 und 1520 sorgten Domien de Waghemakere, Antoon II. sowie Rombout Keldermans II. für eine zeitgemäße Umgestaltung. Unter Amalia von Solms-Braunfels, der Witwe Friedrich Heinrichs von Nassau und Erbin der Herrschaft Turnhout, erhielt das

*Wasserschloß von
Turnhout*

Schloß dann 1650–58 im großen und ganzen sein jetziges Erscheinungsbild über dem erweiterten Wasserspiegel, das mit dem Holländer Pieter Post wiederum ein namhafter Architekt bestimmte. Er barockisierte freilich nur die alte, schuf also keine ganz neue Anlage.

Auch das schönste Haus der Begijnstraat (Nr. 26–30) ist mit dem Namen der Amalia von Solms verbunden. Sie logierte 1649 hier, als ihr das 1597 ausgebrannte Schloß noch keine gastliche Bleibe bot. Drei Flügel schließen den achteckigen Treppenturm ein, die ältesten Teile des Baus datieren ins 16. Jh. Während dieses jüngst restaurierte Gebäude die Blicke der Passanten gleich auf sich zieht, läßt das Tor zum **Beginenhof** kaum ahnen, welch reizvolle, gut erhaltene Anlage sich hinter ihm verbirgt. Um die 1662–67 errichtete Heilig-Kreuz-Kirche, deren weitausschwingender Volutengiebel den Platz beherrscht, zieht sich schlaufengleich die Straße, an der die ehemaligen Beginen-Häuschen stehen. Die ältesten dieser wahrhaftig bescheidenen Unterkünfte stammen aus dem 17. Jh. Einen guten Einblick in das Leben ihrer Bewohnerinnen vermittelt das Museum (Nr. 55/56).

Bleibt nur noch, vom bekanntesten Turnhouter Erzeugnis zu sprechen. Es läßt sich in jedem Rockärmel verstecken und bei Bedarf daraus hervorziehen. Die Niederländer hatten mit ihrem scharfen Auge auch diese Marktlücke erspäht und stellten schon im 15. Jh. Kartenspiele für ganz Europa her. Turnhout selbst hielt freilich erst um 1850 die meisten Trümpfe in der Hand. Heute gibt es das »Turnhouter Weltzentrum der Spielkarten«, das wesentlich die Initiative zur Gründung des einschlägigen Museums trug. Das Haus in der Druivenstraat 18 besitzt nun die größte Sammlung von Spielkarten niederländischer Provenienz, außerdem etliche Pressen und sonstige Geräte zu ihrer Herstellung.

Hoogstraten

Noch nördlicher als Turnhout, noch dichter an der belgisch-niederländischen Grenze liegt Hoogstraten. Sein Name bedeutet so viel wie »Hohe Straße«, gemeint ist die wichtige mittelalterliche Handelsroute zwischen Bremen/Lübeck und 's-Hertogenbosch. Schon 1210 »Stadt und Freiheit« genannt, wurde Hoogstraten unter Margarete von Österreich Mittelpunkt einer Grafschaft, und das Gemeinwesen selbst konnte sich einer besonderen Fürsorge der Statthalterin erfreuen: Sie veranlaßte den Bau von Rathaus und Kirche.

Das **Rathaus** erfuhr im Lauf der Jahrhunderte mehrere Veränderungen, Ende des Zweiten Weltkriegs zerstörten die Trümmer des gesprengten Kirchturms den historischen Sitz des Stadtregiments. Doch wurde er getreu alten Vorlagen wiederaufgebaut und darf als charakteristisches Beispiel für die spätgotische Profanarchitektur der Niederlande gelten. Die hellen Sandsteinlagen im roten Backstein bestimmen das Erscheinungsbild, Stufengiebel an den Seiten, zwei achteckige Flankentürmchen zur Straße hin setzen die architektonischen Akzente.

Es war ein Akt »kriegsbedingter« Barbarei. Knapp 105 m hoch ragte der wohl schönste Kirchturm des Kempenlands in den Himmel. Damit aber bot er den vorrückenden alliierten Truppen einen vorzüglichen Orientierungspunkt. Am 12. Oktober 1944 rasierten ihn Sprengladungen der deutschen Besatzer bis auf den Stumpf ab. Seit 1954 ist er wiederhergestellt; reich geziert an den Kanten, verjüngt er sich erst allmählich, um dann über Glockenstuhl und einer Brüstung plötzlich ins Achteck zu springen, sehr schlank nun und von einer barocken Spitze bekrönt.

Nach nur 25 Jahren Bauzeit konnte die **Kirche St. Katharina** *(St.-Catharinakerk)* vollendet werden, einmal mehr hatte die Brabanter Baumeisterdynastie Keldermans daran großen Anteil. Außerdem bietet die Kreuzbasilika eine vorzügliche Ausstattung. An erster Stelle verdient das Chorgestühl genannt zu werden. Noch der alten Kirche entstammen die erhaltenen, im Querschiff aufgestellten Teile aus dem 15. Jh. Neben Darstellungen von Heiligen, biblischen Gestalten und Szenen finden sich hier Charakterköpfe wie das fürchterliche Haupt des liegenden Drachen. Auch die Sprichwörter sind vertreten. So verkörpert ein Meister Reineke im Mönchsgewand die volkstümliche Warnung »Wenn der Fuchs die Passion predigt, muß der Bauer höllisch aufpassen«.

Hoogstraten, Kirche St. Katharina

Das sogenannte »Große Gestühl« steht da, wo es hingehört: im Hochchor. Albrecht Gelmes, der sich selbst auf einer Armlehne des Südflügels porträtierte, schuf es um 1540, nachdem Papst Clemens VII. die Inkorporation eines Kapitels gebilligt hatte. Zwar ging auch hier manches verloren und mußte ergänzt werden, doch tut das diesem Kunstwerk kaum Abbruch. An Programmatischem verrät es nebenbei bemerkt wenig Interesse. Das Fundament der Kirche bilden die Apostel und Propheten, sie sind hier zahlreich vertreten. Natürlich dürfen auch die – häufig mit Flandern oder Brabant eng verbundenen – Heiligen nicht fehlen, einen herausgehobenen Platz haben die Schutzheiligen der Kirchenstifter Antoninus und Elisabeth bzw. der Kirche und des Sprengels (Katharina und Barbara).

Wiederum gibt es deutliche Warnungen, etwa vor dem Laster der Trunkenheit, und lebensnahe Szenen wie die vom eingenickten Mönch mit geschlossenem Brevier. Vor allem die Misericordien lohnen eine genauere Betrachtung. Seien es geschnitzte Versionen von Sprichwörtern und Redensarten wie »Perlen vor die Säue werfen« (hier sind es Rosen), »Er dreht sein Mäntelchen nach dem Wind«, »Ist der Wein erst im Mann, liegt die Weisheit in der Kanne« oder die Wendung vom Splitter im Auge des anderen und vom Balken im eigenem – sie lassen an die beliebten Sprichwortgemälde der Zeit denken, besonders natürlich an die Pieter Breughels d. Ä.

Die Lage des Prunkgrabs mitten im Chor deutet es an: die Liegefiguren auf dieser Tumba stellen die beiden Kirchenstifter dar, Antoine de Lalaing und seine Ehefrau Elisabeth van Culemborg. Der Bildhauer Jean Mone (um 1485–um 1550), von Kaiser Karl V. mit dem Titel *Artiste de l'Empereur*, »kaiserlicher Künstler«, ausgezeichnet, hat das eindrucksvolle Bildwerk des ersten Hoogstratener Grafenpaares geschaffen. Besondere Würdigung haben auch ihre Nachfolger Philippe de Lalaing und seine Gemahlin Anna von Rennenberg erfahren, ihr Monument entstand etwa 1531. Es zeigt die Eheleute kniend, hinter ihnen in vier Reihen und gebührendem Abstand ihre dreizehn Kinder. Von barockem Pathos ist die Figur des Verblichenen auf dem Epitaph für Karl Florentin von Salm, das Pieter Scheemaekers 1709 schuf.

An den Außenseiten des Binnenchors sind virtuos gewebte Teppiche ausgestellt, die aus den Lebensgeschichten der hll. Elisabeth und Antonius (Abt) erzählen. Das erste Grafenpaar gab die beiden Serien mit seinen Schutzheiligen um 1540 bei einer Brüsseler Werkstatt in Auftrag. Kunstwerke von einigem Rang sind die Glasmalereien des Chors und des Querschiffs. Das Frontfenster seines nördlichen Arms schmückt ein »Letztes Abendmahl«, für das Pieter Coecke van Aelst, Schwiegervater Pieter Breughels d. Ä., um 1535 die Vorlagen geliefert haben soll. Dieses Bild, ein Geschenk der Staaten von Holland an Graf Antoon, hat vor allem den Ruhm der Hoogstratener Fenster begründet, doch auch die Glasmalereien im Chorschluß verdienen einen morgendlichen Besuch der Kirche. Dann leuchten die Darstellungen der sieben Sakramente, die Anthonis Evertz aus Culemborg um 1532 geschaffen hat. Die alten Fenster in den Chorjochen stammen dagegen vom Hoogstratener Künstler Claes Matthijs. Ihm ist das nordöstlichste Seitenfenster mit Charles de Lalaing, dem ältesten Bruder des Kirchenstifters, Jacoba von Luxemburg und beider Schutzpatrone (Karl der Große, Jakobus d. Ä.) am besten gelungen.

Ja, auch Hoogstraten hat einen **Beginenhof.** Seine reich ausgestattete **Johanneskirche** *(St.-Jan-de-Evangelistkerk)* konnte nach sieben Jahren Bauzeit 1687 geweiht werden. Noch bemerkenswerter als dieses Gotteshaus ist freilich das Engagement, mit dem eine Bürgerinitiative die Unterkünfte der frommen Frauen vor dem endgültigen Verfall rettete. Heute sind viele der Häuschen wieder bewohnt. Ein wichtiges Denkmal wurde für das Stadtbild gerettet.

Von Hoogstraten empfiehlt sich ein Abstecher nach **Brecht** und **Sint-Lenaarts.** Die Kirchen beider Orte sind würdige Repräsentanten der Kempener Backsteingotik, die Leonarduskirche von Sint-Lenaarts (15. und 16. Jh.) trägt den ehrenden Beinamen »Kathedrale der Heide« (nicht: der Heiden).

Herentals

Unweit der Grenze zur Provinz Brabant liegt Herentals, das für sich den Titel »historische Hauptstadt des Kempenlands« beansprucht. Im 14. und 15. Jh. forderte es sogar die mächtigen Tuchmetropolen

Flanderns heraus. Von solchem Selbstbewußtsein zeugt noch das **Rathaus.** Allerdings ließen es Tuchmacher und Wollweber um 1410 als Tuchhalle errichten, doch schon 1430 sprechen die Urkunden vom »Stadhuis«. 1512 wird es bei einem Brand fast vollständig zerstört, so daß der Wiederaufbau einem Neubau gleichkommt. Damals entstand auch der markante, 35 m hohe Turm. Einige Jahre später nahm dieser Belfried einen kleinen Carillon auf, der heutige zählt immerhin 50 Glocken.

Die Kirche **St. Waltraud** *(St. Waltrudiskerk)* zählt zu den ansprechendsten Sakralarchitekturen der Brabanter Hochgotik. Vom vertrauten Bild weicht jedoch ausgerechnet ihr höchster Bauteil ab. Der Lage nach ein Vierungsturm, sitzt er jedoch nicht auf einer solchen auf, sondern reicht mit seinem Mauerwerk bis auf Seitenschiffhöhe. Selbst im Innern muß eine massive Substruktion, die natürlich das Raumbild beeinträchtigt, seine Lasten auffangen. Der Turm gehört denn auch nicht zum 1417 begonnenen Gotteshaus, sondern stammt noch von einem Vorgänger aus dem 14. Jh.

St. Waltraud besitzt etliche wertvolle Gemälde, darunter Werke von Frans Francken (1542–1616) und Artus de Bruyn (um 1596–um 1632). Besonders hervorzuheben sind ein »Letztes Abendmahl« von Marten de Vos (1531–1603) und von Jacob Jordaens (s. S. 153 f.) »Christus verurteilt die Scheinheiligkeit der Pharisäer« mit den fast schon karikaturhaft verzerrten Zügen der selbstgerechten Frommen. Noch mehr in seinen Bann schlägt das spätgotische Retabel der hll. Crispin und Crispinian. Sie waren die Patrone der Schuster und Gerber, ihre Zünfte gaben das Werk in Auftrag. Um 1500 geschaffen, stellt es dem Können Paschier Borremans aus Brüssel ein hervorragendes Zeugnis aus. Kunsthistoriker zählen es zu den bedeutendsten Schnitzwerken der Brabanter Spätgotik überhaupt.

Und einen **Beginenhof** hat Herentals auch. 1470 lebten dort 300 Frauen, 1990 nur noch eine. Im Achtzigjährigen Krieg mußte der Hof auf Anordnung der Kommandantur seinen Platz räumen, zum Bau des erhaltenen an der Burchtstraat gab der Magistrat 1590 sein Placet. Von der Beginenstraat her tritt der Besucher durch den Torbau von 1622, über dem das Standbild der hl. Begga wacht. Die Stammutter der Karolinger verdankt das Patronat allerdings einem wenn auch sehr verbreiteten Mißverständnis, denn nach ihr haben die Beginen ihren Namen nicht erhalten (s. S. 187). Die Häuschen stammen großenteils aus dem 17. Jh., die 1614 geweihte Kirche paßt sich ihren zierlichen Maßen an. Im Verhältnis dazu beansprucht das ehemalige Pflegehaus von 1715 etwas mehr Raum. Hier wurde ein Museum eingerichtet, es unterrichtet über das Beginenleben im allgemeinen und das zu Herentals im besonderen.

HESTER · IVDAS · MAC/HABEVS ·

Brabant

Landesgeschichte

Brabant – das ist hierzulande ein kaum weniger klingender Name als Flandern. Historisch strenggenommen hat er das nicht verdient. Und böse Zungen behaupten immer noch gern, erst die Brabanzonen hätten ihn europaweit bekanntgemacht. Die Brabanzonen aber waren eine mindestens ebenso berüchtigte wie gefürchtete Söldnertruppe, die in den Quellen seit 1167 auftaucht. Damals hatte sich die Rotte bei Kaiser Friedrich Barbarossa verdingt und in seinem Heer das renitente Rom miterobert. Ihr Hauptgeschäft aber blieben die Plünderungen, und für ein Scharmützel hier oder da brauchte die Truppe keinen Kriegsherrn – das konnte sie ohne weiteres auf eigene Rechnung vom Zaun brechen.

Immerhin ist nicht völlig auszuschließen, daß sich Heinrich III. bzw. I. (Mitregent seit 1183, 1190–1235) auch durch die überregionale Bekanntheit der heimischen Landsknechte dazu veranlaßt sah, seit 1188 den Titel »*dux Brabantiae*« zu führen. Damit bekommt endlich ein Name territorialgeschichtliches Profil, der bis dahin nur ungefähr einem Herrschaftsbereich zugeordnet werden kann. Selbst das Wort Brabant ist noch nicht zufriedenstellend hergeleitet worden; aber »-bant« dürfte wohl so viel wie »Raum« heißen. Ein Brabanter Komitat taucht erstmals 870 im berühmten Vertrag von Meersen auf, doch vor dem Jahr 1000 fließen die Nachrichten über eine Grafschaft Brabant äußerst spärlich.

Recht undurchsichtig bleibt ebenfalls, wie aus den Herzögen von (Nieder-)Lothringen die von Brabant wurden. Die Weichen dazu hat weit im Vorfeld vielleicht schon ein gewisser Lambert (1003–15) gestellt, dessen gräflicher Gewalt sowohl Löwen als auch Brabant (damals schon mit dem Hauptort Brüssel) untertan waren. Lamberts Urenkel Gottfried von Löwen (1095–1139) darf sich erstmals Herzog von (Nieder-)Lothringen nennen, mit seinem Sohn Gottfried (1139–42) geht diese Würde endgültig an das Löwener Grafenhaus über. Doch hängt wohl mit der Schwächung des Amts zusammen, daß er in den Quellen zuweilen auch als Herzog von Löwen tituliert wird.

Überhaupt geht es mit den Herzogtiteln im Westen des Reiches ziemlich bunt durcheinander: Als Herzöge von den Ardennen firmieren die Herzöge von Limburg, die sich auch schon einmal Herzöge von Lothringen hatten nennen dürfen. Und die lothringischen Herzöge aus dem Löwener Grafenhaus machen als »*duces Lovaniae*« sozusagen ein Verpuppungsstadium durch, um sich dann Herzöge von Brabant zu nennen. Nichtsdestoweniger legt Heinrich I. außerordentlichen Wert auf die Würde eines »*dux Lotharingiae*«: 1190 verwahrt er sich gegen ein geplantes territoriales Revirement, das diesen Titel (jedenfalls in seinen Augen) abgewertet hätte. Überhaupt hingen die Brabanter zäh an diesem Dukat, er schien

Brüsseler Bildteppich, Museum für Kunst und Geschichte, Brüssel

207

Herzog Johann von
Brabant in der
Schlacht bei Worrin-
gen, Manessische Lie-
derhandschrift, 14. Jh.

ihnen das Unterpfand für die angestrebte dominierende Stellung im
Kreis der Reichsfürsten.

Einen bedeutenden Machtzuwachs erfährt Brabant unter Johann I.
(1267–94). Seinen Anspruch auf das Herzogtum Limburg kann der
Brabanter nach der (folgenreichen) Schlacht von Worringen 1288 (s.
S. 304) ohne weiteres durchsetzen. Sein Enkel Johann III. (1312–55)
starb ohne männlichen Erben, doch konnte sich Johanns älteste
Tochter Johanna (1355–1406) schließlich als Regentin behaupten.
Ihr *Blijde Inkomst* (französisch *Joyeuse Entrée)* von 1365 ist ein
Markstein in der Verfassungsgeschichte des Landes. Er stärkt die

Stände insgesamt und die Städte insbesondere. Trotz mancher Rivalitäten untereinander geben Brüssel und Löwen den Ton an, das wirtschaftliche Rückgrat bildet auch hier die Tuchherstellung. Allerdings erweist sich bald, daß die Garantien des Vertrags als Zugeständnisse gedacht waren. Denn kaum fühlt sich Johanna ihrer Herrschaft sicher, widerruft sie die Abmachungen, wenngleich sie auch diesen Widerruf später wieder zurücknehmen wird.

Einen wesentlichen Einschnitt bedeutete der Tod Johannas 1406. Weil ihre Ehe mit Wenzel von Luxemburg († 1383) kinderlos geblieben war, hatte sie schon zu Lebzeiten Margarete von Male als (Mit-) Regentin eingesetzt. Margarete, Gattin Philipps des Kühnen, bringt Brabant an Burgund. Unter Anton, dem zweitältesten Sohn des Ehepaars, wird Brüssel eine (Neben-)Residenz des mächtigen Hauses. Doch als eigenständige politische Größe besteht das Herzogtum nicht mehr.

Aber die markante Architektur hat ihm wenigstens in der Kunstgeschichte ein Weiterleben gesichert. Und auch der belgische Provinzname hält (wie das niederländische Nord-Brabant) das einstige Herzogtum gegenwärtig. Durch Brabant zieht sich heute die Sprach- und zugleich Provinzgrenze: Flämisch-Brabant bilden die Arrondissements Halle-Vilvoorde und Löwen, Wallonisch-Brabant ist mit dem Arrondissement Nivelles identisch. Eine eigenständige Verwaltungseinheit ist die zweisprachige Hauptstadt Brüssel.

Hauptstadt Brüssel

Geschichte und Stadtbild

Als die Franzosen Brüssel 1695 be- und teilweise zusammengeschossen hatten, konnte die Grand' Place (oder der Grote Markt) schöner und prächtiger denn je wiedererstehen. Im Fall von Urkunden und Dokumenten läßt sich aus solcher Not leider keine Tugend machen: Daß bei gleicher Gelegenheit auch die Archive zugrundegingen, bedeutet einen unersetzlichen Verlust. Deshalb liegen die Anfänge Brüssels bis heute im sogenannten Dunkel der Geschichte, und die Historiker bieten mehrere Entstehungshypothesen an. Nach der gängigsten liegt die Keimzelle Brüssels auf einem Hügel rechts der Senne (Zenne), nach einer anderen bildet eine Kaufmannssiedlung am Fluß selbst den Kern der Stadt.

Zugegeben, mit solchen Ortsangaben ist dem Brüssel-Besucher erst einmal wenig gedient. Und wer etwa in Brüssel-Mitte zunächst den Zug und dann die Gare Central selbst verläßt, sieht sich mit einer sehr heutigen Metropole konfrontiert. Ohne Rücksicht auf städtebauliche Verluste hat hier aktuelle Architektur der tristesten Couleur um sich gegriffen, hat die Hoffnung auf den schnellen Spe-

Brüssel ☆ ☆
Besonders sehenswert:
Grand'Place
Galeries St-Hubert
Oper
Comic-Center
Kirche St. Johannes der Täufer
Kathedrale St. Michael
Königliche Kunstmuseen
Grand und Petit Sablon
Hortamuseum
Königliche Gewächshäuser

kulationsgewinn über alle Skrupel der »Traditionalisten« triumphiert. Wenn selbst die offizielle Werbebroschüre des Flämischen Generalkommissariats für Tourismus schreibt, daß »Verwaltungs- und Geschäftsviertel gewissermaßen aus dem Boden gestampft werden«, läßt dies das ganze Ausmaß der Zerstörung ahnen. Mit Ausnahme des Füllworts »gewissermaßen« trifft ihre Formulierung den Nagel auf den Kopf.

Und natürlich wird der Reisende auch vergeblich die Senne suchen. Aber bei ein wenig Vertrautheit mit Brüssel wird doch augenfällig, wie sehr der – jedenfalls im Stadtgebiet – um 1870 überbaute Wasserlauf das urbane Erscheinungsbild ›beeinflußt‹ hat. Er hinterließ nämlich zwei ganz verschiedene Talflanken. Sanft steigt der Hang im Westen an, um mit dem Koekelberg seine höchste Höhe von 50 m zu erreichen. Dagegen gleicht die Ostseite schon einem Kantenabbruch und erreicht eine Höhe von 100 m. So ergab sich die Möglichkeit, dem gewaltigen Justizpalast eine exponierte Lage auf dem ehemaligen Galgenberg zu verschaffen.

Doch zurück zum Fluß und den Anfängen der Stadtgeschichte. 977 kam Brüssel mit dem Herzogtum Niederlothringen an den (vorletzten) Karolinger Karl (977–91), der etliche ehrgeizige Pläne begraben mußte und wohl seit Anfang 980 in Brüssel residierte. Auf seinen Münzen heißt der Ort übrigens *Bruocsella,* was etwa »Siedlungsstelle im Bruch« bedeutet. Karls Burg lag auf einer Senne-Insel westlich der heutigen Grand' Place. Brüssel verlor seinen Residenzstatus jedoch wieder, als die Grafen von Löwen 1015 das Erbe der Brüsseler Grafen antraten.

Schärfere Konturen gewinnt die Historie des Gemeinwesens mit dem Löwener Grafen Lambert II. (1041–63). Er berief 12 Kanoniker an die Kirche St. Michael und zu Hütern der Gudula-Reliquien. Das Gotteshaus lag westlich auf einer Anhöhe über dem Fluß; etwa einen Kilometer von der Burg entfernt, repräsentiert sehr wahrscheinlich auch es einen frühen Siedlungskern. Das Senne-Castrum wurde bald zugunsten eines neuen Fürstensitzes auf dem Coudenberg aufgegeben. Die Umwehrung des 11. Jh. zog sich dann um die alten Kerne am Fluß und der späteren Michaelskathedrale sowie um den Coudenberg. Trotz solch kontinuierlicher Entwicklung hielt jedoch der Territorialherr die Fäden in der Hand. Sein Beauftragter allein wachte über die Geschicke der Stadt.

Die Bürger konnten erst gegen Ende des 12. Jh. verstärkt Einfluß nehmen. 1229 hat Brüssel dann ein entwickeltes Stadtregiment von sieben Schöffen und 13 Geschworenen. Noch größere Selbständigkeit gewinnt es unter Johann I. von Brabant (1267–94), und seinem ständigen Wachstum trägt die neue Stadtmauer aus der zweiten Hälfte des 14. Jh. Rechnung. Diese Mauer umfaßt jenes ungleichseitige Fünfeck, das sich noch in den heutigen Plänen dank der breiten *Laans* bzw. *Boulevards* um den Stadtkern abzeichnet.

Die Macht halten auch in Brüssel die Patrizier in Händen. Sieben Geschlechter teilen die Schöffenämter und später die Ratssitze unter sich auf, stellen die Mitglieder der Tuchgilde und wachen über die Stadtfinanzen. 1366, als die Handwerker-Zünfte in den flämischen Kommunen längst eine Beteiligung an der Stadtregierung erzwungen haben, werden sie in Brüssel als Korporation gerade erst zugelassen. Und erst als sich 1421 das Patriziat zur Teilnahme an dem (dann gescheiterten) Aufstand gegen Anton von Burgund hinreißen läßt, können die Handwerker einige Mitspracherechte erringen.

Schon vor dem Herrschaftsantritt der Burgunder hatten Kunst und Kunsthandwerk vom Reichtum der Stadt profitiert. Als Residenz oder doch Quasi-Residenz der Herzöge von Burgund erlebt sie eine kulturelle Blüte sondergleichen. Mit Rogier van der Weyden (1399/1400–1464) wirkt hier eine der bedeutendsten Künstlerpersönlichkeiten der altniederländischen Malerei (s. S. 38). Er und seine Werkstatt erhielten Aufträge nicht nur vom Hof selbst, sondern ebenfalls von Adligen, die mit glänzenden Palastbauten auch die räumliche Nähe zum Hof suchten. Leider blieb von den Herrensitzen dieser Periode nur der Ravensteinhof (s. S. 249) erhalten.

Die Wirren zum Regierungsantritt der Habsburger Ende des 15. Jh. ziehen auch Brüssel in Mitleidenschaft. Erst 1531 wird es wieder Residenz der Statt- bzw. Generalstatthalter, nachdem es im Jahr zuvor eine neue Umwehrung erhalten hatte. Schon 1550–61 wurde der Kanal von Willebroek (Kanal Brüssel-Rupel) ausgehoben, er verbindet die Residenz mit der (See-)Hafenstadt Antwerpen. Wiederum trägt das glänzende Hofleben viel zur Anziehungskraft der Stadt bei. Die Wirtschaft erholt sich, zu ihren großen Aktivposten gehört die Wandteppichweberei. Für die schönsten Stücke aus Brüssels Manufakturen haben berühmte Maler die Vorlagen geliefert, darunter Barend von Orley (s. S. 234) und Peter Paul Rubens (s. S. 40).

Bei alledem verwundert nicht, daß Brüssel auch ein Zentrum des Widerstands gegen die spanischen Habsburger war. Und natürlich wählte Don Fernando Alvarez de Toledo, Herzog von Alba, den Grote Markt mit Bedacht, um ein Exempel zu statuieren. Die Grafen Egmont und Hoorn, Führer der Adelsopposition, ließen dort 1568 unter dem Schwert des Henkers ihr Leben. Bekanntlich gab diese Hinrichtung das Signal zum niederländischen Aufstand. Von 1578 bis 1585 durfte sich Brüssel Hauptstadt der Generalstaaten nennen; nach langer Belagerung von den spanischen Truppen erobert, bleibt es immerhin die Hauptstadt der Südlichen Niederlande.

Brüssels langer Leidensweg erreichte seinen traurigen Höhepunkt am 13. und 14. August 1695, als nach heftigem Beschuß durch die Truppen des französischen Königs Ludwig XIV. fast das gesamte, noch mittelalterlich geprägte Zentrum niederbrannte. Es spricht für die Lebenskraft der Stadt, daß die enormen Schäden innerhalb nur weniger Jahre behoben waren. Es spricht auch für eine gewisse ökonomische Stärke oder doch Zähigkeit der Metropole, zu der jetzt die Herstellung von Brüsseler Spitzen nicht unwesentlich beitrug. Außerdem gaben Glas- und Irdenwarenproduktion einige Impulse.

»Beide Köpfe wurden auf die Stangen gesetzt, die über dem Gerüste aufgepflanzt waren, wo sie bis nach 3 Uhr nachmittags blieben, alsdann herabgenommen und mit den beiden Körpern in bleiernen Särgen beigesetzt wurden. Die Gegenwart so vieler Auflaurer und Henker, als das Schafott umgaben, konnte die Bürger von Brüssel nicht abhalten, ihre Schnupftücher in das herabströmende Blut zu tauchen und diese teure Reliquie mit nach Hause zu nehmen.« (Friedrich Schiller, »Abfall der Niederlande von der Spanischen Regierung«, 1788)

211

Die Grand'Place nach der Bombardierung durch Ludwig XIV. im Jahre 1695

Am Beginn des 18. Jh. zeigt sich auch das Gemeinwesen wieder selbstbewußter. Jedoch erstickt das spanische Regime alle Versuche der Einwohner, die Geschicke der Stadt wieder in eigene Hände zu nehmen. Nichtsdestoweniger faßt Brüssel vor allem unter den österreichischen Habsburgern (seit 1748) wieder Tritt. Dank seiner Mittelpunktsfunktion zieht es den Exporthandel und die Banken an, 1778 nimmt die Börse ihre Geschäfte auf. Unter dem Horizont der beginnenden Industrialisierung profitiert die Stadt besonders von ihrer verkehrsgünstigen Lage. Chemie- und Papierwerke wie auch Betriebe der Baumwollverarbeitung siedeln sich um Brüssel an.

Obwohl die Südlichen Niederlande ihrer Zugehörigkeit zum napoleonischen Frankreich insgesamt einen Entwicklungsschub verdanken, sinkt die Metropole in den Jahren 1794–1814 zum Départementzentrum herab. Das kurze Zwischenspiel des Königreichs der Vereinigten Niederlande sah Brüssel dann als eine der beiden Hauptstädte. Seit Gründung des Königreichs Belgien 1830 mußte es sich diesen Rang mit niemandem mehr teilen, die Brüsseler Bürger hatten wesentlich zur Unabhängigkeit beigetragen. Im gleichen Jahr wird der Bering um die Stadt geschleift und damit die Voraussetzung zum Aufbruch in die städtebauliche Moderne geschaffen.

Die Gründerzeit hatte ihre repräsentativen Bauten in der Börse (1873) und vor allem in dem überwältigenden Justizpalast (1883). Zu solcher Architektur setzt die sehr viel entspanntere der zahlreichen Jugendstilbauten einen dringend erwünschten Gegenakzent.

Die Unterstadt

Kein Zweifel, die **Grand' Place (Grote Markt)** ist Brüssels Visitenkarte. Die Zunfthäuser um die Freifläche glänzen mit den prächtigsten Barockfassaden, und das Rathaus an der Südwestseite bezeichnet einen architektonischen Höhepunkt der Brabanter Gotik.

Aber wie schon erwähnt, gehen die grandiosen Schaufronten der Grand' Place auf ein höchst unerfreuliches Ereignis zurück. Als nach dem französischen Bombardement vom August 1695 nur noch das Rat- und das Brothaus ihm gegenüber genug Bausubstanz für eine Wiederherstellung aufwiesen, erstanden die Zunfthäuser in bemerkenswerter Qualität und bemerkenswert schneller Folge neu. Übrigens verdankt sich das große Kompositionswerk dieser Fassaden dem frühen Willen zur Stadtplanung. 1697 verfügte der Magistrat, ihm alle Bauentwürfe vorzulegen, um ein einheitlich repräsentatives Erscheinungsbild zu gewährleisten, und so mancher Plan wurde nicht ohne Korrekturen gebilligt. Das Ergebnis ist derart überzeugend, daß sich heutige Stadtväter an der Vorgehensweise ihrer Altvorderen ruhig ein Beispiel hätten nehmen können.

Doch bleiben wir beim **Rathaus.** Am 26. 8. 1520 notiert Albrecht Dürer ins Tagebuch seiner niederländischen Reise: »Zu Brüssel ist ein fast (sehr) köstlich Rathaus, groß und von schöner Maßwerk gehauen, mit einem herrlichen durchsichtigen Turm.« Dem Lob aus berufenem Mund haben spätere Brüssel-Besucher oft noch rühmendere Worte folgen lassen. Meist hatten sie jedoch nur Augen für die platzzugewandte Kulisse des Vierflügelbaus, der 1401–21 unter der Leitung des Baumeisters Jacob van Tienen entstand. 1444–48 wurde ein kurzer Flügel zur heutigen Karel-Buls-Straße angeschlossen. Den Grundstein legte Karl von Burgund, und kein Teilnehmer der feierlichen Zeremonie hätte damals vorausgesehen, daß dieser junge Graf von Charolais einst das ganze gewaltige Burgunderreich verspielen würde.

1449 begann Jan van Ruysbroek mit der Errichtung des 97 m hohen Rathausturms, der 1455 mit einer Michaelsstatue gekrönt werden konnte. 1706–14 nutzte man das voraufgegangene Bombardement, um dem Rathaus sein heutiges Erscheinungsbild zu geben. Die barocken Trakte sind von zurückhaltender Architektur, beherbergten aber bis 1795 die Staaten von Brabant. Seitdem sind noch etliche Restaurierungswellen über das Gebäude hinweggegangen, erst seit dem 19. Jh. überzieht das reiche Bildprogramm mit Patronatsheiligen, den Herren von Brabant und Brüssel, mit Bürgermeistern, berühmten Bürgern usw. die Fassaden.

**Brüsseler Rathaus, ko-
lorierte Fotografie um
1910**

**Brüsseler Rathaus, ko-
lorierte Fotografie um
1910**

Eindrucksvollster Bauteil ist natürlich der Marktflügel. An seiner
Architektur haben sich die späteren Rathäuser der Brabanter Gotik
orientiert, insofern hat der Brüsseler Bau Schule gemacht. Als die
Arbeiten begannen, stärkte ein florierendes Tuchgewerbe der Stadt
wirtschaftlich den Rücken, außerdem sonnte sich Brüssel im Glanz
des burgundischen Hofs. Von dieser komfortablen Lage kündet auch
der Sitz des Stadtregiments, aus dessen breitgelagerter, dreigeschos-
siger Front der Belfried keineswegs mittig hervortritt: Den zehn Achsen zu seiner Rechten entsprechen nur sechs zu seiner Linken. Die
mangelnde Symmetrie ist leicht erklärt: Zunächst entstand der L-förmige Westteil des Trakts, der Turm war also ursprünglich ein Eckturm. Erst später kam der kürzere Teil im Osten hinzu.

Die reich durchfensterte Fassade erinnert in ihrer Struktur noch
an das ältere Rathaus zu Brügge, sie hat auch noch nicht ganz die

spielerische Leichtigkeit ihrer Nachfolger in Oudenaarde oder Löwen. Als brabantische Eigenart darf die vorspringende Maßwerkgalerie gelten, deren Joche im längeren Teil mit Kreuzrippen-, im kürzeren mit Netzrippengewölben abschließen. Auch an diesem reicheren Dekor zeigt sich die spätere Entstehungszeit.

Ein kühner Wurf ist zweifellos der Turm. Zwei Joche breit und fünf Geschosse hoch, tritt sein kräftiger Unterbau erst im Dachbereich in Erscheinung. Kaum aber hat er sich derart massiv geltend gemacht, verschlankt er sich zu einer achteckigen Laterne. Sie wird im unteren Geschoß noch von vier Ecktürmchen umstellt, die nur über Luftbögen mit ihr verbunden sind und auf sehr elegante Weise vom massiven Turmkörper zu seinen höheren Regionen überleiten. Daß Dürer den Turm »durchsichtig« nennt, dürfte aber eher an den langbahnigen Fenstern gelegen haben: Sie lassen nun wirklich kaum mehr Platz für irgendeine Mauerfläche. Und selbst die Spitze präsentiert sich als Rippenkonstruktion, die langgestreckten, schmalen Dreiecke dazwischen sind bis auf feinstes Maßwerkgespinst offen. Daß dieser Nachfolger des Belfrieds auch bestiegen werden kann und eine der schönsten Aussichten auf Brüssel bietet, sei nur am Rande vermerkt.

Im Innern des Rathauses dominiert die Neogotik. Das gilt auch für den Großen Saal über der Karel-Buls-Straße. Hier fanden die festlichsten Empfänge statt, und früher bestätigten die jeweiligen Landesherren bei ihrem »Joyeuse Entrée«, dem feierlichen Einzug, die ständischen Privilegien Brabants. Diese Verfassungsurkunde, die wichtigste der Niederlande überhaupt, wurde 1356 zum ersten Mal bestätigt und blieb bis 1794 in Kraft. Sie legte eine Kontrolle des Herzogs durch die Stände fest und garantierte die territoriale Unantastbarkeit des Landes. – Auch der Trau-, einst Gerichtssaal atmet neogotische Prächtigkeit, und ob seine neue Aufgabe hintersinnig an die alte anknüpft, muß offenbleiben.

Eine ereignisreiche und recht kuriose Baugeschichte hat das **Brothaus** (*Broodhuis* bzw. *Maison du Roi*). Sein heutiges Erscheinungsbild erinnert an das Rathaus von Oudenaarde, doch es stammt aus den Jahren 1873–96. Victor Jamaer (1825–1902), der schon an der Innenausstattung des Rathauses beteiligt war, schöpfte auch hier aus dem reichen Repertoire (spät)gotischer Formen. Das sicher ältere Haus erwähnen die Quellen erstmals 1321, 1405 berichten sie von einem Wiederaufbau. Im 16. Jh. abgebrochen und abermals wiederaufgebaut, erstand es größer und prächtiger denn je. 1625 wurde es noch einmal herausgeputzt, kurz nach 1695 zum ersten, 1767 zum zweiten und dieses Mal gründlich barockisiert.

Zwischen 1811 und 1865 machten sich verschiedene Bauherren an dem Haus zu schaffen, was aber seinen Verfall offenbar nicht aufhielt. 1873 entschloß man sich deshalb zur Wiederherstellung als Vollprothese; also Abbruch und Neubau. Der »Einheit des Stilprinzips«, wie sie Eugène-Emmanuel Violett-leDuc, das theoretische Haupt der Neugotik, propagierte, stand nun nichts mehr im Weg. Für

*Broodhuis/Maison du
Roi, Sitz des Brüsseler
Stadtmuseums*

die Fassadengestaltung wurde ihr Zustand der Jahre 1515–36 fixiert,
jedenfalls soweit sie späteren Stichen abzuschauen war. Doch trieb
den Architekten der Ehrgeiz, den Auftrag historischer Treue überzu-
erfüllen. Er ließ nicht nur einen zwar geplanten, aber keineswegs
realisierten Bogengang hinzubauen, sondern bereicherte seine
Nachschöpfung auch mit Details anderer Gebäude aus der gleichen
Entstehungszeit.

Das Brothaus läßt sich nicht nur von außen betrachten, sondern
auch besuchen. Hier zeigt das **Brüsseler Stadtmuseum** seine
Schätze, darunter einige Originale der um 1400 geschaffenen Rat-
hausplastiken. Auch die spätgotischen Altarretabel des 15. und
16. Jh. kommen aus Brüsseler Werkstätten, und womöglich hat auch
der 1563 nach Brüssel verzogene Pieter Breughel d. Ä. (s. S. 165 f.)
den »Hochzeitszug« (um 1568) gemalt. Von einem recht bedeutenden Wirtschaftszweig der Stadt zeugen schließlich das ausgestellte
Porzellan und die Fayencen.

Giebelkunst an der Grand'Place: Der hl. Bonifatius auf dem Haus »Die Goldscha-luppe« (links) und der hl. Ägidius auf dem Haus »Die Schubkarre (rechts)

Obwohl die Zunfthäuser um den Markt im barocken Dekor gera-dezu schwelgen, scheint ihr Aufbau ein entschiedenes Dementi zur epochalen Zugehörigkeit. Doch rührt die Schmalbrüstigkeit der mei-sten Fassaden von den gotischen Vorgängern her, deren Breite für die neuen Häuser verbindlich blieb. Recht behäbig nimmt sich dage-gen die Nr. 1 (Ecke Boterstraat) aus. Den historischen Namen »Den Coninck van Spagniën« bewahrt das hier ansässige Restaurant »Au Roi d'Espagne«. Das 1696/97 errichtete, 1901/02 rekonstruierte Gebäude hat immerhin sieben Achsen, es gehörte der Bäckerzunft. Im Haus Nr. 5 saßen die Bogenschützen, denen offenbar eine Vor-liebe fürs klassische Altertum eigen war. Auf dem Relief über dem Eingang saugen Romulus und Remus an den Zitzen der Wölfin, die der Adresse den Namen gab. Die Bildnisse am oberen Geschoß stel-len Caesar sowie die römischen Kaiser Trajan, Tiberius und Augustus dar. Eine schöne Anspielung auf den Wiederaufbauwillen präsentiert schließlich der Halsgiebel: Dort steigt ein blitzender Phönix aus der Asche.

Auch die reich mit Skulpturen bestückte Fassade des Hauses »In den Vos« (Zum Fuchs, Nr. 7) war schon vier Jahre nach dem Bom-bardement eine Zierde der Grand' Place. Seit Anfang des 15. Jh. stand hier die Zentrale der Krämerzunft, und das Motto auf dem geschwungenen Band über dem Balkon spricht für sie in seiner Schlichtheit und seinem Biedersinn: *Pondere et mensura* – Mit Gewicht und Maß. Die Personifikationen der vier Erdteile (noch ohne Ozeanien) mit einer Justitia in ihrer Mitte sind allerdings Ersatzstücke aus dem 19. Jh. Hoch oben glänzt dann kupfern ein hl. Nikolaus, Schutzpatron der Kaufleute. Ein Haus »De Sterre« (Zum Stern, Nr. 8, Ecke Karel-Bulsstraat) steht hier schon seit dem 13. Jh., und ein Vorgänger des heutigen ist als Sterbehaus des Schöffen Ever-ard 't Serclaes in die Stadtgeschichte eingegangen. An den erfolgrei-chen Verteidiger Brüssels gegen den flandrischen Grafen Ludwig von Male erinnert die bronzene Gedenkplatte (1902). Eine andere Tafel, gestiftet von den »dankbaren Künstlern«, ehrt den Brüsseler Bürgermeister Karel Buls, sie entstand nach einem Entwurf von Vic-

217

tor Horta. Buls regte auch die Rekonstruktion des »Sterns« an, nachdem der Barockbau 1853 einer Straßenverbreiterung weichen mußte.

Neben diesem kleinen und sehr schmalen Eckhaus plustert sich der »Schwan« (Nr. 9), ab 1720 Sitz der Metzgerzunft. Und geht es nach den veröffentlichten Bildern, dann sind die Häuser 10–12 ein besonders fotogenes Ensemble. Eigentümer der Nr. 10 waren seit Beginn des 17. Jh. die Brauer. Sie ließen zunächst Kurfürst Maximilian von Bayern auf ihrem Giebel reiten. Doch schon 1752 wurde sein Reiterstandbild durch das Karls von Lothringen ersetzt (neu 1902). Das läßt sich politisch nachvollziehen, bleibt aber vom Standpunkt der Produktstrategie aus ein Fehler: War doch mit Maximilian der Vertreter einer ausgewiesenen Biernation obenauf. Dennoch steht außer Frage, daß dieses Haus die ideale Unterkunft für ein **Brauereimuseum** *(Musee de la Brasserie)* bietet.

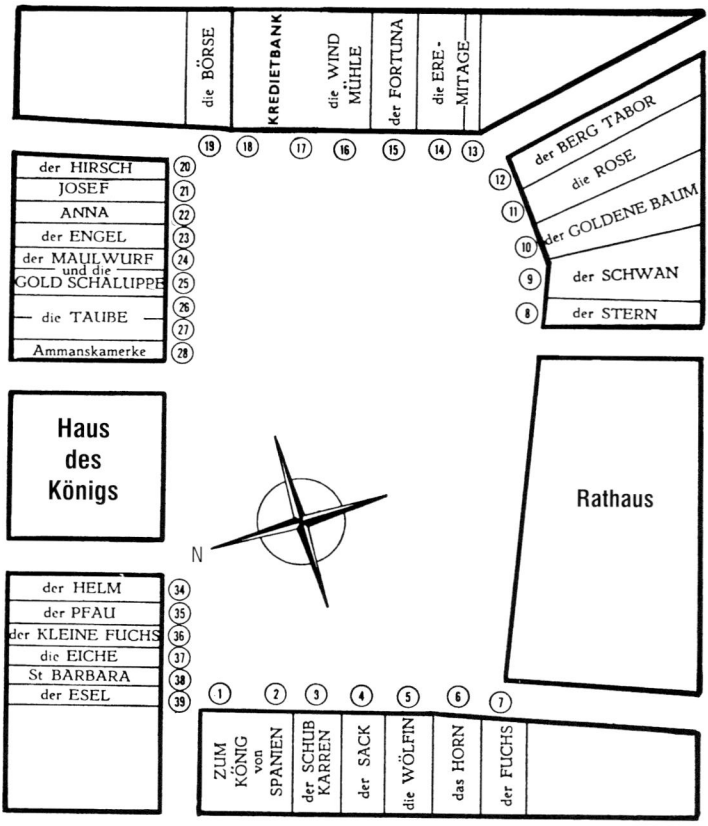

Von der Brothausseite des Markts verdienen wohl die Häuser Nr. 24/25 und 26/27 das meiste Interesse. Ersteres, respektive sein Vorgänger, gehörte um 1500 der Schneiderzunft. Es hat einen selbst für die Verhältnisse der Grand' Place sehr imposanten Giebel, den mit der hl. Barbara die Schutzpatronin dieses Handwerks bekrönt. Sein Hauszeichen ist das »Goldene Boot«. Daneben (Nr. 26/27) residierte seit 1510 die Malerzunft, den Neubau veranlaßte jedoch ein Privatmann. 1852 wohnte hier der Schriftsteller Victor Hugo, übrigens keineswegs der einzige politisch Verfolgte, dem der junge belgische Staat damals Zuflucht bot.

Für den einen oder anderen ist das **Spitzen- und Kostümmuseum** *(Musee du Costume et de la Dentelle,* Rue de la Violette 6) sicher den kleinen Abstecher wert. Für einen Besuch spricht außerdem, daß die Textilsammlungen in einem restaurierten Haus des 17. Jh. untergebracht sind. Um diese Zeit erwarb sich auch die heute noch berühmte Brüsseler Spitze ihren Ruf und wurde zu einer europaweit nachgefragten Handelsware. Ihre Geschichte findet sich hier mit wunderschönen, virtuos geklöppelten Beispielen belegt. Das Museum bietet ebenfalls einen sehr sehr aufschlußreichen Überblick über die Entwicklung der Damen-, Herren- und Kindermode während der letzten dreieinhalb Jahrhunderte.

Sie steht ein wenig abseits, die bekannteste Brüsseler Sehenswürdigkeit. Ecke Schoofstraat/Eikstraat hat es sein umgittertes Refugium, das **Manneken Pis.** Der pummelige Bub hat schon Generationen von Brüssel-Touristen entzückt. Dabei tut er nur das, was immer

Manneken Pis

Kuppel in der Börse

noch zu viele seiner Geschlechtsgenossen – zugestanden: mit dem Gesicht zur Wand – erledigen: Er läßt in aller Öffentlichkeit sein Wasser. Seit dem 15. Jh. füllt es wechselnde Brunnenbecken, und auch das aktuelle Mannsbildchen hatte Vorläufer. 1619 schuf Jérôme Duquesnoy d. Ä. (vor 1570–1641) diese Bronzefigur. Das Knäblein wird der älteste Bürger Brüssels genannt; für manche immer wieder ein triftiger Grund, ihm Reverenz zu erweisen. Das geschah meist durch Bedecken seiner Blöße. Schon Karl V. spendierte ein Festtagsgewand, Ludwig XV. zeichnete ihn nach einer Eroberung Brüssels mit einem Brokatrock und dem Kreuz Ludwigs XIV. aus. Doch was der hochdekorierte Nackedei nun verkörpert, weiß so genau niemand. Möglicherweise ist er ein Potenzsymbol, das Wohlfahrt und Gedeihen der Stadt darstellen soll, ewige Jugend inklusive.

Mit Ausnahme der Kathedrale spielen Kirchen im Stadtbild von Brüssel nur eine bescheidene Rolle. Das ist allerdings kein Grund, einen barocken Zentralbau wie den **Unserer Lieben Frau zur Guten Hilfe** (*Notre-Dame-de-Bon-Secours*, Rue du Marché-au-Charbon) einfach zu übersehen. 1664 begonnen und 1694 vollendet, verweist seine Ornamentik teilweise noch zurück in die Renaissance, sein Raumbild erinnert jedoch an die römischen Kirchen aus dem 17. Jh. Der vielbeschäftigte Jan Pieter Baurscheit d. Ä. entwarf 1705 den Hochaltar, der das schon im Mittelalter verehrte Bildwerk der Muttergottes zur Guten Hilfe (14. Jh.) aufnahm.

Vom Kohlenmarkt führt der kürzeste Weg zur **Börse** über den Boulevard Anspach. Léon Suys d. J. plante den 1873 vollendeten Bau nach allen Regeln der historistischen Kunst. Renaissance-, Barock- und klassizistische Architekturelemente finden sich zusammen zu einer monumentalen Komposition, kolossale Säulen und Wandpfeiler, hochragende Portalmotive, auftrumpfende Plastik und eine Tempelfront mit dem Giebelrelief »Belgien begleitet von Handel und Gewerbe«. So beschwört ein großes Gebäude Größe. Das gleiche tut die Börsenhalle im Innern. Den kreuzförmigen Raum überwölbt in seiner Vierung eine gewaltige Kuppel. Dieses Zitat eines Kirchenraums kann kein Zufall sein. Die Frage ist nur, welchem Gott hier gedient wird.

Gleich neben der Börse liegt das **Café Falstaff** (Rue Henri Maus, 17–23). In mehreren Phasen zwischen 1903 und 1916 schuf hier der Architekt E. Hubion eine der schönsten Sitzgelegenheiten Brüssels. Das ist dieses Café bis heute geblieben, (wenngleich das Ambiente mitbezahlt werden muß). Bis auf das Art-Déco-Namensschild am Mittelpfeiler der Tür zeigt sich die Front in einem hinreißend eleganten Jugendstil. Und auch die Säle haben über die Jahrzehnte ihre ursprüngliche Ausstattung bewahren können.

Schräg gegenüber der mächtigen Börse steht die schmächtige **Nikolauskirche** *(Eglise St-Nicolas).* Im weiteren Sinn könnte der Namenspatron ja auch als Schutzheiliger der dort Tätigen gelten, die Kaufleute jedenfalls hatten ihn als den ihrigen auserkoren. Das heutige Gotteshaus entstand im 14. Jh., doch hat es selbst für südnieder-

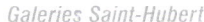

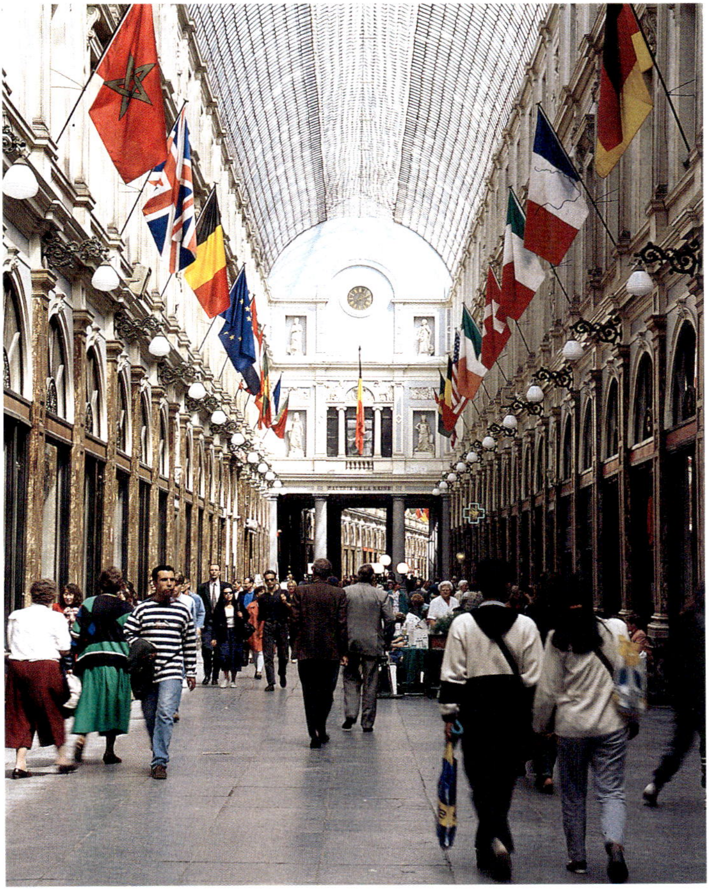

Galeries Saint-Hubert

ländische Verhältnisse stürmische Zeiten erlebt. Nachdem der Turm mit seinem noch romanischen Unterbau 1665 erhöht, 1695 nach dem Bombardement wiederhergestellt und 1714 mit einem – entschieden zu prächtigen – Abschluß versehen worden war, stürzte er ein und beschädigte die Kirche schwer. Pläne für einen erneuten Aufbau des Turms blieben erhalten, aber unausgeführt, später drohte der Andachtsstätte mehrere Male der Abriß. Sie wurde dann doch verschont – womöglich aus Respekt vor ihrer wichtigen Rolle in der Stadtgeschichte.

Im Innern sind die Folgen des Einsturzes noch heute nicht zu übersehen, vor allem an den Scheidbögen zu den Seitenschiffen. Die spätgotische Schnitzfigur Unserer Lieben Frau vom Frieden datiert ins 16., die übrige Ausstattung meist ins 18. Jh. Im schräg angesetzten Chor steht der um 1720 entstandene Hochaltar, etwa um die gleiche Zeit schuf Jean-Baptiste van der Haeghen das schöne Chorgestühl. Das elegante schmiedeeiserne Rokoko-Chorgitter gereichte ursprünglich der Abteikirche von Ninove zur Zierde.

Als wieder vom Geist des Kommerz inspiriertes Bauwerk können die **Galeries Saint-Hubert** gelten. Passagen sind eine originäre Erfindung des 19. Jh., und diese Ladenstraße gehört zu den ältesten Europas. Der Konsument sollte hier alles unter einem Dach finden (inschriftliches Motto: *Omnia omnibus*), eine Idee, die dann mit dem Kaufhaus konsequent verwirklicht wurde.

Erste Entwürfe für die Galeries zeichnete der Architekt Jean-Pierre Cluysenaar (1811–80) 1839/40, feierlich eingeweiht wurden sie am 20. Juni 1847. Sie bestehen aus drei Teilen: einer kleineren Zuführung von der rue d'Arenberg, der Prinzengalerie *(Galerie des Princes)*, der Königingalerie *(Galerie de la Reine)* und der Königsgalerie *(Galerie du Roi)*, welchletztere durch die rue de Boucher voneinander abgegrenzt sind. Während die Eisen-Glas-Konstruktion der Überdachung für ein neues Zeitalter des Bauens steht, orientieren sich die Schaufronten an den noblen Fassadengestaltungen der italienischen Renaissance. Zwar verfügen nur noch ganz wenige Geschäfte über die originale – oder doch beinahe originale – Ladenausstattung, aber das tut der Anziehungskraft der Galeries keinen Abbruch.

Um die Place de Brouckère

Die »Stumme von Portici« *(La Muette de Portici)* ist ein etwas eigentümlicher Titel für eine Oper, bei der es ja noch mehr auf das Singen ankommt als beim Schauspiel auf das Sprechen. Doch Daniel François Esprit Aubers Musikdrama verspricht jede Menge Stimmen, darunter allein drei Tenöre. Und daß hier kein handlungsarmes Gedankentheater geboten wird, dafür steht schon der Name der Librettisten Eugène Scribe. Der bemühte den neapolitanischen Volksaufstand anno 1647 als historischen Kern, um den er nach bewährtem Scribe-Muster eine Räuberpistole sondergleichen kristallisierte. Da ist der Ausbruch des Vesuvs für ein Untergangsszenarium gerade gut genug, da reicht die aktionsgesättigte allgemeine Empörung nicht, sie muß noch mit einer Verführungsgeschichte im besonderen aufgeladen werden. Und der strahlende Volksheld Masaniello setzt sich nicht einfach an die Spitze der Massen, um den Tyrannen auf dem Schlachtfeld zu stellen, nein, er muß das auch noch vergiftet tun, seiner Sinne kaum oder nur gerade für Kampf und Sieg noch mächtig.

Das Volk kommt bei dem ganzen Spektakel übrigens denkbar schlecht weg. Zum Schluß gebärdet es sich als rasender Mob, der den ritterlichen Masaniello erschlägt. Aber das hat die Brüsseler Opernfreunde an jenem 25. August 1830 nicht weiter gestört. Für sie

stand außer Frage, wer mit den unterdrückten Neapolitanern, wer mit den Häschern und Schergen der Fremdherrschaft, wer mit dem Schuft von spanischem Vizekönig bzw. seinem niederträchtigen Sohn nur gemeint sein konnte. Wie waren aber auch schon die Marschtakte der Ouvertüre ins Blut gegangen, wie der zum stampfenden Tanz geschmetterte Chor »Singt lustig die Barkarole ...«, der sich zu einer komponierten Haßtirade steigert. Auch Richard Wagner hat diese »Stumme« in ihren Bann geschlagen.

Sage keiner, Kunst könne die Welt nicht verändern. Bei der Aufführung von Aubers Oper sprang der revolutionäre Funke über, das Publikum stürzte auf die Straße und entwaffnete die niederländischen Soldaten. Dies war der Auftakt zu einer Volkserhebung, und innerhalb kürzester Frist hatten die Belgier das Joch der Fremdherrschaft abgeschüttelt. Den Eindruck einer Brutstätte des Aufruhrs macht Brüssels **Opernhaus** *(Théatre Royale de la Monnaie/Opéra National)* nun keineswegs, zumal das Giebeldreieck, ein Relief von Eugen Simonis, die »Harmonie der Leidenschaften« rühmt. 1817–19, also während der gesamtniederländischen Ägide erbaut, lädt seine monumentale Portalfront wie die eines antiken Tempels zum Eintritt. Das Innere mußte nach einem Brand 1855 erneuert werden, das besorgte Joseph Poelaert (s. S. 252) in wuchtender Gründerzeit-Pracht. Zurückhaltend gibt sich der Umbau aus den Jahren 1985/86, jedenfalls von der Portalfront her. Im Inneren hat Architekt Charles van den Hove mit dem Salon Royal einen Saal gestaltet, dessen kühle postmoderne Eleganz manche Theatergänger mehr schätzen als den rot-goldenen Pomp des Zuschauerraums.

Eine Freifläche ganz eigenen Charakters ist der **Märtyrerplatz** *(Place des Martyrs)*. Selbst ein Geschundener, macht er seinem Namen alle Ehre. Immerhin gibt es nun doch sichtbare Bestrebungen, den Verfall dieses sehr bemerkenswerten Ensembles aufzuhalten. Nach den Plänen des Ingenieur-Architekten Claude Fisco wurde hier zwischen 1774 und 1776 ein ehrgeiziges städtebauliches Projekt verwirklicht. Das langgestreckte Rechteck des Platzes wird bestimmt von der Homogenität der klassizistischen Fassaden, deren Regelmaß nur die Straßenmündungen unterbrechen. Seine Mitte aber bildet ein aufwendig gestaltetes Mahnmal für die Gefallenen der 1830er Unabhängigkeitskämpfe, von ihnen hat der Platz seinen Namen. Diese 1838 eingeweihte Gedenkstätte mit der Gräberkrypta und der Plastik Willem de Geefs' gibt dem Platz eine ganz eigentümliche Stimmung: Ihr heroisches Pathos scheint sich auch der eher nüchternen Architektur der Häuserfronten mitzuteilen.

Im Süden des Platzes steht ein Denkmal zu Ehren des Grafen Frédéric de Merode, 1830 »gefallen für die Unabhängigkeit des Vaterlands«. Der leicht verändert ausgeführte Entwurf für dieses Monument (1898) stammt von keinem Geringeren als Henri van de Velde (1863–1957). Die »Art Nouveau« macht sich nicht so stark bei der Skulptur des Freiheitskämpfers geltend als vielmehr bei den fließenden Formen und schmiegsamen Linien des Obelisken, vor allem seiner Basis.

Bevor wir nun die breite Boulevard-Achse der Hauptstadt überqueren, möchten wir doch noch einen Abstecher vorschlagen. Es geht um ein etwas anderes, nichtsdestoweniger brüsselspezifisches Museum. Das **Comic-Center** *(Centre belge de la bande dessinée,* Rue des Sables 20) zeigt die Geschichte dieser so oft geschmähten »neunten Kunst«, zu der Belgien eine ganz eigene Beziehung hat.

Heimstatt der »Neunten Kunst«: Comic-Museum in den Magasins Waucquez

Comic-Figuren bevölkern die Wände von U-Bahn-Stationen, auf einer Hauswand der Metropole findet sich einmal mehr bestätigt, daß Westernheld Lucky Luke schneller zieht als sein Schatten.

Berühmtester belgischer Zeichner ist der politisch allerdings äußerst zwielichtige Hergé (richtig Georges Remi, 1907–1983), seine *Tintin*-Hefte (deutsch Tim und Struppi) erreichten Millionenauflagen in aller Welt. Nicht nur in Belgien hat der *Nero* Marc Sleens einen hohen Bekanntheitsgrad; ihm zur Seite steht der Muskelprotz *Jan Spier*, der hierzulande nichts anderes sein kann als Frittenbäkker. Auch die *Schlümpfe* verdanken ihre Existenz einem belgischen Zeichner, und von den Abenteuern der Kinder *Suske en Wiske* fühlt sich die ganze Nation blendend unterhalten, obwohl ihr Autor Willy van der Steen ein Flame ist. Übrigens verhelfen François Schuiten und Benoît Peeters einer Stadt namens *Brüsel* zu Comic-Leben, die fürchterlich gezeichnet ist von den gewissenlosen Machenschaften der Spekulanten und einer allgegenwärtigen Bürokratie. Es beruhigt nur mäßig, daß diese Alptraum-Metropole lediglich auf dem Papier steht …

Wer aber über diese Kunst/Literaturgattung immer noch die Nase rümpft, sollte sich wenigstens vom Ausstellungsort selbst überzeugen lassen. Die **Magasins Waucquez** sind ein ehemaliges Textilkaufhaus, und kein Geringerer als Victor Horta hat es entworfen (1905/06). Es blieb als einziges von Hortas großen Kaufhäusern erhalten und zeigt in der meisterhaften Lichtführung, der bestechend klaren Raumaufteilung und dem souveränen Einsatz der modernen Materialien Glas und Eisen den Architekten auf der Höhe seines Könnens. Da auch die wunderschönen Mosaiken und die kostbaren Parkettböden wieder restauriert sind, lohnt sich der Besuch des Hauses doppelt und dreifach.

Ohne Frage bessere Zeiten hat das **Königlich-Flämische Theater** (*Koninklijk Vlaamse Schouwburg*, rue de Laeken 146) gesehen. Dabei hat der 1887 eingeweihte Neorenaissancebau durchaus seine Qualitäten. Vor allem hatte der Architekt Jean Baes (1848–1914) ein Schauspielhaus geschaffen, das auf die Erfordernisse des Betriebs optimal zugeschnitten war, ohne ästhetische Gesichtspunkte hintanzustellen. Der neue Bauwerkstoff Gußeisen spielte auch hier eine wichtige Rolle, aus ihm bestehen die teils umlaufenden Balkone. Eine dreigeschossige Fassade mit den sehr dekorativen Bändern aus blauem und weißem Stein betont in ihrem Aufbau die mittlere Etage. Drei große Rundbogenfenster lassen Licht ins Foyer, vor ihnen stehen auf Postamenten die Büsten von drei wichtigen niederländisch schreibenden Autoren, Willem Ogier, Joost van den Vondel und Pieter Langendijk.

Das **Hospice Pacheco** vertritt würdig den Klassizismus des frühen 19. Jh. (nach französischer Tradition also den Neoklassizismus). Der Vierflügelbau, an der Längsseite mittig durch einen zusätzlichen Trakt unterteilt, wurde zwischen 1824 und 1827 nach Entwürfen des

Architekten Henri Louis Partoes errichtet. Das heutige Wohnstift steht dort, wo einst die Infirmerie des Großen Beginenhofs die Kranken aufnahm. An beide Innenhöfe grenzt ein Arkadengang, und auch im Innern hat das Hospiz manches interessante architektonische Detail zu bieten.

In der Umgebung blieben nur ganz wenige Häuser vom Großen Beginenhof erhalten, und selbst denen sieht man ihre Herkunft kaum mehr an. Aber seine Kirche **St. Johannes der Täufer** *(Saint-Jean-Baptiste au Beguinage)* hat die Zeiten überdauert. Unter den barocken Gotteshäusern Belgiens zählt sie zu den markantesten, dabei ist bis heute ungeklärt, wem die Ehre für den Entwurf gebührt. Sie steht auf den Fundamenten eines gotischen Vorgängerbaus, der – 1584 teilweise abgebrochen – noch kurz vor Grundsteinlegung der neuen Kirche wiederaufgebaut worden war.

Mit Macht vertritt ihre Westfassade die italienisch inspirierte Spielart des flandrischen Barock, der ein Gebäude tendenziell als Skulptur galt. Damit einher geht der Hang zum Dekorativen, zur Überfülle des Ornaments. Auch diese Schaufront bietet eine glänzende Inszenierung von Architektur, und die Betonung der Vertikalen läßt noch die ästhetischen Ideale einer älteren Baugesinnung anklingen. Der Mittelschiffabschluß macht sogar Anstalten, sich zur Turmhöhe aufzuschwingen.

Vom Grundriß zeigt sich die Kreuzbasilika auf den Zentralbau hin orientiert. Das Querschiff hat drei Joche, und die Traveen des Längsschiffs gehen auffällig in die Breite. Das gibt dem Inneren einen Zug von Monumentalität, ohne die Harmonie seiner Architektur zu gefährden. Auch die Ausstattung setzt bemerkenswerte Akzente. Ein Prachtstück ist zweifellos die Kanzel von Lambert-Joseph Parant, die

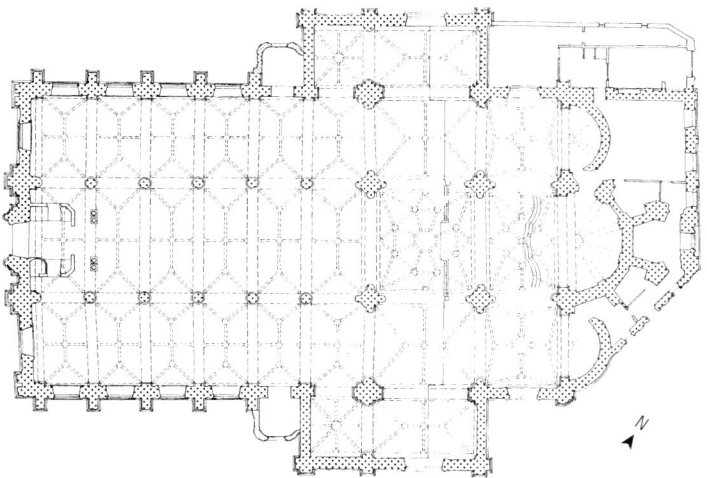

Kirche St. Johannes der Täufer, Grundriß

226

ursprünglich in der Mechelner Dominikanerkirche stand. Folglich ist sie dem Leben des hl. Dominikus gewidmet, der Ordensgründer posiert unter dem Kanzelkorb als machtvoller Prediger.

Vom Platz vor der Kirche führt die Rue du Peuplier direkt auf einen Straßenzug, dessen beide Hälften zwar durch einen schmalen Brunnen getrennt sind, der allein jedoch die Bezeichnung Quai nicht rechtfertigt. Aber die Wasserflächen erinnern an das ehemalige Hafenbecken der Kaufleute, während die Fontaine Anspach zwar einem verdienstvollen Bürgermeister ehrt, aber ursprünglich gar nicht hier, sondern von 1897 bis 1973 an der Place de Brouckère gestanden hat. Die dichtgedrängten Fischrestaurants an den Quais machen also auch historisch Sinn und locken ihre Gäste öfter schon einmal mit preiswerten Hummerangeboten.

Bleibt die 1854–74 errichtete Kirche **St. Katharina** *(Ste-Catherine)*. Sie ist ein großzügiger Bau von beachtlichem Raumvolumen, nimmt sich für die Verhältnisse ihres Architekten allerdings fast

bescheiden aus. Denn Joseph Poelaert hat sie entworfen und
zunächst auch die Arbeiten an ihr beaufsichtigt. Später forderte
dann der Justizpalast (s. S. 252) seine ganze Kraft. Schnell zeigt sich
aber, daß es Poelaert bereits hier zum Monumentalen gedrängt hat.
Schon bei St. Katharina setzt er auf den Effekt, auf die große Geste.
Da muß der barocke Glockenturm abseits stehen, der allein noch an
das alte Gotteshaus erinnert.

Die Oberstadt

So triumphal wie vor der Hochhausära beherrscht sie das Stadtbild
nicht mehr, aber einige Straßen fluchten doch noch auf ihre Zweitür-
mefassade zu. Über der Unterstadt, auf dem ehemaligen Mühlen-
berg, erhebt sich die **Kathedrale St. Michael** *(Cathédrale St-
Michel)*, deren andere Schutzheilige nur noch im Platz- und
Straßennamen gegenwärtig ist: St. Gudula. Die Kirche selbst büßte
ihre Patronin – zugleich auch die der Stadt – ein, als sie 1962 Kathedrale des Erzbistums Mecheln-Brüssel wurde. 1047 waren Gudulas
Gebeine hierhin übertragen worden, diesem Vorgang verdankt das
Gotteshaus seine erste Erwähnung.

Schon damals stand an diesem Platz eine steinerne Kirche, zu
ihren Resten führt eine Treppe im nördlichen Seitenschiff hinab.
Hier unten läßt sich auch eine weitere Station der Baugeschichte
sozusagen mit Händen greifen: Für die Besucher wurde ein Gang
durch die starke Außenmauer des Westbaus von 1200 gebrochen.
Deutlich lassen sich die beiden runden Treppentürme erkennen, die
den quadratischen Hauptturm flankierten. Den Grundriß der romanischen Anlage hat man im Fußboden der Kirche mit hellem Stein
ausgelegt.

Die Kathedrale entstand während dreier Bauperioden, denen der
sukzessive Abriß der romanischen Anlage vorausging. 1226 begannen die Arbeiten am Chor, die um 1280 abgeschlossen waren. Das
Querschiff und die östlichen fünf Langhausjoche wurden um 1325 in
Angriff genommen und ein Dreivierteljahrhundert später vollendet,
der Westabschluß samt den beiden Türmen ist ein Werk des 15. Jh.
So repräsentiert der Bau die ganze Spanne der gotischen Architektur. Die Formen der Frühzeit, stark beeinflußt von denen der französischen Kathedralen, sind ebenso gegenwärtig wie die der späteren
Brabanter Periode, als nach Plänen Jan van Ruysbroeks und Jan van
der Eyckens die Westfassade hochgeführt wurde. Bei den Kapellenanbauten des 16. Jh. mischen sich in den Flamboyantstil schon Elemente der Renaissance.

Übrigens verdient das Turmpaar einen Superlativ: Als einziges im
heutigen Belgien wurde es vollendet (oder doch fast vollendet, denn
mit den Spitzen hat es nie so recht werden wollen). Außerdem haben
die sorgfältigen Wiederherstellungsarbeiten seit 1952 die gröbsten
Willkürlichkeiten der neogotischen Restauration zurückgenommen.

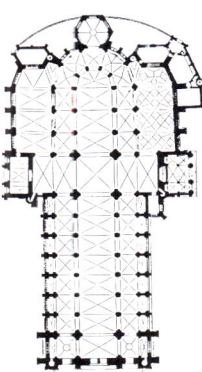

*Kathedrale
St. Michael, Westfas-
sade und Grundriß*

Seit einigen Jahren präsentiert sich ebenfalls das Langhaus nicht nur
in neuem Glanz, sondern auch dem ursprünglichen Erscheinungsbild stärker angenähert. Bis jedoch die Gerüste am frühgotischen
Chor bzw. die provisorischen Trennwände im Innern verschwinden,
werden noch einige Jahre ins Land gehen.

Auch im Inneren zeigt das Langhaus die typischen Merkmale der
Brabanter Gotik (s. S. 18). Ein Fernglas kann beim Besuch nicht
schaden, denn nur so läßt sich die feine Arbeit der Schlußsteine
bewundern, deren originale Farbfassung bei der Restaurierung freigelegt wurde. Die zwölf Apostelfiguren an den Rundsäulen stammen
von namhaften südniederländischen Barockbildhauern, darunter
Jérôme Duquesnoy d. J. und Lucas Fayd'herbe. Die Kanzel schuf

*Apostel Paulus und
Jakobus im Inneren*

229

einmal mehr Hendrik-Frans Verbruggen, er stellte hier der Vertreibung aus dem Paradies die Erlösung in Gestalt einer Maria Immaculata und eines kreuztragenden Christuskinds gegenüber.

Das meiste Interesse aber verdienen die Glasfenster der Kirche. Im Westen hat ein unbekannter Künstler das Jüngste Gericht dargestellt, im nördlichen Querschiffarm gestaltete der Antwerpener Glasmalermeister Jan Haeck 1537 die Porträts Karls V. und seiner Gemahlin Isabella von Portugal, denen als Namenspatrone Karl der Große und die hl. Elisabeth zur Seite stehen. Als Pendant sind im Süden Maria von Ungarn, Schwester Karls V., und ihr Ehegatte Ludwig II. von Ungarn gegenwärtig, auch sie in Begleitung ihrer Namensheiligen. Und wäre der Chor mit seinen Kapellen zugänglich, dann könnten die Besucher eine Parade der auf Glas gemalten Habsburger sowie ihrer Angetrauten abnehmen, beginnend mit Maximilian und Maria von Burgund bis hin zu Margarete von Österreich. Für viele dieser Fenster hat Barend von Orley (1488/89–1541), Hofmaler Margaretes, die Kartons gefertigt.

Es ist städtebaulich eine der zwingendsten Verbindungen überhaupt: von der Place de Albertine zur Place Royale, von der Unterstadt zur Oberstadt. Als Anlage gestaltet und mit Freitreppen großzügig versehen, gestattet sie die stufenweise Eroberung des **Kunstbergs** *(Mont des Arts)*. Das Reiterstandbild Alberts I. erhebt sich über der ersten Rampe, rechterhand flankieren die **Königliche Bibliothek** und das Palais Karls von Lothringen, linkerhand der Kongreßpalast den Aufstieg. Das moderne Gebäude der Bibliothek, 1954–69 errichtet und nach König Albert I. von Belgien († 1934) Albertina genannt, bietet gut zwei Millionen Büchern Raum, hinzu kommen 28 000 Handschriften. Immer wieder geben Ausstellungen Einblick in die Schätze dieser grandiosen Bücherei, deren Kernbestand die Sammlung des Bibliomanen Philipp von Burgund bildet.

In den Bibliotheksbau einbezogen ist die Georgskapelle, die jetzt als Ausstellungsraum dient. Sie gehörte ehemals zum Nassauischen Palais, ihre elegante Gotik datiert in die Zeit um 1500. Schon der Nassauer Hof war eine imposante Anlage, er reichte von Place Royale und Rue du Musée bis hinunter zum Boulevard de l'Empereur. 1756 erwarb ihn Karl von Lothringen (1712–80), Schwager Maria Theresias und Generalstatthalter der Österreichischen Niederlande. Er ließ den Herrensitz 1757–80 in ein luxuriöses Palais umwandeln, im Stil Louis XVI. zog der Architekt Laurent Dewez eine Dreiflügelanlage um die Place du Musée. Heute ist auch sie dem gewaltigen Komplex der Bibliothek eingegliedert.

Der unterstadtnächste, der Entreeflügel ist durch eine U-förmige Einwölbung besonders ausgezeichnet, die Skulpturen auf der Dachbalustrade und über den flankierenden Portalmotiven schuf Laurent Delvaux (1696–1778). Dieser Trakt birgt mit Rotundensaal und dreischiffiger Kapelle auch die interessantesten Räume. 1760/61 errichtet, ist die Kapelle ein fünfjochiger Raum, auf halber Höhe geteilt durch eine umlaufende Empore. Ionische Säulen trennen unten die Seitenschiffe vom Mittelschiff, korinthische schließen oben zusammen mit der schmiedeeisernen Brüstung die Galerie ab. Kündigt sich hier schon der Klassizismus an, beschwören die Stukkaturen – darunter Blumengirlanden, Porträtmedaillons und Putten – noch den Geist des Rokoko.

Die Königlichen Kunstmuseen, eine Sammlung von europäischem Rang

Kein Geringerer als Napoleon darf als Gründer der Königlichen Kunstmuseen Belgiens *(Musées royeaux des Beaux Arts de Belgique)* gelten. 1801 verfügte er, 15 Département-Ausstellungen einzurichten, die als Zweigstellen des Louvre gedacht waren. So kamen immerhin 50 jener Bilder zurück, die von den Revolutionstruppen gen Paris entführt worden waren. Seit 1815 fanden sich dann auch alle anderen Gemälde aus dem Louvre wieder in Brüssel ein, 1880 konnte die stattliche Sammlung ihr heutiges Domizil beziehen. Alphonse Balat (1818-95), der Architekt König Leopolds II., hatte für sie einen spätklassizistischen Musentempel entworfen, das heutige Museum für Alte Kunst. Etliche Erweiterungsbauten – die letzten wurden 1984 eingeweiht – gaben dem Haus ein wenig Labyrinthcharakter. Deshalb empfiehlt es sich, den verschiedenfarbig markierten Routen zu folgen.

Ungefähr 20 000 Werke nennen diese Museen ihr eigen, etwa 2500 davon zeigen die Ausstellungen. Ein Rundgang muß sich also auf Streiflichter beschränken. Die **Blaue Route** gibt einen ausgezeichneten Überblick über die **frühe südniederländische Malerei** (15. und 16. Jh.). Noch aus vorburgundischer Zeit stammt eine Bildfolge des Marienlebens (um 1400), ein erster Höhepunkt wird mit dem Schaffen des sogenannten Meisters von Flémalle erreicht. Die Forschung sieht in ihm allgemein Robert Campin, der zwischen 1410 und 1440 in Tournai wirkte. Von diesem Maler stammt unter anderem ein Gnadenstuhl mit gekreuzigtem Christus. Zwei herzzerreißend weinende Engel flankieren das Motiv, die extravagante Farbigkeit der Tafel scheint auf den Manierismus vorauszuweisen.

Vielleicht ein Schüler Robert Campins war **Rogier van der Weyden** (s. S. 38). Sein Bildnis Antons von Burgund erinnert auch an Brüssel als Residenz des mächtigen Fürstengeschlechts. Die Kette um den Hals gibt Anton als Mitglied des exklusiven Ritterordens vom Goldenen Vlies zu erkennen, der Pfeil in seiner Hand könnte auf eine Schützengilde hindeuten. Nun reichte Rogier, seit 1436 Stadtmaler von Brüssel, zwar nicht ganz an die Porträtkunst Jan van Eycks heran, dennoch hat er in diesem Genre Vorzügliches geleistet. Das bestätigt ebenfalls sein Konterfei Laurent Froimonts. Diese Tafel war die linke Seite eines Zweiflügelaltars, dessen Rückseite (in Grisaille) den Namenspatron Laurentius zeigt, kenntlich am Rost als Marterinstrument.

Eine markante Malerpersönlichkeit war auch **Hugo van der Goes** (um 1440–1482), der geistig umnachtet im Roten Kloster bei Brüssel starb. Die poetisch-verklärte »Anna selbdritt mit einem Franziskanermönch als Stifterfigur« ist wahrscheinlich eines seiner frühen Bilder. Daß der Kalvarienberg von **Dieric Bouts** ein großartiges Werk darstellt, läßt sich trotz des schlechten Erhaltungszustands sagen. Mit Temperafarben auf Tuch gemalt, besticht seine kompositorische Souveränität. Das Museum präsentiert außerdem die Originale von zwei Gerechtigkeitsbildern des Künstlers für das Löwener Rathaus: Sie sind an dieser Stelle besprochen (s. S. 279).

Überdies besitzen die Königlichen Museen einige Bilder **Hans Memlings** (s. S. 39), darunter die Porträts der Eheleute Willem Moreel und Barbara van Vlaenderberch (entstanden um 1475) sowie ein »Martyrium des hl. Sebastian«. Der Heilige läßt sich hier den Leib mit Pfeilen spicken, als handele es sich um eine kontemplative Übung. Doch werden hier auch die Arbeiten der Brügger Künstler im Schatten des großen Memling gezeigt, desgleichen die Werke der Brüsseler Kleinmeister. Der Meister vom Leben des hl. Josef schuf die Porträts Philipps des Schönen und Johannas der Wahnsinnigen, die ursprünglich Seitenteile eines Triptychons waren.

Selbstverständlich zeigt das Haus auch Werke nichtflämischer bzw. -brabanter Maler, darauf hinzuweisen gibt ein Kalvarienberg des **Hieronymus Bosch** (um 1450–1516) Gelegenheit. Das Motiv wird hier durch das Auftreten eines Stifters und seiner Bitte um Fürsprache abgewandelt. Die Wirkung verdankt das Bild vor allem der lichten Farbigkeit seiner Landschaft, die sich bis tief in den Bildhintergrund zieht und von einer Stadtkulisse abgeschlossen wird. Ganz

andere Farben wählte Bosch für die »Versuchung des hl. Antonius«. Brüssel besitzt zwar nur eine alte Kopie des Lissaboner Originals, aber nichtsdestoweniger ein Werk von hohem Rang. Es vereint nahezu das ganze, so ungeheuer folgenreiche Vokabular des Meisters aus 's-Hertogenbosch, besonders die großen und die kleinen Dämonen, wie sie später ganz ähnlich auf den Bildern Pieter Breughels d. Ä. wiederkehren werden. Übrigens variiert ein kleinformatiges Gemälde an der Wand gegenüber das gleiche Thema. Der unbekannte südniederländische Künstler hat jedoch die Versuchung des Heiligen ganz anders aufgefaßt. Bei ihm verliert sich die Szene fast in einer landschaftlichen Idylle.

Wie ein Intermezzo wirken die Säle 18 und 19, sie sind zum guten Teil **deutschen Meistern des 16. Jh.** vorbehalten. Unter ihnen ragen die Werke Lucas Cranachs d. Ä. (1472–1553) heraus. Das äußerst prägnante Porträt des protestantischen Theologen J. Scheyring läßt neben einem Gemälde wie »Venus mit Amor als Honigdieb« (1531) die eindrucksvolle Spannweite der Cranachschen Kunst ahnen. Die gotisch-graziöse, ein wenig geziert wirkende Göttin tröstet den weinenden, weil verstochenen Amor: Viel stärker als die Stacheln der Bienen peinigen die Leiden der Liebe. Eigentümlich gewollt scheinen ebenfalls die Haltungen von »Adam und Eva«. Doch bewahrt der Wittenberger Maler und Luther-Freund auch hier seinen Sinn fürs sprechende Detail: Die Bißstelle am Apfel läßt sogar die Zahnmale der biblischen Urmutter erkennen. Und weil sie der Versu-

Hieronymus Bosch, »Die Versuchung des hl. Antonius«, Musees royaux des Beaux-Arts de Belgique, Bruxelles - Koninklijke Musea voor Schone Kunsten van België, Brussel (photo Speltdoorn)

233

chung bereits so offensichtlich erlegen ist, zeigt die Schlange ein Lächeln, das entschieden zu den hämischsten der Kunstgeschichte zählt.

Einen gewissen Schlußpunkt setzt das Werk von **Gerard David** (s. S. 176). Der Nachfolger Memlings als Stadtmaler von Brügge ist der letzte große Meister dieser flandrischen Kunst- und Wirtschaftsmetropole, die ihre Führungsrolle nun endgültig an Antwerpen abtreten muß. **Quentin Metsys** (1465/66–1530) hingegen ist der erste namhafte Vertreter der Antwerpener Malerei (s. S. 176), in dessen Werk sich noch gotische mit schon manieristischen Zügen eigentümlich mischen. Auch der Meister von 1518 plaziert seine gotischen Figuren in eine spektakuläre Renaissancearchitektur (Triptychon aus der Abtei Dielegem), die auf seiner »Anbetung« im Stall von Bethlehem sogar schon zur Ruine zerfallen ist.

Einige Jahre stand der Haarlemer **Jan Mostaert** (um 1473–um 1555) in den Diensten der Statthalterin Margarete von Österreich. Sein Passionstriptychon des Albrecht Adriaenesz. van Adrichem zeigt, wie eigensinnig er die Tradition der flämischen Malerei selbst dann noch pflegte, als sich die Maler der südlichen Niederlande bereits der Renaissance zugewandt hatten. Dennoch hat auch Mostaert in die »Dornenkrönung« der linken Seitentafel die Architektur der neuen Epoche integriert. Ein ganz anderes, aber sicher eines der faszinierendsten Bilder des Museums ist »Das Mädchen mit dem toten Vogel«. Ein unbekannter südniederländischer Meister hat es wohl um 1530 geschaffen. Mit weit offenen Augen schaut das Kind am Betrachter vorbei, die beiden Hände halten das leblose Vogeljunge. Ratlosigkeit steht in dieses Gesicht geschrieben, das die Unbegreiflichkeit des Todes widerspiegelt.

Im Fall des Antwerpeners **Jan Gossaert** (1478/88–1532) ließ sich sogar der Herkunftsort seiner Familie ermitteln. Nach dem Städtchen Maubeuge an der heutigen französisch-belgischen Grenze wird der Maler auch Mabuse genannt. Wenn man will, hat er für die Maler der Scheldemetropole die Tradition der Italienreise begründet. 1508 begleitete er Philipp von Burgund, den unehelichen Sohn Philipps des Guten und späteren Bischof von Utrecht, nach Rom und zeichnete in dessen Auftrag die antiken Ruinen. Gossarts Abwandlung des Themas »Venus und Amor« besticht durch die ins Barock vorausweisende Dynamik der Komposition. Eine körperlich sehr präsente Venus verweist ihrem Sprößling seinen leichtsinnigen Gebrauch von Pfeil und Bogen. Im wohl originalen Arkadenrahmen lesen wir (auf Latein) ihre Worte: »Schamloser Sohn, der du gewöhnlich Menschen und Götter in Versuchung führst, ja deine Mutter nicht verschonst, halte ein, sonst wirst du zugrundegehen«.

Zu den gesuchtesten Malern seiner Zeit gehörte **Barend von Orley** (um 1488/89–1541, s. S. 25). Orleys eindrucksvoller, nach der Stifterfamilie benannter »Haneton-Altar« mit einer Grablegung im Zentrum, vor allem aber das Hiob-Triptychon von 1521 zeugen vom großen Können dieses Meisters. Drei Stationen aus dem Leidensweg

Unbekannter Meister, »Das Mädchen mit dem toten Vogel«, um 1530, Musées royaux des Beaux-Arts de Belgique, Bruxelles - Koninklijke Musea voor Schone Kunsten van België, Brussel (photo Cussac)

des alttestamentlichen Dulders hat der Künstler (oder seine Auftrag-
geberin Margarete von Österreich?) ausgewählt: Links werden Hiob
die Herden genommen, rechts muß er vor den Freunden seine Glau-
benstreue rechtfertigen, und auf der großen Mitteltafel erschlagen
die Trümmer eines einstürzenden Palastes seine Kinder. Die Außenseiten der Flügel erzählen das Gleichnis Jesu vom armen Lazarus
und dem reichen Prasser nach (Lukas 16, 19 ff.).

Nicht weniger als sechs Gemälde **Pieter Breughels d. Ä.** (um
1527/28–69, s. S. 165 f.) nennen die Museen ihr eigen. Die recht mit-
genommene, weil mit Temperafarben auf dünne Leinwand gemalte
»Anbetung der Könige« erinnert in vielem an die »Anbetung« des
Hieronymus Bosch (im Madrider Prado). Auch der fulminante
»Engelsturz« (1562) galt bis zum Auffinden von Breughels Signatur
als dessen Werk, Breughels Dämonen und gräßliche Fabelwesen
scheinen unmittelbar beim nordniederländischen Meister entliehen.
Die apokalyptische Szene hat indessen den Erzengel Michael zur
Achsenfigur, mit gezücktem Schwert bekämpft er die Gefallenen und
Fallenden, einst Himmelsboten wie er. Auch der Sonnenball über
ihm, dessen (Beinahe-)Halbrund vom Reigen der posauneblasenden
Engel aufgenommen wird, geben dem Bild Struktur. So bleibt das
Gewalttätig-Bedrängende der Vision letztlich eingebunden in einen
kalkulierten Aufbau, aber diese Ordnung ist dem Chaos mühsam
abgerungen und durch die zerstörerische Kraft der Gesichte gefährdet.

Einen Gefallenen zeigt auch Breughels »Landschaft mit dem
Sturz des Ikarus«. Aber von der Dramatik des »Engelsturzes« hat
dieses Bild nichts. Die Anregung erhielt der Maler wohl aus den

*»Die Natur hat wun-
derbar ihren Mann ge-
funden und getroffen,
um wiederum von ihm
herrlich getroffen zu
werden.« (Carel van
Mander, »Het schilder-
boek«, 1604)*

*Pieter Breughel d. Ä.
»Volkszählung zu
Bethlehem«, Musees
royaux des Beaux-Arts
de Belgique, Bruxelles
- Koninklijke Musea
voor Schone Kunsten
van België, Brussel*

Metamorphosen des Ovid: Der geniale Tüftler Daedalus hat für sich und seinen Sohn Ikarus Flügel konstruiert, mit denen sie sich tatsächlich in die Lüfte erheben können. Doch Ikarus kommt der Sonne zu nahe, das Wachs, das die Konstruktion zusammenhält, schmilzt und der junge Mann stürzt kopfüber ins Meer. Der Sturz selbst erscheint auf dem Bild wie ein beiläufiges Detail: Ein Bein des Unglücklichen ragt noch aus dem Wasser heraus, darum spielt sich das Leben ab, als sei nichts geschehen. Im Vordergrund bearbeitet ein Bauer mit fast schon provokantem Gleichmut sein Feld, da liegt eine pessimistische Deutung nahe: Immer schon mußte unsereiner dem Boden mühsam abringen, was ihn erhält. Aller himmelstürmenden Innovation scheint dagegen bestimmt, im Meer des Ewiggleichen unterzugehen.

Noch zwei Schneebilder von Breughels Hand besitzt das Museum, die »Winterlandschaft mit Eisläufern und Vogelfalle« von 1565 gehört zur Stiftung Delporte-Livrauw und wird erst in Saal 44 präsentiert. In der Dorfszenerie will man das brabantische Pede-Sainte-Anne wiedererkannt haben, und vielleicht ist das Bild in moralischer Absicht gemalt: Ebenso leichtsinnig, wie sich die Vögel um die Falle versammeln, laufen die Menschen auf dem brüchigen Eis (des Lebens?). Aber der erhobene Zeigefinger ist des Künstlers Sache nicht: Er hat ein Werk von großer atmosphärischer Dichte geschaffen, hat der kalten Jahreszeit zum Trotz die Landschaft in ein außerordenlich warmes Licht getaucht.

Auch die »Volkszählung zu Bethlehem« spielt bei Breughel in einem brabantischen Dorf. Als Inspirationsquelle zu diesem Bild, einem der meist reproduzierten überhaupt, diente der Bericht des Lukas-Evangeliums. Doch ist er ganz in die südniederländischen Verhältnisse während der Lebenszeit des Malers übertragen. Die Herberge vorne links, gleichzeitig auch das Zähllokal, trägt das Wappen Kaiser Karls V. († 1558) oder seines Sohns Philipp II., König von Spanien. Gut möglich auch, daß sich die Bauern vor dem Gasthaus drängen, um den Zehnten abzuliefern. Josef führt den Esel, der die schwangere Maria trägt; er ist mit geschulterter Säge ersichtlich ein Zimmermann. Aber ungeachtet der vielen realistischen Details hat der Künstler nicht einfach ländliches Leben festhalten wollen, sondern die Szene symbolhaft überhöht. Und bei aller Deutlichkeit, ja Drastik im einzelnen, bei aller Geschäftigkeit und Unbekümmertheit der Beteiligten, lastet auf dieser Volkszählung doch etwas Numinos-Bedrohliches. Aber dieser Zug ist uns ja aus dem Werk Pieter Breughels d. Ä. vertraut.

Im Breughel-Saal finden sich ebenfalls einige Werke seines ältesten Sohnes **Pieter Breughel d. J.** (1564–1638), genannt Höllen-Breughel. Er und seine gut ausgelastete Werkstatt waren häufig damit beschäftigt, Kopien nach den Gemälden des Vaters herzustellen. Der Erstgeborene besaß das malerische Können, die Virtuosität des Vaters, doch ihm fehlte dessen imaginative Kraft. Wie er fand auch Marten de Vos (1532–1604), möglicherweise ein Begleiter Pieter Breughels d. Ä. auf seiner Italienreise, fanden die sogenannten Romanisten, darunter Frans Floris de Vriendt, Hendrik de Clerck und der Rubens-Lehrer Otto van Veen, in Antwerpen ihr Auskommen. Die Vorherrschaft dieser Kunstmetropole sollte selbst im Barock noch fortbestehen.

Dem **flämischen Barock des 17. Jh.** widmen die Museen ihre **Braune Route,** die auch etliche – und einige sehr erlesene – Werke nordniederländischer Künstler miteinbezieht. Gleich am Beginn hängen die Gemälde Jan Breughels d. Ä. (1568–1625), genannt Samt-Breughel. Der jüngere Sohn Pieter Breughels d. Ä. war in vie-

Anthonis van Dyck, »Bildnis einer Genueser Dame mit ihrer Tochter«, Musees royaux des Beaux-Arts de Belgique, Bruxelles - Koninklijke Musea voor Schone Kunsten van België, Brussel (photo Speltdoorn)

len Sätteln gerecht, er hat Bilder mythologischen Inhalts gemalt, gab der Genre- und Landschaftsmalerei neue Impulse. Exzelliert' hat er jedoch mit seinen Blumenstilleben. So fein wie er wußte kein anderer die Pinselstriche zu setzen, einen derart warmen, eben den Samt-Ton, eine solche Leuchtkraft der Farben hat niemand sonst erreicht. Sein »Stilleben mit Blumenkranz und Trinkschale« zeigt gerade im kleinen Format die ganze Meisterschaft dieses Malers.

Selbstverständlich beherrscht auch in den Königlichen Museen das Triumvirat Rubens (s. S. 40), van Dyck und Jordaens die Barockszene. Über die drei Maler ist im Antwerpen-Kapitel so viel gesagt, daß sich eingehendere Betrachtungen erübrigen. Bei **Rubens,** darauf sei doch hingewiesen, überwiegen zwar selbst hier die kirchengebundenen Darstellungen, doch finden sich ebenfalls die »Porträts des Erzherzogpaars Albrecht und Isabella«, das berühmte »Bildnis der Helene Fourment« und die vorzügliche Studie der »Negerköpfe«. Faszinierend darüber hinaus die Ölskizzen zur Ausstattung des Torre de la Parada. Vier Jahre hatte Rubens noch zu leben, als er 1634 den gewaltigen Auftrag für eine Gemäldeserie erhielt, die das Jagdschloß des spanischen Königs Philipp IV. schmücken sollte. Von den etwa fünfzig erhaltenen Skizzen des Meisters besitzt das Museum zwölf. Besonderes Interesse verdient der äußerst dramatische »Sturz des Ikarus«, den Rubens so ganz anders auffaßte als Pieter Breughel d. Ä.

Repräsentativer als die Auswahl in Antwerpen ist ebenfalls der Brüsseler Besitz von Gemälden **Anthonis van Dycks** (s. S. 179). Sein fast als Herrscher-»Bildnis einer Genueser Dame mit ihrer Tochter« angelegtes Werk malte er bereits mit 22 Jahren. Auch auf seiner Italienreise entstand das (mutmaßliche) »Porträt des Bildhauers François Duquesnoy«, auf dem der Skulpteur einen Satyrkopf in Händen hält. Van Dycks Konterfei des Jesuiten Jean-Charles de la Faille zeigt den Ordensgeistlichen als Mann der Wissenschaft. An seinen intellektuellen Fähigkeiten lassen die Züge des hell herausgehobenen Gesichts ohnehin keinen Zweifel.

Daß der Künstler überdies Themen aus Dichtung und Mythologie anging, belegt seine Grisaille-Malerei »Rinaldo und Armida«. Das Motiv stammt aus Torquato Tassos »Gerusalemme Liberata«, das Werk selbst macht den Eindruck einer Vorstudie. Es läßt sich jedoch eher als Nachstudie bezeichnen, denn schon zwei Jahre zuvor hatte van Dyck ein Bild gleichen Inhalts gemalt. Das hier ausgestellte Werk ist aber die Vorlage für einen Kupferstich; damals eine gern genutzte Möglichkeit, die eigenen Schöpfungen einer breiteren Öffentlichkeit bekannt zu machen.

Von **Jacob Jordaens** (s. S. 153 f.) werden auf der Galerie des Museums einige sehr weltliche Darstellungen gezeigt. Die um 1625 entstandene »Allegorie der Fruchtbarkeit« gibt der Präsentation nackter Körper ausreichend Raum. Auch kompositorisch wird das Bild beherrscht von einem weiblichen Rückenakt, und die halbliegende Nymphe im Vordergrund steht gleichfalls den Fruchtgebinden

an Üppigkeit kaum nach. Zu Jordaens berühmtesten Werken zählt »Der König trinkt« (von dem das Museum in Tournai eine womöglich noch ausgelassenere Fassung besitzt). Der Regent ist übrigens ein Bürgerkönig und nur für einen Tag: Der wohlhabende Kaufmann verdankt seine Krönung dem Dreikönigsfest. Dafür muß er das opulente und derb-fröhliche Mahl, also eher ein Gelage, ausrichten. Ganz sicher erfüllt die Ungeniertheit, mit der die Untertanen diesem Herrscher huldigen, den Tatbestand der Majestätsbeleidigung. Nebenbei läßt sich mit Jordaens auch die Brücke zur holländischen Malerei schlagen. Seine Skizze zum »Triumph des Prinzen Friedrich Heinrich« bereitete ein imposantes Gemälde vor, das noch heute den Oraniersaal des Hauses ten Bosch in Den Haag schmückt.

Wie gesagt können die Museen erlesene Stücke der **Holländischen Malerei** aus ihrem Goldenen, also dem 17. Jh. ausstellen. Erwähnt seien ein elementares »Seestück« und eine »Flußlandschaft« des Jacob Isaacksz. van Ruisdael (1628/29–82), außerdem die »Kindergruppe« (um 1620) und das »Bildnis des Leidener Theologieprofessors Johannes Hoornbeek«, die der gebürtige Antwerpener und berühmte Porträtmaler Frans Hals (1582/83–1666) geschaffen hat. Von **Rembrandt Harmensz. van Rijn** (1606–69) schließlich

Jacob Jordaens, »Der König trinkt«, Musees royaux des Beaux-Arts de Belgique, Bruxelles - Koninklijke Musea voor Schone Kunsten van België, Brussel (photo Cussac)

ist das »Porträt des Nicolaas van Bambeeck« zu sehen. Rembrandt hat es im Jahr 1641 geschaffen, als er auf der Höhe seines Ruhms stand. Bei allem subtilen Realismus, der auch die Kleidung des Mannes genauestens erfaßte – die Faszination des Bildes macht doch der Einsatz des Lichts aus: Matt hell umgibt es den Porträtierten wie eine Aura.

Jacques Louis David, »Der Mord an Marat«, 1793, Musées royaux des Beaux-Arts de Belgique, Bruxelles - Koninklijke Musea voor Schone Kunsten van België, Brussel

Wir übergehen die Werke des französischen und italienischen Barocks (u. a. von Claude Lorrain, Giovanni Battista Tiepolo und Tintoretto), verweilen aber etwas länger auf den **Gelben Routen,** mithin unter den Werken des 19. Jh. Am Beginn soll »Der Mord an Marat« (1793) stehen, das wohl bekannteste Gemälde des französischen Klassizisten **Jacques-Louis David** (1748–1825). Es ist dem Revolutionär Jean-Paul Marat gewidmet, den die junge Aristokratin Charlotte Corday am 13. Juli 1793 in seiner Badewanne erstach. David inszeniert hier den Mord an einem Politiker: Nicht einmal der Tod kann ihm seine Waffe, die Feder, aus der Hand nehmen. Solcher Heroismus kennzeichnet auch das Bild »Tu Marcellus eris«. Von der Restauration verbannt, ging David 1815 nach Brüssel, dort entstand sein letztes Werk »Venus entwaffnet Mars« (1824).

Ins Atelier Davids zog es 1813 den Maler **François-Joseph Navez** (1787–1869) aus Charleroi. Navez begleitete seinen Lehrer 1815 nach Brüssel, wo zwei Jahre später das »Porträt Davids« entstand. Ebenfalls in Davids Atelier lernte Jean Auguste Dominique Ingres (1780–1825), sein »Augustus lauscht der Äneis des Vergil« könnte ein Fragment sein. Wie bei den Klassizisten stehen auch bei den Romantikern die Werke der Franzosen im Mittelpunkt. Eugène Delacroix (1798–1863) und Théodore Gericault (1791–1824) mit dem beklemmenden Bild eines »Guillotinierten« finden sich in der Nachbarschaft belgischer Historienmaler wie Louis Gallait (1810–87) und Henri Leys (1815–69), der die Spanische Furie zu Antwerpen (s. S. 147) in feurig bis blutig roten Farben vergegenwärtigt.

Über dem Kapitel **Realismus** steht auch in diesen Museen der Name Gustave Courbet (1819–77). Es waren gerade die Künstler im noch jungen belgischen Staat, die sich von seiner Malweise fasziniert zeigten, allen voran Louis Dubois (1830–80). Die 1868 gegründete »Freie Gesellschaft der Schönen Künste« *(Société libre des Beaux-Arts)* zählte auch sozial engagierte Künstler zu ihren Mitgliedern. Der bekannteste unter ihnen ist der Maler und Bildhauer Constantin Meunier (1831–1905), doch verdienen die Arbeiten eines Léon Frederic (1856–1940) und Eugène Laermans (1864–1940) ebenfalls ein genaueres Hinsehen.

Zu den wichtigsten Repräsentanten des **Symbolismus** überhaupt zählt der Belgier Fernand Khnopff (1858–1921), und sein Bild »Die Kunst oder die Liebkosungen« (1896) gilt als Hauptwerk dieser Richtung. Im extrem breiten Format (50,5 × 150 cm) umarmt eine Sphinx mit Leopardenkörper und träumerisch geschlossenen Augen einen knabenhaft schlanken Jüngling, dessen Rechte eine Standarte

hält. Ihre Köpfe lehnen aneinander. Natürlich hat dieses Doppelporträt der eigentümlichen femme fatale und des zu ihr hingeneigten jungen Mannes die Interpreten immer wieder herausgefordert, ohne daß ihnen eine schlüssige Deutung gelungen wäre. Ihr Geheimnis bewahrt auch William Degouve de Nuncques' (1867–1935) suggestive Pastellzeichnung »Die Pfauen«. Und selbstverständlich gab man sich auch in den Kreisen der belgischen Symbolisten ein wenig satanistisch, wovon Jean Devilles »Die Schätze des Teufels« zeugt.

Vorzügliche Werke des französischen **Impressionismus** (Claude Monet, Alfred Sisley) und **Pointilismus** (Georges Pierre Seurat, Paul Signac) fordern einen Vergleich mit den Bildern des Belgiers Emile Claus (1849–1924) heraus. Eine wichtige Rolle bei der Durchsetzung avantgardistischer Malerei spielte hierzulande eine Künstler- und Kunstliebhabervereinigung namens »Les XX« und ihre Zeitschrift »L'Art moderne«. Théo van Rysselberghe (1862–1926) hat ein feinsinniges Porträt Octave Maus', des Sekretärs dieser Vereinigung, gemalt, der vielseitige Henri van de Velde (1863–1957) »Dorfangelegenheiten« (1890), die vom Pointilismus inspiriert sind.

Stolz können die Königlichen Museen auf ihren Bestand von Werken Paul Gauguins (1848–1903) sein. Ein künstlerischer Einzelgänger wie er war der Ostender **James Ensor** (1860–1949, s. S. 41). Hier sind einige Bilder aus seiner Frühzeit zu sehen, desgleichen die charakteristischen Maskenbilder, darunter wohl sein erstes, »Die schokkierten Masken« aus dem Jahr 1883. Von der Maske als Todessymbol ist es nur ein kleiner Schritt zu den Totenköpfen im furiosen Gemälde »Zwei Skelette zerren an einem Hering«. Der Fisch steht für die Kunst Ensors, die beiden bissigen Schädel für die Kritiker, die seinem Werk mit ignorantem Unverständnis begegneten. Die satirische Absicht liegt also klar zutage.

Unter die Erde führt der Gang zur Kunst des 20. Jh. Seit 1984 muß sich acht Ebenen tief hinabbemühen, wer die jüngsten Zeugnisse zeitgenössischer Szenen kennenlernen möchte. Doch erhalten die Etagen auch Tageslicht, mit dem sie ein amphitheaterähnlicher Lichtschacht in ihrem Zentrum versorgt. Zunächst geht es an den

Neuerwerbungen entlang, und es ist derzeit ein hübscher Gag, daß der Besucher dabei gleich auf den »Attempt to raise hell« (Versuch, die Hölle zu beschwören) stößt, ein plastisches Arrangement von Dennis Oppenheim (geb. 1938 in Washington).

Im Saal –4 aber steht der **Fauvismus** für den Beginn der Kunst unseres Saeculums. Als 1905 zwölf Künstler im Pariser »Salon d'Automne« ihre Bilder ausstellten, nannte ein Kritiker sie wegen der provokanten Farbigkeit ihrer Schöpfungen »Wilde«. Das Schmähwort faßten die Betroffenen als Ehrentitel auf, »Les Fauves« machten Furore. In Belgien setzte sich vor allem Rik Wouters (1882–1916) mit ihrer impulsiven Malweise auseinander. Der Sohn eines Mechelner Möbelfabrikanten hat zahlreiche Werke hinterlassen. Plastiken wie »Häusliche Sorgen« (1913/14) stehen gleichwertig neben Bildern wie seinem »Flötenspieler« (1914), der den Einfluß von Cézanne zeigt.

Der äußerst produktive, aber früh verstorbene Wouters fand 1910 die Unterstützung des Galeristen Georges Giroux, dank dessen Aktivitäten die »Brabanter Fauvisten« als Gruppe in die Kunstgeschichte eingegangen sind. Zu ihnen gehörten noch Ferdinand Schirren, Auguste Oleffe, Willem Paerels und Jean Brusselmans. Giroux förderte ebenfalls den lange unterschätzten Léon Spillaert (1881–1946, s. S. 87), von dem die Königlichen Museen das eindrucksvolle »Selbstporträt« und die »Frau auf dem Deich« zeigen.

Vorbei an Werken von Raoul Dufy, Oskar Kokoschka, Marc Chagall, Henri Matisse, Georges Braques, Pablo Picasso und Fernand Léger führt der Weg zu den belgischen **Expressionisten.** Bedeutendster Maler dieser Richtung war Constant Permeke (1886–1952, s. S. 138), der hier unter anderem mit dem »Fremdling« (1916) und dem »Kartoffelesser« (1936) vertreten ist. Hellere Farben hat der »Sonntag« von Frits van den Berghe (1883–1939), der ebenso wie Gustave de Smet (1877–1943) der Künstlerkolonie von Sint-Martens-Latem (s. S. 138) angehörte.

Auf den Ebenen –5 und –6 steht das Werk der beiden Surrealisten René Magritte (1898–1967) und **Paul Delvaux** (1897–1994) im Vordergrund, wobei für Delvaux die Zuordnung nur bedingt richtig ist. Umgekehrt wie in der griechischen Mythologie ist sein »Pygmalion« (1939) die Statue, während der lebendige Mensch die Frau ist. Als ein Schlüsselwerk des Künstlers gilt »Die öffentliche Meinung« (1948). Die Nackte im Vordergrund hat in der Kunstgeschichte von Tizian bis Manet etliche Vorbilder. Die städtische Szene mit der entschwindenden Straßenbahn läßt an den – hierzulande bis heute gewahrten – räumlichen Zusammenhang von Verkehrsknotenpunkt und Bordell denken, in welchletzterem die Mitarbeiterinnen häufig wie Auslagen in einem Schaufenster gezeigt werden. Unklar bleibt nur die Rolle der drei ernsten, hochgeschlossen und schwarz gekleideten Mädchen (besser wohl des einen, verdreifachten Mädchens), die sich zwischen die Liegende und die Straße schieben.

»1921 konnte ich mich noch nicht entscheiden, ob ich im Stil der Kubisten, der Futuristen, der Traditionalisten oder der abstrakten Künstler malen sollte«, aber vier Jahre später hat **René Magritte** seinen Stil gefunden. Die große Magritte-Kollektion des Museums vereint viele seiner bekannten Bilder. Dazu gehört »Die Rückkehr« (1940) ebenso wie »Das Reich des Lichts« (1954), »Die Domäne von Arnheim« (1962) oder »Die unbeschriebene Seite« (1967). Aber was sagen bei Magritte schon die Titel über die Bilder, zumal sie in der Regel nicht vom Künstler selbst stammen? Wenigstens spannt sich im »Reich der Lichter« ein Taghimmel über einen nächtlichen Landschaftsausschnitt, dem nur eine Laterne bzw. zwei schwach erleuchtete Fenster Helligkeit und damit Konturen geben.

»Die Rückkehr«: Ein sanft bewölkter Taghimmel steht auch hier über einer nächtlichen Landschaft, allerdings füllt er nur den Umriß

René Magritte, »Das Reich der Lichter« 1954, Musées royaux des Beaux-Arts de Belgique, Bruxelles - Koninklijke Musea voor Schone Kunsten van België, Brussel

– mutmaßlich – einer Taube aus. Die hell erleuchtete Balustrade im Vordergrund präsentiert ebenso ein Gelege wie die Mauerkrone auf dem Bild »Die Domäne von Arnheim«. Dahinter erhebt sich ein vergletschertes Bergmassiv, dessen einer Gipfel zur Silhouette eines Vogelkopfs ausgeformt ist. Ob der felsgewordene Greif Anstalten macht, sein Nest zu bewachen, muß dahingestellt bleiben. Beim »Unbeschriebenen Blatt« leuchtet der Vollmond nicht durchs Gezweig, sondern vor ihm – wenn man so will eine klassisch-surrealistische Umkehrung der wirklichen Verhältnisse.

Auch andere namhafte Surrealisten sind auf den Minusetagen vertreten, Giorgio de Chirico gehört dazu und Max Ernst, Ives Tanguy und selbstverständlich Salvador Dali. Daneben wird aber immer auch die Entwicklung im eigenen Land weiterverfolgt. Die unmittelbare Nachkriegszeit stand im Zeichen der **Jungen Belgischen Malerei** *(Jeune Peinture belge),* einer Vereinigung von Künstlern und Förderern, die schnell Anschluß an die internationale Szene gewinnen wollte. Eine kurzlebige Gründung des Jahres 1948 ist **Cobra,** der Name steht für die Anfangsbuchstaben der Städte Kopenhagen, Brüssel und Amsterdam. Bei Cobra engagierte sich neben dem Dänen Asger Jorn und dem Niederländer Karel Appel unter anderen der Belgier Pierre Alechinsky (geb. 1927). Sein Landsmann war auch der Dichter Christian Dotremont, Spiritus rector der Gruppe, deren Angehörige bald wieder eigene Wege gehen sollten.

Noch einmal vermochten die 1954 in Paris gegründeten »Phases« einige Bindekraft zu entwickeln. Unter den belgischen Mitgliedern dieses lockeren Zusammenschlusses verdient besonders Jacques Zimmermann Erwähnung (geb. 1929). Von ihm wird hier die dynamische Komposition »En overal het spor« (1967) gezeigt.

Vom Sitz des Königs zum Sitz des Parlaments

Wir stehen auf der **Place Royale,** deren Mitte wiederum ein Reiterdenkmal schmückt. Die wehende Fahne hält diesmal der Kreuzzugsheroe Gottfried von Bouillon. Als das Standbild 1848 aufgestellt, und auch noch, als 1897 die beiden Jerusalem-Reliefs auf den Sokkeln angebracht wurden, war Gottfried eine Lichtgestalt des europäischen Rittertums. Die neuere Geschichtsschreibung sieht seine Rolle im Heiligen Land sehr viel kritischer.

Um die Zeugnisse aus der glänzendsten Epoche des Platzes selbst können sich nur mehr die Archäologen kümmern. Eine Ausgrabungskampagne gilt derzeit den Resten des (brabantisch-)burgundischen Herzogspalastes (s. S. 210), der einst ein unregelmäßiges Viereck im östlichen Teil der Freifläche und über sie hinaus einnahm. Doch hat sich der französische Architekt Jean Benoît Vincent Barré 1775 mit Erfolg bemüht, die Place Royale zu einer Art Salon der Oberstadt umzumodeln. Die einheitlich neoklassizistischen Fassaden, realisiert von Barnabé Guimard (um 1734–1792), fassen den Platz ein und vermitteln den Eindruck von Geschlossenheit.

Die imposanteste Fassade bietet zweifellos die **Jakobskirche** *(St-Jacques sur Coudenberg).* Die Hauptachse führt genau auf die Tempelfront von Barré zu. Unter der Leitung von B. Guimard entstand die Hofkirche 1776–80, schon 1785/86 führte der Architekt Louis Montoyer einige Erweiterungsbauten aus. 1843–45 kamen die Seitenschiffe hinzu, 1849–51 entstand die heutige Kuppel. Zur gleichen Zeit schuf Jean-François Portael das Giebelfresko mit einer Trostreichen Jungfrau der Bekümmerten.

Von der Hofkirche zum Hof: Die Entstehung des **Königspalastes** datiert ins Jahr 1783, noch in die Zeiten der Habsburger also. Sein heutiges Aussehen erhielt er 1934 unter Albert I. Es ist selbstredend eine gewaltige Residenz, deren Wachsen und Zusammenwachsen

jedoch nie stilistisch ausuferte. Das Bauprogramm blieb auch dann dem Klassizismus verpflichtet, als die Architekten neobarocke Akzente setzten. Der ganze Komplex entstand über einem recht-winkligen Grundriß, die Ecken werden durch Pavillons betont. Während die Hauptfassade sich von Osten nach Westen erstreckt, sind die drei kürzeren, aber kompakteren Trakte nordsüdgerichtet. Zwei Innenhöfe trennt der zentrale Flügel mit dem Eingangsportal voneinander. Noch einmal optisch erweitert wurde der Palast 1904, indem man Kolonnadenarme von beiden Frontpavillons her nach dem ehemaligen Hôtel Belle-Vue an der Place Royale und auf der andern Seite nach dem Hôtel Walckiers greifen ließ. So gebot es die Symmetrie der Anlage. Im Fall des Hôtel Belle-Vue war das nicht weiter problematisch, weil es sich noch gutteils in seinem ursprüng-lichen Zustand von 1776/77 präsentierte, dagegen mußte das Hôtel Walckiers weitgehend rekonstruiert werden.

Der Palast kann während der Sommermonate besichtigt werden, und vor allem die Empiresäle stellen zweifellos eine Augenweide dar. Außerdem bedeutet es für manchen, der das sich und anderen nie-mals eingestehen würde, eben doch einen gewissen Kick, bei Königs durch die guten, ja sehr guten Stuben zu laufen. Am meisten für die Prachtentfaltung hat zweifellos Leopold II. getan. Sein Architekt Alphonse Balat entwarf die grandiose Treppe im Mitteltrakt, sie führt ganz folgerichtig auf die Ebene des Thronsaals, dem Herzstück der Monarchie, die Leopold II. nur widerwillig als konstitutionelle wahrnahm. Einen Teil der hiesigen Reliefs hat übrigens Auguste Rodin 1871/72 geschaffen.

Zur Residenz hin hat er Terrain abgeben müssen, aber sein Wege-netz verläuft noch genau so und damit genauso streng geometrisch, wie es Barnabé Guimard und der österreichische Gartenarchitekt Joachim Zinner vor über 200 Jahren festgelegt haben: Der **Park von**

Brüssel *(Parc de Bruxelles)* erstreckt sich zwischen dem Palast des Königs und dem Palast der Nation an der Rue de Loi. Diese städtebauliche Konstellation ist auch ein schönes Bild für die konstitutionelle Monarchie, wenngleich die Beziehungen zwischen Parlament und König nicht immer idyllisch zu nennen waren.

Bei den längeren Wegen der Oberstadt wirken die Bänke im Park besonders einladend. An die Zeiten des Ancien régime erinnern die Jagdszenen an den Hauptzugängen (18. Jh., erneuert 1830), nur den Eingang vor dem Portal des königlichen Palastes schmücken eine Allegorie des Frühlings und des Sommers (1852). Häufiger sind die Plastiken hier Kopien der Bildwerke von dem gebürtigen Brüsseler Gilles-Lambert Godecharle (1750–1835), darunter auch die Allegorien des Handels und der Künste, wobei die Künste-Putten einen Plan des Parks zeigen. Doch ist die Grünfläche mit Skulpturen ja ohnehin reich gesegnet, außerdem umschließt sie an der Rue de la Loi das **Königliche Park-Theater** *(Théâtre Royale du Parc)* und ein Künstlercafé nebst Musikpavillon. Das reizvolle Theaterchen, stets mehr der leichten Muse verschrieben, und das Künstlercafé gehen noch auf Bauten des späten 18. Jh. zurück.

Hauptgebäude an dieser Straße aber ist der Sitz des Parlaments. Auch dieses **Palais de la Nation** schreibt sich noch von einem Gebäude aus der Zeit Maria Theresias her, hier sollte der Rat von Brabant zusammentreten. Ins Jahr 1781 datiert denn auch das Relief von Godecharle im Dreiecksgiebel, wo die Gerechtigkeit die Tugenden belohnt und die Laster straft. Seitdem mußte das Palais einige Male renoviert und vor allem erweitert werden, doch blieb hier ebenfalls der Klassizismus zumindest für das Äußere der verbindliche Stil. Seit 1831 tagen hinter der feierlichen Fassade Senat und Abgeordnetenkammer Belgiens.

Einen kleinen, aber feinen Schlenker gestatten wir uns, bevor wir wieder auf der Place Royale stehen, auch wenn es dabei auf und ab geht, oder besser ab und auf. Das Ab erleichtern einige Stufen der Rue Baron Horta, damit nähern wir uns Hortas **Palast der Schönen Künste** *(Palais de Beaux-Arts)* von der Rückseite her. Dieses Projekt sollte den Architekten von 1920 bis 1928 beschäftigen. Zunächst mußte es wegen Geldmangel auf Eis gelegt werden, erst 1922 erhielt er grünes Licht, allerdings mit einem denkbar knappen Etat. Der Bauplatz auf abschüssigem Gelände stellte hohe Anforderungen an den Planer, der zudem seine Entwürfe immer wieder verändern mußte, weil dem Gebäude immer neue (Neben-)Nutzungen zugedacht wurden. Das sollte sich auch nach dessen Fertigstellung nicht ändern. Noch 1963 nahm es ein Kinomuseum auf, und sechs Jahre später wurde aus dem ehemaligen Marmorsaal eine architektonisch sehr interessante *Hal d'animation*. Kernstück des Palastes bleiben aber die Ausstellungsräume und der Große Konzertsaal.

Hortas Kunstpalast hat einige Fachleute zu der Deutung herausgefordert, der Architekt habe hier gewissermaßen staatstragend

Ein Werk von Joseph Poelart: Die selbstredend monumentale, 45 m hohe Kongreßsäule an der Rue Ducale (1850–59) zur Erinnerung an den ersten belgischen Nationalkongreß, begonnen am 10. November 1830. In schwindelnder Höhe steht das bronzene Standbild König Leopolds I. (Thronbesteigung: 21. Juli 1831)

*Das einstige Textil-
kaufhaus Old England
in neuem Glanz*

geplant, sich dem Establishment und seinen Repräsentationsbedürf-
nissen willfährig erwiesen und dem Neoklassizismus angenähert.
Doch Horta hat selbst auf die unbedingte Notwendigkeit hingewiesen, an der Place Ducale das klassizistische Ensemble aus städtebaulichen Gründen zu akzeptieren. Die Fassade an der Rue de Raven-
stein gibt deutlicheren Aufschluß über seine Intentionen: Horta
hatte den Jugendstil hinter sich gelassen und den strengeren, auch

schwereren Formen des Art déco zugewandt. Die disziplinierte Formensprache erlaubt die Integration klassischer Elemente, aber keinen Neoklassizismus. Und seitdem wesentliche Partien des Palais-Inneren, vor allem der ehemalige Skulpturen- und der großartige Konzertsaal, ihr ursprüngliches Aussehen zurückgewonnen haben, ist auch die ingeniöse Meisterschaft des Raumkünstlers wieder ins rechte Licht gerückt.

Das nächste Gebäude bietet ebenfalls eine singuläre Architektur. Das **Hôtel Clèves-Ravenstein** hat als einziger Herrensitz aus der Wende vom 15. zum 16. Jh. – und damit aus der glanzvollen burgundischen Periode Brüssels – die Zeiten überdauert. Adolph und sein Sohn Philipp von Kleve, Herren zu Rabenstein, kauften hier drei Häuser auf und zogen sie um einen Hof zu einem Komplex zusammen. Nach dem Tod Philipps 1528 hatte das Haus noch einige namhafte Besitzer, etwa Wilhelm I. von Jülich-Kleve und Johann Georg I., später Kurfürst von Sachsen. Aber es war auch phasenweise vom Verfall bedroht, bis es Paul Saintenoy Ende des vorigen Jahrhunderts gründlich erneuerte. Eine weitere Restaurierung folgte in den Jahren 1934–37.

Der Name des Architekten und begeisterten Archäologen Paul Saintenoy (1862–1952) ist gefallen, wenngleich noch nicht der seiner berühmtesten Schöpfung. Das ehemalige Kaufhaus **Old England** (1899) fällt schon von weitem ins Auge, gehen hier doch Jugendstil und Historismus eine verblüffende Koalition ein. Hatte Saintenoy eine solche Architektur im Auge, als er in seinen theoretischen Schriften von einem »klassischen« Modernismus sprach? Ausschließlich Glas und Eisen fanden bei den Fassaden Verwendung, die Kuppel besteht aus diesen Materialien ebenso wie der Erker. Auf seiner Höhe setzt ebenfalls ein Eckturm an, auch er nur aus Glas und Eisen mit einem filigranen, käfigartigen Abschluß. Sein halbes Oktogon erinnert an die Treppentürme der Renaissance. – Wann hier allerdings das Instrumentenmuseum des Konservatoriums (s. S. 251) endlich einziehen wird, bleibt nach wie vor offen.

Zum Justizpalast

Die Bauten des Museums für Alte Kunst und des Palais der flandrischen Grafen bilden den repräsentativen Auftakt zur Rue de la Régence, ihr Fluchtpunkt aber ist der Justizpalast. Niemand wird also das mächtige Gebäude aus den Augen verlieren, auch wenn er sich auf dem Weg Zeit für andere Sehenswürdigkeiten nimmt.

Einer ganz eigenen und doch wieder sehr typischen Baugeschichte verdankt die **Liebfrauenkirche auf dem Sand** *(Notre-Dame du Sablon)* ihr heutiges Erscheinungsbild. Diese Baugeschichte verläuft zunächst noch keineswegs auffällig: Ein wundertätiges Bild der Jungfrau hat solche Anziehungskraft, daß seine kleine Kapelle anfangs des 15. Jh. einer würdigeren Andachtsstätte weichen kann. Etwa zwischen 1405 und 1477 entstehen Chor,

249

Fenster in der Kirche Notre-Dame du Sablon

Querschiff und die ersten fünf Joche des Langhauses. Nun ruhen die Arbeiten bis 1494, um dann mit dem Bau der Seitenschiffe wieder aufgenommen zu werden. In der ersten Hälfte des nächsten Jahrhunderts folgen nach Westen die beiden abschließenden, größeren Joche, auch das Portal wird noch vollendet, nicht aber die Fassade.

Indessen beginnen jetzt die religiösen Auseinandersetzungen, die Liebfrauenkirche schließt zeitweilig ihre Pforten. Und hätte sie sich seit dem 17. Jh. nicht der besonderen Protektion derer von Thurn und Taxis erfreut, wäre ihr wohl schon damals der Verfall sicher gewesen. So aber entstehen unter Beteiligung des Bildhauer-Architekten Lucas Fayd'herbe links und rechts des Chors zwei prächtige Kapellenanbauten, der linke wird das Grabmal des Lamoral von Taxis († 1676) und seiner Gattin Anna de Hornes aufnehmen. – Das im Postwesen zu beträchtlichem Vermögen gekommene Adelsgeschlecht bewohnte übrigens einen Palast ganz in der Nähe und war ein großer Förderer der Kirche.

Zur Franzosenzeit wird Liebfrauen dann wiederum geschlossen, mit der Erneuerung des Dachs beginnt 1844 eine lange Phase der Restaurierung, aus der die Kirche schöner denn je hervorgeht. Man hatte sich offenbar von der Idee begeistern lassen, hier das Idealbild einer spätgotischen Kirche zu schaffen. Wer nur das »Sacrarium« (eine Art Reliquienkammer) vor und nach der Erneuerung vergleicht, kann ohne weiteres ermessen, mit welcher Freude am filigranen Detail die Steinmetze hier zu Werke gegangen sind. Und es wirft ein bezeichnendes Licht auf die ganze Niedertracht der Zeit wie der mit ihr verbündeten Luftverschmutzung, daß Notre-Dame du Sablon heute nicht als strahlendes Juwel prunkt, sondern ein genauso verrußtes Aschenputteldasein führt wie die meisten anderen Gotteshäuser.

Gegenüber der Kirche zieht sich die Grünanlage des **Kleinen Zavel** *(Square du Petit Sablon)* hinauf zum Egmont-Palast. Inspiriert von den Gärten der flämischen Renaissance entstand hier eine Art Gedenkstätte des gesamtniederländischen Widerstands gegen Habsburg. Die Federführung bei dem 1876–90 realisierten Projekt hatte Hendrik Beyaert, doch trugen zu seinem Gelingen die verschiedensten Architekten und Künstler bei, auch der junge Paul Hankar (s. S. 261). 48 Säulen teilen das Gitter, ihre Gestaltung weist in die Zeit der späten Gotik zurück. Auf ihnen bewachen die bronzenen Figuren der Zünftevertreter den kleinen Park. Zehn herausragende Repräsentanten der Epoche bilden ein Halbrund an seinem oberen Ende, unter anderem der Kosmograph Gerhard Mercator (s. S. 132), Brüssels Stadtmaler Barend von Orley, auch einmal der Ketzerei bezichtigt, und Wilhelm der Schweiger als Führer des holländischen Freiheitskampfes. Sie weisen den Weg zum imposanten Denkmal der Grafen Egmont und Hoorn, die am 5. Juni 1568 wegen Hochverrats auf der Grand'Place hingerichtet wurden. Dort sollte das Monument ursprünglich auch stehen, doch hätte es dort trotz seiner Größe nie die Wirkung haben können wie an seinem heutigen Platz.

Am Kleinen Zavel liegt auch das **Palais Egmont,** später die Residenz der Herzöge von Arenberg. Bauherr des eigentlichen Palais ist niemand anders als Lamoral von Egmont, nach dessen Exekution es seinem Sohn Philipp 1576 zurückgegeben wurde. Der Herrensitz erfuhr seit der Mitte des 16. Jh. immer wieder Veränderungen, sein heutiges Erscheinungsbild hat eine Rekonstruktion vom Anfang dieses Jahrhunderts auf die Zeit um 1750 festgelegt. Ältester von den drei Hauptflügeln um den Ehrenhof ist das *Corps de logis.* Etwa 1520 wurde es errichtet, hat aber wohl um 1760 und ganz sicher 1837 Eingriffe hinnehmen müssen. Das prächtige Portal entstand 1759–62 nach Plänen des Franzosen Giovanni Niccolò Servandoni, der zu Hause ab 1732 den Titel »Architekt des Königs« führen durfte.

An der Ecke von Petit Sablon und Rue de la Régence steht das **Königliche Konservatorium** *(Conservatoire royale de Musique)*, ein palastartiger Neorenaissancebau, bei dem es selbstverständlich nicht ohne einen Ehrenhof abgehen durfte. Noch mehr als der festliche Konzertsaal lockt hier das **Musikinstrumentemuseum.** Es umfaßt etwa 500 Klangwerkzeuge, darunter äußerst seltene. Zu seinen Objekten wie zum Beispiel dem einzigartigen spanisch-flämischen Streichklavier von Raymundo Truchado (1625) zieht es Experten aus aller Welt. Eigens Erwähnung verdient die bedeutende Kollektion von Blasinstrumenten, darunter viele aus der Werkstatt von Adolphe Sax (1814–94), dem Erfinder des nach ihm benannten Saxophons.

*Brüssler Justizpalast,
kolorierte Fotografie
um 1910*

Neben dem Konservatorium erhebt sich die **Synagoge,** genauer die Große Synagoge der Stadt. Desiré de Kayser zeichnete die Entwürfe zu dem 1875–78 errichteten Gotteshaus im (neo-)romano-byzantinischen Stil.

»Auf dem Gipfel einer steilen Anhöhe befindet sich ein so massiges Gebäude, dessen Säulen so prächtig sind, daß das Ganze sogleich an einen assyrischen Königspalast erinnert (...). Ich dachte, es handle sich um die Königliche Residenz, zumal es von einer Kuppel in Form einer Krone überragt wird, aber es gab dort weder Wachen noch jegliche Betriebsamkeit.« Als Sigmund Freud diese Eindrücke am 13. Oktober 1885 seiner Verlobten Martha Bernays mitteilte, war der **Justizpalast** immerhin seit zwei Jahren ›in Betrieb‹ (und sein Architekt Joseph Poelaert schon seit sechs Jahren tot). Aber der Durchreisende täuschte sich darin nicht, daß im Palast kein geschäftiges Leben herrschte, geschweige denn eines der Größe angemessenes. Doch der Reihe nach.

Der Brüsseler Justizpalast ist eine der ehrgeizigsten Bauunternehmungen des 19. Jh. – und eine der kuriosesten. Den Ehrgeiz belegen die nackten Zahlen: Sein Grundriß beansprucht eine Fläche von nicht weniger als 26 000 Quadrat-, sein Volumen beträgt 665 000 Kubikmeter. 8735 Tonnen Eisen in verschiedener Form hat das Palais aufgenommen, und mehr Steinquader dürften zu keiner anderen Baustelle Europas gekarrt worden sein. Gewiß, Monumentalität war für Brüsseler Stadtplaner schon einige Zeit kein Fremdwort mehr, aber nur Poelaert hat die Maxime »Wenn schon, denn schon« so konsequent in Architektur umgesetzt.

*»Dieses Monument
wird das Schönste, um
nicht zu sagen das
einzige des 19. Jh.
sein.« (Der Brüsseler
Bürgermeister Jules
Anspach, 1829–79,
über den Justizpalast)*

Dabei hat es für das Mammutprojekt nie einen umfassenden Entwurf gegeben, jedenfalls hat Poelaert nie einen vorgelegt. Als die Arbeiten immer mehr Millionen verschlangen, als aufgebrachte Parlamentarier den verantwortlichen Minister deshalb zur Rede stellten, konnte der nur jammernd zurückfragen: »Was hätte ich denn tun sollen, meine Herren? Nehmen Sie zur Kenntnis, daß es sich um ein Kunstwerk handelt. Ich habe insistiert, das ist alles, was ich tun kann.« Immerhin setzte sich der Planer nicht mit der hybriden Idee durch, sein Werk mit einer Pyramide zu krönen. Es bekam nur eine gigantische, jedoch wenig originelle Kuppel, Victor Horta sollte später von einer »Käseglocke« sprechen.

So türmt sich auf dem ehemaligen Galgenberg ein gewaltiger Gerechtigkeitstempel, der einschüchternd und bedrohlich wirkt.

»Saal der verlorenen Schritte« im Justizpalast

253

Wer hier Recht sucht, kann froh sein, wenn sein Anliegen überhaupt wahrgenommen wird – das läßt die Architektur dieses Gebäudes wissen. Vor dem Gesetz mögen alle Menschen gleich sein, vor dem Brüsseler Justizpalast sind sie alle gleich kümmerlich. Daran läßt vollends sein Zentrum keinen Zweifel, das Volkes Stimme den »Saal der Verlorenen Schritte« genannt hat. Fast hundert Meter hoch, gibt er das menschliche Maß der Lächerlichkeit preis.

Dennoch oder gerade deshalb bleibt der Justizpalast ein faszinierendes, zu wenig beachtetes Bauwerk. Schon während der letzten Jahre vor seiner Fertigstellung zeichnete sich ab, daß selbst die heftigsten Befürworter das Interesse an ihm verloren. Noch jetzt und trotz Berlaymont (s. S. 255) scheint den Brüsselern ihr Justizpalast ein bißchen peinlich zu sein. Heute sehen wir, wie sehr diese Architektur Ausdruck ihrer Zeit, der Gründerzeit war. Brüssel veränderte damals sein Gesicht, unter anderem verschwand die Senne aus dem Stadtbild, sie mußte einem breiten Boulevard weichen. Die Gründerzeit feierte sich als zweite Renaissance, aber ihr Pathos tönte hohl. Einer ihrer Protagonisten ist Poelaert gewesen. Er fühlte sich als Künstler und war als solcher doch nur ein wildgewordener Bürger.

Unter dem Bau des Justizpalastes hatten die Einwohner der **Marollen** am meisten zu leiden. Dieses Viertel der Minderprivilegierten zog sich den Hang zum Galgenberg hinauf, und hier liegen heute viele Antiquitäten-, aber auch Trödelläden. Es zu durchstreifen ist immer noch der Mühe wert, selbst wenn einem der Sinn nicht nach einem Empire-Schränkchen steht. Im Süden bezeichnet das **Halle-Tor** *(Porte de Hal)* den Verlauf der Stadtumwehrung aus dem 14. Jh. Das um 1870 eingreifend veränderte Tor beherbergt als Museum noch jetzt die Königliche Waffensammlung.

Unterhalb des Justizpalastes und ein wenig mehr zum Zentrum hin erhebt sich die bescheidene Kirche **Unserer Lieben Frau zur Kapelle** *(Notre-Dame de la Chapelle)*. Von den Gotteshäusern Brüssels ist es das mit der größten romanischen Bausubstanz. Bei ihrer Gründung 1134 lag die Andachtsstätte noch außerhalb der Stadtmauern, und erst 1210 erhob man sie zum Zentrum einer Pfarrei. Danach entstand die romanische Kirche, deren Chorschluß um 1260 aber schon in frühgotischen Formen aufgeführt wurde. Das Querschiff mit dem Vierungsturm (seine erhaltene Basis steckt heute mit dem Langhaus unter einem Dach) zeugt noch vom romanischen Bau, dagegen zeigen Langhaus und Westturm die vertrauten Formen der brabantischen Gotik. Seinen barocken Abschluß erhielt der Turm nach 1695, den Plan dazu lieferte Antonio Pastorana.

Eine gewisse Berühmtheit erhielt die Kirche als Begräbnisstätte Pieter Breughels d. Ä. (s. S. 165 f.) und seiner Gattin Marie Coecke († 1578); in der vierten Kapelle des südlichen Seitenschiffs weist eine Gedenktafel darauf hin. 1614 bestellte sein Sohn Jan beim berühmten Rubens ein Bild für den Altar des Andachtsraumes. Diese »Schlüsselübergabe an Petrus« ist hier allerdings nur noch als –

schlechte – Kopie zu besichtigen. (Das Original besitzt die Gemälde-galerie der Staatlichen Museen Preußischer Kulturbesitz in Berlin.) Dafür gehören der Kirche noch einige qualitätvolle Plastiken, die barocken Apostelbilder (u. a. von Lucas Fayd'herbe und Jérôme Duquesnoy d. J.) an den Pfeilern nicht gerechnet. Die älteste steht im Barockaltar der Breughel-Kapelle. Mehrere Restaurierungen haben der Schönheit dieser Madonna aus dem 15. Jh. und einer Brüsseler Werkstatt nichts anhaben können. Eine ausgezeichnete Arbeit birgt mit der Barmherzigen Gottesmutter des 16. Jh. die querschiffnächste südliche Kapelle, die eindringliche Figur der »Nuestra Señora de Soledad« beherrscht die zweite am nördlichen Seitenschiff. Diese herb-einsame Gottesmutter schuf der als Bildhauer sehr geschätzte Gaspar Becerra (1520–68), den Auftrag gab Elisabeth von Valois, Gattin Philipps II. von Spanien, in dessen Dienst Becerra stand. Eine Schnitzarbeit mit allem Schmelz der späten Gotik ist schließ-lich das Standbild der hl. Margarethe von Antiochien in der ihr geweihten Kapelle.

1654 erhielt der Nordarm des Querschiffs mit der Sakramentska-pelle einen bedeutenden Anbau. Neben dem Grabdenkmal der (Brüsseler) Spinolas (um 1716) findet sich hier auch eine Gedenk-platte für den unglücklichen Frans Anneessens. Der Zunftmeister hatte sich energisch für alte Privilegien der Handwerker eingesetzt, woraufhin ihn der Statthalter Marquis de Priè als Hochverräter anklagen ließ. Bevor er am 19. September 1719 auf der Grand'Place sein Leben lassen mußte, soll er einige Monate im **Anneessens-Turm** geschmachtet haben. Dieser Turm gehörte ursprünglich zur ersten Stadtumwehrung des 11. bis 13. Jh., das achteckige Treppentürm-chen kam allerdings erst im 16. Jh. hinzu.

Um den Jubelpark und das Europaviertel

Das junge Europa und die junge (konstitutionelle) Monarchie: Beide zeigen um den Rond-Point-Robert-Schuman repräsentative Archi-tekturen. Als der Verfasser im vergangenen Jahr aus dem dunklen Untergrund kam, gleißte ihm das in strahlendes Weiß gehüllte Ver-waltungsgebäude der EU-Kommission entgegen. Die auffällige Mon-tur verdankte dieses europäische Zentrum nicht Christo, sondern einer Generalüberholung – Plastikplane dürfte kaum im Sinn des Künstlers gewesen sein.

Das Gebäude hat einen ehrwürdigen Namen übernommen: **Ber-laymont.** Das einst hier ansässige Kloster meinen die Brüsseler jedoch nicht, wenn sie vom ›Berlaymonster‹ sprechen. Der Verwal-tungssitz hat immerhin, wenngleich kaum als Reminiszenz an die alte Ordensniederlassung, in etwa den Grundriß eines Andreaskreu-zes. Außerdem hat er eine Umgebung, der Monumentalität als Archi-tekturprinzip nicht fremd war, und damit sind wir beim wenig weiter östlich gelegenen **Jubelpark** oder **Parc du Cinquantenaire.**

Triumphtor im Jubel-park

Die weitläufige Anlage entstand auf dem Gelände der Weltausstellung 1880, die wiederum dem Halbjahrhundertjubiläum *(Cinquantenaire)* des belgischen Staats ein Glanzlicht aufsetzen sollte. Der Park erstreckt sich vor dem gewaltigen Komplex ehemaliger Ausstellungsgebäude, sie werden durch ein ebenso gewaltiges **Triumphtor** verbunden. Es bildet den Corps de logis eines riesigen Palais nach, das sich von der Vorder- wie der Hinteransicht als Dreiflügelanlage gibt. Wenn das Bürgertum sich mit diesem unübersehbaren Bau selbst feiern wollte, dann hat es das in den Formen der feudalen Repräsentation getan. Daran ändert auch die Tatsache nichts, daß hier Stahl-Eisen-Konstruktionen die herrschaftliche Kulisse wesentlich mitprägen.

Allerdings kam das Triumphtor erst 1905 als Bindeglied zwischen den beiden Ausstellungsgebäuden hinzu, der Franzose Charles Girault (1851–1933) war sein Urheber, und die obligate Bronzequadriga obenauf schuf Thomas Vinçotte. Die Gebäude selbst beherbergen wieder Ausstellungen, der nördliche ›Flügel‹ das **Königliche Heeresgeschichtliche Museum** *(Musée Royale de l'Armée),* der südliche die **Autoworld** mit vielen hochglanzpolierten Oldtimern sowie die **Königlichen Museen für Kunst und Geschichte** *(Musées Royaux d'Art et d'Histoire).*

Das Angebot dieser Museen ist überwältigend. Und dringend sei empfohlen, die im Foyer ausgelegten Pläne nicht zu verschmähen: Mancher Besucher schämt sich seiner Erleichterung nicht, wenn er nach einem Streifzug durch die Sammlungen wenigstens wieder in den Empfangssaal zurückgefunden hat. Wer nur wenige Stunden Zeit hat, ist mit der Konzentration auf sein besonderes Interessengebiet gut beraten. Ob nun spätantike Mosaike, polynesische Bildwerke oder Ostasiatika, immer können die Museen imposante Stücke zeigen.

Einen besonderen Höhepunkt stellen die Kunstgewerbesammlungen des Museums dar, besonders die von Art Nouveau (Jugendstil) und Art déco. Neu gestaltet wurde der Bereich »Nationale Ur- und Frühgeschichte«, eine modernere Präsentation werden auch die anschließenden Abteilungen erhalten. Römer- und Frankenzeit sowie das hohe Mittelalter sind mit teilweise äußerst qualitätvollen Exponaten vertreten, etwa dem Kopfreliquiar des Papstes Alexander und dem kleinen Tragaltar mit den Grubenschmelzplättchen, beide entstanden um 1150. Sie stammen aus der Abtei (Malmedy-)Stavelot und sind hervorragende Zeugnisse für die Höhe, welche die Goldschmiedekunst im Maasraum zu dieser Zeit erreicht hatte.

Kaum denkbar, daß die großartigen Antwerpener Schnitzaltäre kein andächtiges Staunen hervorrufen. Das Museum zeigt eine ganze Reihe dieser vielfigurigen, virtuos gearbeiteten Retabel der späten Gotik – ganz im Gegensatz zum Ort ihrer Herstellung, wo die nachfolgenden Zeitgeschmäcker sie aus den Kirchen völlig verbannten. Meist haben sie die Kreuzigung Christi, weniger oft seine Geburt zum Thema, das sie für volkreiche Szenen mit erstaunlich realistischen Details nutzten. Aus Brüssel (oder Mecheln, s. S. 190) kamen die prächtigen Bildteppiche (s S. 206), auch sie ein Exportschlager brabantischer Werkstätten spätestens seit der zweiten Hälfte des 16. Jh. Sehr wertvoll, weil als vollständige Serie äußerst selten erhalten, sind die zehn gewirkten Bilder zur Geschichte Jakobs. Doch erscheinen auf dem kostbaren Wandschmuck häufig auch weltliche Motive, darunter ein so sympathisches wie »Die Barmherzigkeit entwaffnet die Gerechtigkeit« (um 1520).

Museen für Kunst und Geschichte: Antwerpener Schnitzaltar (cben), Brüsseler Bildteppich (unten,

Im Jubelpark koexistieren das **Islamische Zentrum** (1897, früher ein Panoramagebäude) und Victor Hortas **Tempel der Leidenschaften** (1889–1905) in räumlicher Nähe. Der junge Horta hielt sich hier noch an die (neo)klassizistischen Vorgaben, doch sind etwa bei den Kapitellen der Frontsäulen die fließenden Formen des Jugendstils bereits vorbereitet. Im übrigen birgt der Tempel das namensgebende Relief des Bildhauers Jef Lambeaux (1852–1908), das damals großen Skandal machte. Selbst heute bleibt es vor den lüsternen Blicken der Öffentlichkeit meist verborgen.

Am nahen Parc Léopold liegt nicht nur das Europa-Parlament, sondern auch das **Königliche Institut für Naturwissenschaften** mit dem angeschlossenen, erst jüngst neugestalteten **Museum** (*Musée de l'Institut Royal des Sciences Naturelles de Belgique*, Chaussée de

Wavre 260). Das Museum umfaßt Sammlungen zu allen Disziplinen der Naturwissenschaften, präsentiert einen Termitenhügel ebenso wie die Anatomie und Evolution des Menschen. Seine größte Attraktion stellen wohl die Iguanodon-Fossilien von der berühmten Fundstelle Bernissart (bei Mons) dar, die um 16 bewegliche Saurier-modelle aufs Anschaulichste ergänzt werden.

Wiederum nur wenige Schritte entfernt lockt das **Antoine-Wiertz-Museum** (Rue Vautier 82) zu einem Besuch. Die großformatigen Gemälde des belgischen Malers Antoine Wiertz (1806–65) werden im einstigen Wohnhaus und Atelier gezeigt, der *genius loci* hilft bei der Versenkung ins Werk. Doch Wiertz ist ohnehin ein Künstler, dessen Botschaften an Deutlichkeit nichts zu wünschen übrig lassen. Sein bekanntestes Bild »Die schöne Rosine« variiert das alte Thema »Der Tod und das Mädchen«. Eine nackte junge Frau, ganz unbestreitbar in der Blüte ihrer Jahre, wird mit einem Skelett konfrontiert. Natürlich erinnert dieses Gemälde (respektlose Kritiker verwenden gern die Bezeichnung ›Schinken‹) daran, wie bald Schönheit und Gestalt schwinden. Wiertz' künstlerischer Ehrgeiz ging auf die Nachfolge von Michelangelo und Rubens, aber er blieb doch nur ein Kind seiner (Gründer-)Zeit. Nichtsdestoweniger ist seine hohl tönende Monumentalität als eine Facette aus der Kulturgeschichte gerade dieser Stadt nicht wegzudenken.

Und auch in der Umgebung des Jubelparks gibt es Möglichkeiten, sich von der geballten Großartigkeit bei Jugendstilfassaden zu erholen. Die nächstgelegene ist das Wohnhaus **Rue des Francs 5**, das Paul Chaucie (1875–1952) für sich selbst entwarf. Besondere Auf-

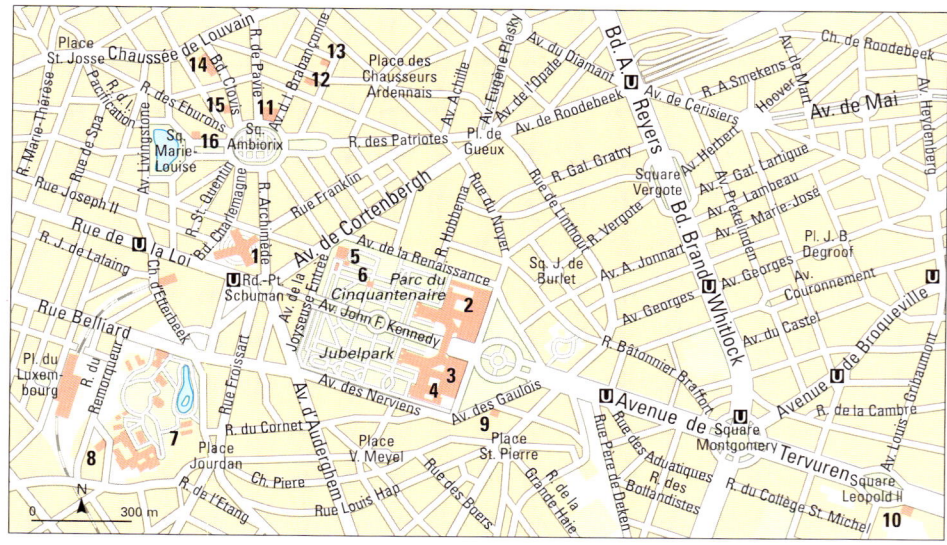

merksamkeit zieht hier das Kachelbild über dem Rundfenster auf sich, die ornamental arrangierte Gruppe feingliedriger Frauengestalten läßt an präraffaelitische Vorbilder denken.

Ein anderes sehr berühmtes Haus vom Beginn des Jahrhunderts liegt zwar direkt an der Avenue de Tervuren, aber der Weg dorthin zieht sich. Die Architektur des **Palais Stoclet** (1905–09; Nr. 275) läßt sich nur noch bedingt dem Jugendstil zurechnen, jedenfalls zeugt sie vom sehr viel strengeren Geist der Wiener Sezession. Josef Hoffmann (1870–1956), Mitbegründer der Wiener Werkstätten, hat es für den belgischen Bankier und Industriellen Adolphe Stoclet entworfen und ein bis ins Detail durchgestaltetes Bauwerk schaffen können. Darüber hinaus hatte Hoffmann Gelegenheit, die ästhetischen Prinzipien der Werkstätten selbst noch für den Entwurf von Möbeln, ja Besteck und Geschirr zu reklamieren. Die Mosaike im Speisesaal (»Erwartung« und »Erfüllung«) entstanden nach Kartons von Gustav Klimt, an den Skulpturarbeiten waren Richard Luksch und Franz Metzner beteiligt.

Leider ist dieses Gesamtkunstwerk nicht zugänglich, der Blick durchs Gitter muß genügen. Er läßt jedoch alle Qualitäten erkennen, die den frühen Hoffmann auszeichnen. Nicht umsonst haben seine stets ein wenig schmähsüchtigen Landsleute ihm ein »Quadratl-« vor den Namen gesetzt. Aus der Grundform des Kubus ist diese Architektur entwickelt, rhythmisch gesteigert bis hinauf zum Turm über dem Eingangsbereich. Die Kanten verlieren ihre Schärfe durch gerundete, ornamentierte Bronzeleisten, welche die einzelnen Baueinheiten umlaufen. Die Verkleidung aus weißem, norwegischem Marmor macht vollends deutlich, daß Geld hier keine Rolle spielte. Schließlich erweist das Palais mit seiner Tendenz zum Monumentalen auch dieser einheimischen Tradition Reverenz.

Ein kleiner Erkundungsgang mit dem Thema »Jugendstil« führt schließlich noch zum **Square Ambiorix**. Hier und in den Straßen um den Platz herum ist zu verfolgen, wie sich der Jugendstil aus dem Historismus herausarbeitete und wie die beteiligten Architekten doch auch Kompromisse zugunsten der Neostile eingingen. Am Square Ambiorix selbst (Nr. 11) liegt die schmale Fassade der **Maison de Saint-Cyr** (1900–03), entworfen von Gustave Strauven (1878–1919). Ungeachtet der geringen Breite ist dies vielleicht die lebendigste Jugendstilfassade der Stadt, in ihrer Ornamentfülle eine Schaufront im wahrsten Sinne des Wortes. Sehr viel zurückhaltender zeigt sich die Vorderfront der **Rue Charles Quint 103**, die Paul Hamesse entwarf. Das Gebäude **Rue de l'Abdication 31** entwarf Victor Horta als Wohnhaus/Atelier. Von Gustave Strauven wiederum stammen die Pläne zu **Boulevard Clovis 85**, von Léon Govaerts (1860–1930) die zur **Nr. 23** in derselben Straße.

An der abschüssigen Verbindung von Square Ambiorix und Square Marie-Louise liegt mit der **Maison Eetvelde** ein weiteres Bauwerk Victor Hortas. Von ihm sind auch die beiden Häuser rechts und links daneben, so daß mit der vorbildlichen Restaurierung des ganzen, zwischen 1895 und 1901 entstandenen Ensembles ein bedeutendes Zeugnis seines Schaffens bewahrt werden konnte. Das Haus für den Staatssekretär im Kongo Baron Edmond van Eetvelde (Avenue Palmerston 4) gilt als Hortas ausgefeiltester Entwurf. Besonders originell ist die Raumdisposition mit ihrem achteckigen Zentrum, das auch den größten Salon des Hauses aufnimmt und von einem Glasdach abgeschlossen wird. Gegenüber (Ecke Avenue Palmerston 3/Rue de Boduognat 14) hat derselbe Architekt eine interessante Ecklösung gefunden. Die beiden Gebäude Rue Saint-Quentin 30/32 hat dann wieder Gustave Strauven geplant, und Paul Saintenoy (s. S. 249) zeichnete die Entwürfe zur Rue du Taciturne 34.

Die Vorstädte Saint-Gilles und Ixelles

Dieser Ausflug in den Brüsseler Südosten ist wiederum einer zu den Denkmälern des Jugendstils. Er könnte ohne weiteres an der Ecke Avenue de la Jonction/Avenue Brugmann starten, wo Jules Brunfaut (1852–1942) 1903 sein fulminantes **Hôtel Hannon** baute. Sonst ritt Brunfaut auf den Wellen diverser Neostile, hier zeigte er, daß er auch Art Nouveau ›konnte‹, ja, daß eklektizistische und moderne Architektur einander nicht kategorisch ausschließen müssen. Und nur wenige Meter stadtauswärts ist die **Avenue Brugmann 40** die Adresse eines 1901–03 entstandenen Horta-Baus.

Dennoch sollen unsere Streifzüge auf den Spuren eines Stils in der Rue Americaine 23/25 beginnen, dem heutigen **Hortamuseum**. 1901 bezog der Architekt hier sein neues Wohnhaus/Atelier. Auch bei diesem Gebäude spielt die Lichtkuppel eine wesentliche Rolle, wie auch die im Vergleich zum Wohnhaus noch stärker verglaste Atelierfassade ganz auf die Transparenz des Materials setzt. Im übrigen zeigen schon die Kunstschmiedearbeiten der Fassade alle Eigenheiten des Hortaschen Dekorationssystems. Natürlich fehlt der sogenannte Peitschenschlag nicht, jene Spirale, die in einer Schlinge endet.

Der Besuch des Museums lohnt nicht nur deswegen, weil hier viele Dokumente aus Hortas Leben und Schaffen gezeigt werden. Vielmehr bietet es die äußerst seltene Gelegenheit, ein Horta-Haus bis in seine entlegensten Räume kennenzulernen. Denn die Schöpfungen des Architekten sind ja alles andere als bloße Fassadenkunst, ihre ganze Faszination entfalten sie im Inneren. Auch Hortas eigene Behausung bricht mit der herkömmlichen Etagenaufteilung bei einheitlichem Grundriß, er versetzt die Geschoßflächen gegeneinander, variiert die Raummuster. So kommt der Treppe hier wie bei fast allen seinen Bauten höchste Bedeutung zu.

Die Freiheit der Gestaltung ermöglichen die Eisenträger. Sie bleiben auch in den Salons sichtbar, wo sie die eigentliche Probe aufs Exempel der Wohnlichkeit machen müssen. Nun ist der Architekt ja nicht auf eine bloße Nachahmung der Industriebauweise aus. Vielmehr zeigen die Konturen der Träger und Stützen schwingende Ele-

Im Musee Horta

ganz, die Zierformen beinahe schon Verspieltheit. Das organische, immer durch die Pflanze inspirierte Spiel der Linien will die gestalterischen Kräfte des Industriezeitalters mit denen der lebendigen Natur versöhnen. Zuweilen scheint diese Dialektik von Konstruktion und Dekoration sogar darauf hinauszulaufen, die Konstruktion durch ihr Sichtbarmachen zu verstecken.

Die Stadtverwaltung hat an der Rue Americaine Ginkgobäume pflanzen lassen, eine schöne Anspielung auf eines der beliebtesten Jugendstilmotive überhaupt. Das eigentümliche, fächerformige Blatt des exotischen Gehölzes findet sich auf Schmuckstücken und Brieföffnern, auf Flacons und Vasen. Unser Weg führt von hier zur **Rue Defacqz**, wo sich mit Paul Hankar (1859–1901) ebenfalls ein Jugendstilarchitekt ein eigenes Haus (Nr. **71**) baute. Dieser frühe Entwurf Hankars (1893/94) kombiniert allerdings noch die Motive diverser Neostile, vor allem der Neorenaissance, und läßt die Hinwendung zu neuen Formen allenfalls in Ansätzen erkennen.

Anders die Häuser Nr. **48** und **50**. 1897/98 erbaut, erweisen sie den früh verstorbenen Hankar als schöpferischen Adepten des Stils.

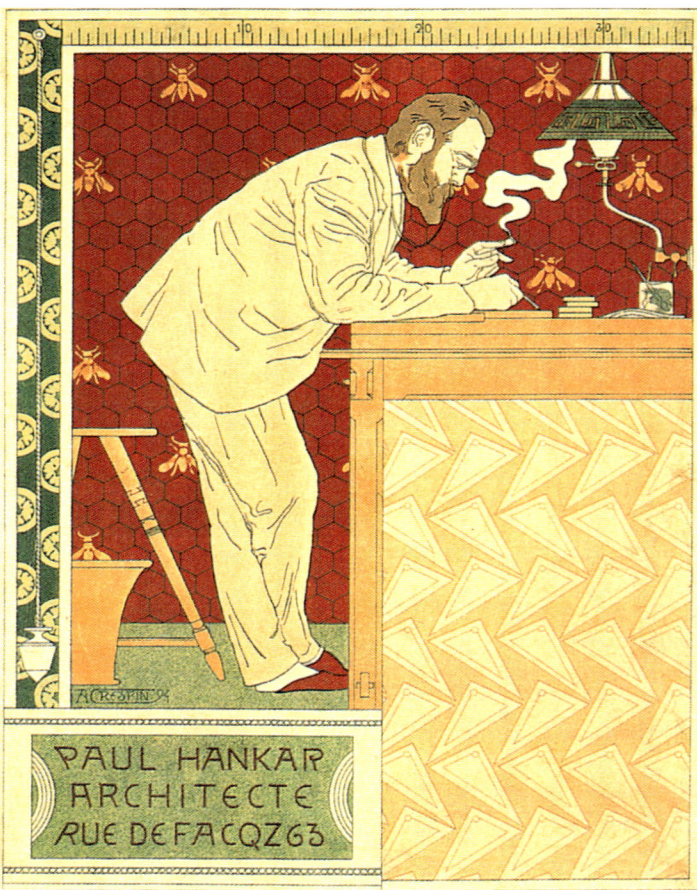

PAUL HANKAR
ARCHITECTE
RUE DE FACQZ 63

Eigenwillige Fensteröffnungen, der Einsatz verschiedener Steinsor-
ten und vor allem die leider stark mitgenommenen Mosaike am
Haus Nr. 48 verbinden sich zu einer sehr lebendigen Fassade, die
eine Tendenz zur malerischen Gestaltung erkennen läßt. Das Haus
Nr. 50 ist später teilweise erhöht worden, so daß es kein ganz
authentisches Bild von den Absichten des Planers mehr vermittelt.
Bezeichnenderweise entwarf Hankar beide Gebäude im Auftrag von
Künstlern.

Mit dem **Hôtel Tassel** (Rue Paul Emile Janson 6) stoßen wir wieder auf eine Schöpfung des berühmtesten Brüsseler Jugendstilarchi-
tekten. Sie entstand 1893–95 im Auftrag seines Logenbruders Emile
Tassel und zeigt Hortas Formensprache erstmals voll entwickelt.

Damals erregte der Neubau großes Aufsehen, das einem Skandal nahekam. Aber für seinen Planer bedeutete er den internationalen Durchbruch. Unter den jungen Kollegen war es vor allem der Franzose Hector Guimard, der die neue Kunst des Bauens begeistert aufnahm. Gerühmt wurde die bei aller formalen Entschiedenheit doch harmonisch gestaltete Fassade nicht weniger als die durch den Einsatz von Eisenträgern ermöglichte Kühnheit des Raumkonzepts.

Auf der Höhe seiner Meisterschaft steht Victor Horta bei Entwurf, Bau und Ausstattung des **Hôtel Solvay** (1894–98, Avenue Louise 224). Wie er sich in seinen Memoiren erinnert, verlangte der Industrielle Armand Solvay »eine sichtbare Metallkonstruktion (welche Profanierung in diesem Milieu!) und eine Reihe großer verglaster Durchblicke, die bei Empfängen den Blick auf das Ganze freigeben«. Mußte sich der Architekt beim Hôtel Eetvelde mit einer ziemlich geringen Fassadenbreite begnügen, konnte er hier sehr viel großzügiger planen. Über dem Erdgeschoß gerät diese Front ins Schwingen, bekommt etwas Barockes auch durch die vorgezogenen seitlichen Fensterachsen. Das Innere mit einem Fresko Théo van Rysselberghes (1862–1926) konnte Horta bis hin zur Ausstattung, ja zur Einrichtung durchgestalten, so daß hier ein wirkliches »Gesamtkunstwerk« entstand.

Ebenfalls nach den Plänen Hortas entstand die ehemalige **Maison Max Hallet** (Avenue Louise 346). Zur Straße hin wirkt das 1902–05 entstandene Haus eher konventionell, scheint bereits auf das Nachlassen der schöpferischen Kräfte, die »klassizistische Erstarrung« hinzudeuten. Doch die sehr viel bewegtere Gartenseite gibt dann

»Die Kühnheit, mich auszuwählen, war als ein Zeichen der Tatkraft und der Unabhängigkeit nur ein anderer Ausdruck desselben Unternehmungsgeistes, der die Gebrüder Solvay zur Erfindung des Soda führte.« (Victor Horta in seiner Autobiographie)

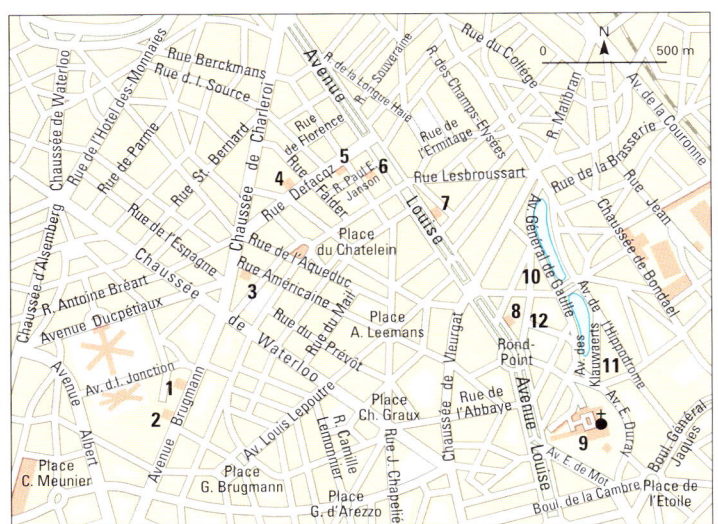

wieder einen ganz anderen Eindruck. Und besonders der erhöhte Wintergarten, der das Licht förmlich einzufangen scheint, zeugt für den Erfindungsreichtum dieses Architekten.

Nur wenige Stufen sind es, die von der Avenue É. de Mot (und sozusagen durch den Hintereingang) hinabführen in eine ganz andere Zeit. Als sogar Zisterzienserbrüder, hier der **Abtei Ter Kameren**, den Ehrgeiz hatten, es den Schloßherren gleichzutun, projektierten sie um 1740 einen Terrassengarten. Er ließ das Kloster im Tal wie die Bühnenkulisse eines Amphitheaters aussehen. Hohe Böschungen und kunstvoll beschnittene Eiben erinnern noch immer an die barocke Anlage. Etwa 1760 entstanden dann die Klostergebäude, in denen heute die *Ecole Nationale Superieure des Arts Visuels et de la Chambre* untergebracht ist. Die Abtei selbst ist eine Gründung aus dem Jahr 1201, und von ihrem romanischen Gotteshaus des 13. Jh. steckt noch Mauerwerk im südlichen Querhausarm der heutigen gotischen Kirche. Sie entstand im 14.–16. Jh.

In der Rue de l'Aqueduc werden die Angler mit putzigen Konterfeis der Fische gelockt, die sich dank großzügiger Besatzmaßnahmen in den **Etangs d'Ixelles** tummeln und »nur darauf warten, gefangen zu werden«. Unsereinen zieht weniger die Ungeduld der Flossenträger an die Gestade der beiden Weiher als vielmehr die **Jugendstilhäuser Ernest Blerots** (1870–1957). Die **Nrn. 38/39** an der Avenue du Général de Gaulle und die **Nrn. 15/16** der Avenue des Klauwaerts am Ufer gegenüber sind als Doppelhäuser konzipiert, vom gleichen Architekten stammen auch die Pläne zur Nr. 9 und Nr. 11 an der Rue Villain XIII sowie zur Rue de la Vallée 40.

Anderlecht

Ein erweiterter Kulturbegriff legt es nahe, zunächst die Taten des RC Anderlecht zu rühmen, des europaweit bekanntesten Brüsseler Fußballvereins. Die urkundlich gesicherte Historie des alten Dorfs reicht allerdings viel weiter, nämlich bis ins 11. Jh. zurück. Von seiner Bedeutung als wichtigste Siedlung vor den Toren der Stadt zeugt eindrucksvoll die ehemalige **Stiftskirche St. Peter und Guido** *(Collegiale Sint-Pieter-en-Guidokerk)*. Als Viehpatron war Guido ein sehr populärer Heiliger. Auf ihn und seine Legende verweisen im Gotteshaus mehrere Bilder und Plastiken.

Eine romanische fünfschiffige Hallenkrypta datiert noch ins 11. Jh., während mit dem Bau der heutigen Kirche erst nach 1350 begonnen wurde. 1482 geweiht, kam nach 1520 noch die spätgotische Guidokapelle hinzu. Auch diese Kirche blieb nicht von einer umfassenden Erneuerung im 19. Jh. verschont. An sie schloß sich die Vollendung des Turms an, er kam um die Jahrhundertwende endlich doch zu seiner steinernen Spitze. Daß die Anderlechter Kirche zu den schönsten Beispielen der Brabanter Gotik gehört, wird die laufende Restaurierung unterstreichen.

Im Innern kann sie bemerkenswerte Wandmalereien aus dem 15. und 16. Jh. vorweisen. Um 1480 entstanden auch die eindrucksvollen Glasmalereien der nördlichen, etwa 50 Jahre später die der südlichen Chorfenster. Außerdem birgt das Gotteshaus hochinteressante Grabdenkmäler, unter anderem wurden hier Barthold van Bartholuz 1533 und Johannes von Walcourt 1632 bestattet. So wenig Gelegenheit der 13jährig verstorbene Barthold hatte, sich auf Erden auszuzeichnen, sein qualitätvoller Renaissance-Epitaph darf unter ähnlichen Arbeiten des 16. Jh. einen Ehrenplatz beanspruchen. Die Liegefigur des Johannes von Walcourt ruht auf einer schwarzmarmornen Tumba, auch sie macht ihrem unbekannten Schöpfer alle Ehre. Das schönste Monument erhielt der Kanoniker Albrecht Ditmar, auch genannt Ditmar von Bremen. An diesen Arzt Herzog Philipps des Guten, der 1438 die Last des irdischen Lebens von sich warf, erinnert nichtsdestoweniger ein sehr lebendiges Bildwerk. Es zeigt Ditmar im Gebet vor der Madonna mit Kind, unter den Assistenzheiligen im Hintergrund taucht ebenfalls der heilige Guido auf. Ihm geben seine treuen Tiere das Geleit.

Der kleine Anderlechter **Beginenhof** aus dem 18. Jh. ist heute ebenso Museum wie das repräsentative **Erasmushaus**. Pieter Wichmann, Mitglied des hiesigen Kapitels, ließ 1515 ein älteres Gebäude aufs Stattlichste erweitern und konnte hier 1521 einen außerordentlich prominenten Gast begrüßen: Erasmus von Rotterdam. Der produktive, aber auch rastlose Humanist, zweifellos einer der brillantesten Köpfe seiner Zeit, pries in seinen Episteln aus Anderlecht die dörfliche Ruhe dieses Domizils. Ja, er ging brieflich so weit, das Landleben überhaupt dem städtischen mit seiner Hektik und den üblen Gerüchen vorzuziehen. »Den ganzen Sommer habe ich zwischen den Feldern gelebt, und es ist mir niemals besser gegangen. Ich bin so gestärkt dank dieser sauberen Luft, daß ich geradewegs ein anderer Mensch geworden bin.«

Nur wenige Monate blieb Erasmus in Anderlecht, wo heute eine ganz normale Stadtluft weht. Aber das ehemalige Kanonikerhaus ist eine Oase der Ruhe geblieben. Hohe Mauern schirmen das liebevoll restaurierte Gebäude und seinen Garten von der Außenwelt ab. Alte Bäume werfen ihre Schatten auf die Bänke, und wer an warmen Nachmittagen dort sitzt, der atmet den Duft von Thymian und Lavendel aus den Kräuterbeeten. Das Haus selbst bietet neben vielen Erasmus-Schriften und -Darstellungen eine kleine Gemäldesammlung, darunter eine Mater Dolorosa aus dem Umkreis des Hugo van der Goes und eine Pietà der Dieric-Bouts-Werkstatt.

Im Brüsseler Norden

Die Metrolinie 1A erschließt den Brüsseler Norden am zuverlässigsten. Von der Station Simonis geht es hinauf zum **Koekelberg**, dessen »Gipfel« mit 50 m den höchsten Punkt des sacht ansteigenden

Sennetalhangs erreicht. Eine schöne Allee (Parc Elisabeth) lang hat der Neugierige Zeit, sich an die eigentümliche Kirche der **Heilig-Herz-Basilika** *(Basilique Sacre Cœur)* zu gewöhnen. Gut möglich jedoch, daß er auch am Fuß der ragenden Portalfront noch nicht recht weiß, was er von solcher Baukunst halten soll.

Albert van Huffel (1877–1935) entwarf die Kirche, 1930 wurde mit ihrem Bau begonnen, und fünf Jahre später war immerhin die Apsis fertiggestellt. Nach der Unterbrechung durch den Zweiten Weltkrieg entstanden die beiden Türme (1953), 1970 schließlich konnte die Vollendung der Kuppel gefeiert werden. Daß ihr Schöpfer die Basilika unter dem Horizont des Art déco plante, verleugnet das Erscheinungsbild nicht, in dem sich expressionistisch aufgeladene neoromanische und -byzantinistische Formen durchdringen. Dennoch macht die Kirche eher den Eindruck eines überdimensionierten Möbelstücks; dem gewaltigen Anspruch, gesetzt durch die schiere Monumentalität, wird ihre Architektur nicht gerecht.

Ebenfalls eine Kirche, die nicht zuletzt durch Größe wirken soll, ist **Liebfrauenkirche** von **Laeken**. Der Chor ihrer frühgotischen Vorgängerin blieb auf dem Friedhof nebenan erhalten, im Vergleich zur heutigen Pfarrkirche nimmt sich dieses Überbleibsel noch dürftiger aus. Daß hier überhaupt ein derart ambitionierter Bau wie Liebfrauen entstehen konnte, verdankt Laeken dem Aufstieg zur Residenz der belgischen Könige im 19. Jh., als repräsentative Architektur auch in der Umgebung gefragt war.

Der Tod seiner Gemahlin Marie Louise (von Orleans, 1812–50) veranlaßte König Leopold I. (1831–65), den Bau dieses Gotteshauses in Auftrag zu geben. Seine Krypta sollte die Toten der Königsfamilie aufnehmen, als deren Begräbniskirche sie ohne weiteres auf ein würdiges Äußeres Anspruch erheben konnte. Überdies bildet sie den Fluchtpunkt jener Perspektive, die von Brüssel her durch die breite Avenue de la Reine vorgezeichnet war. Daß unter all diesen Umständen die Erscheinung von Liebfrauen auch und gerade von fern etwas hermachen mußte, liegt auf der Hand.

Es gab also gute Gründe, wieder den einschlägig bekannten Joseph Poelaert ans Zeichenbrett zu lassen. Sein Entwurf vereint gotische und Renaissanceformen mit dem Poelaert eigenen Furor, der hier im einzelnen mit einer gewissen Grobschlächtigkeit bezahlt ist. 1872 wurde die Kirche geweiht, doch sie war zu diesem Zeitpunkt nicht vollendet. Erst 1907 kam es zu einer Fortsetzung der Arbeiten. So gehen die Westfassade mit dem monumentalen Portal und der mittlere Turm nicht auf die Pläne Poelaerts, sondern auf die des deutschen Architekten Heinrich von Schmidt zurück. Die mächtige neogotische Kanzel im Inneren bedachte die Pariser Weltausstellung 1878 mit einem Ersten Preis, auch die beiden meist verschlossenen Türen zur königlichen Krypta verdienen Respekt. Das schönste Kunstwerk der Kirche aber bleibt doch die Liebe Frau von Laeken, eine Madonna mit Kind aus dem 13. Jh.

Der Koninklijke Parklaan führt hinauf zum **Königlichen Schloß**, 1782–84 im klassizistischen Ludwig-XVI.-Stil erbaut und 1902 erweitert. Die Residenz ist nicht zu besichtigen, während die **Königlichen Gewächshäuser** ein wenig nördlich des Palastes immerhin von Ende April bis Mitte Mai jedermann offenstehen. Wer Brüssel in diesen 14 Tagen besucht, sollte die Gelegenheit einer Besichtigung nutzen. Denn nicht nur die exotische Flora ist einen Ausflug wert, sondern auch die Gewächshäuser selbst. Alphonse Balat hat sie 1876–93 für Leopold II. errichtet, seit 1885 Alleinbesitzer des Kongo. Im Zentrum steht hier ein Zentralbau über einem exakten Kreisgrundriß, dessen Glas-Eisen-Kuppel von 36 dorischen Natur-

*Königliche Gewächs-
häuser, Konstruktions-
zeichnung von Alphon-
se Balat*

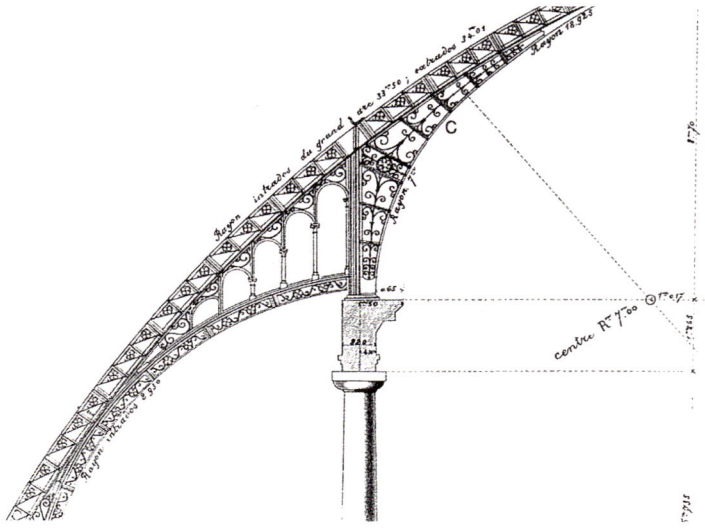

steinsäulen getragen wird. Um dieses Zentrum schließt sich ein zweites Rund, auch hier dominieren die neuen Werkstoffe, wobei die
Eisenteile den Strebebögen gotischer Kirchen nachgebildet sind.
Kein Zweifel, Balat hat eine ganz eigene, eine faszinierende Welt aus
Glas und Eisen geschaffen, diese Gewächshäuser zählen zu den
schönsten der Gattung überhaupt. Außerdem erinnern seine Laeke-
ner Schöpfungen sofort daran, daß Victor Horta in Balats Büro
arbeitete (s. S. 43): Die berühmten Wintergärten des Jugendstilarchi-
tekten, sie haben in diesem grandiosen Komplex ihre Vorbilder.

Vom Schloß aus ist das **Atomium** am anderen Ende des Parks
nicht mehr zu übersehen. (Wer geradewegs zu diesem Brüsseler
Wahrzeichen will, fährt mit der Metrolinie 1A bis zur Endstation
Heysel). Das 102 m hohe Modell eines 165milliardenfach vergrößer-
ten Eisenkristallmoleküls wurde vom Architekten André Waterkeyn
für die Weltausstellung 1958 entworfen, es war als eine Art skulptu-
raler Lobpreis des technischen Zeitalters gedacht. Leider haperte es
mit der Technik im Innern der neun Kugeln und Röhren öfter, und
auch nach der Renovierung tun die Rolltreppen nicht mit der erwar-
teten Präzision ihren Dienst. Aber sei's drum, zum Atomium zieht es
viele Besucher Brüssels, nur das Manneken Pis hat mehr Zulauf. Im
Zuge der Entdeckung des Comic als der eigentlich belgischen Kunst-
form sind außerdem die Ausstellungen in den einzelnen Kugeln
etwas aufgepeppt worden.

Ein einziger Fahrstuhl bringt die Menschen nach ganz oben, wo
sie bei schönem Wetter zweifellos ein beachtliches Panorama erwartet. Dann schweift der Blick bis zum markanten Turm der Mechelner
Kathedrale (s. S. 192), aber auch in unmittelbarer Nähe gibt es eini-

ges aus der Vogelschau zu betrachten. Vielbestaunt wird **Mini-Europa**, das die 400 größten städtebaulichen Attraktionen des Kontinents im Maßstab 1:25 zeigt. Es nimmt sich aus dieser Höhe noch putziger aus als ohnehin, dagegen geht der Lichtspielkomplex »Kinepolis« wieder aufs Gigantische, mit seinen 23 Sälen und dem Riesenbildschirm wird ihm niemand Weltstadtniveau bestreiten wollen. Im Nordwesten gleich unter dem Atomium liegt das **Palais du Centenaire** (1935). Joseph van Neck entwarf das große Ausstellungsgebäude anläßlich der Jahrhundertfeier des belgischen Staates, wobei er der Art Art déco seine Reverenz erwies.

Selbstverständlich läßt sich von hier oben auch die ganze belgische Hauptstadt ins Auge fassen. Und es gehört zu den interessantesten Spielen der Brüssel-Besucher, aus der fremden Perspektive die Lage der vertrauten Sehenswürdigkeiten auszumachen.

Stadtbeherrschend: Heilig-Herz-Basilika in Koekelberg

269

Flämisch-Brabant

Flämisch-Brabant kann den heiklen Superlativ für sich in Anspruch nehmen, die jüngste Provinz Belgiens zu sein. Seit dem 1. Januar 1995 besteht dieses Gebilde, von dem es später hoffentlich nicht heißen wird, daß seine Gründung nur ein Vorspiel für den Zerfall des belgischen Staats gewesen sei. Löwen aber verdankt der brandneuen Provinz den Aufstieg zur Provinzhauptstadt.

Halle, Beersel und Gaasbeek

Halle liegt an der Grenze zum Hennegau und hat lange zur gleichnamigen Grafschaft gehört. Die Stadtrechte erhielt es 1225, und bis ins 15. Jh. hinein war das Gemeinwesen an der Senne ein blühender Handelsplatz mit allen Insignien der Wohlhabenheit. Aber die Auseinandersetzungen mit Maximilian, die Religionskriege und die häufige Präsenz französischer Truppen im 17. Jh. setzen Halle schwer zu. Den erneuten Aufschwung verdankt es dem 1866 eingeweihten Kanal von Brüssel nach Charleroi. Nun schätzt die Industrie den Standort Halle. Ein kleiner, aber feiner historischer Kern um die Stiftskirche St. Martin blieb dennoch erhalten.

Das wundertätige, 1267 nach Halle gebrachte Marienbild hat sich seine Basilika buchstäblich verdient. Denn zweifellos waren die Pilgerscharen ein Wirtschaftsfaktor, der kräftig und kräftigend zu Buche schlug. Anfang des 14. Jahrhunderts werden zunächst Westturm und Langhaus im Stil der Brabanter Gotik errichtet, die Liebfrauenkapelle am nördlichen Seitenschiff schließt diese Bauphase ab. 1398 bis 1409 entsteht der Chor. Er besitzt wohl Umgangskapellen, jedoch keinen Umgang; nichtsdestoweniger zählt er zu den schönsten europäischen Ostabschlüssen aus der Wende vom 14. zum 15. Jh. Einen originellen Anbau erhielt das Gotteshaus um das Jahr 1440 dann noch mit der achtseitigen Taufkapelle südlich des Turms.

Schon der vorzügliche Skulpturenschmuck ihrer Portale weist auf die privilegierte Stellung der Kirche hin. Diese Stellung wird auch im Innern unterstrichen, doch zunächst gebührt selbstverständlich der romanischen Muttergottes über dem Hochaltar Reverenz. Das Geschenk des Aleydis von Avesnes gibt dem Gotteshaus seine eigentliche Mitte, der gegenüber das Martinspatrozinium zurückstehen mußte. Dem eigentlichen Schutzheiligen gewidmet aber ist das Alabasterretabel von Jean Mone, dem kunstreichen Hofbildhauer Karls V. Die zwölf Apostel (Anfang 15. Jh.) hebt der Chor auf die Pfeiler seines Doppeltriforiums, und in der Taufkapelle findet sich ein sehr originelles Becken aus Messing, das der Tournaiser Meister Guillaume de Fure gegossen hat.

Abstecher
Ein besonders lohnender Ausflug führt von Halle ins benachbarte Grimbergen. Die barocke Kirche der ehemaligen Prämonstratenserabtei (1660–1725) ist von erlesener Eleganz in Dekor und Ausstattung. Außerdem liegt das Museum für alte Techniken nur wenige Meter entfernt. Seine Hauptsammlungen sind in den Pferdeställen eines alten Schlosses (Ruine) untergebracht, zwei stimmungsvolle Mühlen ergänzen das Ensemble.

Wenn tausende blaßblaue Hasenglöckchen im Wald von Halle *(Hallerbos)* den Frühling einläuten, kann sich mancher Spaziergänger schon einmal an die mittelalterlichen Pilgerscharen erinnert fühlen. Noch stärker locken aber die beiden Schlösser in Halles Umgebung. Das Wasserschloß von **Beersel** datiert mit seinen ältesten Bauteilen in die Zeit um 1300. Weil seine Eigentümer sich demonstrativ auf die Seite Maximilians von Österreich stellten, war der

Herrensitz den rebellischen Brüsselern ein Dorn im Auge: 1488/89 zerstörten sie das Kastell. Zwar wurde es bald wieder aufgebaut, blieb dann aber seit Mitte des 16. Jh. unbewohnt. Als Victor Hugo 1877 Beersel besuchte, widmete er der düster-pittoresken und jedenfalls aufs Romantischste verfallenen Ruine ein melancholisches Gedicht. Neuen alten Glanz erhielt die Anlage ab 1928, ein Stich von 1690 diente als Vorlage für die Rekonstruktion der Dächer. Später entstand ebenfalls der weitläufige Park um das Schloß herum neu, auch er zweifellos eine Attraktion.

Beersel setzt den Akzent auf die Wehrhaftigkeit: Die erhaltene Anlage gleicht entschieden mehr einer Burg als einem Schloß. Über der etwa ellipsenförmigen Ringmauer ragen im Norden, Süden und Westen drei zur Wasserseite hin halbrunde Türme. Am nördlichen formen Maueranker die Jahreszahl 1617, damals wurde dieser Torbau mit (rekonstruierter) Zugbrücke wohl erneuert. Ein imposanter, festlicher Rittersaal aus der Wende vom 15. zum 16. Jh. verbirgt sich hinter dem braunen Sandstein des Südturms. Die trutzige Wucht dieser Türme gibt wie der Bering mit überdachtem Wehrgang einen guten Eindruck vom frühen Festungsbau in Belgien.

Im Gegensatz zu Beersel verdient **Gaasbeek** die Bezeichnung »Schloß« wirklich. Knappe 15 km vor den Toren Brüssels liegt die Anlage, aber doch in einer Umgebung, angesichts deren heiterer Ländlichkeit sich mancher Betrachter in ein Gemälde Pieter Breughels d. Ä. versetzt fühlt. Nur daß die Gaasbeeker Burg keineswegs dazu dienen sollte, der pastoralen Idylle des Pajottenlands auch noch einen architektonischen Glanzpunkt aufzusetzen. Ursprünglich war der Ort im Besitz des berühmten Klosters von Nivelles, ging aber schon im früheren 12. Jh. an Brabant über. Die Brabanter errichteten hier eine Feste, die ihr Territorium sowohl gegen Flandern als auch gegen die Grafschaft Hennegau schützen sollte.

*Neugotische Pracht in
Schloß Gaasbeek*

Von etwa 1240 bis an die Schwelle des 20. Jh. reicht die Baugeschichte des Schlosses, zu dessen Besitzern unter anderem der 1568
enthauptete Graf Egmont gehörte. Die eingreifendsten Veränderungen mußte sich Gaasbeek immer dann gefallen lassen, wenn es zwischen die Fronten irgendwelcher Kriegsgegner geraten war. 1887–89
wurde es dann im Geist der Neogotik umfassend erneuert, doch
blieb zumindest grachtseitig der Eindruck einer wehrhaften Anlage
erhalten. Überhaupt wirkt der Herrensitz von außen sehr viel abwei-
sender als von innen. Die Ausstattung der 16 museal erschlossenen
Räume hat ihren eigenen, zuweilen sogar verspielten Charme.
Neben den prachtvollen Türrahmen, Kaminen und Lambris sind die
hier versammelten Gemälde, Bildhauerarbeiten und Möbel Zeugnisse eines erlesenen Geschmacks. Zu den Prunkstücken von Gaasbeek zählen die zehn Wandteppiche Tournaiser und Brüsseler Provenienz.

Vom nach innen verlegten Ehrenhof her nimmt sich Schloß Gaasbeek schon viel freundlicher aus. An diesen Hof schließt ein kleiner
Barockgarten an, und Spuren einer barocken Anlage finden sich
auch im über 40 ha großen Park. So liegt östlich des Schlosses das
anmutige Gartenhäuschen von Renier de Renesse, der nahe den
Weihern auch die Gertrudiskapelle (1625–28) ins dicht bewaldete
Tal setzte. Sonst hat die Natur das Terrain in weiten Teilen ganz
zurückerobert. Und wer sich auf dem Brüsseler Pflaster die Füße
wundgelaufen hat, findet hier jede Gelegenheit zu erholsamen Spa-
ziergängen.

Löwen

Löwen ☆☆
Besonders sehenswert:
Rathaus
Peterskirche
Großer Beginenhof

Bekanntlich ist die Geschichte flandrischer Städte nicht arm an dramatischen Verwicklungen. In den brabantischen Metropolen ging es etwas ruhiger zu, doch bietet die Historie von Löwen sehr heftige Aktionen. Dabei scheinen sie hier nach den Einfällen der Normannen – bis 829 hatten sie zu *Lovon* ein befestigtes Lager – lange Zeit eher beschaulich gelebt zu haben. Um 1000 festigte sich der Ort an der Stelle des heutigen Zentrums, damals entstand auch die erste Peterskirche. Die Grafen von Löwen hatten an einer alten Dijle-Furt eine neue Burg bauen lassen, und mit ihrem politischen Aufstieg, erst als Herzöge von Niederlothringen, dann von Brabant (s. S. 207), gewann auch ihre Residenz an Bedeutung.

Dank seiner verkehrsgünstigen Lage entwickelte sich der Ort im 12. Jh. rasch, besonders profitierte er vom intensiven Warenaustausch zwischen den flandrischen und rheinischen Handelszentren. Um 1150 konnte Löwen als Stadt gelten. Und nachdem Herzog Heinrich I. von Brabant eine neue Burg an der Peripherie Löwens errichtet, den alten Bering aber in die Obhut der Bewohner gegeben hatte, verfügte das Gemeinwesen 1234 über alle Insignien städtischer Freiheit. Doch schon dreißig Jahre später war die Führungsschicht der Bürgerschaft in zwei Lager gespalten, die einander buchstäblich bis aufs Messer bekämpften. Als 1267 mit Johann I. ein Herzog an die Macht kam, den die siegreiche Löwener Partei unter keinen Umständen an der Spitze des Territoriums sehen wollte, hatte das für die Stadt harsche Konsequenzen: Fortan sollten die Landesherren in Brüssel residieren.

Trotzdem blühte auch in Löwen nach 1250 ein exportstarkes Textilgewerbe auf. Aber bereits nach kaum 100 Jahren setzte der Niedergang ein. Das offenbar auch deshalb, weil die Löwener Stadtgewaltigen darauf aus waren, die Kuh zu schlachten, die sie molken. Eine neue, grandiose Stadtmauer mußte her, und ihr Bau verursachte gewaltige Kosten. Natürlich sollten die mit gewaltigen Steuereinnahmen bestritten werden. Dagegen begehrten die Zünfte auf, deren Mitglieder die Hauptlast der Abgaben trugen. 1360 erreichten die Handwerker zwar eine Beteiligung am Stadtregiment, aber nach wie

Löwen
1 Rathaus 2 Haus Tafelrond 3 Brunnen der Weisheit 4 Peterskirche 5 Dreifaltigkeitskolleg 6 Botanischer Garten 7 Antoniuskapelle 8 Kolleg der irischen Franziskaner 9 Hollandkolleg 10 Kloster der Schwarzen Schwestern 11 Großer Beginenhof mit der Kirche St. Johannes der Täufer 12 St. Quintinus 13 Aulne-Kolleg 14 Van-Dale-Kolleg 15 Königskolleg, Prämonstratenserkolleg und Atrechtkolleg 16 Michaelskirche 17 Maria-Theresia- und Papst-Kolleg 18 Heiliggeistkolleg 19 Halle der Universität 20 Museum Vander Kelen-Martens 21 De-Valk-Kolleg 22 Hl.-Ivo-Kolleg 23 Neue Universitätsbibliothek 24 Dominikanerkirche 25 Sint-Elisabethgasthuis 26 Gertrudiskirche

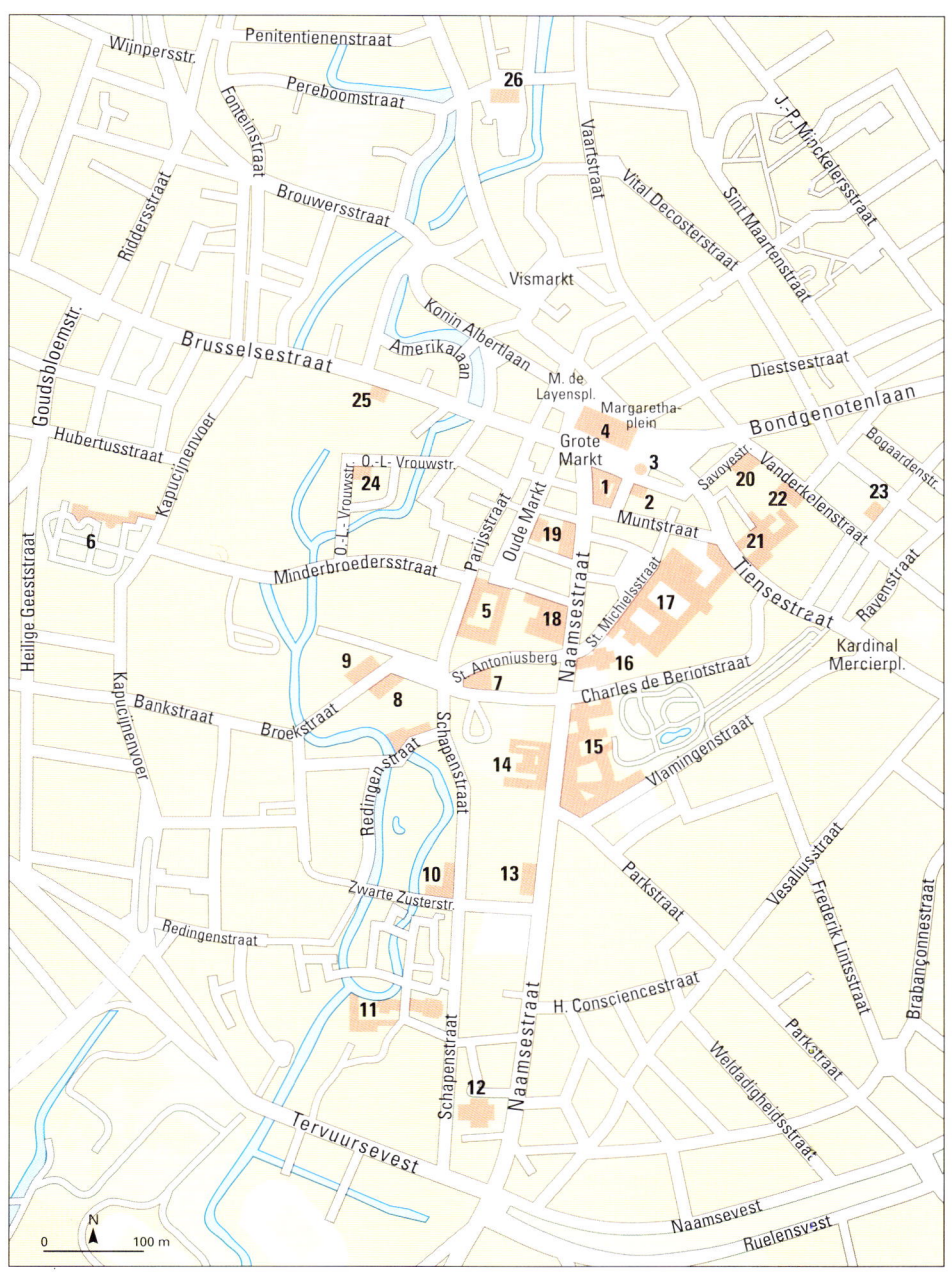

vor ließ das Patriziat (hier »Meliorat« genannt) nichts unversucht, sie von den entscheidenden Positionen fernzuhalten. Erst 1383 hatten die minderprivilegierten Schichten Löwens eine Teilhabe an der Macht erstritten.

Durch die Auseinandersetzungen mit dem Herzog und die bürgerkriegsähnlichen Zustände war das soziale wie das wirtschaftliche Gefüge der Stadt tief gestört. Immerhin hatte sich währenddessen die Erkenntnis durchgesetzt, daß die (erneute) Bindung der Residenz an Löwen von einiger Wichtigkeit sein könnte. Um den Hof zur Rückkehr zu bewegen, setzten die Löwener auf einen – jedenfalls nach heutigem Sprachgebrauch – »weichen« Standortfaktor. Zwar bewegte ihre entschlossene Investition in die Bildung den Landesherrn nicht zur Rückkehr, doch unterstützte Johann IV. die Bemühungen um eine Universität sowohl ideell als auch materiell. Die Stiftungsbulle siegelte Papst Martin V. am 9. Dezember 1425, feierlich gegründet wurde die Hochschule am 7. September 1426.

»Aber weißt du, wie man die Einwohner von Löwen nennt? Du weißt es nicht, lieber armer Freund. Man nennt sie Koeye-Schieters, Kuhschützen, denn sie waren eines Tages einfältig genug, auf Kühe zu schießen, die sie für feindliche Söldner hielten.« (Charles de Coster, »Tyl Ulenspiegel«, 1867)

Übrigens erlebte die Stadt während der burgundischen Ära ruhigere Zeiten. Und auch ihre Entscheidung für die Luxuswarenproduktion erwies sich als richtig. Dieser wirtschaftlichen Blüte verdankt Löwen unter anderem sein großartiges Rathaus, überdies wirkte hier Dieric Bouts als Stadtmaler. Doch war die Wohlstandsphase von kurzer Dauer. Ungeheure Empörung rief das Regime Maximilians I. (1477) hervor, der mit äußerster Härte zurückschlug. Seine Zwangsmaßnahmen bedeuteten für Löwen den Ruin. Aus den Quellen ergibt sich der Eindruck, daß die Stadt Ende des 16. Jh. nur noch von Universität und Brauereien lebte. Selbstverständlich gibt es da einen Zusammenhang, über den aber nicht zu viel gelästert werden sollte. Galt der Gerstensaft doch als Nahrungsmittel, und oft war sein Genuß unbedenklicher als der des häufig verseuchten Wassers.

So blieben die Perioden höchster Prosperität Vergangenheit, doch sind ihre Zeugnisse deshalb nicht weniger glanzvoll. Den historischen Kern Löwens bilden der Alte *(Oude)* und der **Große Markt** *(Grote Markt)*. Beide liegen dicht beieinander, aber das urbane Leben pulsierte zweifellos auf dem Grote Markt. Die Toten hatten ihn an die Lebenden abtreten müssen, noch bis ins 15. Jh. lag hier der Friedhof von St. Peter. Jetzt erhebt sich auf dem vormaligen Gottesacker Löwens **Rathaus** *(Stadhuis)*, das als eines der schönsten spätgotischen Profanbauwerke überhaupt gelten darf.

Verglichen mit der Entwicklung im Kirchenbau bleibt ja ohnehin erstaunlich, welchen Weg die Brabanter Gotik bei der Rathaus-Architektur gegangen ist. Sicher war dieser Weg vorgezeichnet, er führt sogar ziemlich direkt von Brügge nach Löwen. Schon im flandrischen Westen glich der Sitz des Stadtregiments einem Reliquienschrein, fiel die Zierlichkeit der Formen ins Auge (s. S. 53). Löwen zeigt nun die Schreinarchitektur in Vollendung, eine Vollendung, die Züge der Apotheose trägt. Ohne den soliden Sockel gäbe sich das Rathaus den Anschein, über jede Funktion erhaben zu sein. Aber vielleicht ist just das der Sinn des Repräsentativen …

Nun besteht das Löwener Rathaus aus zwei Flügeln. Der östliche entstand zwischen 1439 und 1445, dem Todesjahr Jan Keldermans II. Der hatte den Bau von Sulpitius van der Vorst übernommen, der 1439 kurz nach Beginn der Arbeiten verstorben war. Keldermans hatte auch schon mit dem südöstlichen Treppenturm des Nordflügels begonnen. Sein schmuckloser Aufbau läßt erkennen, daß der Bau damals noch viel bescheidener geplant war.

Ab 1445 herrschte drei Jahre Ruhe auf der Baustelle. Als dann Matheus de Layens nach den alten Plänen den Schöffensitz vollenden wollte, gab es fundamentale Probleme. Das Rathaus mußte zwar nicht auf Sand gebaut, aber in den Sumpf gesetzt werden. Dieser Untergrund jedoch hätte den vorgesehenen Belfried niemals tragen können. Welch ein Schlag für die Stadtgewaltigen: Ein Rathaus ohne Belfried, ohne das ragende Symbol städtischer Freiheit! Doch aus dieser Not machte de Layens eine Tugend. Statt des eines gewaltigen Turms gab es nun sechs filigrane Türmchen, und was der eine große allenfalls an Bauschmuck hätte beanspruchen können, bekam nun jeder der sechs kleinen, ein fast schon mutwilliges Spiel der kleinen und kleinsten Formen, ein wahres Feuerwerk des Ornaments. Damit keineswegs genug, bordet die ganze Fassade vor Zierrat über, und selbst auf dem Satteldach staffeln sich die unzähligen Gäubchen in vier Reihen übereinander. Diesem Triumph der Einzelheit ist kein menschliches Auge gewachsen, Orientierung gibt nur die Wiederkehr der Elemente. Aber gerade die ungeheure Detailfülle steht für die Erlesenheit und Kostbarkeit der Architektur. Und ihr plastisches Moment wurde noch einmal betont, als 1852–1907 300 Statuen unter den Baldachinen zwischen den Fenstern Aufstellung fanden.

Das Innere des Rathauses muß hinter einem derart fulminanten Äußeren zurückbleiben. Die Säle wurden großenteils neogotisch überarbeitet, und vielleicht veranlaßte die Bedeutungsschwere der Zeremonie, das Trauzimmer sogar in barocken Formen wiedererstehen zu lassen. Sein ursprüngliches Aussehen weitgehend bewahrt hat jedoch der schön eingewölbte Raum im ersten Geschoß, wo Dieric Bouts' Gerechtigkeitsbilder – leider nur als Kopien – hängen. Gerechtigkeitsbilder begegnen dem Leser dieses Buchs nicht zum ersten Mal, sie fanden gegen Ende des Mittelalters in viele Rathäuser der Niederlande Eingang. Zur Verdeutlichung ihres Anliegens bedienen sie sich meist sehr drastischer Sujets, das ist auch in Löwen nicht anders. Hier muß ein Graf auf Befehl Kaiser Ottos III. den Kopf hinhalten (erstes Bild), angeblich hat er die Frau des Herrschers bedrängt. Durch die Feuerprobe (zweites Bild) gelingt es der Witwe des Enthaupteten, wenigstens den Rufmord aus der Welt zu schaffen. Otto muß den Justizirrtum eingestehen und konfrontiert nun seine Gattin mit der ganzen Härte des Gesetzes. Was ihm um so leichter gefallen sein mag, als die Kaiserin den Mann aufs Schafott brachte, weil der ihre Liebe nicht erwidert hatte. Dafür stirbt sie den Flammentod (im Bildhintergrund). Die beiden Originale zeigt das Brüsseler Museum der Schönen Künste (s. S. 232), es sind die letzten Bilder des Künstlers. Die »Enthauptung« hat wohl der Sohn gleichen Vornamens zu Ende gemalt.

Eine Nachschöpfung aus dem Jahr 1927 ist das **Haus Tafelrond** östlich vom Rathaus. Sein Urbild entstand 1480–87 unter Matheus de Layens, der drei Wohnhäuser zu einem sehr stattlichen Gebäude zusammenfaßte. Auf ganz eigene Weise huldigt Jef Clerhouts **Brunnen** (1975) den Löwener Studenten. Dort gießt sich ein Jüngling das Wasser in den Kopf, eine Geste, die keineswegs für den Getränkekonsum der Hochschüler steht, sondern für ihren Wissensdurst. Der Betrachter hat also eine (so jedenfalls der amtliche Name) *Fons sapientiae* (Brunnen der Weisheit) vor sich, und der Becher könnte eine lokale Variante des Nürnberger Trichters sein.

Den zweiten markanten Akzent am Grote Markt setzt die **Peterskirche** *(St.-Pieterskerk)*. Und hier ist endlich Gelegenheit, von der besseren Zukunft Löwens als Provinzhauptstadt zu berichten. Jahrzehntelang bot das Gotteshaus nämlich ein trauriges Bild, wie sich überhaupt die bedeutenden Denkmäler in arg ramponiertem Zustand präsentierten. Dann aber erhielt Löwen einen Bürgermeister, der zu den mächtigsten Männern Flanderns zählte (und zählt). Und nun flossen die staatlichen Gelder, unter anderem auch für die Peterskirche. Im hellen Gelb des Kalksandsteins erstrahlt vorerst allerdings nur ihre dem Rathaus zugewandte Südseite.

1410 wurde der Grundstein zur heutigen Andachtsstätte gelegt, zunächst entstand der Chor. Mit Sulpitius van der Vorst und Jan Keldermans II. zeichneten jene Baumeister verantwortlich, die anfangs auch die Errichtung des Rathauses geleitet hatten. Und es war hier ebenfalls Matheus de Layens, der – allerdings nach einer größeren Pause – die Fortführung der Arbeiten übernahm. Doch auch unter seiner Aufsicht gedieh das Gotteshaus zunächst nur bis zum Querschiff. Erst nach 1475 mußte das romanische Langhaus dem gotischen Nachfolger weichen.

Und dann trug Layens ein bemerkenswertes Ansinnen vor: Er wollte die monumentale romanische Westchorhalle erhalten sehen. Ausgerechnet Layens, Schöpfer der unglaublich filigranen Rathaus-Architektur, plädierte für die Integration einer Struktur, die Zeugnis einer denkbar gegensätzlichen Baugesinnung war. Doch Layens fand kein Gehör. 1497 verschwand die Westchorhalle ebenfalls. Joost Metsys (gest. 1530) plante 1501 eine Dreitürmefassade, für deren Mittelteil er die stolze Höhe von 168 m vorsah. Nun war Joost, Bruder des Malers Quentin Metsys, zwar als sinnreicher Mechanikus mit besonderem Geschick für Turmuhrwerke bekannt, als Baumeister aber hatte er sich bislang noch nicht qualifiziert. Dennoch fand sein groß gedachter Entwurf die Zustimmung aller Beteiligten, nur der Untergrund widersetzte sich. Einmal mehr ließ der morastige Boden keine Turmfront derartigen Ausmaßes zu. Das freilich sah man erst 1541 ein. Damals waren die Arbeiten bereits volle 34 Jahre im Gang, doch die Westfassade hatte erst klägliche 50 m erreicht. 1571 stürzte dann der Aufbau teilweise ein, und 1612 begnügte man sich endlich mit dem traurigen Stumpf in seiner heutigen Höhe. In der Kirche aber steht das wunderschöne Modell des Jahres 1525. Es

Huldigung an den Wissensdurst der Löwener Studenten: Brunnen der Weisheit am Großen Markt

279

zeigt, was hätte werden sollen: Ein Turmbau nicht von Babel, aber von Löwen.

Dafür zeigt das Innere die brabantische Gotik auf der Höhe ihrer Möglichkeiten. Offenbar haben sich die verschiedenen Baumeister immer an den ursprünglichen Plan gehalten, so daß die Einheitlichkeit des Raumbilds gewahrt blieb. Vom Umgangschor mit seinem siebenstrahligen Kapellenkranz bis hin zur Wandbehandlung zeigt St. Peter alle Merkmale dieser Sonderform. Wiederum fällt der Aufbau des Mittelschiffs besonders ins Auge: Leitgedanke ist hier die Negation der Mauer; er bemächtigt sich sogar noch der Scheidbogenzwikkel. Die Fensterbahnen nehmen die ganze Fläche zwischen den Pfeilern ein, ihre Maßwerkformen werden im Triforium wiederholt. Das Durchbrochene gibt sich als Fortsetzung des Durchscheinenden; eine Suggestion wie gesagt, die selbst unterhalb des Triforiums bis zu den Arkadenprofilen aufrechterhalten wird. Nur ein Merkmal der (früheren) Brabanter Gotik fehlt: Die Kohlblattkapitelle. So reichen die Säulen ohne Kopfstücke bis in die Gewölbe hinauf. Das gibt dem Mittelschiff optisch eine Höhe, die es de facto gar nicht hat.

Fixpunkt der Ausstattung ist die prächtige Kanzel (1742), eine wild-bewegte barocke Komposition Jacob Bergés. Sie kommt aus der Prämonstratenser-Abtei Ninove und gibt unter anderem eine sehr dramatische Vorstellung von der Bekehrung des Ordensgründers Norbert. Den schönen Lettner (1488–90) schufen Nicolaas de Bruyne und Geraard Goris, den krönenden Kalvarienberg mit dem hoch entrückten Gekreuzigten soll der Brüsseler Jan Borman geschnitzt haben. Ein imposantes Taufbecken aus Messing (16. Jh.) steht in der Kapelle nördlich des Westportals, sechs Löwen tragen die Schale.

Besondere Aufmerksamkeit verdient ebenfalls die thronende Gottesmutter mit Kind, eine *Sedes sapientiae*. Ein solcher »Sitz der Weisheit« ziert auch heute noch das Siegel der Universität, zugleich war er ein verbreiteter Bildwerktypus der maasländischen Romanik. Nun besitzt die Holzplastik hier manches epochentypische Merkmal, doch sie entstand viel später. Aber zweifellos hat sich Nicolaas de Bruyne 1445 eng an die ältere Vorlage gehalten, wenn er sich beim Jesuskind auch nicht auf die starre Frontalität festlegen lassen wollte. Zweifellos romanisch ist dagegen das durch einen glücklichen Zufall gerettete Christushaupt.

Hinter dem Lettner, also in den Chor der Kirche, dürfen vorläufig allein die Restauratoren. So bleibt das qualitätvolle Chorgestühl von Nicolaas de Bruyne den Blicken entzogen, ebenso ein Sakramentshaus von Matheus de Layens. Stolze 12 m hoch, erinnert die wunderbar leicht-elegante, außerordentlich fein skulptierte Turmgestalt an die großartige Rathaus-Architektur des Meisters. Im Chorumgang haben die Grabmäler Herzog Heinrichs († 1235), seiner Gattin Mechthild van Boonen (†1211) und beider Tochter Maria († 1260) Aufstellung gefunden. Sie halten gegenwärtig, daß St. Peter einst die Grablege der Brabanter war.

Doch nun zum eigentlichen Prunkstück der Ausstattung, dem neu restaurierten »Abendmahlsaltar« von Dieric Bouts (s. S. 232). Die beiden Seitenflügel vergegenwärtigen je zwei alttestamentliche Szenen, die auf das Ereignis im Zentrum vorausdeuten: links »Abraham und Melchisedek« (oben) und die »Mannalese«, rechts die »Speisung Elias in der Wüste« und das »Passahmahl« (unten). Die Haupttafel wahrt eine exakte Zentralperspektive, ein Christus genau in der Bildmitte feiert mit seinen Jüngern die Eucharistie. In der sparsamen, aber fast schon abgezirkelten Gestik der Figuren, dem unaufdringlichen Minenspiel der vergeistigten Gesichter, dem exquisiten Kolorit und der souveränen Komposition des Raums wie der Landschaft (auf den Seitentafeln) erweist sich Bouts als Maler von außerordentlichem Rang.

Ein zweites Retabel des Künstlers steht in der Erasmuskapelle und das zeigt das Martyrium dieses Heiligen zwischen Hieronymus (linke Tafel) und Bernhard. Ferner bewahrt die Kirche noch ein Triptychon aus der Mitte des 15. Jh., dessen Zentrum eine Kreuzabnahme bildet. Hier hat die Werkstatt Rogiers van der Weyden (s. S. 38) ein Replikat seines berühmten Altars geschaffen, dessen Vorbild im Madrider Prado hängt.

Der kunsthistorische »Lehrpfad« Löwens führt vom Großen Markt stracks die Naamsestraat mit ihren zahlreichen Kollegs hinauf. Wir möchten jedoch eine Runde vorschlagen, die nach Rathaus und Peterskirche nicht gleich wieder ein Architekturdenkmal ans andere reihen muß. Sie führt durch die Kortenstraat zunächst auf den **Oude Markt,** der so etwas wie die gute Stube Löwens ist. Daß hier die meisten Häuser nach dem Ersten Weltkrieg wieder neu aufgebaut werden mußten, sieht man ihnen heute kaum noch an. Die Stirnseite des Platzes wird vom **Dreifaltigkeitskolleg** *(H. Drievuldigheitscollege)* eingenommen. Dieses Kolleg war als *Scola latina* gegründet worden und bestand schon ein Jahrhundert, ehe es 1659 den von Jan van der Can und Adriaen van Mechelen errichteten Barockkomplex bezog. 1944 fiel das Kolleg in Schutt und Asche, wurde nach dem Krieg aber stilgetreu wiederaufgebaut. Allerdings bekam es ein Geschoß mehr.

Vom Oude Markt führt das kleine Lavorenberggäßchen hinunter auf die Parijsstraat. Wer etwas für Botanische Gärten übrig hat, sollte den Abstecher durch die Minderbroedersstraat einplanen. Wo sie auf den Kapucijnenvoer stößt, öffnet sich das Tor zum **Botanischen Garten** mit seinem klassizistischen, 1821 erbauten Gewächshaus. Fast noch interessanter ist der angeschlossene Früchtegarten mit vielen Wein- und Apfelsorten sowie den ausgedehnten Birnenspalieren. Besonders in der Birnenzucht haben sich die belgischen Pomologen hervorgetan. Dem wohl berühmtesten unter ihnen, Jean Baptiste van Mons (1765–1842), ist die Anlage gewidmet. 1817 erhielt van Mons eine Professur an der hiesigen Universität, auf seine zu Lebzeiten oft verkannte Arbeit sollen mehr als 500 Obstsorten zurückgehen.

Etwas erhöht liegt am Pater Damiaanplein die unscheinbare **Antoniuskapelle.** Ihre moderne Krypta ist die letzte Ruhestätte von Josef de Veuster (1840–89), der als Pater Damiaan seit 1873 in einer Leprakolonie auf der Hawai-Insel Molokai vorbildliche Krankenpflege- und Seelsorgedienste leistete. Dabei schonte der Ordensgeistliche sich selbst nicht. Der Aussatz befiel schließlich auch ihn, und er starb an dieser Krankheit. Sein Andenken aber wird hierzulande hoch in Ehren gehalten.

Am gleichen Platz liegen auch das **Kolleg der irischen Franziskaner** und das Hollandkolleg. Zur Franziskanerkirche legte das herzogliche Statthalterpaar Albrecht und Isabella 1617 den Grundstein, die Gebäude stammen großenteils aus dem 18. Jh. Das **Hollandkolleg** erhielt seinen Namen als Priesterseminar des Bistums Haarlem (gegründet 1617). Seine Rokokokapelle in Ehren, doch das geschichtsträchtigere Denkmal ist der **Janseniusturm** im Kolleggarten. Er steht hart an der Dijle und bildete mit seinem Pendant am anderen Flußufer ein Wassertor der ersten Löwener Stadtmauer aus dem 12. Jh. Cornelius Jansen, damals Leiter des Kollegs, ließ ihn zum Zweck eines ungestörten Bibelstudiums umgestalten.

Für diesen Rückzug dürfte der spätere Bischof von Ypern (s. S. 94) gute Gründe gehabt haben. Jedenfalls hält sich hartnäckig die Überlieferung, im Turm seien wesentliche Partien seines dreibändigen »Augustinus«-Werks entstanden. Schließlich wirkte Jansen jahrelang an der Löwener Universität, seit 1630 als Professor der Heiligen Schrift. Und in Löwen wurde auch der »Augustinus« veröffentlicht, allerdings erst 1640, zwei Jahre nach seinem Tod.

Das Buch stieß sofort auf energischen Widerspruch der Jesuiten, also den tragenden Säulen der Gegenreformation. Die beiden Kontrahenten hatten ein völlig verschiedenes Menschenbild: Während die Jesuiten einen Willen zum Guten annahmen, hielt Jansen den Menschen für unfähig zum Guten. Vor diesem Hintergrund mußte vor allem die Gnadenlehre des Löwener Theologen Anstoß erregen. Er sah die göttliche Gnade als »unwiderstehlich« an und – wie Augustinus – den Menschen von Gott »ohne Grund« erwählt. Die Jesuiten lehrten dagegen, Gott erwähle den Menschen, weil er seine Verdienste vorausgesehen habe. In dieser Überzeugung sahen die Jansenisten den Grund für die laxe Moral und Verweltlichung des Ordens.

Mit der Wirkung von Jansens Buch hatte sich die Kirche fast ein Jahrhundert herumzuschlagen, Klemens XI. verdammte 1713 die Schrift (genauer: 101 Sätze daraus). Besonders im Frankreich Ludwigs XIV. wurde der Jansenismus von Staats wegen auf das strikteste bekämpft. Auch in den Spanischen Niederlanden waren seine Anhänger harten Verfolgungen ausgesetzt, in Holland gründeten französische Jansenisten mit der dortigen Geistlichkeit die »Kirche von Utrecht«, aus der die Altkatholiken hervorgingen.

Die Schapenstraat führt nun zum **Kloster der Schwarzen Schwestern** und zum Beginenhof. Die Arbeiten am heutigen Konvent der Schwestern begannen 1680 und schritten derart zügig fort, daß der allerdings sehr schlichte Vierflügelbau schon ein Jahr später vollendet war. Allein die Kapelle mit ihrem barocken Volutengiebel (1686) verrät ein wenig architektonischen Ehrgeiz.

Eine sehr weitläufige Anlage diesseits und jenseits der Dijle ist der **Große Beginenhof** *(Groot Begijnhof)*. 1962 wurde er von der Universität gekauft, die kleinen Häuser dienen seitdem großenteils als Studentenwohnungen, mit der neuen Nutzung konnte der Verfall des Hofs aufgehalten werden. Bei seiner Gründung um 1230 lag er außerhalb des Stadtberings. Er wuchs sehr schnell, bereits 1240 verfügte er über eine eigene Krankenstation. Als Löwens Umwehrung im 14. Jh. erweitert wurde und nun auch den Beginenhof einbezog, bildete der mauergeschützte Komplex so etwas wie eine kleine Stadt in der großen. Schon im 15. Jh. lebten hier etwa 200 Beginen, die Blütezeit des Hofs fällt ins 16. und 17. Jh.

Der Kirche gegenüber liegt die Infirmerie, die zum Ende des 15. bzw. im 16. Jh. gründlich überarbeitet wurde. Aus dieser Zeit existieren ebenfalls noch etliche andere Gebäude, aber die Mehrzahl ist etwa ein Jahrhundert jünger. Die Beginenhofhäuser des **Soldaten- oder Spanischen Quartiers** am anderen Ufer der Dijle (sie sollen spanische Soldaten beherbergt haben) sind insgesamt repräsentativer, das trifft auch für ihre Ausstattung zu. Mittelpunkt des Hofs aber ist selbstverständlich sein frühgotisches Gotteshaus, die Kirche **St. Johannes der Täufer** *(Sint-Jan-Baptistkerk)*. Kurz nach 1300 wurde ihr Bau begonnen, die Gewölbe stammen allerdings erst aus der Zeit um 1650. Zur durchgängig barocken Einrichtung stehen die teils freigelegten gotischen Wandmalereien in einem gewissen Kontrast. Am besten erhalten ist die Darstellung der fünf klugen und fünf törichten Jungfrauen an der Westwand (15. Jh.). Es versteht sich, daß Beginen zu den klugen Jungfrauen zählen sollten, die der Ankunft ihres himmlischen Bräutigams Jesus Christus stets wachsam entgegenharren.

Nicht weit vom Großen Beginenhof steht die Kirche **St. Quintinus** *(St. Kwintenskerk)*. Ihr Westturm stützt sich noch auf die Basis seines romanischen Vorgängers (um 1200), ansonsten ist das Gotteshaus ein Bau der Brabanter Gotik. 1453 war der Chor fertiggestellt, und vielleicht hat Matheus de Layens die Arbeiten geleitet. Noch ins 15. Jh. (1460–90) fällt auch die Errichtung des Querschiffs; um 1500 begonnen, war das Langhaus 1535 vollendet. Im Chor blieben Wandmalereien seiner Erbauungszeit bewahrt, sie stellen Begebenheiten aus der Vita des hl. Quintinus dar.

Die leicht erhöht gelegene Kirche setzt einen schönen Akzent über der **Naamse Straat,** wo wir nun die Parade der Kollegs abnehmen wollen. Die vielen Kollegien der Stadt nahmen ihre vielen Studenten auf. Sie wurden nach Fakultäten, Länder-, Stadt- oder auch Ordenszugehörigkeit gemeinsam untergebracht. Wir beginnen mit dem **Aulne-Kolleg,** das zwar eine neogotische Fassade, aber ein spätgotisches Inneres hat. Hierhin schickten die Zisterzienser von Aulne (an der Sambre) ihre Hochschüler. Ganz unangetastet hat auch das **Van-Dale-Kolleg** (Naamsestr. 80) die Zeiten nicht überdauert, dennoch kann das Gebäude von 1568/69 die früheste Renaissance-Architektur der Stadt vorweisen. Eigens Erwähnung verdient der Stifter Peter van Dale, weil er hier mittellose Hochschüler untergebracht sehen wollte. Da dieser Jurist Kanoniker an der Antwerpener Liebfrauen- und Dekan der Aalster Martinskirche war, bot es sich an, das Haus Antwerpener und Aalster Studenten vorzubehalten. Die hatten zum hochherzigen Spender einen lokalen Bezug, und das fördert die Dankbarkeit.

Auf der anderen Straßenseite reihen sich gleich drei Kollegs hintereinander, denen eines gemeinsam ist: Der Umbau im 18. Jh. Nach seinem Stifter (1579) Philipp II. von Spanien heißt das erste in unserer Reihenfolge **Königskolleg** *(Koningscollege,* Nr. 59). Gleich daneben liegt das **Prämonstratenserkolleg** (gegründet 1571, Nr. 61), das die hiesigen Studenten des Ordens aufnahm. Das **Atrecht-Kolleg** (Nr. 63) heißt nach dem Bischof von Arras (Atrecht), Nicolas Ruterius; er schenkte das Haus der Hochschule. Auch Ruterius hatte als ehemaliger Propst von St. Peter eine besondere Beziehung zu Löwen.

An der Ecke zur St. Michielsstraat stoßen wir auf die vielleicht imposanteste Schaufront von Löwen. Hier errichteten die Jesuiten ihre **Michaelskirche** *(St.-Michielskerk*, 1650–71). Sie markiert einen Höhepunkt des südniederländischen Barocks, vor allem beeindruckt die kraftvoll-bewegte Fassade. Vom ursprünglichen Entwurf des Ordensbruders Willem Hesius blieb nur wenig übrig, unter anderem führte hier die Beteiligung des Mechelner Bildhauer-Architekten Lucas Fayd'herbe zur Betonung des plastischen Moments. Das Innere des Gotteshauses verleugnet freilich die Nähe zum gotischen Raumbild nicht.

Nun aber laden **Maria-Theresia-** und **Papstkolleg** zu einem kleinen Abstecher ein. Ersteres sitzt in der St.-Michielsstraat, also der ehemaligen Jesuitenkirche fast benachbart. Hinter seinem Namen verbirgt sich eine kleine Pikanterie. Vorher gehörte das Haus den Jesuiten, jenem Orden also, den die Kaiserin verbieten ließ. Nichtsdestoweniger war es ihr allerhöchster Wille, daß dieses Kolleg fortan Theologiestudenten als Unterkunft dienen sollte. Das **Papstkolleg** *(Pauscollege)* ist tatsächlich das Geschenk eines Papstes, noch dazu eines Papstes, der dieser Hochschule eng verbunden war. Adriaan Boeyens (1459–1523) wechselte von einem Löwener Lehrstuhl für Theologie als Hadrian VI. 1522 auf den Stuhl Petri. Bereits ein Jahr später konnten Theologiestudenten sein Haus am Hogeschoolplein beziehen. Den Einsturz eines Trakts nutzte man zur Erweiterung des Hauses, seit 1778 ist es ein Vierflügelbau.

Der älteste Kollegbau Löwens steht Ecke Naamsestraat/Collegeberg. Dieses **Heiliggeistkolleg** von 1445 verdankt sich einer Stiftung des Bürgers Lodewijk de Rijcke. Die Universität ließ den zuvor ständig erweiterten Komplex im 17. und 18. Jh. sukzessive durch neue Gebäude ersetzen, dann zwangen die Bomben des Jahres 1944 zu einer wiederaufbaugleichen Restaurierung.

Eindrucksvoller als mancher kluge Aufsatz belegt die **Halle der Universität,** wie innig Löwen Geist und Kommerz miteinander verquickte. 1317 war sie nämlich als Tuchhalle erbaut worden. Als das Gewerbe in die Krise geraten war, überließ die Stadt der Hochschule 1425 zunächst einen Flügel. 1679 ging die ganze Halle an die Universität, die den gotischen Bau um ein barockes Geschoß aufstockte. Er diente nun als Bibliothek.

Einer Bibliothek, deren Geschichte es wirklich einmal erlaubt, von ihr als Schicksal zu sprechen. 1723–31 noch um den Flügel zum Oude Markt hin erweitert, barg sie einen außerordentlich wertvollen Bücherbestand. 1914 ließ es sich die deutsche Wehrmacht nicht nehmen, der widerrechtlichen Besatzung Belgiens eine Barbarei hinzuzufügen, die einer Soldateska würdig gewesen wäre. Der von ihr gelegte Brand vernichtete 300 000 Werke. Unersetzliche Handschriften waren ebenso darunter wie Bände aus der Frühzeit des Buchdrucks und die päpstliche Stiftungsurkunde. Immerhin entstand 1921–28 am Mgr. Ladeuzeplein eine neue Bibliothek (s. S. 287) in den vertrauten Formen der südniederländischen Renaissance, übrigens nach den Plänen des amerikanischen Architekten Whitney Warren und mit kräftiger Unterstützung aus Amerika. An diesem

Neorenaissance-Bibliothek der Universität Löwen

Standort brannte sie erneut in einem Weltkriegsjahr aus. Als die Royal Air Force die von den Deutschen besetzte Stadt am 12. Mai 1944 bombardierte und auch die Bibliothek traf, gingen der Universität wiederum über 900 000 Bücher verloren.

Wer nun nicht dauernd die Parade der Kollegs abnehmen möchte, dem empfehlen wir einen Besuch des **Museums Vander Kelen-Mertens** (Savoyestraat 6). Es diente vor seinem Verkauf 1807 freilich auch als Sitz eines Kolleg, das ein Jahr nach seiner Gründung 1548 dieses Gebäude bezog. Mitte des 17. und Mitte des 18. Jh. wurde es mehr oder weniger stark verändert, und auch die privaten Eigentümer Leopold vander Kelen und Marie Mertens haben seine Innenausstattung seit 1858 nach den Prinzipien des Historismus – behutsam – erneuert. Heute zeigt sich das Erdgeschoß wieder mit seinen historisierenden Räumen, die den Bogen von der Renaissance über Barock und Rokoko bis hin zum klassizistischen Ludwig-XVI.-Stil spannen.

Das Haus führt den Untertitel »Städtisches Museum«, aber damit stellt es sein Licht eher unter den Scheffel. Mag auch ein wenig Lokalpatriotismus im Spiel sein, der hier gleich von einer »Löwener Schule« des 15. und 16. Jh. sprechen läßt, die Ausstellungen präsentieren jedenfalls bedeutende Werke dieser Zeit. Zu einem Gnadenthron aus dem Umkreis Rogier van der Weydens und einer »Maria mit Kind« aus dem von Dieric Bouts treten etwa eine »Beweinung Christi« von Quentin Metsys, das Triptychon »Anbetung der Hll. Drei Könige« Jan van Rillaerts d. Ä. und ein Kreuzigungs-Triptychon

Michiel Cocxies. Unter den Skulpturen fällt eine maasländische *sedes sapientiae* auf. Sie stammt nun wirklich aus dem 11. oder 12. Jh. und wurde vorher bei den Schwarzen Schwestern (s. S. 283) als Andachtsbild in hohen Ehren gehalten. Selbstverständlich sind jene Bildschnitzer ebenfalls präsent, die um 1500 in Löwen wirkten und die plastische Kunst der brabantischen Spätgotik wesentlich mitgeprägt haben. Im Keller des Hauses werden übrigens Teile eines wunderschönen Mosaikfußbodens ausgestellt. Er datiert in die Zeit um 1320 und schmückte einst das Haus von Mozes Judeus, des Ältesten der Löwener Judengemeinde.

Recht gelehrt wird heute im einstigen **De-Valk-Kolleg** (Tiensestraat 41). Seine Historie läßt sich bis 1534 zurückverfolgen, sie reicht damit weit über die der erhaltenen Bauten hinaus. Was keineswegs heißen soll, daß der jetzige Komplex nicht häufiger verändert worden wäre: Sein ältester Flügel von 1631 wurde 1857 abgebrochen, dann allerdings wiedererstellt, die frühklassizistischen Partien (1782/83) mußten nach einem Brand 1866 durchgreifend restauriert werden.

Von Rechts wegen sollte die Juristische Fakultät eigentlich im nahen **Hl.-Ivo-Kolleg** (Vander Kelenstraat 30) sitzen, doch ist dort heute die Polizei untergebracht. Es wurde 1483 gestiftet, um Studenten beider Rechte (also des Bürgerlichen wie des Kirchenrechts) aufzunehmen. Daher auch der Name des weitgehend unbekannten Heiligen Ivo, denn der glänzende Jurist hatte ausgangs des 13. Jh. unerschrocken für Gerechtigkeit auch gegenüber den Armen und Minderprivilegierten gestritten. 1775/76 wurde das Kolleg einem Umbau im Geist des frühen Klassizismus unterzogen.

Das zweifellos imposante Gebäude der neuen **Universitätsbibliothek** (s. S. 285) beherrscht nicht nur den Mgr. Ladeuzeplein, sondern prägt darüber hinaus auch das Stadtbild entscheidend mit. Wir wenden uns jedoch wieder zum Grote Markt, und nehmen diesmal den Weg über die Brusselsestraat und mit ihr über die Dijle. Die etwas abseits gelegene **Dominikanerkirche** *(O.-L.-Vrouw-ter-Predikheren*, Predikherenstr.) dient heute als Ausstellungsraum, ist aber unter den gotischen Gotteshäusern der Stadt das ehrwürdigste. Dies gilt zumindest für den Chor und die ersten vier Langhausjoche, sie entstanden zwischen 1233 und 1276. Noch einmal um vier Joche wurde das Kirchenschiff dann seit 1351 verlängert, 1763/64 wurde das Innere rokokoisiert.

An der Brusselsestraat liegt das **Sint-Elisabethgasthuis,** ein ehemaliges Pilgerhospiz, auf dessen Renovierung man gespannt sein darf. Schon um 1080 durch den Grafen Heinrich von Löwen gegründet, wurde es etwa 1220 hierhin, das heißt an den Platz der ehemaligen Grafenburg, verlegt. In seine Erbauungszeit datiert das romanische Portal.

Der letzte Löwen-Spaziergang führt vom Grote über den Vismarkt in den Norden der Stadt. Die **Gertrudiskirche** *(St.-Gertrudiskerk,*

»Das Bier von Löwen wird bis nach Holland verführt, und hat einen Ruhm, den es meines Erachtens nicht ganz verdient. Wenn indeß, wie billig, der Debit hier den rechten Maßstab angibt, so muß es vortrefflich sein; denn man erzählte uns von mehr als vierzig Bierbrauereien und einer jährlichen Ausfuhr von 150 000 Tonnen.« (Georg Forster, »Ansichten vom Niederrhein, von Brabant, Holland, England und Frankreich im April, Mai und Junius 1790«)

Abstecher
Nur 2 km südlich vom Stadtkern liegen in Heverlee die imposante Parkabtei der Prämonstratenser (16.–18. Jh.) und das nicht weniger imposante Schloß der Herzöge von Arenberg (großenteils 15. Jh.), heute im Besitz der Löwener Universität.

Ecke Mechelse-/Half-Maartstr.) stammt noch aus der Zeit vor der brabantischen Gotik (1298– nach 1326). Später (1380) entstand der Turm, und er sollte für seine 71 m mehrere Bauphasen brauchen. Die markante durchbrochene Spitze von etwa 1450 geht wahrscheinlich auf einen Entwurf des Brüsselers Jan van Ruysbroek (s. S. 213) zurück. Doch wurde auch St. Gertrudis von den Bomben des Jahres 1944 schwer getroffen. Das Gotteshaus ließ sich erneuern (1950–53), doch viele Stücke der Ausstattung waren unwiederbringlich dahin. Kräftig restauriert werden mußte das spätgotische Chorgestühl (um 1440). Es zählt dennoch zu den schönsten seiner Art und sicher zu den besten Arbeiten des Brüsselers Mathias de Wayere.

Gleich auf der anderen Straßenseite drängen sich die Häuschen des **Kleinen Beginenhofs,** denen ein Schild schon lange die dringend nötige Erneuerung verspricht. Aber nicht sie bieten Anlaß, noch einmal auf die große Brautradition der Stadt hinzuweisen, sondern die Fabrikanlage des größten belgischen Bierherstellers, die unmittelbar hinter dem historischen Ensemble liegt. Selbst die Produktiongeschichte dieses Gerstensafts läßt sich noch bis ins 18. Jh. zurückverfolgen. Außerdem ist **Artois** die einzige von den vielen Löwener Brauereien, die sich – als stark erweiterter Konzern – bis heute auf dem rauhen Biermarkt behaupten konnte.

Aber das Löwener Bier muß warten, noch brauchen wir ein klares Auge. Sicher, es gibt in Belgien prominentere Feldherrnhügel als den **Keizersberg,** aber keinen sagenumwobeneren. Denn es ist ja überhaupt nicht sicher, daß Julius Caesar hier ein festes Lager errichtet hat, um von der Anhöhe aus die Feindbewegungen zu kontrollieren. Aber genau diesem Römer soll der Ort seinen Namen verdanken, das »Keizer« auf Caesar zurückgehen. Sehr viel wahrscheinlicher rührt es aber von einem wirklichen, nämlich Kaiser Karl V., her, der sich hier mehrere Male aufhielt. Ganz ohne Zweifel errichteten die Herzöge von Brabant 1234 ihre Burg auf diesem Berg, doch verschwand der mittelalterliche, mehrfach renovierte Fürstensitz im 18. Jh., nur einige Mauerzüge zeugen noch von der feudalen Vergangenheit. Seit 1890 besetzt eine Benediktinerabtei wieder die prominente Stelle. Ihre neoromanische Architektur läßt sich mit etwas gutem Willen auch als Reverenz an den genius loci verstehen. Ohnehin bietet der Keizersberg die beste Aussicht auf Löwen, wäre also wie geschaffen für einen Abschiedsblick über die Stadt. Da der Zugang zur Hangkante aber meist gesperrt ist, hat diesen Blick nur eine dort aufgestellte, weit überlebensgroße Madonna mit Kind.

Zwischen Aarschot und Diest

Wir kommen nun in eine besonders bekenntnisfreudige Ecke Flämisch-Brabants, jedenfalls wenn es nach der Zahl ihrer Klöster und Wallfahrtsorte geht. Hier vor allem scheint die spanisch inspirierte Gegenreformation tiefe Wurzeln geschlagen zu haben. Und das meist verwandte Baumaterial dieser Gegend paßt zu ihrer Strenge und finsteren Entschlossenheit. Aber der rostbraune Eisensandstein stand nun einmal im näheren Umkreis an, und so wurde er zum Kennzeichen der Demer-, einer kleinräumigen Variante der Brabanter Gotik. Sie behauptet ihre Eigenart außerdem, obwohl viel weniger herrisch, durch das große Westfenster ihrer Kirchen.

Düster wirkt auch das Langhaus der Liebfrauenkirche von **Aarschot,** dennoch zählt sie zu den schönsten Gotteshäusern Flämisch-Brabants. Am 8. Juli 1337 legte der französische Baumeister Jacques Piccart den Grundstein zu einem Chor, der seinem Namen Ehre macht. Vor allem die Chorschlüsse sind von erlesener Qualität der Architektur. Dem mächtigen Querschiff (2. Hälfte 14. Jh.) entspricht ein Langhaus von geradezu hoheitsvoller Strenge. Es entstand in einer zweiten Phase, die vom Ende des 14. bis in die ersten Jahrzehnte des 15. Jh. reichte. Dieses Langhaus ist es, das als Visitenkarte der Demergotik gilt. Im Westen erhebt sich der 85 m hohe Turm, ein steingewordenes Donnerwort auch er.

Im Inneren hat die Kirche ebenfalls einiges zu bieten. Der spätgotische Lettner (um 1500) mit feingemeißelten Darstellungen aus dem Leben Jesu schloß sich einst vor dem gemeinen Kirchenbesucher, nur von fern konnte er das Chorgestühl (1510–25) bewundern, dessen qualitätvolle Schnitzereien der Eindhovener Jan Borchmans geschaffen haben soll.

Nur wenige Kilometer trennen die Prämonstratenserabtei Averbode, den Ort Zichem und die Wallfahrtsstätte Scherpenheuvel voneinander. Beginnen wir mit **Averbode.** Wie das Torgebäude aus dem 14. Jh. zeigt, ist dieses Kloster wesentlich älter als seine auffällige Kirche. Bereits 1134 rief Graf Arnold II. von Loon Antwerpener Prämonstratenser nach Averbode, das an der Grenze seines Territoriums lag.

Die den Prämonstratensern nachgesagte glückliche Hand in Wirtschaftsdingen bewährte sich auch in Averbode. So konnten die Brüder 1664 getrost den Bau einer neuen Kirche wagen. Und es ist wirklich ein Bau geworden, der den Triumph der Gegenreformation Architektur werden läßt. Schon die Westfassade dieses gewaltig großen Gotteshauses schlägt den hohen Ton des Frohlockens an: Weit vorgeschoben, hoch aufragend wie ein Schiffsbug steht das Portalmotiv allein, ein Blickfang erster Güte, dessen Pracht und Pathos kein schlichterer Seitenschiffansatz banalisiert. Zweifellos hat der Antwerpener Architekt Jan II. van den Eynde († 1702) hier einen äußerst effektvollen Schlußpunkt gesetzt.

Der Grundriß betont den Charakter einer Mönchskirche, bei der dem einfachen Gläubigen nur ihr Zentralbau offensteht. Von seinem mittleren Rund gehen in die vier Himmelsrichtungen etwa gleich kurze Arme ab, der nach Osten wird dann jedoch durch eine Chorflucht von nicht weniger als sechs Jochen verlängert. Außerdem ist diese Flucht zur Aufnahme des Gestühls seitlich erweitert. Ansonsten steht auch der Innenraum ganz im Dienst der machtvollen

Geschnitztes Universum: Chorgestühl in der Abteikirche Averbode

Abstecher
Von der alten Prämon-stratenserabtei Ton-gerlo zeugen heute nur noch ihr Torhaus (frühes 14. und 16. Jh.) sowie die barocke Prälatur. Eigens ein Museum bekam die älteste erhaltene Kopie von Leonardo da Vincis »Abendmahl«, das vom Da-Vinci-Schüler Andrea Sola-rio stammt und das die Abtei 1545 erwor-ben hatte.

Demonstration. Üppige Kompositkapitelle krönen die kolossalen Pfeiler, schwere Fruchtgehänge hat der Stukkateur weit hinabreichen lassen. Häufig wurde übrigens der Granatapfel in sie eingeflochten, ebenso Symbol der Auferstehung Christi und – dank seiner vielen Samenkerne – der Tugenden Marias wie – als Sinnbild der Freigebigkeit – Attribut des weltlichen Herrschers.

Weil das Gotteshaus auch heute noch Abteikirche ist, müssen sich die Besucher in der Regel mit einem fernen Blick auf das spätbarocke Chorgestühl begnügen. 1673 kam es aus der Werkstatt des Antwerpeners Octaaf Herry. Er bildete hier selbstverständlich die Heiligen und Seligen der Prämonstratenser ab, setzte aber wohl vor allem seinen Ehrgeiz daran, nur ja kein Stückchen Holz unbeschnitzt zu lassen. Putten und Engelsköpfe, aber auch Tiere und mythologische Figuren halten den *horror vacui* fern. Der Hochaltar gehört schon nicht mehr zur ursprünglichen Ausstattung, ihn schuf 1757 G. Bayar aus Namur nach Entwürfen von Feullien Houssar. Zarte Pastelltöne und das elegantere Dekor weisen den Aufbau als Werk des Rokoko aus. Der älteste Altar dieser Kirche ist der hl. Katharina von Alexandrien geweiht und steht südlich am Fuß des Mönchschors. Hubert van den Eynde fertigte ihn 1642 noch für die alte Kirche an.

Heute hat **Zichem** eher dörflichen Charakter, dabei zählte es der Brabanter Herzog Heinrich I. schon 1212 unter seine Städte. Als solche hat sich Zichem über die Jahrhunderte gefestigt. Doch seine völlige Zerstörung durch Alexander Farnese 1578 hat es nie völlig überwinden können, in den Religionskriegen wechselte es mehrmals den Besitzer bzw. die Besatzer. Erschwerend kam sicher hinzu, daß die Herrlichkeit Zichem seit 1499 im Besitz von Oranien-Nassau war und dort bis zum Ende des Ancien régime verblieb. An die urbanen Zeiten erinnert heute nur noch der runde Markenturm aus dem 14. Jh., auch das »Faß von Zichem« genannt.

Geblieben ist Zichem das interessante Gotteshaus. Wie es sich für einen Ort an der Demer gehört, ist auch die Kirche St. Eustachius aus dem braunen Eisensandstein der Gegend erbaut, und auch sie vertritt den regionalen gotischen Sonderstil. Ausgangs des 14. Jh. war ihr Chor, um 1560 die ganze Andachtsstätte vollendet. Das älteste Mauerwerk dürfte dennoch im massiven Westturm stecken, doch wurde er wohl mehrmals verändert. Innen bestimmt das gedrungene, breitgelagerte Mittelschiff den Raumeindruck. Auch hier gibt es etliche Anzeichen einer wechselvollen (Erneuerungs-)Geschichte, etwa im Chorbereich.

Um so erstaunlicher, daß ausgerechnet ein Glasfenster allen Stürmen der Zeitläufte getrotzt hat. Wie das Wappen unter dem Fenster beglaubigt, ist es eine Stiftung des Reinier van Schonvoorst, Herr von Zichem. Vor einer gotischen Drei-Türme-Architektur zeigt es einen Kalvarienberg mit den trauernden Maria und Johannes. 1387 oder kurz danach entstanden, gilt es heute als das älteste Glasfenster Belgiens. Erwähnung verdient außerdem das Triptychon »Die Marterung des hl. Eustachius«, das der Löwener Jan van Rillaert d. Ä. (1495–1568) schuf.

Bäume sind häufige, man ist versucht zu sagen: beliebte Fundorte von Marienbildern. Daß die mächtigen Veteranen zuweilen solch eigentümliche Frucht tragen, hat wohl doch zu tun mit dem zähen Überleben heidnischer Baumkulte. Oft blieb der Geistlichkeit gar nichts anderes übrig, als die pagane Verehrung christlich zu überschreiben. So tat sie es auch im Fall der uralten Eiche von **Scherpenheuvel,** ein Marienbild kam in den Baum. Als einmal ein Hirte das Bild entfernen wollte, blieb er sofort wie angewurzelt stehen, ja, er konnte sich überhaupt nicht mehr rühren. Trotzdem kam das Bild während der Religionskriege abhanden. Ein neues am gleichen Platz wirkte jedoch ebenfalls Wunder, nur an der Eiche selbst nicht. Ihr ging es immer schlechter, weil zu viele Pilger von ihrer Wallfahrt ein Stückchen Baum mit nach Hause nehmen wollten. Bald mußte der mächtige Stamm gefällt werden, doch noch lange wurden aus seinem Holz heilige Bilder geschnitzt.

So weit die mehr oder weniger legendenhaft verklärte Vorgeschichte. Was die Wallfahrtsstätte Scherpenheuvel angeht, so war sie als Gegenmodell gedacht. Wilhelm von Oranien, Führer der niederländischen Unabhängigkeitsbewegung, hatte mit seinem sternförmig

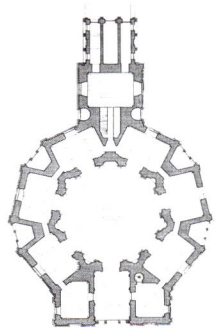

*Wallfahrtskirche
Scherpenheuvel*

angelegten Willemstad in Nord-Brabant auch eine Zitadelle des Protestantismus errichten wollen: die dortige Kirche war die erste der Niederlande, die für den protestantischen Gottesdienst gebaut wurde. Scherpenheuvel war als Antwort gedacht, ein Projekt der Gegenreformation im wahrsten Sinn des Wortes. Auch dieser Ort hat auf den Entwürfen den Grundriß eines Sterns, die Kuppel der Liebfrauenkirche im Mittelpunkt ist mit Sternen besät. Sie haben sieben Zacken wie auch sieben Wege von der Kirche, einem siebeneckigen Zentralbau mit sieben Seitenkapellen, abgehen. Sieben, daran läßt Scherpenheuvel keinen Zweifel, sieben ist eine heilige Zahl.

Mit dem erzherzoglichen Statthalterpaar Albrecht und Isabella fand der Wallfahrtsort entschiedene Förderer. Sie verliehen der kleinen Ansiedlung nicht nur das Stadtrecht, sondern beauftragten auch ihren »Ingenieur-Architekten« Wenzel Cobergher mit der Planung. Dem kam zweifellos zugute, daß er auch Erfahrungen im Festungsbau hatte, denn das hochgelegene Scherpenheuvel sollte ja – immer mit Blick auf Willemstad – das Erscheinungsbild einer Bastion haben. Vor allem aber hatte Cobergher über ein Jahrzehnt seines Lebens in Italien zugebracht und war mit den neuesten Entwicklungen der italienischen Architektur vertraut. Er entwarf für Scherpenheuvel die erste, 1609–29 errichtete Barockkirche der Südlichen Niederlande. Besonders das gerippte Kuppelhalbrund fand hierzulande große Bewunderung.

Bewunderung haben auch die sechs Mariengemälde des Theodoor van Loon verdient. Vor allem die »Himmelfahrt Mariens« im Hochaltar von 1622 ist eine manieristische Komposition von äußerster Delikatesse. Über ihr reckt eine Baumplastik (1858) das Geäst und erinnert an den Ursprung der Scherpenheuveler Marienverehrung. In einem silbernen Tabernakel (1857) wird das mittelalterliche Heiligenbild gezeigt, das jedoch in seinem barocken Prachtgewand förmlich zu ertrinken scheint. Den Altaraufbau schuf ebenso wie die Evangelistenfiguren der Kirche Robert de Nole.

Immer noch ist Scherpenheuvel der bedeutendste Marienwallfahrtsort des Landes. So muß sich an keinem Baum mehr zu schaffen machen, wer ein Andenken mit nach Hause nehmen will. Selbst für die Durstigen ist gesorgt. Allerdings wird der Hinweis am Brunnenhaus mit einer Einschränkung versehen: »Trinkbares Wasser! Nicht geweiht.«

Diest ☆☆
Besonders sehenswert:
Großer Markt
St. Sulpitius-und-
Dionysus-Kirche

Ein Fluß, die Demer, und eine Handelsstraße, die von Brügge nach Köln führte: Sie waren die Voraussetzung für den Aufschwung des Städtchens **Diest** im 14. und 15. Jh. Einige Märkte, vor allem aber und einmal mehr das Tuchgewerbe brachten Wohlstand. Doch schon um 1450 setzte der Niedergang ein, zog sich bis ins 16. Jh. hin, um dann bruchlos in den Achtzigjährigen Krieg überzugehen. Als Oranierstadt wechselte Diest mehrmals den Besitzer. Hatte die Stadt noch 1480 etwa 7500 Einwohner, so war ihre Zahl 1615 auf 4200 gesunken. Klein sollte die Stadt bleiben, erst die Eingemeindungen unserer Tage sorgten für einen besseren Platz in der Bevölkerungs-statistik.

Doch so klein die flandrisch/brabantischen Städte heute sind, ein über Jahrhunderte gewachsenes urbanes Zentrum mit erstaunlichem Denkmälerbestand haben sie (fast) alle. Das ist im Fall von Diest nicht anders, obwohl in den Keller muß, wer das wirklich alte Rat-haus des Gemeinwesens aufsuchen möchte. Indessen ist selbst das neue **Rathaus** über 250 Jahre alt, 1731 wurde das bereits klassizi-stisch inspirierte Gebäude vollendet. Allerdings hatte der Antwer-pener Architekt Willem Ignatius Kerrickx die Freitreppe nicht vorgese-hen, sie kam erst 1948 hinzu. Unterhalb ihres rechten Arms führt eine Tür zu den gotischen Kellerräumen des 14. Jh., die freilich nicht nur vom Rathausvorgänger, sondern auch von dessen benachbarten Gebäuden stammen. Hier zeigt das Stadtmuseum seine Schätze, dar-unter das um 1430 entstandene »Jüngste Gericht« eines unbekann-ten Malers und Zeugnisse der großen Diester Brautradition.

Rings um den **Grote Markt,** besonders an der Ost- und Südseite, stehen noch etliche Fassaden des 17. und 18. Jh. Das beginnt mit dem Eckhaus an der Schotelstraat (Nr. 6) von 1711, geht über **Het Haasken** (Nr. 11) mit seinem 1674 hochgezogenen Stufen- bis zu **De Roos** (Nr. 13) mit seinem Spätbarockgiebel. Diese Rose läßt an der Cabaretstraat erkennen, daß das Haus selbst noch älter ist, nämlich aus dem frühen 16. Jh. stammt. Auch die Häuser **De Gulden Boo-men** und **De Korenbloemen** (Nr. 18) sind älter, als es ihre Markt-front zu erkennen gibt. Sie bekamen 1745 eine gemeinsame Fassade vorgeblendet, doch entstanden sie schon 1672 und 1722. Ebenfalls sehr hübsche Giebel weisen dem Markt **De Liliekamer** (Nr. 23) und **De Keyzer** (Nr. 24). In der Lilie tagte einst, vergleichbar mit unseren Meistersingern, die eine von beiden Diester Rhetorikerkammern, der Kaiser gehörte ehedem der Sankt-Sebastian-Schützengilde. Wäh-rend sein aufwendig geschmückter Giebel in die Zeit um 1700 datiert, geben die Maueranker für das Gebäude selbst das Entste-hungsjahr 1616 an.

Die Fassaden in Ehren, doch wirklich gebieterisch zieht nur die **St.-Sulpitius-und-Dionysius-Kirche** die Blicke auf sich. Von der Demergotik haben wir schon gesprochen, von ihrem charakteri-stisch düsteren Quaderwerk, das den Eindruck erweckt, als könnten auch Steine rosten. 1321, also schon im Vorfeld dieser regionalen Variante der Brabanter Gotik, hatte hier der französische Baumeister Peter von Savoyen mit der Errichtung des Chors begonnen. Erst um 1420 war dieser Ostabschluß fertiggestellt, bis 1483 zog sich die Voll-endung des Querschiffs hin. Weit im Westen entschied man sich dann für einen helleren Stein, aus dem zweifellos der mächtige Turm bestanden hätte, wäre er nur gebaut worden. Doch 1533 wurden alle Arbeiten eingestellt, der Turm blieb Stumpf. Zur Barockzeit bekam die Kirche immerhin noch ein Vierungstürmchen – im Volksmund respektlos »Senftopf« genannt –, das 1671 ein Glockenspiel des berühmten Beijardgießers Pieter Hemony aufnahm.

Im Innern könnte vor lauter Ausstattung ein Kennzeichen der Demergotik leicht übersehen werden: Die Scheidbögen gehen ohne Kapitelle in die Pfeiler über, allerdings ist diese Reduktion ein Moment spätgotischer Architektur im allgemeinen. Die barocken Figuren der Apostel, Säulen der Kirche im übertragenen Sinn, bieten ein Bild theatralischer Bewegtheit, obwohl es keine hochrangigen Kunstwerke sind. Mit der Kanzel lernen wir den Erbauer des Diester Rathauses als Bildhauer kennen: Willem Ignatius Kerrickx lieferte sie 1739. Der triumphale Hochaltar (1726) ist eine Schöpfung des bewährten Michiel van der Vorst, der mit ihr außerdem den unvollendeten Chorumgang geschickt hinter der prächtigen Barock-Architektur versteckt. Drei Stationen der Auferstehung Mariens sind dargestellt: Das hölzerne Antependium zeigt die Gottesmutter auf dem Sterbebett, das Altarblatt von Viktor Janssens die eigentliche Himmelfahrt und der Abschluß die Ankunft: Gottvater empfängt Maria mit einer Krone in seiner Rechten. Die beiden Schutzpatrone der Kirche flankieren dieses Hauptmotiv.

Vor diesem Hochaltar liegt ein Prinz bestattet, dessen Familie in den Niederlanden wahrlich Geschichte geschrieben hat. 1499 war die Herrschaft Diest an Engelbert von Nassau gefallen, bis 1795 sollte sie im Besitz dieses Geschlechts bleiben. Das Monument hier ehrt Prinz Philipp Wilhelm von Oranien, den ältesten Sohn Wilhelms des Schweigers aus der Ehe mit Anna von Buren († 1558). Er starb 1618, dem alten Bekenntnis treu ergeben. Anders als sein Vater und seine (Halb-)Brüder stellte sich der am spanischen Hof erzogene Philipp Wilhelm auf die Seite der Habsburger. Gleichfalls im Chor befindet sich das 1615 geschaffene Sakramentshaus der Spätrenaissance. Dieses Haus ist eigentlich ein Turm von fünf Geschossen unter einer flachen Kuppel, auffällig die stark antikisierenden Gebälkträger im Sockelbereich.

Es gibt noch einige lohnende Ziele in Diest, das wie viele flämische Gemeinden seine Sehenswürdigkeiten durch einen ausgeschilderten Kulturpfad erschlossen hat. Da wäre zunächst einmal die ehemalige **Tuchhalle.** Schräg gegenüber dem Chor der Hauptkirche zeigt sie sich zwar von ihrer unattraktivsten Seite, doch an der Halle- und Felix Monstraat blieben ihr noch die Eisensandstein-Fassaden des 14. bzw. 15. Jh. Anno 1346 wurde der Bau dieser Halle in Angriff genommen, nachdem die alte zu klein geworden war. Seit dem völligen Verfall des Tuchgewerbes hat sie immer neuen Nutzungen Raum geben müssen, und auch die mittelalterlichen Fassaden tragen viele Spuren aus weniger glanzvollen Schlachthof-, Schul- und Spritzenhauszeiten. Vor der Tuchhalle haben sie die »Holle Griet« aufgestellt, eine dickliche Kanone aus dem 15. Jh. Heute gibt das Prachtwerk Diester Schmiede allenfalls Freudenschüsse ab, und die Kinder reiten auf ihrem kalten Eisen.

Daß die Klosterinsassen der Umgebung allen Grund hatten, sich den Rückzug hinter die festen Mauern einer Stadt vorzubehalten, leuchtet in dieser besonders unruhigen Gegend direkt ein. Doch

nicht nur aus diesem einen Grund ließ der Prämonstratenserorden in Diest Refugien errichten. Die Brüder von Tongerlo brauchten ihren **Spijker** (Refugiestraat 17) wirklich zum Speichern, sie lagerten dort das Korn aus Diester Naturalieneinkünften. Das stattliche Gebäude stammt noch aus dem 16. Jh., und sein Wassergraben ist eigentlich keiner, sondern der alte Demerlauf, der Fluß zog vor seiner Überwölbung bzw. Umleitung mitten durch die Stadt. Ein sehenswertes **Refugium** mit achteckigem Treppenturm und Stufengiebeln besaß auch die Schwesterabtei **Averbode** (Refugiestraat 8, s. S. 289), seine Gebäude stammen aus der Zeit um 1530, wahrscheinlich gibt es auch noch älteres Mauerwerk. Eine schöne Koalition bilden schließlich die Überbleibsel der **ehemaligen Brauerei Cerckel** und die des **Minderbrüderklosters** (Michel Theysstraat 2–6). Auch dieser Zeuge einer vor Zeiten florierenden Bierproduktion lag bis 1966 noch an der Demer, wo sich einst viele der mehr als 20 Diester Brauereien drängten. Nur mehr das Portal erinnert direkt an die Niederlassung der Franziskaner. Um 1770 entstanden, birgt seine Giebelnische noch eine spätgotische Johannesplastik.

Die wichtigste Straße der Stadt trägt den Namen König Alberts I. (1909–34). An ihr liegen zwei alte Brauereigebäude nebeneinander (Koning Albertstraat 72–74). **De Drie Kronen** und **In den Palmboom** machen schon seit der zweiten Hälfte des 18. Jh. mit ihren bemerkenswerten Schauseiten auf sich aufmerksam. Die Stukkatur der »Kronen« läßt Geräte des Brauerhandwerks erkennen, auch im Giebel des »Palmbaums« sind sie um das Hauszeichen drapiert. Eine Brauerei beherbergte auch das Haus **De Wereld** (Michel Thysstraat 60), dessen Stufengiebel den Fluchtpunkt der Gasse neben dem »Palmbaum« bildet. Seinen Namen hat das Gebäude von der schmiedeeisernen Erdkugel über seiner Fassade. Gerade restauriert sind ebenfalls die **Eselsdijkmolen** der Jahre 1547–53. Hier wurde nicht nur Korn, sondern auch Eichenrinde fürs Ledergerben gemahlen. Übrigens gehörte der recht profitable Betrieb den Oraniern, und natürlich drehte das Wasser der Demer seine Räder.

Der weitläufige **Beginenhof** verdient ebenfalls mehr als nur Erwähnung. Das festliche Portal von 1671 mit der Madonna im reichgeschmückten Giebel gewährt Zugang zu einer eigenen Welt. Die barocke Kirche St. Katharina bildet den Mittelpunkt einer Anlage, deren Mauern einige Straßen umfassen. Und sogar eine romantisch-ruinöse Andachtsstätte haben sie zu Diest, die efeuüberwallte **St.-Johannes-der-Täufer-Kirche.** Sie ging während des Achtzigjährigen Krieges in Flammen auf und wurde nie wieder hergestellt. Am Kornmarkt bauten die Oranier ihre **Residenz** (Graanmarkt 25–29), doch zeugt von ihr nur noch ein einziger Flügel. Über zwei Fenstern erscheint wie ein drittes das Wappen des Bauherrn, Heinrich III. von Nassau (1483–1538).

Relief am Portal des Beginenhofs Diest

Nur einmal angenommen, etwa eine rheinische Stadt besäße so viele Häuserfassaden des 18. Jh., wie sie hier allein die **Guido Gezellestraat** aufbieten kann, sie würde dieses Ensemble unablässig ins rechte Licht zu rücken bemüht sein. In Diest muß ein Hinweis auf sie genügen, ebenso auf die beiden 500 oder 400 Jahre alten Fachwerkhäuser **Het Dambord** (Ketelstraat 30) und **Het Fortuyn** (Felix Moonsstraat 1). Ihre drei vorkragenden, durch Knaggen gestützten, aber verputzten Stockwerke stehen sich übereck gegenüber; letzte Zeugen einer Bauweise, die das Gesicht auch dieser Stadt bis ins 18. Jh. hinein bestimmte.

Tienen und Zoutleeuw

Es ist auf den ersten Blick noch einmal ein Grote Markt mit veritablem *Stadhuis.* Doch das erweist sich schnell als Kirche ohne Langhaus. Der »Belfried« ist also ein Vierungsturm ohne Vierung, das prunkvolle Portal der Eingang zum Gotteshaus. Und eigentlich ist nicht einmal der »Grote Markt« der Große Markt, also historisches Zentrum der Stadt. Das liegt vielmehr oben auf dem Hügel, wo weithin sichtbar die Germanuskirche thront. Aber der Reihe nach.

Tienen an der Großen Nete, heute Hauptort der belgischen Zuckerproduktion, hat eine ehrwürdige Geschichte. An der Römerstraße Tongern–Cassel und dort an einer Furt gelegen, war der Ort schon damals ein regionales Handelszentrum. Dafür spricht jedenfalls die Dichte der Funde aus den ersten nachchristlichen Jahrhunderten, die im Stadtgebiet und seiner unmittelbaren Umgebung ans Licht kamen. Einen Teil davon zeigt das **Stadtmuseum Het Toreke** am Marktplatz, die Exponate stammen vor allem aus galloromanischen Villen und Grabhügeln.

872 erwähnen die Urkunden erstmals den Ort *Thuinas*, an die damalige Grafschaft Löwen ging er um 1015. Bereits zu dieser Zeit soll mit einer Umwehrung Tienens begonnen worden sein. Schon früh war das Gemeinwesen im Besitz städtischer Privilegien, auch hier entstand ein vitales Tuchgewerbe, und der Handel blühte. Allerdings geriet die Stadt häufig zwischen die Fronten. Zunächst stritten die brabantischen Herzöge und die Lütticher Fürstbischöfe um sie, dann wurde sie Opfer des generalstaatisch-spanischen Konflikts. 1635 ließ Friedrich-Heinrich von Nassau Tienen durch seine holländisch-französischen Truppen zerstören.

Die fürchterlichen Verwüstungen gaben Anlaß zur erwähnten Verlagerung des Stadtzentrums. Das repräsentative Patrizierhaus des 17. Jh. am neuen Großen Markt hatte die Stadt 1713 gekauft, doch erst 1836 entstand die vorgezogene (neo-)klassizistische Fassade des **Rathauses.** Diese Schauseite wird von den sechs mächtigen korinthischen Säulen oberhalb des Laubengangs beherrscht. Über den Fenstern zwischen ihnen, aber auch über dem je einen Fenster an den beiden Seiten des Vorbaus ehren Büsten bedeutende Männer der südniederländisch-belgischen Geschichte. Karl V. (1500–58) eröffnet die Galerie, es folgen die Maler Peter Paul Rubens und Anthonis van Dyck, der Architekt Wenzel Cobergher (1561–1634), der Arzt Andreas Vesalius (1514–64), der Humanist Justus Lipsius (1547–1606) und schließlich der Komponist André Grétry (1741–1813).

Um die Ursprünge der **Liebfrauenkirche** *(O.-L.-Vrouw-ten-Poelkerk)* hat die Legende einen dichten Schleier gewoben. Sicher ist jedoch, daß den Brunnen oder Quellen neben der Kirche (heute liegt hier ein ganz profaner Teich) wundertätige Kräfte zugeschrieben wurden, die wiederum viele Gläubige nach Tienen lockten. Zu Ehren Unserer Lieben Frau zur Quelle entstand noch vor 1300 ein kleines Gebetshaus, die Anfänge der heutigen Kirche datieren in die Jahre vor 1358. Unter Jean d'Oisy aus dem wallonischen Hennegau begannen die Arbeiten, er gilt als Begründer der Brabanter Gotik. Sein Werk setzten die namhaften Baumeister Jacob van Tienen, Sulpitius van Vorst und Jan Keldermans fort. Das Gotteshaus in seiner heutigen Form vollendete schließlich der Schöpfer des grandiosen Löwener Rathauses Matheus de Layens, er mußte auch den Jahre zuvor eingestürzten Chor wieder herrichten.

Das prächtige Westportal widerlegt die oft geäußerte Ansicht, diese Kirche sei unvollendet geblieben. Herkömmlich folgt auf Chor und Querschiff eben das Langhaus, aber schon Jean d'Oisy hatte es nicht vorgesehen. Seine originale Anlage hat wahrscheinlich mit der Lage zu tun: das Querhaus reichte gleich an die wundertätigen Quellen heran. Doch wie nun immer, durch den Wegfall des – in der Brabanter Gotik ohnehin nie besonders interessanten – Langhauses wirkt das Westportal noch einladender, obwohl Kopien seine ursprünglichen Bildwerke ersetzen. Die Konsolen für die Standbilder im Gewände zeigen Szenen aus der Bibel wie auch aus der Kirchenlegende. Die originale Madonna aus dem 14. Jh. steht nun im Giebel des Hochaltars aus dem 17. Jh.

Über die Peperstraat geht's zum **Wollmarkt,** der einige schöne Fassaden des 17. Jh. aufweisen kann. Nach der Verwüstung Tienens 1635 ließ die einflußreiche Familie van Ranst die Häuser Nr. 15–21 errichten, wobei die älteren Häuser (15/17) noch Reste ihrer romanischen Vorgänger integrieren. Die Nr. 21 mußte 1710, nur 20 Jahre nach ihrer Vollendung, aufwendig restauriert werden, weil das Gebäude von der herabfallenden Turmspitze des Germanus-Gotteshauses schwer getroffen wurde.

Damit ist der Name jener Kirche gefallen, zu der heute noch die Kunsthistoriker wegen ihres Westbaus pilgern. Die **St. Germanuskirche** erhielt ihn um 1220, nachdem sie 1180/90 Stiftskirche geworden war. Er blieb als einziger Bauteil der romanischen Anlage erhalten und nimmt bis heute seine stadtbildprägende Aufgabe wahr. Allerdings ist sein Mittelturm eine Zutat aus den Jahren zwischen 1540 und 1556. Ursprünglich verband eine nur zum Teil erhaltene Zwerggalerie die beiden zierlichen Treppentürmchen, die den beiden Flankentürmen vorgelagert sind. Licht empfing dieser Laufgang durch übergriffene, doppelte Rundbogenfenster.

Seine ganze Majestät zeigt der Westbau im Innern, wo sich der quergelegte dreijochige Hauptraum als Chorhalle gegen das Langhaus öffnet. In der Ausgewogenheit seiner Maßverhältnisse, seiner knappen, aber zwingenden Formensprache zeigt er, zu welcher baukünstlerischen Leistung die rhein-maasländische Romanik selbst noch in ihrer Spätphase fähig war. Die Gurtbögen haben schon – Vorzeichen der Gotik – eine leichte Spitze, doch die bemerkenswert großen Fenster schließen mit einem ungekränkten Halbrund. Die Zierformen sind von eindrucksvoller Schlichtheit, nur die Knospenkapitelle zeigen gelegentlich Menschenköpfe. Im Ansatz der Mitteljoch-Gewölberippen sitzen vier Gestalten, Johannes der Täufer (mit Lamm), der König David und ein Herrscherpaar, das ebenso als König Salomo und die Königin von Saba wie als Herzog und Herzogin von Brabant gedeutet wird.

St. Germanuskirche, romanische Herrschergestalt

Die Kirche selbst entstand während der Gotik, um 1310 zunächst der Chor, dann folgten bis in die zweite Hälfte des 16. Jh. die übrigen Bauteile. Aus dem 14. Jh. stammt der Kalvarienberg unter dem Triumphbogen, der Orgelprospekt datiert ins Jahr 1493 und gilt als ältester in Belgien überhaupt. Leider nur eine Kopie ist das Bronzetaufbecken von 1149, dessen Reliefs Begebenheiten aus dem Leben Jesu erzählen.

Ganz dicht an der Grenze zur Provinz Limburg liegt **Zoutleeuw,** und doch ist der Ort an der Kleinen Gete »die Schatzkammer Brabants«. Er erhielt immerhin schon 1106 das Stadtrecht. Wegen seiner damaligen Nähe zum Fürstbistum Lüttich hatten die brabantischen Herzöge ein vitales Interesse daran, das Gemeinwesen zu stützen. Hier herrschte ein lebhafter Handel, und das Tuchgewerbe entwickelte

Zoutleeuw ☆
Besonders sehenswert:
Marktplatz
Liebfrauenkirche

sich günstig. Es verfiel allerdings schon Anfang des 15. Jh., und ab 1525 nahm auch der Handel andere Wege.

Dennoch ließen sich's die Zoutleeuwer (damals noch nur Leeuwer) nicht verdrießen und begannen just zu dieser Zeit mit dem Bau eines neuen **Rathauses.** Auf das 1530–38 entstandene Gebäude konnten die Bürger mit Recht stolz sein: Die frühen Renaissanceformen weisen sie als weltoffene Handelsstädter aus, während der gotische Aufbau Bodenständigkeit signalisiert. Der gedrungene Eckturm an der hinteren Front erweckt freilich den Eindruck, als gehöre zumindest den Stadtoberen der Rücken gestärkt. Gleich an das Rathaus schließt die **Tuchhalle** an, ein sehr viel schlichteres Gebäude, das aber in seinem Kern aus dem 14. Jh. stammt und damit leicht 150 Jahre mehr auf dem Buckel hat als der Sitz des Stadtregiments.

Noch einige historische Häuser stehen an Zoutleeuws Großem Markt oder in seiner unmittelbaren Nähe, darunter das **Spiegelhaus** von 1571. An seinem Fassadengiebel erinnern ionische Säulen noch an das Stufenmotiv, gehören selbst aber zweifellos zum Formenkanon der Renaissance. Die Maiglöckchen an der Dachschräge sind vielleicht nicht nur bloße Verzierungen, sondern deuten auf die Profession des Besitzers hin: Die Pflanze war ein bekanntes Herzmittel und Arzt-Symbol.

Doppelmadonna

Die meisten Besucher zieht es dann doch in die **St. Leonhardskirche** *(St.-Leonarduskerk).* Denn nicht dem gotischen, im 13. und 14. Jh. erbauten, später erweiterten Gotteshaus, sondern seiner Ausstattung gilt das Hauptinteresse. St. Leonard gibt eine Vorstellung davon, welche Pracht im Innern der großen südniederländischen Kirchen geherrscht haben muß, bevor die Bilderstürmer kamen. Erstaunlicherweise blieb diese hier verschont, und ihr vor allem verdankt der Ort seinen Beinamen »Schatzkammer Brabants«.

Hl. Lucia

Gleich beim Eintritt wird der Blick auf die Doppelmadonna gelenkt, die im Mittelschiff von der Decke herabhängt. Eine zweifache Glorie umfängt die Maria dieses um 1533 geschaffenen Bildwerks. Auf den Strahlen- folgt der engelgetragene, ovale Rosenkranz, deutlicher Hinweis auf den damals sehr populären Rosenkranzkult mit seinen zahlreichen Bruderschaften. Dagegen bietet der neogotische Hochaltar, stets Fluchtpunkt der Mittelschiffperspektive, wenig Aufregendes. Doch steht im Chor ja noch ein nicht nur dank seiner Abmessungen eindrucksvoller Kalvarienberg (1453). Er wird dem Antwerpener Künstler Willem van Goelen zugeschrieben.

Der Chorumgang hat einige vorzügliche Schnitzarbeiten aufgenommen, aber auch das Chorpult aus massivem Messing von 1469. Nur wenige Jahre jünger ist die hl. Lucia, eines der schönsten Werke dieser Kirche. Die Schutzpatronin der Musiker scheint in ihrer Anmut das Frauenideal des burgundischen Hofs zu verkörpern. Ins 16. Jh. datieren eine reichgewandete Maria Magdalena mit dem Salbtiegel und eine spätgotische Anna Selbdritt. Noch der Romanik verhaftet ist hingegen die Eichenholz-Statue der hl. Katharina von Alexandrien aus dem 13. Jh. Ganz dieser Epoche rechnet die sogenannte *Sedes sapientiae* (12. Jh.) zu, eine fast anderthalb Meter hohe thronende Muttergottes von wirklicher Majestät.

Nahe an der nördlichen Arkade zum Chorumgang stehen sich der grandiose Osterleuchter aus Messing und der noch imposantere Sakramentsturm fast gegenüber. Ersteren goß 1482 kein Geringerer als der Brüsseler Meister Renier van Tienen, der seinem Hauptwerk weder in der Kühnheit des Aufbaus noch in der Eindringlichkeit der Figuren etwas schuldig blieb. Das berühmteste Stück von St. Leonhard ist dennoch der 1550–52 entstandene, stolze 18 m hohe Sakramentsturm. Cornelis Floris de Vriendt, der mit dem Antwerpener Rathaus eines der ersten nordwesteuropäischen Renaissancebauwerke schuf, zeigt hier seine enormen Qualitäten auch als Bildhauer. Über 200 Figuren bevölkern die neun Geschosse des Aufbaus, der Reichtum an Zierat muß jedes menschliche Auge überfordern. Auch die Stifter des ungewöhnlichen Werks sind bekannt: Maarten van Wilre, Herr von Oplinter, und seine Gattin Maria Pyllirpeerts zählten zu den großen Gönnern der Kirche, ihr Grabstein ist links neben dem Sakramentsturm in die Wand eingelassen.

Die Turmbasis bilden Reliefs von Opfermotiven, darüber wachen David (mit Schwert), die Hohenpriester Aaron und Melchisedek sowie Moses (mit Gesetzestafeln) über das Allerheiligste. Es folgen Darstellungen der Evangelisten nebst ihren Attributen, Allegorien von Glaube, Hoffnung, Liebe und Barmherzigkeit, an den beiden nächsthöheren Geschossen Propheten und Rechtsgelehrte. Alle Figuren besetzen die vorgezogenen Ecksockel und -erker dieser Architektur, im Gehäuse selbst finden sich Szenen wie das Letzte Abendmahl oder der Mannaregen. Das Werk wird bekrönt von einer Maria und dem Pelikan, der seine Jungen mit dem eigenen Blut nährt – Sinnbild für den Kreuzestod Christi, das höchste aller Opfer.

Hl. Katharina

Ob nun der vorzüglich geschnitzte tanzende David (16. Jh.) in der Rochus- oder das Sieben-Schmerzen-Retabel (um 1250) in der Liebfrauenkapelle – unmöglich können alle diese Kostbarkeiten beschrieben werden. Gleich zwei Altäre des Antwerpener Malers Pieter Aertsen (s. S. 178) besitzt die Kirche, eine »Krönung« (1554) in der Erasmuskapelle und die »Sieben Schmerzen Mariens« (1575) in der Hubertuskapelle. Einen romanischen Kruzifixus (um 1060–70) birgt die Sakristei, einen wundervollen geschnitzten Annenaltar (1565) die gleichnamige Kapelle. Die des hl. Leonhard zeigt sowohl eine äußerst qualitätvolle Eichenholzskulptur des Patrons als auch sein großartiges Retabel, das der Brüsseler Bildschnitzer Arnold de Maeler im Jahre 1478 geschaffen hat und das als eines der besten spätgotischen Werke überhaupt gilt. Seine über einen Meter hohe Hauptfigur ist allerdings gut 150 Jahre älter, dieses Bild des Heiligen zog viele Gläubige – und vor allem Wundergläubige – an.

Sakramentshaus

Limburg

Im Osten des heutigen Flandern soll diese Erkundungsreise enden. Die Strahlkraft des Namens, soviel steht fest, hat hierhin kaum gereicht, mit dem geschichtlichen Flandern hatte dieser Landstrich nur wenig zu tun. Das einstige Herzogtum Limburg freilich ist heute gleich dreimal auf den Landkarten präsent. Ein sehr bescheidenes Städtchen Limbourg in der französischsprachigen Wallonie repräsentiert doch die Wiege des alten Territoriums, an das auch die niederländische ebenso wie die belgische Provinz Limburg erinnern. Von Süden nach Norden bezeichnen Stadt und Provinzen über eine Sprach- und eine Landesgrenze hinweg in etwa das äußerst schmal geschnittene Herzogtum. Es sollte ungeachtet seiner klangvollen Bezeichnung doch ziemlich bald unter das Rad der Historie geraten. Daß es heute wenigstens namentlich derart gegenwärtig ist, darf als späte Wiedergutmachung angesehen werden.

Als eigentlicher Gründer des Hauses Limburg gilt Friedrich (II.) von Luxemburg. Wohl schon zu seinen Lebzeiten herrschte Friedrichs Schwiegersohn Walram-Udo über die Grafschaft, diese Linie bestimmte die Geschicke des Territoriums bis 1283. Erbe Walram-Udos war Heinrich I. (1081–1119), den Kaiser Heinrich IV. mit dem niederlothringischen Herzogstitel auszeichnete. Der Sohn, Rivale und Nachfolger des Kaisers, vergab die Würde allerdings an das Löwener Grafenhaus, während Kaiser Lothar III. 1128 wiederum die Limburger bevorzugte. 11 Jahre später sollte das Herzogsamt dann erneut in den Händen der (Löwen-)Brabanter liegen. Es versteht sich, daß nach alledem von guter Nachbarschaft zwischen beiden Ländern keine Rede sein konnte.

Obwohl die Limburger das niederlothringische Dukat nie mehr in Händen hielten, bezeichneten sie sich weiter als Herzöge. 1165 bestätigte sie Kaiser Friedrich Barbarossa als Herzöge von Limburg, womit sie ihre Stellung im Territorialgefüge des nordwestlichen Reichs noch einmal festigen konnten. Und als ihr Heinrich IV. gar die Erbin der Grafschaft Berg ehelichte, schien das Haus zu einem echten Machtfaktor zu werden. Doch nach dem Tod Heinrichs gingen beide Länder wieder getrennte Wege, das Limburger Territorium schrumpfte und seine Herren sahen sich zuletzt in einer äußerst prekären Lage: Sie mußten ihre Eigenständigkeit zwischen dem Herzogtum Brabant und dem Erzbistum Köln behaupten, also zwischen den beiden Großen des Raums. Damit nicht genug, verlief der bedeutende Handelsweg von Flandern an den Rhein über limburgisches Gebiet. Das war für die beiden Anrainer im Westen und Osten Grund genug, ihre begehrlichen Blicke auf Limburg zu richten.

Als mit Walram IV. 1280 der letzte Limburger starb, standen die Mächtigen bereits Gewehr bei Fuß. Und als auch seine Tochter Ermengarde nur drei Jahre später das Zeitliche segnete, brach der Streit um das Herzogtum offen aus. Ermengardes Mann, Graf Rainald I. von Geldern, trat seine Ansprüche gegen eine hübsche Summe an den Luxemburger Heinrich III. ab, Adolf von Berg die

Sint Truiden, gotische Wandmalerei in der ◁ *Beginenhofkirche*

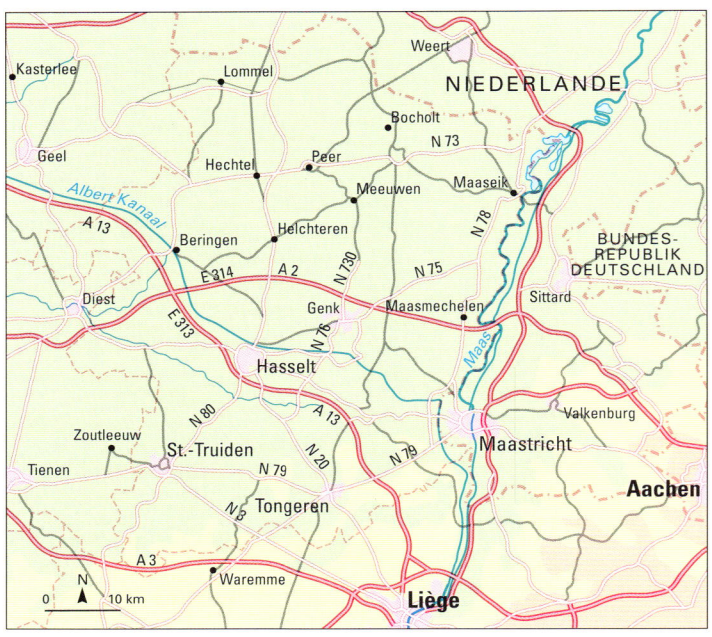

seinen an Johann I. von Brabant. Im voraus verschachert, wurde das Herzogtum zum Katalysator eines Machtkampfs, denn hinter der geldrisch/luxemburgischen Partei stand mit dem Kölner Erzbischof Siegfried von Westerburg der andere große Potentat dieser Region.

Am 5. Juni 1288 treffen bei (Köln-)Worringen die Gegner in einer der größten Schlachten des Mittelalters aufeinander. Mit dem Brabanter streiten unter anderem die Grafen von Holland, Jülich, Berg und Kleve sowie die Stadt Köln, der Kölner Erzbischof weiß die Grafen von Geldern, Luxemburg und Flandern an seiner Seite. Die kurkölnische Partei erleidet eine fürchterliche Niederlage, und Brabant kann Limburg ungehindert seinem Territorium zuschlagen. Bis zum Ende des Ancien régime wird Limburg nun das politische Schicksal Brabants teilen.

An der heutigen belgischen Provinz Limburg haben Gebiete des ehemaligen Herzogtums allerdings nur einen relativ geringen Anteil. Das größere Areal gehörte einst zur Grafschaft Loon, die 1366 dem Fürstbistum Lüttich eingegliedert wurde. Die 1815 geschaffene Provinz Limburg wird 1839 zwischen Niederland und Belgien geteilt. Unter den Provinzen Belgiens ist Limburg die flächenmäßig kleinste, doch liegt mit Tongern die älteste Stadt Belgiens innerhalb ihrer Grenzen.

Tongern (Tongeren)

Schon der Name weist zurück in die Römerzeit. Die *Tungri* waren ein germanischer Volksstamm, der sich hier, im ursprünglich eburonischen Gebiet, um 30 v. Chr. festgesetzt hatte. An die Eburonen, ihren Fürsten Ambiorix und ihren Aufstand gegen Julius Caesar 54 v. Chr. knüpft sich immer noch die Legende, daß Tongern mit deren Zentrum *Atuatuca* identisch sei. Ganz ohne Zweifel aber war Tongern Hauptort der Tungri und schon während der Regierung des Kaisers Augustus ein sehr großes Gemeinwesen. Der erdene, durch Holzkonstruktionen verstärkte Schutzwall umschloß nicht weniger als 80 ha. An der Hauptverkehrsstraße Köln–Bavai (heute ein kleines Städtchen im nördlichen Frankreich) gelegen, hatte es sowohl militärische wie zivile Bedeutung.

Aus der flavischen Ägide (69–96 n. Chr.) konnte ein weitläufiger Tempelkomplex ergraben werden, während der Regierungsperiode des Kaisers Trajan (98–117) bekam die zumindest stadtähnliche Siedlung eine Mauer. 4544 m lang, schützte sie ein größeres Gebiet als die damalige Kölner Umwehrung. Seine Blütezeit aber erlebte das römische Tongern im 2. Jh. Neue Wohnviertel entstanden, wahrscheinlich auch Thermen und ein Amphitheater (in der Nähe des Beginenhofs). Zweifellos war dieser Hauptort der *civitas Tungrorum* das bedeutendste maasländische Gemeinwesen der Spätantike.

Nach den Frankeneinfällen der Jahre 257 und 275/76 erstarkte Tongern erneut unter Kaiser Konstantin. Nur erhielt es jetzt einen kleineren Bering (2680 m), der besser verteidigt werden konnte. Die Bedeutung dieser Stadt spiegelt sich auch darin wider, daß sie im 4. Jh. Bistumszentrum wurde. Allerdings verlegte schon Servatius († 384) den Bischofssitz nach Maastricht.

Die Geschichte Tongerns zwischen dem Rückzug der Römer und den Einfällen der Normannen im 9. Jh. bleibt dunkel. Etwa 946 erwähnen die Quellen ein *monasterium*. Das nächste markante Datum ist das Jahr 980. Damals verleiht Kaiser Otto II. dem Lütticher Bischof Notker auch die weltliche Gewalt über den Kirchenbesitz, zu dem Tongern schon lange gehört. Notker hat wohl auch das hiesige Chorherrenstift gegründet. Seitdem gewinnt der Ort wieder an Bedeutung, doch gelangt er nie mehr auf eine solche Höhe wie zur Römerzeit. Was leider nicht heißt, daß die Bewohner der Lütticher *Bonne ville* ein beschauliches Leben geführt hätten. Der Stadtbering des 13. Jh. mußte nach den Kämpfen mit Burgund geschleift werden. Immer wieder erobert und verwüstet – noch 1677 äschern französische Truppen fast das ganze Gemeinwesen ein – kann sich Tongern oft nur mühsam als regionales Handelszentrum behaupten.

Den **Großen Markt** beherrscht seit 1866 unangefochten der bronzene **Ambiorix** des Franzosen Jules Bertin. Glaubt man Caesar, dann

Tongern ☆
Besonders sehenswert:
Liebfrauenbasilika
Gallisch-Römisches
Museum

»In Tongern, dieser Stadt so weit / Gab es schon zu Servatius' Zeit / daß man Gottes Lob verkünde / Zwei- undsiebzig fromme Bünde / Und dreihundert Kapellen gar, / – so sagten sie es mir fürwahr – / um Gott zu dienen früh bis spät / mit frommen Liedern und Gebet.« (Heinrich von Veldeke, »Sente Servas«, um 1170/80)

*Tongern, Liebfrauen-
basilika und Ambiorix-
statue*

*Tongern, Liebfrauen-
basilika und Ambiorix-
statue*

hat der Eburonenführer dem römischen Proconsul und Feldherrn
die Hilfe gegen die Atuatucer schlecht gedankt. 54 v. Chr. rieb
Ambiorix eine römische Legion auf und griff auch in der Folge
immer wieder die Truppen der Besatzer an. Doch wenn die Guerilla
sich im Volk bewegen soll wie die Fische im Wasser, dann hat Caesar
ihr das Wasser abgegraben: Er vernichtete das Volk der Eburonen
und verwüstete ihr Land. Des Führers Ambiorix aber hat er nie hab-
haft werden können. Grund genug, um den Fürsten als Freiheits-
kämpfer zu ehren und in Heldenpose auf den Sockel zu heben. Dieser
Sockel ist ein prähistorisches Dolmengrab und wirkt kaum weniger
martialisch als der bronzene Eburone selbst.

Für die städtische Freiheit steht das **Rathaus.** An seinem Platz
stand einst Tongerns Tuchhalle, doch ging sie 1677 in Flammen auf.
Und weil bei gleicher Gelegenheit auch das bisherige Rathaus allzu
gründlich Feuer gefangen hatte, bot sich ein Neubau am damaligen
Flachsmarkt an. 1737 wurde der Grundstein gelegt, und wäre der
Österreichische Erbfolgekrieg nicht dazwischengekommen, hätte
sich die Vollendung kaum bis ins Jahr 1750 hingezogen. Das freiste-
hende Rathaus ist ein schönes Beispiel maasländisch gediegenen,
schon klassizistisch inspirierten barocken Bauens. Der Backstein-
block erfährt seine Belebung durch den hellen Kalkstein, der ebenso
das architektonische Profil schärft wie er die Fassaden schmückt. Im
Innern dominiert unten der Louis-quinze-Stil, während das später
ausgestattete Obergeschoß mit einem (neo)klassizistischen, erst
1815 stuckierten Festsaal aufwartet.

Den markantesten Akzent am Grote Markt aber setzt die **Lieb-frauenbasilika** *(O.-L.-Vrouwebasiliek)*. Der Legende nach soll hier der Gründungsbischof Servatius die erste Kirche gebaut haben. Und diesmal können die Archäologen der Überlieferung wenigstens teilweise Recht geben: Unter Vierung und Mittelschiff zeichneten sich die Umrisse eines Baus aus dem 4. Jh. ab. Welchem Zweck der Saal mit halbrunder Apsis gedient hat, blieb allerdings unklar. Für die Nutzung als Andachtsstätte spricht jedoch, daß sie die gleiche Orientierung wie das heutige Gotteshaus besaß.

Erst für die Zeit um 1100 ist wieder eine (romanische) Kirche sicher nachzuweisen, kurz danach muß der romanische Kreuzgang des Chorherrenstifts entstanden sein. Als sie 1213 im Krieg zwischen Brabant und Lüttich ausbrannte, wurde ein Neubau ins Auge gefaßt. 1240 begannen die Arbeiten an der dreischiffigen Kreuzbasilika mit dem (inneren) Chor, noch im 13. Jh. werden Chor, der Südarm des Quer- und drei Joche des Langhauses fertiggestellt. Dennoch zog sich die Vollendung der Kirche bis 1541 hin. Einmal mehr war es der Turm, der zuletzt fertiggestellt wurde. Einmal mehr auch schossen die Restauratoren des 19. Jh. über das Ziel hinaus, indem sie beim Erneuern (vor allem des Turms) ihren eigenen Traum von gotischer Architektur realisierten.

Im Innern lassen sich die Bauperioden gut am Kapitellschmuck unterscheiden: Die drei chornächsten Joche des Langhauses zeigen die vergleichsweise unentwickelten frühgotischen Knospen. Unter den westlicheren Gewölben sind diese Knospen dann aufgesprungen, die Kopfstücke der Säulen tragen nun Blätter. Das ebenfalls frühgotische Triforium mit der Spitzbogenarkade behielten die späteren Baumeister bei; auf schlanken Säulen durchzieht es den ganzen Kirchenraum.

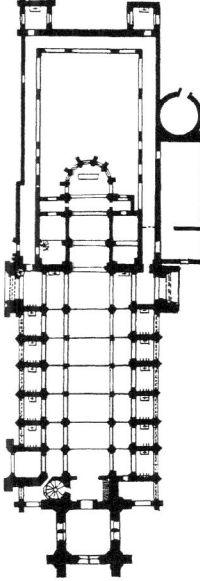

Liebfrauenbasilika, Grundriß

Einige Ausstattungsstücke der Liebfrauenbasilika verdienen Aufmerksamkeit. Zwar stand das spätgotische Liebfrauenretabel ursprünglich nicht hier, sondern in der Peterskirche des niederländischen Städtchens Venray, dafür ist es ein schönes Beispiel für die hochwertige Antwerpener Schnitzaltarproduktion. Für die Blüte eines anderen Kunsthandwerks zeugen Osterleuchter (1372) und Adlerpult (1392) aus Messing. Sie kommen aus der Werkstatt des Dinanter Meisters Jehan Joses, dessen Stadt für die Herstellung solcher »Dinanderien« berühmt war.

Die prächtige Messingtür (18. Jh.) ist allerdings mehr als 300 Jahre jünger und ein Werk des Lüttichers Christian Schwertfeger; sie verschloß einst den Chor vor den gewöhnlichen Gläubigen. Einen Blickfang bildet die große Orgel. Ihren Rokoko-Prospekt schreinerte und schnitzte zu Lüttich M. B. Termonian. Aus der Hauptstadt des Fürstbistums stammen ebenfalls Taufstein (1739) und Chorgestühl (1710). Tiefer in die Vergangenheit führen die Plastiken der Kirche. Das spätgotische Gnadenbild »Unserer Lieben Frau von Tongern« entstand um 1470, die Gottesmutter bietet hier mit besonders liebreicher Geste dem Kind eine Weintraube an. Die Schnitzerei im nördlichen Querhaus hat allen Schmelz einer sich neigenden Epoche, was sich vom romanischen Kruzifixus (Ende 11. Jh.) im Durchlaß zum Kreuzgang nicht behaupten läßt.

Dieser flachgedeckte **Kreuzgang** ist zweifelsohne ein wenig eigenwillig situiert. Seine drei Flügel fassen den Chor ein und enden an den Querhausarmen – ganz so, als hätte das Querhaus den vierten Trakt des Klaustrums bilden sollen. Aber seine Bedeutung verdankt er nicht allein der ungewöhnlichen Lage. Vielmehr haben sich im Südflügel zehn Bogen des romanischen Vorgängers aus der Mitte des 12. Jh. erhalten. Sie ruhen im Wechsel auf einfachen und Doppelsäulen, deren Kapitelle mit Blattornamenten und Tieren geschmückt sind. Insgesamt erneuert wurde der Kreuzgang, als er den veränderten baulichen Gegebenheiten angepaßt werden mußte. Sein westlicher Trakt fiel dem weitausgreifenden Chor zum Opfer. So blieb nur übrig, die beiden Längsflügel, wohl im 15. Jh., ans Querhaus anzuschließen. Was freilich unter großer Rücksichtnahme auf das alte Erscheinungsbild geschah.

Immerhin liegt der Kapitelsaal aus dem 15. Jh. südlich des Gotteshauses, wenngleich nicht in Quer-, sondern in Längsrichtung. Hier ist der **Kirchenschatz** ausgestellt, dessen Erlesenheit dem hohen Alter von Liebfrauen entspricht. Eine kleine Elfenbeintafel mit dem Bildnis des Apostels Paulus (um 600) und einer Kreuzigung (um 1000) weisen ebenso in die Frühzeit wie das Bavo-Reliquiar aus dem 10. Jh. Etwa ein Jahrhundert jünger mag der monumentale Kopf eines Gekreuzigten sein (um 1060/70). Seine Physiognomie ähnelt auffallend den Gesichtszügen jener Figuren, mit denen die Holztüren der Kölner Kirche St. Maria im Kapitol geschmückt sind. Armreliquiare der hll. Laurentius und Maternus entstanden um die Mitte des 13. Jh., die Bücher und Handschriften des Schatzes schlagen eine Brücke von der karolingischen (9. Jh.) bis in die spätgotische Zeit (16. Jh.).

Ganz in der Nähe des Gotteshauses hat Tongern noch eine besondere Attraktion zu bieten: das 1994 eröffnete **Gallo-Römische Provinzialmuseum** *(Provinciaal Gallo-Romeins Museum)*. Seine avancierte Architektur setzt einen entschiedenen städtebaulichen Akzent, verzichtet aber auf eine Konfrontation mit der herben Gotik der benachbarten Liebfrauenbasilika. Womöglich noch interessanter als das Erscheinungsbild dieses Museums ist sein Ausstellungskonzept: In Tongern favorisieren sie die inszenierte Geschichte. Zuerst geht es in den Keller und mitten durch eine gespenstische Szenerie der Zerstörung und Vergänglichkeit; Historie im Zeichen der Vanitas: Ruinenkulissen, zwischen denen der Wind heult und pfeift. Darüber werden die Objekte von der Alt- und Mittelsteinzeit bis zu den Merowingern eher konservativ, aber ästhetisch sehr ansprechend präsentiert. Als Leitmotiv dient der Dodekaeder, also ein aus 12 gleichen, regelmäßigen Fünfecken gebildeter Körper. Diese hohlen, bronzenen Objekte fand man bei Ausgrabungen überall auf dem Gebiet der keltischen Kultur. Noch herrscht Unklarheit, welche

Elfenbeinplatte mit Bildnis des hl. Paulus, um 600

Reliquienschrein

Funktion sie gehabt haben könnten. In der Ausstellung jedenfalls haben sie die, den Besucher zu führen.

Mehr als nur zwei oder drei denkmalwerte Gebäude weist der **Beginenhof** Tongerns auf. Seinen heutigen Platz behauptet er seit dem Bau des um 1250 entstandenen Stadtberings, damals sollte auch er hinter den Mauern Schutz finden. Doch braucht ein Beginenhof nicht nur Schutz vor den Feinden außerhalb, sondern auch vor dem Getriebe innerhalb der Stadt. Hinter ihren eigenen Mauern entwikkelte sich die Gemeinschaft nach einer anfänglichen Blüte nur schleppend, erst ab 1627 mußte so mancher Garten neuen Häusern weichen. Der endgültige Niedergang setzte jedoch schon während des 18. Jh. ein. Später wurde die Anlage immer mehr ins Gemeinwesen integriert, Torhaus und Teile der Mauern fielen. Aber gerade wegen seiner Abgeschlossenheit ist dieser Hof ein städtebaulich interessanter Komplex, denn nur ihretwegen blieb er vom großen Stadtbrand 1677 verschont. So bewahrt er die älteste Wohnbebauung von Tongern, wenn auch später manches Haus verändert wurde.

Selbst die 1654 errichtete Brauerei des Beginenhofs (Ursulastraat 7) überstand die Jahrhunderte. Das sollte niemand erstaunen: Bier galt damals als Nahrungsmittel, die Fräulein brauten nur für den Hausgebrauch, und der Gerstensaft hatte deutlich weniger Prozente als heutzutage. Auf der anderen Straßenseite steht mit der Nr. 20 das älteste Beginenquartier der Anlage, 1602 konnte das – jetzt allerdings stark restaurierte – Doppelhaus bezogen werden. Die Infirmerie gegenüber (1654, Ursulastraat 11) nahm die Kranken und Gebrechlichen auf, gleich an sie schloß die Ursulakapelle von 1701 an. Zentrum des Hofs aber ist natürlich die **Katharinenkirche.** Rechteckchor und Mittelschiff datieren noch ins 13. Jh., Seitenschiffe und Querhaus entstanden im 14. Jh. Ihre heutigen Barockgewölbe und den Dachreiter bekam die Pseudobasilika mit ihrer Instandsetzung 1706–1719. Aus dieser Zeit stammen auch viele Stücke der Einrichtung, deutlich älter sind einige Grabsteine. Die fünf Altäre gehören ins 17. Jh., das Kreuzigungsbild im Hochaltar ist eine Arbeit Gaspar de Crayers.

Vom mittelalterlichen Stadtbering war schon die Rede, die **Moerenport** ist sein einzig erhaltenes Tor. Es mußte 1379 freilich aufs Gründlichste wiederhergestellt werden, weil die Truppen des Lütticher Fürstbischofs Adolph von der Marck den Bau übel zugerichtet hatten. Heute dient das Tor als Stadtmuseum mit Akzent auf dem Zunftwesen, denn die Zünfte übernahmen bei Gefahr die Verteidigung der Tore. Auch den Elfde Novemberwal entlang zieht sich die alte Mauer. Wer die Zeugnisse einer sehr viel älteren besichtigen will, geht ein wenig weiter hinaus. Zwar findet er dort meist nur den Mauerkern, und nirgends mehr erreicht das Bauwerk seine ursprüngliche Höhe. Aber die römische Umwallung aus dem 2. Jh. ist noch im Stadtbild gegenwärtig, und rechts der Hasseltstraat hat man die Überreste eines Tempels aus derselben Zeit freigelegt.

Abstecher
Zwischen Tongeren und Hasselt liegt das ehemalige Deutschordensschloß Alden Biesen (Bilzen-Rijkhoven, Kasteelstraat 6). Der sorgfältig restaurierte, weitläufige Komplex mit Gebäuden aus dem 16.–18. Jh. lockt überdies mit einem rekonstruierten barokken Ziergarten und einem »Fructuarium«. Hier werden alte Obstsorten vor dem Verschwinden bewahrt.

Kleiner Exkurs aus gegebenem Anlaß: Auf Hinterlassenschaften der Römerzeit stößt der Besucher auch in der unmittelbaren Umgebung der Stadt. Da ist zunächst einmal der **Beukenberg,** vor Zeiten ein Aquädukt jener Wasserleitung, die das römische Tongern mit dem kostbaren Naß versorgte. Der hier überbrückte das Tal allerdings nicht in luftiger Höhe, sondern verlief in einem künstlich aufgeschütteten Erddamm. Ein wenig Erhebung in die Landschaft bringen auch die **Tumuli.** Als Grabhügel römerzeitlicher Persönlichkeiten markierten sie die herausgehobene Stellung der Lebenden. Bleibt schließlich die nach Plinius benannte **Quelle** zu erwähnen. Ihr hat schon der beim Ausbruch des Vesuvs ums Leben gekommene römische Schriftsteller Heilkraft zugeschrieben.

Maaseik

Schon dicht an der belgisch-niederländischen Grenze liegt das Städtchen Maaseik am namensgebenden Fluß. Die leisen Zweifel, ob denn die Brüder van Eyck (s. S. 111 f.) hier tatsächlich geboren sind, scheinen angesichts des monumentalen Denkmals (1861) völlig unangebracht. Aus weißem Carraramarmor gemeißelt, blicken sie über ihre Stadt. Sie ließ für beider Standbilder sogar die Stadteiche auf dem Marktplatz fällen, die bis dahin das Zentrum Maaseiks bildete (immerhin leitet sich der Namensteil *eik* von Eiche her).

Eine gewisse Berühmtheit verdankt Maaseik außerdem seiner **Katharinenkirche** (*St.-Catharinakerk*). Eigentlich ist nicht die neobarocke Kirche selbst die Attraktion, sondern der Kirchenschatz. Er vereint die ältesten (gewebten) Stoffe Europas (frühes 9. Jh.) mit bedeutenden Gold- und Silberschmiedearbeiten der Gotik. Vor allem aber liegt hier der *Codex Eyckensis*. Das einzigartige Reliquiar aus der Zeit um 740 stammt aus den Händen irischer Mönche, und es spricht lebhaft auch für das künstlerische Geschick der insularen Gottesmänner.

Abstecher
Im westlich benachbarten Neeroeteren hat die St. Lambertuskirche (15./16. Jh., Turm Anfang 18. Jh.) sehr schön ausgemalte Gewölbe (um 1520). Damit nicht genug besitzt das Gotteshaus ebenfalls eine außergewöhnlich reiche Sammlung qualitätvoller spätgotischer Skulpturen.

Zu den interessantesten Museen Limburgs zählt das **Museactron** (Lekkerstraat 5), das seine Besucher zur aktiven Besichtigung ermuntert. Hier wurde auch Belgiens älteste private Apotheke aufgebaut, die eigenhändiges Giftmischen ebenso ermöglicht wie eine Münzenvitrine dank Computersteuerung einen Blick auf die Kehrseite der Medaille.

Im Stadtteil **Aldeneik** entstand schon während des frühen 8. Jahrhunderts ein Frauenkloster. Gegründet hatte es ein Edler namens Adelhard, seine beiden Töchter Relindis und Harlindis standen ihm vor. Die Klosterkirche St. Anna, eine romanische Pfeilerbasilika, datiert in die Zeit um 1200 (der Chor, entstanden um 1260, ist allerdings ein schon gotischer Neubau), der Westbau ist etwa 20 Jahre jünger.

Hasselt

Es gab Zeiten, da kehrten die Städte ihre Flüsse nicht unter einen Betonteppich, sondern zweigten ihnen im Gegenteil einen Arm ab, um ihn durch das Gemeinwesen zu führen. So geschehen in Hasselt um das Jahr 1281. Seit 1232 besaß die Siedlung an der Demer das Stadtrecht, jetzt erhielt sie einen Bering und bei dieser Gelegenheit auch einen neuen Grote Markt. Hauptstadt der Provinz Limburg war sie übrigens schon 1815, und zwar einer weit größeren, sie umfaßte damals noch das niederländische Gebiet gleichen Namens. Was Hasselts Wirtschaftskraft anging, wollen wir auf alle abgedroschenen Wortspiele verzichten. Aber es führt nun einmal kein Weg daran vorbei, daß sein ökonomisches Wohl und Wehe am Wacholderschnaps hing. 24 Destillerien gab es hier 1842–44, und damit war der Höhepunkt der Geneverproduktion noch nicht einmal erreicht.

Der **Grote Markt** ist in Hasselt bescheidener als andernorts. Doch auch er ist zweifellos das Stadtzentrum, auch hier liefen alle Wege von den Stadttoren her zusammen. Und mit dem Eckhaus **Het Sweert** (Nr. 3) kann dieser Markt zweifellos einen würdigen Zeugen der Stadtgeschichte aufrufen. Schon 1426 ist von ihm die Rede, sein heutiges Aussehen erhielt es 1659, und seit 1713 beherbergt das stattliche Gebäude eine Apotheke. Auf einem Natursteinsockel ruhen nach der Straße hin ein, nach dem Markt hin zwei Backsteingeschosse, wobei die untere Fensterfolge nebst der Tür eine kalksteinerne Rahmung hat. Das obere Fachwerkgeschoß kragt vor, es wird von sechs kräftigen Knaggen gestützt. Andreaskreuze zieren die kleinteiligen Gefache, ein massives Kranzgesims schließt den Aufbau an der Traufseite ab.

Das historische **Rathaus** aber liegt am Groenplein und so überaus weit in die Geschichte reicht es an diesem Platz nicht zurück. Um 1670 entstand es als herrschaftliches Stadthaus, das der Magistrat 1779 ankaufte und nach den Maßgaben des späten westeuropäischen Klassizismus überarbeiten ließ. Die feingraphische Lineatur im Louis-seize-Stil wird allerdings vom bodenständigen Baukörper aus Backstein nebst Specklagen konterkariert. Der hohe, zeltförmige Abschluß ist mit einem achtseitigen Glockentürmchen gekrönt. Es kann auf einem so weit hinaufgezogenen Dach vielleicht doch als eine Art Hoheitszeichen gelten.

Die schönste Profanarchitektur der Stadt hat das **Refugium der ehemaligen Abtei Herkenrode** (Maastrichterstraat 100). Im benachbarten Dorf Kuringen lag sie (wo einige Teile ihrer Anlage erhalten blieben) und war die älteste Niederlassung der Zisterzienserinnen in den Niederlanden. Im sicheren, weil mauergeschützten Hasselt entstand anstelle eines abgebrannten Fachwerkhauses 1542–44 der imposante Komplex. Allerdings wird sein heutiges Erscheinungsbild nicht unwesentlich bestimmt durch eine Restaurierung und gleichzeitige Erweiterung der Jahre 1897–1911.

Über den Vismarkt gleich beim Grote Markt wirft ein mächtiges Gotteshaus seinen Schatten, seit der Erhebung Hasselts zum Bischofssitz kann es sogar die Bezeichnung **St. Quintinus»kathedrale«** führen. Vom romanischen Untergeschoß des 12. Jahrhunderts bis zur Spitze von 1751 bezeugt allein der Turm 600 Jahre Baugeschichte. Lang- und Querhaus sowie der Chor entstanden zwischen 1406 und 1448, um 1450 die Gewölbe. Noch während des 15. Jh. erhielt die Kirche durch Anfügung zweier Kapellenzeilen quasi doppelte Seitenschiffe. Eigentlich schritt auch die Erweiterung des Chors seit 1510 zügig voran, aber dann blieb sein Kapellenkranz unvollendet.

Ältester Teil der Einrichtung ist wohl das Triumphkreuz aus dem 15. Jh. Das Chorgestühl von 1549 rechnet schon der Renaissance zu, ebenso das Lesepult aus Messing (1536). Aus der gleichen Legierung ist auch das Taufbecken (um 1700), frühere Werke des Barock sind die Kanzel und die etwa zur selben Zeit entstandenen Beichtstühle. Ein »Kalvarienberg« des Brügger Malers Dominikus Lampsonius entstand 1576.

Kirche und Kirchlein: 1728 wurde die **Liebfrauenkapelle** *(Kapel van Onze-Lieve-Vrouw-Virga Jesse)* erbaut, 1731 geweiht. Ihre Architektur vereint spätbarocke und klassizistische Elemente, in gewissem Gegensatz zu dem einen, dreijochigen Längsschiff steht ein recht ausladendes Querschiff. Die marmornen Figuren des Hochaltars (1681) schuf Jean Delcour, der überragende Bildhauer des Lütticher Barock. Dieses Stück stammt ebenso aus der ehemaligen Zisterzienserinnenabtei Herkenrode wie die Grabmonumente zweier Äbtissinnen. Das ältere mit einer Grablegung Christi (1675) fertigte Arthus Quellin d. J., das Rokoko-Grabmal Laurent Delvaux 1744.

Zum eigentlichen Höhepunkt ihres Hasselt-Besuchs aber zieht es viele in die Wittenonnenstraat. Dort liegt die ehemalige **Stockerij Theunissen,** heute das **Nationale Jenevermuseum** *(Nationaal Jenevermuseum.).* Schon im Jahre 1807 wurde hier Branntwein destilliert, und die meisten Teile des um einen Innenhof gruppierten Komplexes stammen noch aus dieser Frühzeit. Der Genever-Herstellung galt stets das besondere Geschäftsinteresse, doch stillten manche Erzeuger auch den Bedarf an anderem Hochprozentigem, ja, sie gaben sogar dem süßen Likör schon mal eine Chance. Doch wie immer: Diese Fabrik ist selbst ein bedeutendes Industriedenkmal, das überdies noch eine völlig erhaltene Produktionsanlage besitzt. Und selbstverständlich haben Besucher hier auch Gelegenheit, eine Probe aufs Exempel zu machen.

Zum doppelt guten Schluß aber muß noch der **Japanische Garten** *(Japans Tuin)* erwähnt werden, der etwas außerhalb des Stadtzentrums liegt. Hasselt und seine Partnerstadt Itami können auf diese zweieinhalb Hektar große Anlage stolz sein. Sie präsentiert die großartige japanischen Gartenkultur im belgischen Limburg aufs Beste – mit Einschluß von Zeremonien- und Teehaus.

Abstecher
Zur Stadt Genk gehört die Domäne Bokrijk, sie bietet den idyllischen Rahmen für ein Freilichtmuseum. Es läßt auf 90 ha das alte Flandern wiederauferstehen. Ein kempischer Dorfplatz und ein Haspengauer Weiler finden sich hier ebenso wie städtische Herrenhäuser aus dem 15.–17. Jh.

Sint-Truiden

Die schönsten Fahrten nach St.-Truiden verspricht die Zeit der Kirschen-, Apfel- und Birnenblüte: Das Städtchen dicht an der Grenze zu Brabant liegt mitten in einem Obstanbaugebiet. Seinen Namen verdankt es St. Trudo, dem frommen Sohn eines Haspengauer Grafen, der hier um 655 ein Kloster stiftete. Seine Heiligsprechung setzte eine bedeutsame Wallfahrt in Gang, ihre Wege trafen im Bereich des heutigen Grote Markt zusammen. Die Äbte des hiesigen Benediktinerklosters St. Trudo beeinflußten denn auch die Entwicklung des Ortes stark. Unter Adelhard II. (1055–82) erhielt er die erste Befestigung und mit ihr das Stadtrecht. Schon 1086/87 verleibte allerdings der Fürstbischof von Lüttich das *oppidum Sancti Trudonis* seinem Territorium ein, wobei dem Kloster gewisse grundherrliche Rechte blieben.

Nichts hat dem **Grote Markt** seine Rolle als Stadtzentrum streitig machen können, und selbstverständlich steht hier das **Rathaus.** An seiner Südseite erhebt sich als sichtbares Zeugnis der ehemaligen Tuchhalle noch der Turm von 1606; er mußte den gotischen Vorgänger ersetzen, der dem Sturm zum Opfer gefallen war. Dieser Belfried trägt mehrere Wappen, an seiner Stirnseite sind es das der Stadt, des Lütticher Fürstbischofs Ferdinand von Bayern und des Abtes Leonardus Betten (die vergoldete Trudo-Darstellung kam erst 1921 hinzu). Sein heutiges Erscheinungsbild mit der breitgelagerten, volutenübergiebelten Westfassade erhielt das Rathaus allerdings 1754/55, also fast 150 Jahre nach dem Turmbau.

Dem Rathaus eng benachbart prägt die ehemalige Stiftskirche **Unserer Lieben Frau Himmelfahrt** *(O.-L.-Vrouw-Hemelvaart)* die Westseite des Platzes. Und in einem Punkt teilt die dreischiffige Basilika das Schicksal des Rathauses: Auch dem Gotteshaus kam (1668) sein Turm abhanden. Der heutige stammt aus den Jahren 1847–52, wenige Jahre danach wurde die ganze Westseite neogotisch überarbeitet. Sonst aber datiert die Kirche ins 15. Jh., der Chor sogar in den Anfang des 14. Jh. An der Nordseite ließ die Abtei 1572 eine Liebfrauenkapelle anbauen. Innen fällt das bemalte hölzerne Triumphkreuz vom Anfang des 16. Jh. auf, doch besitzt die Kirche auch noch einige andere spätgotische Schnitzarbeiten.

Es gibt Gotteshäuser, denen bleibt nichts erspart. So sank 1975 selbst die 19.-Jh.-Kirche der ehemaligen **Abtei St. Trudo** in Schutt und Asche. Dem vorläufigen Tiefpunkt ihrer Geschichte waren etliche andere vorausgegangen. Wenigstens gab der Brand Gelegenheit und Anstoß zu einer umfassenderen Grabung, in deren Verlauf mit großer Wahrscheinlichkeit sogar der Gründungsbau des 7. Jh. nachgewiesen werden konnte. Heute steht nur noch die freilich imposante Ruine des romanischen Westbaus, der später allerdings mehrfach verändert worden ist. Immerhin gibt dieser mächtige Überrest

eine schwache Vorstellung von der einstigen Kirche. Etwa ab 1050 unter den Äbten Guntram und Adelhard II. erbaut, muß sie mit ihren 100 m Länge zu den gewaltigsten zwischen Rhein und Maas gehört haben. Doch brannte dieses Gotteshaus 1085 ab, der Wiederauf- bzw. Neubau verzögerte sich durch einen neuerlichen Brand 1157. Schließlich wurde die romanische Basilika 1798 auf

Abbruch verkauft, nachdem sie noch 1752 ein letztes Mal erneuert worden war.

Unter einer Betondecke, aber mit Führer zugänglich, liegen die ergrabenen Reste der romanischen dreischiffigen Hallenkrypta aus dem 11. Jh. und eines Kellers, in dessen Nischen später die Mönche des Klosters begraben wurden. Aus dem 18. Jh. stammt oberirdisch das Torgebäude (1779), die nördlich gelegene Abtswohnung hat einen repräsentativen Kaisersaal mit einem thematisch interessanten Deckengemälde: »Joseph empfängt seine Brüder in Ägypten« (1770). Der alttestamentarische Joseph könnte immerhin auf Joseph II. zielen. Er war seit 1765 Mitkaiser, de facto aber doch immer nur Stellvertreter seiner Mutter Maria Theresia – wie sein biblischer Namensvetter der des Pharao.

Die Diesterstraat hinunter führt der Weg zur Kirche **St. Gangolf.** Dem Schutzpatron der Schuh- und Handschuhmacher ist nur ein bescheidenes Gotteshaus ohne Westturm geweiht, aber das hat die Zeiten besser überstanden als die grandiose Abteikirche. Zwar sind auch an diesem Kirchlein die Jahrhunderte keineswegs spurlos vorübergegangen, und noch 1960 drohte ihm der Einsturz. Seine Erneuerung aber bewahrte eine trotz oder gerade wegen ihrer Schlichtheit sehr eindrucksvolle Sakralarchitektur aus der zweiten Hälfte des 11. Jh. Die Flachdeckenbasilika mit den völlig ungegliederten Seitenschiff- und Obergadenmauern zeigt jetzt innen wieder unverputzte, sauber gequaderte Mittelschiffwände. Die Scheidbögen darunter ruhen auf massiven, enggestellten Pfeilern, deren einziger ›Schmuck‹ Kämpferplatten sind. Der Chor ist etwas jünger, er datiert ins 12. Jh. (1133?), während die Querarme im 16. Jh. zumindest nach Osten bedeutend erweitert wurden.

Auch St.-Truiden hat seinen **Beginenhof.** Und auch hier blieb ein beachtlicher Baubestand des 17. und 18. Jh. erhalten, etwa das stattliche Torhaus von 1619 (so jedenfalls sagen es die Maueranker), das Gemeinschaftshaus zur Heiligen Dreifaltigkeit (1740–60) oder der Bauernhof mit Scheune und Stallungen. Nun könnte dem Leser bei den vielen erhaltenen Beginenhöfen auf dem Boden des heutigen Flandern ein Hinweis genügen, doch die 1258 gegründete St. Truidener Anlage gruppiert sich um eine ganz besondere Kirche. Ihr Westteil reicht noch in die Anfangszeit des Hofs zurück, hier durchdringen sich spätromanische und frühgotische Formen. Das Paradiesportal hat noch den älteren Rundbogen – und seinen Namen deshalb, weil man die Verstorbenen über seine Schwelle zum Kirchhof führte. Vollendet war das Gotteshaus zu Beginn des 14. Jh., die Fenster des Chorschlusses zeigen das reichste Maßwerk. Wesentliche Veränderungen erfuhr es im 15. Jh., damals wurde der Mittelteil aus Backstein neu aufgeführt. Derselben Bauperiode gehört das hölzerne, bemalte Tonnengewölbe an.

Die Kirche St. Agnes ist eine Pseudobasilika, das heißt, sie hat keinen Obergaden und verdankt ihre Helligkeit nur den Fenstern der Seitenschiffe. Aber sie reichen hin, um die gotischen Wand- und

Gotische Wandmalerei in der Agneskirche des Beginenhofs

315

Pfeilermalereien bzw. die Fragmente davon ins rechte Licht zu rükken. Die ältesten entstanden bereits kurz nach Fertigstellung des Chors, gut zu erkennen sind die Apostel Petrus, Paulus und Johannes im Chorschluß. Zwischen ihnen und den Darstellungen im mittleren Teil liegen etwa 200 Jahre. Diese zeigen thematisch eine deutlichere Nähe zur Gemeinschaft, die hier ihre Gottesdienste abhielt. Weibliche Heilige wie St. Cäcilia, St. Ursula und St. Elisabeth herrschen vor, hinzu kommen Szenen aus dem Marienleben. Doch es gibt eben auch die Begegnung des reichen Jünglings mit dem Tod. Sie läßt sich in einer Beginenkirche als Vanitas-Symbol, als Hinweis auf die Eitelkeit der Welt nicht nur im allgemeinen, sondern auch im besonderen deuten.

Die sorgfältige Restaurierung seit 1972 hat diesen auf trockenen Putz gemalten Bildern ihren Wert zurückgegeben. Vor allem ihretwegen ist die Kirche heute auch ein **Provinzialmuseum für Religiöse Kunst.** Von der Einrichtung ist die Barock-Kanzel mit ihren prachtvollen Schnitzereien hervorzuheben.

Wieder zurück am Marktplatz zeigt besondere Charakterstärke, wer den Verlockungen eines Imbisses erst nach dem Besuch der **Minderbrüderkirche** erliegt. Das Gotteshaus hat den zweifelhaften Ruhm, zu den am frühesten zerstörten Bauten des Zweiten Weltkriegs zu gehören. Schon im Mai 1940 wurden Kirche und Kloster bei einem Bombardement schwer beschädigt, das Inventar ging größtenteils in Flammen auf. Die Andachtsstätte entstand während der Jahre 1731–39, ihre hochragende, dreigeschossige Westfassade setzt nur im Giebelbereich emphatischere barocke Akzente. Auch innen hält sich die Architektur der einschiffigen Saalkirche an das Bettelordengebot der Schlichtheit. Von der größtenteils rekonstruierten Einrichtung verdient der nördliche Seitenaltar besondere Erwähnung. Sein Zentrum bildet eine spätgotische Madonna mit Kind.

Im Süden der Stadt erhebt sich am Naamsesteenweg noch einmal ein interessanter Sakralbau: die **Peterskirche** *(Kerk St.-Niklaas-St.-Pieter).* Sie liegt etwas weiter außerhalb, aber wer sich für die rheinmaasländische Romanik begeistern kann (und es gibt mehr als einen Grund, das zu tun), sollte den Weg nicht scheuen. Zwar hat sich – das alte Lied – eine Restaurierung des späten 19. Jh. mancher Willkürakte schuldig gemacht, dennoch gibt das Innere ein recht authentisches Bild von einer Gewölbebasilika der Jahre 1180/90. Das zweijochige Kirchlein mit dem ursprünglich vorgestellten Turm (erst später wurden die Seitenschiffe bis zu seiner Westfront hin verlängert), beeindruckt durch den schichtweisen Wechsel von hellem Kalk- und dunklem Eisensandstein im östlichen Joch des Langhauses. Seine Chorapsis wie seine zwei Apsiden haben den Grundriß eines halben Kreises und schließen mit einer Halbkreiskuppel. Erhalten blieb der Kirche ein – allerdings überarbeiteter – Taufstein aus dem 13. Jh. und der ebenfalls romanische Grabstein des St. Truidener Abtes Wirich.

Sint-Truiden, Rathaus

Glossar

Anna Selbdritt Darstellung der hl. Anna mit ihrer Tochter Maria und dem Jesuskind

Apsis Meist halbrunder, mit einer Halbkuppel überdeckter Raum, der sich zu einem Hauptraum hin öffnet; der östliche Abschluß einer Kirche

Arabeske Ornament aus stilisiertem Laub und Ranken, oft durch eingefügte Masken, Figuren und Gefäße bereichert

Arkade Bogenstellung über Säulen oder Pfeilern

Basilika Drei- und mehrschiffige Kirche, deren Mittelschiff höher und breiter ist als die Seitenschiffe, so daß der durchfensterte Obergaden für Lichteinfall sorgt

Belfried (franz.: *beffroi*) Freistehender oder mit dem Rathaus verbundener Turm; Wahrzeichen städtischer Macht

Bündelpfeiler Pfeiler, der rundherum mit Dreiviertelsäulen (Diensten) verschiedenen Durchmessers besetzt ist, die in die Rippen des Gewölbes oder des Bogens überleiten

Chor Hochaltarraum einer Kirche, einige Stufen höher liegend als der Gemeinderaum, architektonisch besonders ausgestaltet und oftmals durch einen Lettner, durch Gitter oder Schranken vom Mittelschiff getrennt

Chorumgang Ein den Chor umlaufender und mit diesem meist durch offene Bogenstellungen verbundener Gang, der in die Seitenschiffe mündet

Dachreiter Schlankes Türmchen auf dem First eines Daches

Diptychon Zweiteiliger Altar oder zweiflügeliges Bild

Domkapitel Geistliche Körperschaft an Bischofskirchen für den feierlichen Chordienst und die Beratung und Unterstützung eines Bischofs

Donjon Wehrhafter Wohnturm

Empore Galerieartiger Einbau in einen Innenraum; meist in Kirchen

Epitaph Erinnerungsmal (Inschrift, figürliche Darstellung) für einen Verstorbenen, aber kein Grabmal

Erker Ein- oder mehrgeschossiger, geschlossener Anbau an der Fassade oder Ecke eines Hauses, getragen von Auskragungen und Konsolen

Fayence Tonware, die nach dem Brennen mit einer Blei- oder Zinnglasur überzogen und noch im feuchten Zustand mit sog. Scharffeuerfarben bemalt wird. Bei einem zweiten Brand verschmilzt dann die Glasur mit den Farben zu einer glänzenden Schicht.

Fensterrose Kreisrundes, durch Maßwerk unterteiltes Fenster der gotischen Baukunst

Fiale Zierelement der Gotik: spitz zulaufendes Ziertürmchen auf Strebepfeilern

Flamboyant Flammenartig bewegtes Maßwerk in der spätgotischen Architektur

Gesprenge Feingliedriger, geschnitzter Aufbau über einem Altarschrein

Gewölbeformen Die einfachste Form ist das *Tonnengewölbe* mit halbkreisförmigem Querschnitt; durchdringen sich zwei gleich hohe Tonnengewölbe, entsteht ein *Kreuzgewölbe*; bilden sich an den Schnittlinien der Gewölbeflächen eines solchen Kreuzgewölbes Grate, handelt es sich um ein *Kreuzgratgewölbe*; verläuft entlang der Grate eine tragende Skelettkonstruktion, spricht man von einem *Kreuzrippengewölbe*. Bilden die Rippen eines Gewölbes ein über die Joche hinausgreifendes, zusammenhängendes Netz, entsteht ein *Netzgewölbe*.

Gurtbogen Verstärkungsbogen quer zur Hauptrichtung des Gewölbes (Transversalbogen), der von Pfeiler zu Pfeiler gespannt wird und die Gliederung des Gewölbes in den Jochen betont

Gouache Durch Zusatz von Pigmenten und weißen Füllstoffen deckende, kreidig wirkende Wasserfarben in Gummitempe-rabindung, die beim Trocknen pastellähnllich aufhellen

Inkunabel Wiegendruck: die ältesten mit metallenen Einzellettern gedruckten Bücher oder Einblattwerke (etwa 1450-1500)

Joch Gewölbeabschnitt in Längsrichtung

Kapitell Oberer Abschluß von Säule, Pfeiler oder Pilaster mit ornamentaler, figürlicher oder pflanzlicher Dekoration. *Dorisches Kapitell:* wulstförmiges Kissen; *Ionisches Kapitell:* Volutenkapitell; *Korinthisches Kapitell:* Kranz aus Akanthusblättern

Kapitelsaal Versammlungsraum der Mönche in einem Kloster

Kartusche Zierrahmen für Wappen, Inschriften und dergl.

Knagge Verstärkendes Holzstück zwischen Pfosten und Rähm oder Schwelle im Fachwerk. Die Geschoßüberstände durch die K. in der Art von Konsolen abgestützt.

Kreuzgang Um den rechteckigen Innenhof eines Klosters angelegter überdachter Umgang

Krypta Unterirdisch gelegener, säulengestützter Raum, in der Regel unter dem Ostabschluß einer Kirche, zur Aufbewahrung von Reliquien oder als Grabstätte von Heiligen und Märtyrern, später auch Grablege für geistliche, mitunter auch weltliche Würdenträger

Lambris Untere Wandverkleidung, meist aus Holz

Lettner Wandaufbau oder Brüstung, die den Chor vom Laienraum trennt.

Marmor Es gibt eine geologisch exakte und eine landläufige Definition von Marmor: Im geologischen Sinn ist nur der unter Temperatur und Druck umgewandelte Kalkstein Marmor, im landläufigen Sinn ist es jeder dekorative und polierfähige Kalkstein.

Maßwerk Bauornament der Gotik, zunächst nur zur Unterteilung von großen Fenstern, später auch zur dekorativen Gliederung von Wandflächen, Giebeln usw.

Misericordien Vorstehende Stütze an den Klappsitzen des Chorgestühls, in der Regel mit Schnitzereien versehen

Obergaden Wandabschnitt über den Mittelschiffarkaden einer Basilika, in dem sich die Fenster befinden

Pietà Plastische Darstellung Mariens mit dem toten Christus auf ihrem Schoß

Reliquiar Kostbar gestaltetes Behältnis zum Aufbewahren oder Vorzeigen sterblicher Überreste (Reliquien) eines Heiligen oder eines kirchlichen Würdenträgers

Retabel Mit Gemälden oder Skulpturen geschmückter Altaraufsatz.

Risalit Ein in ganzer Höhe eines Bauwerks vorkragender Mittelteil, der auch als Eck- und Seitenrisalit zur Auflockerung der Fassade beiträgt

Rundstab Viertel-, halb- oder dreiviertelkreisförmiges, stabartiges Bauglied an Profilen, Rippen oder Gewänden

Scheidbogen Bogen, der Mittelschiff und Seitenschiffe voneinander trennt

Tambour Zylindrischer oder polygonaler, meist von Fenstern unterbrochener Unterbau einer Kuppel

Tondo Antikes Münzbild; im Mittelalter auch in der Malerei und Plastik als Ziermotiv verwendet

Travée, die Französische Bezeichnung für Joch oder ein abgeschlossenes Fassadenfeld

Triforium Laufgang in der Kirchenwand zwischen Arkaden oder Emporen und der Fensterzone

Triptychon Dreiteiliges Tafelbild oder dreiteiliger Flügelaltar, der aus einem Mittelstück und zwei halb so breiten, beweglichen Flügeln besteht.

Tumba Sarkophagartiges, oft mit einem Baldachin überbautes Grabmal oder die seit dem Barock üblichen Sargattrappen

Inhalt

Fremde Kulturen kennenlernen und gastfreundlichen Menschen begegnen – wie sehr genießen wir das auf Reisen. Zu Hause bei uns jedoch wird mancher Ausländer von einer kleinen Minderheit beschimpft, bedroht oder sogar mißhandelt. Alle, die in fremden Ländern Gastrecht genossen haben, tragen hier besondere Verantwortung. Deshalb: Lassen Sie es nicht zu, daß Ausländer diffamiert und angegriffen werden. Lassen Sie uns gemeinsam für die Würde des Menschen einstehen.

Verlagsleitung, Mitarbeiterinnen und Mitarbeiter des
DuMont Buchverlages

Hinweise für die Reiseplanung

Auskunft

Belgisches Verkehrsamt
Berliner Allee 47
D-40212 Düsseldorf
✆ 02 11/86 48 40
Fax 02 11/13 42 85

In Österreich
Tourismus-Werbung Flandern/
Brüssel
Mariahilferstr. 121 b
A-1060 Wien
✆ 01/5 96 06 60
Fax 01/5 96 06 95

Regionale Verkehrsämter Flandern
Verkehrsverein Flandern
Grasmarkt 63
B-1000 Brussel
✆ 02/5 04 03 90
Fax 02/5 04 02 70

Brüssel
T.I.B.
Stadhuis van Brussel
Grote Markt
B-1000 Brussel
✆ 02/5 13 89 40
Fax 02/5 14 45 38

Provinz Antwerpen
Toeristische Federatie
Antwerpen
Karel Oomstraat 11
B-2018 Antwerpen
✆ 03/2 16 28 10
Fax 03/2 37 83 65

Flämisch-Brabant
Toeristische Federatie Vlaams-
Brabant
Vanderkelenstraat 30

B-3000 Leuven
✆ 0 16/21 15 39
Fax 0 16/21 15 49

Provinz Limburg
Toeristische Federatie Limburg
Universiteitslaan 1
B-3500 Hasselt
✆ 0 11/23 79 80
Fax 0 11/23 79 93

Provinz Ostflandern
Toeristische Federatie Oost-
Vlaanderen
Woodrow Wilsonplein 3
B-9000 Gent
✆ 09/2 67 70 20
Fax 09/2 67 71 99

Provinz Westflandern
Toeristische Federatie West-
Vlaanderen
Kasteel Tillegem
B-8200 Brugge
✆ 0 50/38 02 96
Fax 050/38 02 92

Die wichtigsten Städte
Toerisme Antwerpen
Grote Markt 15
B-2000 Antwerpen
✆ 03/2 32 01 03
Fax 03/2 31 19 37

Toerisme Brugge
B-8000 Brugge
Burg 11
✆ 0 50/44 86 86
Fax 0 50/44 86 00

Toerisme Gent
Stadhuis, Botermarkt
B-9000 Gent
✆ 09/2 66 52 32; 2 24 15 55
Fax 09/2 25 62 88

Einreisebestimmungen

Die Grenzkontrollen fallen in der Regel weg, die Mitnahme eines mindestens drei Monate gültigen Reisepasses oder Personalausweises wird jedoch empfohlen. Die Ein- und Ausfuhr von Waren zum persönlichen Gebrauch ist von und in EG-Länder zollfrei.

Anreise

... mit dem Flugzeug
Der Internationale Flughafen Brüssel-Zaventem liegt etwa 14 km vom Stadtzentrum entfernt, dreimal pro Stunde fährt ein Airport-City-Express zur Brüsseler Gare Centrale.

... mit der Bahn
Über Köln und Aachen erreicht man alle wichtigen Städte Belgiens, von Köln aus fährt stündlich ein Zug Richtung Brüssel. Für Reisende aus dem Süden besteht zusätzlich fünf Mal täglich die Möglichkeit, von Basel über Straßburg, Metz, Luxembourg und Namur nach Brüssel zu gelangen. Weitere Auskünfte erteilen: Belgische Eisenbahnen in Deutschland, 50668 Köln, Goldgasse 2, ✆ 02 21/13 47 61, Fax 02 21/13 27 47. Ab 4 Personen kann man den verbilligten »Mitfahrerpreis« in Anspruch nehmen.

... mit dem Bus
»Eurolines Continentbus« (✆ 0 40/24 71 06) fährt die Strecke Hamburg–Brüssel, »Deutsche Touring« (✆ 0 69/7 90 32 48) die Strecke München–Frankfurt–Brüssel.

... mit dem Auto
Von Aachen führt die E 314 (in Belgien A 2) über Genk und Leuven nach Brüssel. Bei Hasselt zweigt die A 13/E 313 nach Antwerpen ab. Gent erreicht man von Brüssel über die A 10/E 40 bzw. von Antwerpen auf der A 14/E 17, Brügge und die Nordseeküste ab Gent auf der A 10/E 40. Ebenfalls eine Autobahnverbindung besteht auf der Strecke Gent–Kortrijk–Ieper (A 14/E 17).

Reisen in Flandern

... mit öffentlichen Verkehrsmitteln
Das immer noch dichte Schienennetz ermöglicht von Brüssel aus die Anreise zu jeder »Kunststadt« Flanderns. Auch Orte ohne Bahnverbindung sind in der Regel mit Bussen besser erreichbar, als das in den umliegenden Ländern der Fall ist.

Viele Veranstalter übernehmen zudem kostenlos den Transfer vom nächstgelegenen Bahnhof zu ihrem Hotel (bei Reservierung vereinbaren).

Verbilligte Tarife gelten über das Wochenende, eine (B-) »Tourrail«-Karte ermöglicht für fünf Tage (innerhalb eines Monats) die Benutzung des gesamten belgischen Streckennetzes zu einem günstigen Festpreis. Kinder unter 6 Jahren reisen kostenlos.

... mit dem Auto

Auch das Straßennetz läßt, um es positiv zu formulieren, keine Wünsche offen. Auf Autobahnen gilt eine Geschwindigkeitsbegrenzung von 120 km/h, auf den zweispurigen Nationalstraßen von 90 km/h und in geschlossenen Ortschaften von 50 km/h. Sicherheitsgurte sind verbindlich, Kinder unter 12 Jahren müssen auf die Rückbank, das Alkohollimit liegt bei 0,5 Promille.

Die Ausfahrten der Autobahnen sind durchnumeriert, Tankstellen an der Autobahn Tag und Nacht geöffnet. Es gibt an den Überlandstraßen viele Zapfstellen, die eine Bezahlung mit Kreditkarte ermöglichen, allerdings akzeptieren die Automaten oft nur einheimische Varianten des bargeldlosen Zahlungsmittels.

Parken kann vor allem in den großen Städten Brüssel und Antwerpen, aber auch schon in Gent oder Mechelen zum Problem werden, zumal neuerdings die Parkverbote strikt durchgesetzt werden. **Pannenhilfe** leisten der SOS Notruf ✆ 02/7 36 59 59 und ✆ 09/2 25 66 96 sowie Touring Wegenhulp ✆ 0 70/34 47 77.

Hotels

Die belgischen Hotels sind nach der Benelux-Norm in sechs Kategorien eingeteilt, ein »H« zeigt

den sehr einfachen Standard, fünf Sterne (*****) ein sehr luxuriöses Etablissement an. Die Preise können innerhalb der Kategorie je nach Standort schwanken (selbstredend schießt Brüssel den Vogel ab), und nicht immer garantieren die Sterne auch wirklich den gleichen Komfort. Dafür kann ein niedrig eingeschätztes Hotel durchaus auch gehobenen Ansprüchen gerecht werden.

Provinz Westflandern

**** Helios, Zeedijk 92, 8370 Blankenberge, ✆ 0 50/42 90 20, Fax 0 50/42 86 66

** Bonaparte, Van Maerlantstraat 83, 8370 Blankenberge, ✆ 0 50/42 82 18, Fax 0 50/42 82 18

**** Bryghia, Oosterlingenplein 4, 8000 Brugge, ✆ 0 50/33 80 59, Fax 0 50/34 14 30

**** Relais Oud Huis Amsterdam, Spiegelrei 3, 8000 Brugge, ✆ 0 50/34 18 10, Fax 0 50/33 88 91

*** Wilgenhof, Polderstraat 151, 8310 St.-Kruis (Brugge), ✆ 0 50/36 27 44, Fax 0 50/36 28 21

** Rembrandt-Rubens, Walplein 38, 8000 Brugge, ✆ 0 50/33 64 39

* Gastron. Dorp E. Vandekerckhove, Sint Anna 5, 8500 Kortrijk, ✆ 0 56/22 47 56, Fax 0 56/22 71 70

*** Old Flanders, Jozef II Straat 49, 8400 Oostende, ✆ 0 59/80 66 03, Fax 0 59/80 16 95

*** Abdijhoeve, Marktstraat 1, 8460 Oudenburg, ✆ 0 59/26 51 67, Fax 0 59/26 53 10

* Kasteelhoeve Viconia, Kasteelhoevestraat 2, 8600 Stuivenskerke (Diksmuide), ✆ 0 51/55 52 30, Fax 0 51/55 55 06

Provinz Ostflandern

**** Alfa Flanders, Koning Albertlaan 121, 9000 Gent, ✆ 09/2 22 60 65, Fax 09/2 20 16 05

**** Sofitel Gent Belfort, Hoogpoort 63, 9000 Gent, ✆ 09/2 33 33 31, Fax 09/2 33 11 02

*** Ascona, Voskenslaan 105, 9000 Gent, ✆ 09/2 21 27 56, Fax 09/2 21 47 01

* Sint Jorishof, Botermarkt 2/Hoogpoort 75, 9000 Gent, ✆ 09/2 24 24 24, Fax 09/2 24 26 40

*** De Zalm, Hoogstraat 4, 9700 Oudenaarde, ✆ 0 55/31 13 14, Fax 0 55/31 84 40

** Sint Sebastien, Sint-Pietersnieuwstraat 36-38, 9600 Ronse, ✆ 0 55/21 38 66, Fax 0 55/21 33 48

*** La Becasse, Eikeldreef 4, 9830 Sint-Martens-Latem, ✆ 09/2 82 30 48, Fax 09/2 82 52 84

* 'T Witte Huis, Bellestraat 44, 9100 Sint-Niklaas, ✆ 03/7 76 79 67, Fax 03/7 77 08 37

Provinz Antwerpen

**** Antwerp Hilton, Groenplaats, 2000 Antwerpen, ✆ 03/2 04 12 12, Fax 03/2 04 12 13

**** Firean, Karel Oomsstraat 6, 2018 Antwerpen, ✆ 03/2 37 02 60, Fax 03/2 38 11 68

** Industrie, Emiel Banningstraat 52, 2000 Antwerpen, ✆ 03/2 38 66 00, Fax 03/2 38 86 88

* Rubenshof, Amerikalei 115–117, 2000 Antwerpen, ✆ 0 3/2 37 07 89, Fax 03/2 48 25 94

**** Aldhem, Jagersdreef 1, 2280 Grobbendonk, ✆ 0 14/50 10 01, Fax 0 14/50 10 13

**** Gulden Anker, Ridder Dessainlaan 2, 2800 Mechelen, ✆ 015/42 25 35, Fax 015/42 34 99

**** Alfa Alba, Korenmarkt 22–26, 2800 Mechelen, ✆ 0 15/42 03 03, Fax 0 15/42 37 88

* Priorij Corsendonck, Corsendonck 5, 2360 Oud-Turnhout, ✆ 0 14/45 12 45, Fax 0 14/45 13 55

Brüssel

**** The Stanhope, 9, rue du Commerce, 1040 Bruxelles, ✆ 02/5 06 91 11, Fax 02/5 12 17 08 (englisches Design in der Oberstadt)

*** Le Dôme 1, 12–13 Bld. du Jardin Botanique, 1000 Bruxelles, ✆ 02/2 18 06 80, Fax 02/2 18 41 12 (schönes Jugendstilhotel)

**** Amigo, 1–3, rue de l'Amigo, 1000 Bruxelles, ✆ 02/5 47 47 47, Fax 02/5 13 52 77 (moderner Luxus im Zentrum)

**** Métropole, 31, place de Brouckère, 1000 Bruxelles, ✆ 02/2 17 23 00, Fax 02/2 18 74 45 (Charme der Gründerzeit)

*** Arenberg, 15, rue d'Assaut, 1000 Bruxelles, ✆ 02/5 11 07 70, Fax 02/5 14 19 76 (von zurückhaltender Sachlichkeit)

*** New Siru, 1, place Rogier, 1210 Bruxelles, ✆ 02/2 17 75 80, Fax 02/2 18 33 03 (jedes Zimmer ist von einem belgischen Künstler individuell gestaltet)

Provinz Flämisch-Brabant

** De Fransche Croon, Leuvensestraat 26/28, 3290 Diest, ✆ 0 13/31 45 50, Fax 0 13/33 31 59

**** Abbey, Kerkeblokstraat 5, 1850 Grimbergen, ✆ 02/2 69 63 62, Fax 02/2 69 66 88

**** Begijnhof Congreshotel, Tervuursevest 70, 3000 Leuven, ✆ 0 16/29 10 10, Fax 0 16/29 10 22

*** Kasteel van Neerijse, Lindenhoflaan 1/5, 3040 Neerijse (Huldenberg), ✆ 0 16/47 28 50, Fax 0 16/47 23 80

Provinz Limburg
* Blanckthys, Plein 197, 3790 's Gravenvoeren (Voeren), ✆ 0 41/81 24 66, Fax 0 41/81 24 67
* Kasteel Rullingen, Rullingen 1, 3840 Borgloon, ✆ 0 12/74 31 46, Fax 0 12/74 54 86
** Aldeneikerhof, Hamontweg 103, 3680 Maaseik, ✆ 0 89/56 67 77, Fax 0 89/56 67 78
**** La Butte aux Bois II, Paalsteenlaan 90, 3620 Neerharen (Lanaken), ✆ 0 89/72 12 86, Fax 0 89/72 16 47
** Lido, Grote Markt 19, 3700 Tongeren, ✆ 0 12/23 19 48, Fax 0 12/39 27 27

Campingplätze, Ferienhäuser

Auch Campingplätze sind in vier Kategorien eingeteilt, wobei vier Sterne den Stromanschluß an allen Stellplätzen und ein Restaurant auf der Anlage garantieren. Ferienwohnungen bzw. Appartements sind vor allem an der Küste eine Alternative, Adressen teilen die Verkehrsämter mit. Der Preis richtet sich nach Komfort und Lage, und natürlich nach der Saison, während der Vor- und Nachsaison muß deutlich weniger bezahlt werden. Das Belgische Verkehrsamt in Düsseldorf hält eine Broschüre »Ferienwohnungen an der flämischen Küste« bereit.

Essen und Trinken in Flandern

Wenn es ein Band gibt, das Flamen und Wallonen noch eint, dann das der leiblichen Genüsse. In Flandern spielt die Nähe zum Meer eine besondere Rolle, Muscheln gelten hier als ebenso akzeptierte Zwischenmahlzeit wie die allgegenwärtigen Pommes frites. Im übrigen ist auch die Küche Flanderns französisch inspiriert, kennt aber ebenso einige ganz eigene Gerichte. Ihr bekanntestes nennen die Flamen in liebenswürdiger Untertreibung *Waterzooi*, also Wassersuppe. Nichtsdestoweniger verlangt sie recht edle Zutaten, außerdem hat sie eine fischige und eine fleischige Variante. Bei der fischigen mußten ursprünglich die Flossenträger aus der Nordsee den Hauptpart spielen, bei der fleischigen hat das Huhn die Führungsrolle. Ein guter Schuß trockener Weißwein gehört ebenso dazu wie mehrere Löffel Sahne, außerdem reichlich frisches Gemüse.

Das belgischste aller Gemüse ist zweifellos der Chicoree, niederländisch *Witloof*, Weißblatt. 1830 wurde die Zuchtform der Wegwarte im Brüsseler Botanischen Garten zufällig entdeckt. Glaubt man Engländern und Franzosen, dann muß auch der Rosenkohl als typisch Brüsseler Gewächs gelten, sie jedenfalls nennen es *Brussels sprouts* respektive *choux de Bruxelles*. Eine rare Gemüsespezialität sind Hopfensprossen, die, wenn überhaupt, im März und April auf den Tisch kommen. Ihre mühselige Ernte macht sie zu einer ausgesprochen teuren Beilage.

Das Stichwort Hopfen leitet über zu den belgischen Gerstensäften. Kein Zweifel, Belgien ist eine »Bierlandschaft«, mit über hundert verschiedenen Sorten trotzt sie auch heute noch der Gleichmacherei eines internationalisierten Markts. Berühmt sind die obergärigen Trappistenbiere. Sie werden meist im wallonischen Süden gebraut, doch mit Westmalle bei Antwerpen und Sint Sixtus de Westvleteren sind auch zwei flämische Abteien der verschwiegenen Mönche mit von der Partie. *Hoegaarden*, benannt nach dem Brauort im flämischen Brabant, ist ein gefragtes Weizenbier, hinter dem jedoch das *Brugs Tarwerbier* der Brügger Brauerei De Gouden Boom keineswegs zurücksteht.

Eine wirkliche Eigenart besitzt das Sennetal um Brüssel mit den Biersorten *Kriek, Faro* und *Gueuze*. Soweit bekannt, sind sie weltweit die einzigen Biere mit spontaner Gärung. Ihr Grundstoff ist der – kaum mehr ausgeschenkte – *Lambic*, dessen gemälzter Gerste mindestens 30 % Vollweizen zugesetzt sein muß. Nach dem eigentlichen Brauvorgang wird er in ein offenes Kühlbecken geleitet, wo er für eine Nacht der Luft des Pajottenlands ausgesetzt ist. Zur kältesten Jahreszeit geben ihre Hefezellen, vor allem aber die offenbar nur ihr eigenen Mikroorganismen den besten Lambic. Große Fässer nehmen ihn auf, dort gärt und reift er bis zu drei Jahren.

Aus Lambic mit zugesetztem kandierten Zucker entsteht der *Faro*, aus Lambic mit zugesetzten Kirschen (heute meist Kirschsaft) der *Kriek*. Aus dem Lambic unterschiedlicher Reifegrade aber entsteht der »Champagner von Brüssel«, die *Gueuze*. Durch ihren Anteil an frischem Lambic gärt sie noch in der Flasche, was nicht nur einen sehr achtungsvollen Umgang mit dem Getränk fordert, sondern auch große Selbstbeherrschung. Zwei Wochen muß sie nach dem Kauf noch zu Hause lagern, und dieses Lagern ist wörtlich zu nehmen. Denn die Rückstände müssen sich in der Flasche absetzen können. Damit sie dort auch bleiben, muß die Flasche liegend geöffnet und ihr Inhalt vorsichtig ins Glas befördert werden.

Von entscheidender Bedeutung für das Wohlleben dieses Landes sind seine Chocolatiers. Gewiß hat auch hier die Praline ein Spektrum von der eingetüteten Massenware (meist Halbpfünder) bis zum aufwendig präsentierten Edelkonfekt, aber es gibt darüber hinaus eben die wirklichen Spitzenprodukte. Ihnen nähert sich der gute Geist hinter der Theke nur mit weißem Handschuh und versilbertem Zänglein. Erlesene Porzellangefäße stehen bereit, um die drei oder vier Köstlickeiten zum Preis einer ausgewachsenen Bonbonnière aufzunehmen. Bei Neuhaus in der Brüsseler Galerie de la Reine (s. S. 222) spielt sich dieses Ritual schon seit 1857 ab – oder doch nur wenig später, denn angefangen haben sie dort mit Hustenbonbons.

Die belgische Prahlmarke aber heißt Godiva. Auch sie hat Filialen im ganzen Land, ihr Ruf eilt ihr derart weit voraus, daß die Produkte ihn womöglich nicht mehr erreichen. In den größeren Städten, allen voran natürlich Brüssel, betreiben noch einige Chocolatiers ihre Profession als Handwerk. Sie ausfindig zu machen, ist eine der schönsten Unternehmungen des Stadtbummels.

Sehenswürdigkeiten und Öffnungszeiten

Provinz Westflandern

Blankenberge
Sea Life Center: täglich 10–18 Uhr, im Juli und August bis 21 Uhr.

Brügge
Belfried: zugänglich 1. April bis 30. September 9.30–17 Uhr, 1. Oktober bis 31. März 9.30–12.30 Uhr.
Gruuthusemuseum: April bis September 9.30–17 Uhr, Oktober bis März 9.30–12.30 und 14–17 Uhr; Di geschlossen.
Groeningemuseum: wie Gruuthusemuseum
Memlingmuseum: April bis September 9.30–17 Uhr, Oktober bis März 10–12.30 und 14–17 Uhr, Mi geschlossen.
Potteriemuseum: wie Memlingmuseum
Museum für Volkskunde: wie Gruuthusemuseum

Damme
Rathaus: Mai bis September 9–12 und 14–18 Uhr, Sa, So 10–12 und 14–18 Uhr; Oktober bis April Mo–Fr 9–12 und 14–17 Uhr.
St.-Jaanshospitaal: April bis September an Sonn- und Feiertagen 11–12 und 14–18 Uhr, Mo und Fr 14–18 Uhr, an den übrigen Tagen 10–12 und 14–18 Uhr; Oktober bis März an Wochenenden 14–17.30 Uhr.

Koksijde/St.-Idesbald
Paul Delvauxmuseum: Juli und August täglich, April, Mai, Juni und September täglich außer Mo 10.30–18.30 Uhr, Oktober, November und Dezember Fr, Sa, So 10.30–17.30 Uhr, Januar bis März geschlossen.

Knokke-Heist
Schmetterlingsgarten: Ostern bis September täglich 10–17.30 Uhr.

Kortrijk
Städtisches Museum der Schönen Künste: täglich außer Mo 10–12 und 14–17 Uhr.
Flachsmuseum: März bis November Mo 13.30–18 Uhr, Di bis Fr 9.30–12.30 Uhr und 13.30–18 Uhr, Sa, So 14–18 Uhr, geschlossen an offiziellen Feiertagen und von Dezember bis Februar.

Ostduinkerke
Fischereimuseum *(Visserijmuseum):* täglich von 10–12, 14–18 Uhr.

Ostende
Ensorhaus, Vlaanderenstraat 27: Öffnungszeiten auf Anfrage unter ☎ 0 59/80 53 35.
Museum für Schöne Künste im Feest- en Cultuurpaleis: täglich außer Di 10–12, 14–17 Uhr.

Poperinge
Hopfenmuseum: Juli und August täglich 14–17 Uhr, Mai, Juni und September nur an Sonn- und Feiertagen.

Veurne
Rathaus: April bis September täglich außer So 10–12 und 14–17 Uhr.

Provinz Ostflandern

Aalst

Stadtmuseum im Alten Hospital: Di, Do, Fr 10–12 und 14–17 Uhr, Mi 10–12 und 14–19 Uhr, Sa und So 14–17 Uhr; Mo geschlossen.
Schloß Ooidonk
Ostern bis zum 15. September an Sonn- und Feiertagen von 14–17.30 Uhr, im Juli und August auch an Samstagen 14–17.30 Uhr.

Gent

Kathedrale: April bis September täglich 9.30–12 und 14–18 Uhr, Sonn- und Feiertage 13–18 Uhr, Oktober bis März täglich 10–12 und 14.30–16 Uhr, Sonn- und Feiertage 14–17 Uhr.
Gravensteen: April bis September täglich 9–17 Uhr, Oktober bis März Mo–Fr 9–16.15 Uhr.
St.-Bavo-Abtei: April bis Oktober täglich 9.30–17 Uhr.
Museum der Schönen Künste: täglich außer Mo 9–12.30 und 13.30–17.30 Uhr.
Museum für Zeitgenössische Kunst: täglich außer Mo 9.30–17 Uhr.
Antikenmuseum in der Bijlokeabtei: täglich außer Mo 9.30–17 Uhr.

Schloß Laarne
Ostern bis Oktober So 14–17.30 Uhr, im Juli und August jeden Nachmittag außer Mo und Fr.

Oudenaarde
Rathaus und Tuchhalle: geöffnet an Wochenenden und Feiertagen von 14–17 Uhr.
Haus Lalaing (Oudenaarder Verduren): geöffnet von April bis Oktober an Wochentagen von 9–17 Uhr.

Provinz Antwerpen

Antwerpen

Liebfrauenkathedrale: Mo bis Fr 10–17 Uhr, Sa 10–15.30 Uhr, an Sonn- und Feiertagen 13–16 Uhr, an Tagen vor kirchlichen Feiertagen bis 15 Uhr.
Jakobskirche mit Rubensgrab: April bis Oktober 14–17 Uhr, November bis März 9–12 Uhr, an Sonn- und Feiertagen geschlossen.
Rathaus: Mo, Di, Mi und Fr 9–15 Uhr, Sa 12–15.30 Uhr.
Nationales Schiffahrtsmuseum »Het Steen« und **Fleischhalle** *(Vleeshuis):* täglich außer Mo 10–16.45 Uhr, geschlossen auch am 1. und 2. Januar, am 1. Mai, an Christi Himmelfahrt, am 1. und 2. November, am 25. und 26. Dezember.
Königliches Museum für Schöne Künste: täglich außer Mo 10–17 Uhr, geschlossen 1. Januar, 1. Mai, Christi Himmelfahrt, 1. November und 25. Dezember.
Plantijn-Moretus-Museum:
täglich außer Mo 10–16.45 Uhr, geschlossen 1. und 2. Januar, 1. Mai, Christi Himmelfahrt, 1. und 2. November, 25. und 26. Dezember.

Museum Mayer van den Bergh: täglich außer Mo 10–16.45 Uhr, geschlossen am 1. und 2. Januar, am 1. Mai, an Christi Himmelfahrt, am 1. und 2. November, am 25. und 26. Dezember.

Archive und Museum zum kulturellen Leben Flanderns: täglich außer So und Mo 10–16.45 Uhr, geschlossen an den oben genannten Tagen.

Rubens-Haus: täglich außer Mo 10–16.45 Uhr, geschlossen an den oben genannten Tagen.

Museum für Fotografie: täglich 10–17 Uhr.

Diamantenmuseum: täglich von 10–17 Uhr.

Antwerpen-Deurne

Museum Sterckshof – Silberzentrum: täglich außer Mo von 10–17.30 Uhr, geschlossen 25. 12.–2. 1.

Lier

Zimmerturm: im Sommer 9–12 und 13–19 Uhr, im Winter 9–12 und 14–16 Uhr.

Timmermans-Opsomerhuis: April bis Oktober 10–12 und 13.30–17.30 Uhr, Mo und Fr geschlossen; November bis März So 10–12 und 13.30–16.30 Uhr.

Museum Wuyts-Van-Campen-Caroly: April bis Oktober 10–12 und 13.30–17.30 Uhr, Mo und Fr geschlossen.

Mechelen

Kathedrale: im Winter täglich 10–12 und 14–17 Uhr, im Sommer 10–12 und 14–18 Uhr.

Stadtmuseum im Busleyden-Hof: Di bis Fr 10–12 und 14–17 Uhr, an Samstagen, Sonn- und Feiertagen 14–18 Uhr, Mo geschlossen.

Spielzeugmuseum *(Speelgoedmuseum)* im Bahnhof Mechelen-Nekkerspoel: täglich außer Mo 10–17 Uhr.

Brüssel

Stadtmuseum: Mo bis Do 10–12.30 und 13.30–17 Uhr (Oktober bis März nur bis 16 Uhr), an Wochenenden und Feiertagen 10–13 Uhr, Fr geschlossen.

Brauereimuseum an der Grand'Place: täglich 10–17 Uhr.

Comicmuseum: täglich außer Mo 10–18 Uhr.

Königliche Museen der Schönen Künste: täglich außer Mo 10–12 und 13–17 Uhr (Museum für Alte Kunst) bzw. 10–13 Uhr und 14–17 Uhr (Museum für Moderne Kunst).

Instrumentenmuseum: täglich außer Mo 14.30–16.30 Uhr, geschlossen am 1. Januar, 1. und 23. Mai, 15. August, 1. und 11. November, 25./26. Dezember.

Königliche Museen für Kunst und Geschichte: Di bis Fr 9.30–16.45 Uhr, Sa, Sonn- und Feiertage 10–16.45 Uhr.

Autoworld: täglich 10–17 Uhr, von April bis September bis 18 Uhr.

Museum für Naturwissenschaften: Di bis Sa 9.30–16.45 Uhr, So 9.30–18 Uhr, Mo geschlossen.

Hortamuseum: 14–17.30 Uhr, Mo und an Feiertagen geschlossen.

Atomium: September bis März täglich 9.30–18 Uhr, von April bis August 9.30–20 Uhr.

Erasmushaus in Anderlecht: 10–12 und 14–17 Uhr, Di und Fr geschlossen.

Provinz Flämisch-Brabant

Schloß Beersel
1. März bis 15. November Di–So 10–12 und 14–18 Uhr, vom 16. November bis Ende Februar nur an den Wochenenden 10.30–17 Uhr.

Diest
Städtisches Museum: April bis Oktober 10–12 und 13–17 Uhr. **Sulpitiuskirche:** 15. Mai bis 15. September 14–17 Uhr.

Schloß Gaasbeek
April bis Oktober täglich außer Mo und Fr 10–17 Uhr, im Juli und August auch an Montagen geöffnet.

Grimbergen
Museum für alte Techniken: Hauptgebäude (Guldental) ganzjährig Mo bis Fr 9–16 Uhr, der ganze Komplex von April bis September an Wochenenden und Feiertagen 14–18 Uhr.

Löwen
Pieterskerk: Di bis Sa 10–12 und 14–17 Uhr, an Sonn- und Feiertagen 14–17 Uhr; Mo geschlossen bis auf die Touristensaison, dann geöffnet 10–12 und 14–17 Uhr.
Museum VanderKelen-Mertens: Di bis Sa 10–17 Uhr, Sonn- und Feiertage 14–17 Uhr; Mo geschlossen.

Tienen
Städtisches Museum »Het Toreke«: Mo bis Sa 8.30–12.30 und 13.30–17 Uhr, von Ostern bis zum Wochenende vor Weihnachten auch an Samstagen, Sonn- und Feiertagen 14–18

Uhr; vom 15. Dezember bis 1. Januar geschlossen.

Zoutleeuw
St.-Leonhard-Kirche: Ostern bis September täglich 14–17 Uhr, Mo geschlossen.

Provinz Limburg

Domäne Bokrijk
(Freilichtmuseum): Ostersamstag bis 30. September täglich 10–18 Uhr, im Oktober 10–17 Uhr.

Hasselt
Japanischer Garten: April bis Oktober Di bis Fr 10–17 Uhr, an Samstagen, Sonn- und Feiertagen 14–18 Uhr, Mo und 1. Ostertag geschlossen.
Nationales Genevermuseum: Di bis Fr 10–17 Uhr, an Samstagen, Sonn- und Feiertagen 14–18 Uhr, geschlossen Mo sowie vom 23.–31. Dezember.
Städtisches Museum Stellingwerff-Waerdenhof: wie Genevermuseum.
Modemuseum (Gasthuisstraat 11): Di–Fr 10–17 Uhr, an Samstagen, Sonn- und Feiertagen 14–18 Uhr, Mo geschlossen.

Maaseik
Kirchenschatz St. Katharina: April, Mai, Juni, September täglich außer Mo 13–17 Uhr, Juli und August auch Mo, Oktober bis März Sa und So 13–17 Uhr.
Museactron: täglich außer Mo 10–12 und 14–17 Uhr, im Juli und August täglich bis 18 Uhr.

St.-Truiden
Museum für Religiöse Kunst in der Beginenhofkirche: April bis Oktober Di–Fr 10–12.30 Uhr

und 13.30–17 Uhr, an Samstagen, Sonn- und Feiertagen 13.30–17 Uhr, Mo geschlossen.

Tongeren
Schatzkammer Liebfrauenbasilika: Mai bis September täglich 10–12 und 13.30–17 Uhr.
Gallorömisches Provinzialmuseum: Di, Fr, Sa, So 10–18 Uhr, Mi und Do 10–21 Uhr, Mo 12–18 Uhr.

Feste

Die Flamen feiern gern und zeigen viel Sinn für prachtvolle Inszenierungen. Neben den jährlich wechselnden Festival- und Veranstaltungsterminen gibt es feste Zeiten für farbenprächtige Umzüge bzw. Prozessionen.

Mitte Februar/Anfang März
Karneval in Flandern. Seine Hochburg ist Aalst, wo sogar Sitzungen abgehalten werden. Hasselt hat einen Internationalen Karnevalsumzug, und Ostende glänzt mit einem prächtigen »Bal du Rat Mort«.
Ende April
Blütenfest in Sint-Truiden
Anfang Mai
Öffnung der Königlichen Treibhäuser von Brüssel Laeken für das Publikum (nur 14 Tage)
Mai
Hanswijck-Prozession in Mechelen (am Sonntag vor Christi Himmelfahrt); Heilig-Blut-Prozession in Brügge.
Ende Juni
Büßerprozession in Veune
Ende Juni/Anfang Juli
Ommegang in Brüssel

21. Juli
Nationalfeiertag, der zum Beispiel im Brüsseler Jubelpark mit einem prächtigen Feuerwerk begangen wird.
Beginn der Besichtigungsperiode des Königlichen Schlosses in Brüssel (bis 15. 9.)
August
Alle sieben Jahre Virga-Jesse-Fest in Hasselt (zuletzt 1996)
Alle fünf Jahre Prunkzug »Van de Gouden Boom« in Brügge (zuletzt 1996)
Traditioneller Riesen-Umzug in Dendermonde
September
Open Monumententag, an dem auch Gebäude zugänglich sind, die sonst der Allgemeinheit nicht offenstehen.
Oktober
Internationales Filmfestival von Flandern in Gent
Geneverfest in Husselt

Flandern für Kinder

Da Kinder auf ausgedehnte Stadttouren in der Regel nur mäßig begeistert reagieren, braucht es bei einem längeren Flandern-Urlaub vielleicht doch einmal Kompromißangebote. Nachfolgend seien einige Tummelplätze genannt.

Provinz West-Flandern
Adinkerke-De Panne (De Pannelaan 68): Meli Park, vor allem wegen seiner Kletter- und Rutschgeräte recht beliebt, Märchendarstellungen. Geöffnet täglich von April bis zur ersten Septemberwoche 10.30–17.30 Uhr (während der Hochsaison auch länger).

Blankenberge: Aquarama (Meeresaquarium) und Mystery House, geöffnet an den Wochenenden im April, Mai, Juni, September und Oktober 11–18 Uhr, im Juli und August 10–22 Uhr.

Brügge: Boudewijnpark mit einem großen Delphinarium. Geöffnet von Mai bis September täglich 10–18 Uhr.

Ostende: Segelschulschiff Mercator im Mercatorhafen; ein Dreimaster, der auch als Schifffahrtsmuseum dient. Geöffnet April, Mai, Juni und September täglich 10–13 und 14–18 Uhr, Juli und August täglich 10–19 Uhr.

Ypern: Vergnügungspark Bellewaerde mit Abenteuer-Animationen à la Indiana Jones, aber auch Ruhezonen mit exotischen Vögeln. Geöffnet von Mitte April bis zum ersten Septemberwochenende 10–18 Uhr, in der Hochsaison bis 19 Uhr.

Provinz Ostflandern

Geraardsbergen: Domäne »De Gavers«, Erholungspark mit Spieldorf, Miniatureisenbahn, Schwimmbad und Bootsverleih. Geöffnet April bis September.

Kluisbergen: Erholungsgebiet Kluisbos, mit viel Wasserspaß (3 beheizte Freibäder, Riesen-Wasserrutschbahn usw.); Freibäder geöffnet von Mai bis August.

Sint-Niklaas: Erholungspark »De Ster« mit Minigolf und Minicars, Kinderbauernhof und Kräutergarten, geöffnet von 9 Uhr bis Sonnenuntergang.

Provinz Antwerpen

Antwerpen: Miniaturstadt, geöffnet täglich 10–18 Uhr.

Boom: Erholungszentrum »De Schorre« mit Minigolfanlage und Ruderteich. Geöffnet das ganze Jahr über von Sonnenauf- bis Sonnenuntergang (auch wenn keine Sonne scheint).

Lichtaart (bei Herentals): Bobbejanland, neuester Kinder- und Familienpark mit High-Tec-Attraktionen. Geöffnet vom ersten Aprilwochenende bis Ende September.

Mechelen (Bahnhof Nekkerspoel): Spielzeugmuseum, geöffnet täglich außer Mo 10–17 Uhr.

Mechelen-Muizen: Tierpark Planckendael, geöffnet täglich von 9–17 Uhr, in den Sommermonaten bis 18.30 Uhr.

Mol: Erholungspark mit subtropischem Schwimmbad.

Brüssel

Belgisches Zentrum für Comics/Comicmuseum: Geöffnet täglich außer Mo 10–18 Uhr.

Oceade: Suptropischer Wasserpark, Wellenbad, Sturzbad etc., unterschiedliche Öffnungszeiten, Mo jedoch immer geschlossen.

Mini-Europe: Europas größte Sehenswürdigkeiten im Kleinformat, geöffnet von April bis Juni täglich 9.30–18 Uhr, die ersten drei Wochen im Juli bis 20 Uhr, dann einen Monat bis 24 Uhr (!), dann bis Ende August wieder 20 Uhr, September bis 18 Uhr. Achtung: Eintrittskarten nur bis eine Stunde vor Schließung!

Flämisch-Brabant

Averbode: Erholungszentrum »De Vijvers« Mit Weihern, Wasserrutschbahn, Minigolf, Trampolinspringen. Geöffnet bis August 10–18 Uhr.

Halle: Brabant-Kreuzfahrten. Besondere Attraktion ist die Aufnahme in den Schiffsaufzug von Ronquières. Die Fahrten werden von Mai bis September durchgeführt, ☏ 053/784027.

Kessel-Lo: Erholungszentrum mit Spielgeräten, geheiztem Wasserspielplatz, Minigolf, Skatebordrampe usw., ganzjährig geöffnet.

Oud-Heverlee: Erholungspark »Zoet Water«, Aktivplatz mit Spieldorf, Trampolinpark, Schaufelradbooten und Waldmuseum. Geöffnet April bis September 10–19 Uhr.

Provinz Limburg

Genk, Domäne Bokrijk: Freilichtmuseum mit vielen Veranstaltungen, besonders während der »gelben« Tage, Vorführungen alter Handwerke usw. (»Gelbe Tage«, sind die Sonn- und Feiertage von April bis September, im Juli und August werden sie auch häufiger angesetzt.) Geöffnet ab 10 Uhr.

Genk, Europlanetarium (Kattevennen 19): Modernstes Planetarium Belgiens mit Planetenpfad und Observatorium, geöffnet Di–Fr 10–17 Uhr, So 14–18 Uhr Sa und Mo geschlossen.

Heusden-Zolder, Domäne Bovy: Fachwerk-Vierseithof des 18. Jh. aus den Kempen, Pfannekuchenhaus, Hühnerhof, Kräutergarten, Bienenhalle, Fahrten im Planwagen. Ganzjährig geöffnet.

Houthalen, Domäne Kelchterhoef: Vergnügen ums und mit Wasser, Freilichteinrichtungen geöffnet von April bis Oktober, sonst ganzjährig.

Urlaubsaktivitäten

Baden

Natürlich empfiehlt sich zunächst die belgische Nordseeküste zwischen Knokke und De Panne. Sie hat die zünftige Infrastruktur mit Strandkörben, Liegestühlen, Windschutz, Umkleidekabinen und diversem Spielgerät. Außerdem halten etliche Küstenorte besondere Attraktionen bereit, vor allem für Kinder gibt es viele Angebote. Empfehlenswert ist auch eine geführte Wanderung im Naturschutzgebiet/Naturpark Zwin (Knokke, an der Grenze zu den Niederlanden). Die ganze belgische Küste entlang verkehrt eine Straßenbahn (zwischen Ostern und September alle 15 Minuten).

Aber auch im Binnenland gibt es viele Schwimmöglichkeiten, die häufig als Seen angelegt sind und sich von den sterilen Strandbädern wohltuend unterscheiden.

Radfahren ...

wird hierzulande großgeschrieben. Viele Orte bieten ausgeschilderte Strecken an, Fahrräder können fast überall geliehen werden. Einige Routen wurden eigens für Mountainbiker eingerichtet. Es gibt sogar die über 750 km lange **Vlaanderen Fietsroute**; sie führt durch die landschaftlich schönsten Gegenden Nordbelgiens. An sie angeschlossen gibt es in den einzelnen Provinzen sieben besonders attraktive Rundrouten. Das Belgische Verkehrsamt bietet sie auch als Fahrradkurzurlaube mit einer Übernachtung an.

– *Legendenroute* bei Maaseik, 38 km, entlang der Maas und durch die umliegenden Dörfer, sie führt teilweise auch durch die Niederlande, Übernachtung in Maaseik
– *Miel Ottenpad* bei Postel, 48 km, durch die Dörfer der Kempen, Übernachtung in Retie
– *Achtzalighedenpad* um Lilse Bergen, 53 bzw. 63 km, so genannt nach dem Baum, der in Lille steht, Route führt durch die Kempen, Übernachtung in Turnhout
– *Beverhoutsroute* bei Beernem, 38 km, südlich von Brügge durch eine Parklandschaft mit Pappeln und Kopfweiden, Schlössern und Bauernhöfen, Übernachtung in Damme-Sijsele
– *Oude Dijkenroute* bei De Haan, 43 km, durch die westflämische Polderlandschaft, Übernachtung in Oudenburg
– *Fleternaroute* bei Oostvleteren, 46 km, Gegend zwischen Poperinge und Vleteren, entlang der Hopfenfelder und das durch das Tal der Vleterbeke, Übernachtung in Poperinge
– *Valleitjesroute* bei Onze-Lieve-Vrouw-Lombeek, 31 km, durch das Pajottenland, am Weg liegen etliche Schlösser, Übernachtung in St.-Pieters-Leeuw.

Spezielle Angebote gibt es auch für mehrtägige Radurlaube mit Gepäckservice, für Unterkunft ist also immer gesorgt, außerdem entfällt das Mitführen des eigenen Gepäcks, dafür sorgt der Veranstalter.

Wandern

Mit Wandermöglichkeiten ist Flandern nicht so üppig gesegnet wie die Ardennen, dennoch gibt es im Westflämischen Hügelland, im Pajottenland und in den Kempen gute Möglichkeiten. Wanderkarten und Wandervorschläge stellen die örtlichen Verkehrsämter bereit.

Reiseinformationen von A bis Z

Diplomatische Vertretungen

Botschaft der Bundesrepublik Deutschland
Avenue de Tervuren 190
B–1150 Bruxelles
✆ 02/7 74 19 11

Botschaft der Republik Österreich
Rue de l'Abbaye 47
B–1050 Bruxelles
✆ 02/6 49 38 50

Botschaft der Schweizer Eidgenossenschaft
Rue de la Loi 26
B–1040 Bruxelles
✆ 02/2 30 61 45

Einkaufen

In den großen und größeren Städten haben die Geschäfte mindestens von 10–18 Uhr, meist auch bis 19 Uhr offen, Kaufhäuser schließen am Freitag sogar erst um 21 Uhr.

Feiertage

Gesetzliche Feiertage sind 1. Januar, Ostermontag, 1. Mai, Christi Himmelfahrt, Pfingstmontag, 21. Juli (Belgischer Nationalfeiertag), Mariä Himmelfahrt (15. August), 1. November (Allerheiligen), 11. November (Waffenstillstand 1918), 1. und 2. Weihnachtstag. Ämter, viele Museen und die meisten Geschäfte sind an diesen Tagen geschlossen.

Geld

Die Belgische Währung ist der Franc (BEF), das Verhältnis D-Mark-Franc entspricht in etwa 1:20. Scheine gibt es zu 10 000, 2000, 500 und 10 BEF, Münzen gibt es von 50, 20, 5, 1 und 0,5 BEF. Geldwechsel nicht nur in Banken, sondern auch an großen Bahnhöfen, Wechselstuben und am Flughafen möglich.

Kreditkarten werden in vielen Geschäften, Restaurants und Mietwagenzentralen akzeptiert. Gängig sind American Express, Visa, Diners Club und Eurocard. Euroschecks werden mit Scheckkarte bis zu 7000 BEF angenommen. Eurocheckkarten können auch für Geldautomaten eingeset werden, allerdings muß die Karte den Zugang zum internationalen Netz ermöglichen.

Öffnungszeiten der Banken: In der Regel 9–16.30 Uhr, über Mittag häufiger etwa 1 Stunde geschlossen, Freitag oft längere Öffnungszeiten.

Post

Postämter sind in der Regel Mo–Fr 9–17 Uhr geöffnet, manche auch Sa 9–12 Uhr, manche halten jedoch auch eine Mittagspause ein. Post-, Ansichtskarten und Briefe (bis 20 g) ins Inland und die EU-Länder müssen mit einer Marke zu 16 BEF frankiert werden, ins übrige Ausland mit 34 BEF.

Trinkgelder

Grundsätzlich sind alle Leistungen in Hotels, in Restaurants und im Taxi im Preis inbegriffen. Preise in den Restaurants enthalten 16 % Bedienung und 20,5 % Mehrwertsteuer. Ungeachtet dessen können die Summen natürlich aufgerundet werden.

Telefon

Manche öffentlichen Telefone funktionieren noch mit Münzen (5 bzw. 20 BEF). Häufiger braucht man jedoch Telefonkarten (Telecards), die im Wert von 200 für 20 Einheiten und 1000 BEF für 105 Einheiten ausgegeben werden. Sie sind an Postämtern und Bahnhöfen, aber auch an Kiosken erhältlich. Günstigere Tarife (etwa 30 %) gelten von 20 bis 8 Uhr und So. Vorwahlnummern: nach Deutschland 00 49, nach Österreich 00 43, in die Schweiz 00 41.

Literaturempfehlungen

Belting, Hans/Kruse, Christiane: Die Erfindung des Gemäldes. Das erste Jahrhundert der niederländischen Malerei, München 1994 (Hirmer)

Birkholz, Udo (Hrsg.): Erkundungen II – 21 Erzähler aus Belgien und den Niederlanden

Claus, Hugo: Der Kummer von Flandern, Stuttgart ²1980

Claus, Hugo: Belladonna, Stuttgart 1996

Coster, Charles de: Die Geschichte von Ulenspiegel und Lamme Goedzak, Zürich 1985

Forster, Georg: Ansichten vom Niederrhein, von Brabant, Flandern, Holland, England und Frankreich im April, Mai und Junius 1790, Stuttgart 1989

Pächt, Otto: Altniederländische Malerei. Von Rogier van der Weyden bis Gerard David, München 1994 (Prestel)

Simson, Otto von: Peter Paul Rubens, Mainz 1996

Vermeulen, John: Die Elster auf dem Galgen. Roman aus der Zeit Pieter Bruegels, Zürich 1994 (auch als detebe 22830)

Abbildungsnachweis

Archiv für Kunst und Geschichte, Berlin   Abb. S. 23, 27, 37, 40, 41, 44/45, 88, 112, 113, 127, 158, 166, 214, 223, 235, 244, 252

Artothek, Peissenberg (Joseph S. Martin)   Umschlaginnenklappe vorn, Abb. S. 60

Artothek, Peissenberg   Abb. S. 240

Aubry, Françoise, J. Vandenbreeden, Horta, Van Art Nouveau tot Modernisme, Ludion, Gent 1996   Umschlagrückseite Mitte, Abb. S. 268

Bayerische Staatsbibliothek, München (Jo Kirchherr, Köln)   Abb. S. 74

Belgisches Verkehrsamt, Düsseldorf   Abb. S. 82/83

Bibliothèque Nationale, Paris (Jo Kirchherr, Köln)   Abb. S. 22, 106

Devliegher, Luc, Kunstpatrimonium van West-Vlaanderen, Deel 8: De Sint-Salvatorskatedraal te Brugge, Lannoo, Tielt en Amsterdam 1979   Abb. S. 33, 70

Hackenberg, Rainer, Köln   Umschlagvorderseite, Abb. S. 2, 5, 9, 11, 47, 54, 56 (Spalte), 57, 71, 73, 77, 91, 93, 97, 98, 100/101, 102, 109, 110, 117, 119, 122, 124, 137 (2), 139, 141 (2), 142, 150 (Spalte), 152 (Spalte), 154, 157 (Spalte), 158 (Spalte), 165, 170, 186, 193, 194, 198, 199, 206, 217 (rechts), 220 (2), 224, 246, 247, 253, 256, 257 (2), 261 (2), 269, 289, 291, 295, 299, 300 (2), 301 (2), 302, 308 (2), 312, 314, 315, 317

Haus-, Hof- und Staatsarchiv, Wien (Jo Kirchherr, Köln)   Abb. S. 20

Imago-Fotobüro, Paul Smit, Leiden   Abb. S. 67, 84, 182 (Spalte)

Jacobs, Roel, La Grand'Place de Bruxelles, Artoria, Bruxelles 1994   Abb. S. 212

Janke, Robert, Boslar   Umschlaginnenklappe hinten, Abb. S. 95, 150, 152, 185, 187, 191, 216, 229, 277, 281, 286

Janssen, Wilhelm, Hugo Stehkämper, Der Tag bei Worringen, Landschaftsverband Rheinland, Köln 1988   Abb. S. 208

Koninklijke Bibliotheek, Brussel – Bibliothèque royale, Bruxelles   Abb. S. 6/7, 25

Koninklijk Museum voor Schone Kunsten, Antwerpen   Abb. S. 177, 178, 180

Musées royaux des Beaux-Arts de Belgique, Bruxelles – Koninklijke Musea voor Schone Kunsten van België, Brussel   Abb. S. 38; Photos Speltdoorn: S. 233, 237, 242; Photos Cussac: S. 234, 239, 241

Österreichische Nationalbibliothek, Wien (Jo Kirchherr, Köln)   Abb. S. 31

Preuß, Werner, Köln   Abb. S. 151

Roberts-Jones, Philippe, Bruxelles, Fin de Siècle, Flammarion, Paris 1994   Abb. S. 43, 262

Schweizer, Urs, Nürnberg   Umschlagrückseite oben, Abb. S. 34, 46, 49, 56, 68, 86, 94, 95 (Spalte), 96, 107, 131, 134, 135 (2), 140, 145, 153, 168, 200 (o.), 202, 203, 217 (links), 221, 227, 229 (Spalte), 230, 251, 268 (Spalte), 271, 297

Stedelijke Musea, Brügge   Abb. S.39 (2), 61 (2), 65
Staats- und Universitätsbibliothek, Hamburg (Jo Kirchherr, Köln)
   Abb. S. 146
Thomas, Martin, Aachen   Abb. S. 24, 42, 54 (Spalte), 62, 63, 104,
   121, 144, 161, 174, 182, 248, 250, 273 (2), 279, 296, 306
Toerisme Brügge   Abb. S. 35, 79
Toerisme Mechelen   Abb. S. 197
Archiv des Verlags   Umschlagrückseite unten, Abb. S. 16, 157, 190
   (jeweils Jo Kirchherr, Köln); Abb. S. 200 (Spalte), 219

Karten und Stadtpläne: Elsner & Schichor, Karlsruhe

Register

Personen

Aa, Jan van der   62
Aa, Ludwig van der   62
Aa, Pieter van der   43
Adelhard II., Abt   313, 314
Adolf von Berg   303
Adolph von Kleve   249
Adorne, Anselm   **35f.**, 78, *Abb. S. 79*
Adorne, Pieter (II.)   78
Aertsen, Pieter   178, 301
Aguillon, François   159
Albert I., König von Belgien   10, 245
Albrecht, Erzherzog   32, 40, 53, 164, 282, 292
Alechinsky, Pierre   245
Allamond, Eugenius d'   111
Amandus, Apostel Flanderns   126, 129
Ambiorix, Fürst der Eburonen   305, 306
Anna von Buren   294
Anna von Sachsen   40
Anneessens, Frans   255
Anspach, Jules   252
Anton von Male   209
Anton von Burgund   211, *Abb. S. 38*
Appel, Karel   245

Appelmans, Pieter   155
Arnold II. von Loon, Graf   289
Arnolfini, Giovanni   50, 74
Arnulf I., Graf von Flandern   11, 126
Artevelde, Jacob van   18, **34 f.**, 107
Artevelde, Philipp van   35, 107
Asselt, Jan van der   102
Auber, Daniel François Esprit   222
Audenaerde, Robert van   171
Augustus, röm. Kaiser   305
Averbeke, E. van   149, 153
Avesnes, Aleydis von   270
Avesnes, Burchard von   15
Aymon   132

Baes, Jean   225
Balat, Alphonse   43, 231, 246, 267
Balduin I., der Eiserne, Graf von Flandern   11, 30, 99
Balduin II., Graf von Flandern   11, 30
Balduin III., König von Jerusalem   53
Balduin IV., Graf von Flandern   12, 99
Balduin V.,. Graf von Flandern   12, 47, 143

Umschlagvorderseite: Gent, Speicherhäuser an der Graslei
Umschlagklappe vorn: Jan van Eyck, »Die Muttergottes des
Kanonikus Joris van der Paele«
Umschlagklappe hinten: Brüssel, Grand'Place
Umschlagrückseite: Brügge, Blick auf den Belfried von Rozenhoed-
kaai (oben); Konstruktionszeichnung der Königlichen Gewächs-
häuser, Brüssel, von Alphonse Balat (Mitte); Schiffe auf der Schel-
de bei Antwerpen (unten)
Abb. Seite 1: Giebelfigur »Fama« auf dem Haus der Bäcker,
Grand'Place, Brüssel

Über den Autor: Detlev Arens, geboren 1948, studierte Germanistik, Philosophie und Theaterwissenschaft und promovierte mit einer Arbeit über Arthur Schnitzler. Er war als Verlagslektor und als Koordinator eines Landschaftsschutzprojektes tätig. Seit 1987 arbeitet er als freier Autor. Im DuMont Buchverlag erschienen von ihm die Kunst-Reiseführer »Sauerland«, »Ardennen« und Prag«.

Die Deutsche Bibliothek – CIP-Einheitsaufnahme

Arens, Detlev:
Flandern: Das flämische Belgien: Die einzigartige Städtelandschaft um Brüssel, Brügge, Gent und Antwerpen / Detlev Arens. - Köln: DuMont, 1997
      (DuMont Kunstreiseführer)
      ISBN 3-7701-3005-7

© 1997 DuMont Buchverlag, Köln
Alle Rechte vorbehalten
Satz und Druck: Rasch, Bramsche
Buchbinderische Verarbeitung: Bramscher Buchbinder Betriebe
Graphisches Konzept: Ralf Groschwitz, Hamburg

Printed in Germany   ISBN 3-7701-3005-7